復返

21世紀成為原住民

RETURNS

Becoming Indigenous in the Twenty-First Century

詹姆士·克里弗德
James Clifford

林徐達、梁永安　譯

RETURNS

目錄

推薦 現身之後；在復返的路上／高俊宏	37
推薦 我們共同生活的未來，結局未定／官大偉	31
關於《文化的困境》、《路徑》、《復返》三部曲譯注計畫／林徐達	28
致謝 Acknowledgments	24

I

第一章 諸歷史之間 Among Histories 59

第二章 原民銜接 Indigenous Articulations 117

第三章 原民經驗的多樣性 Varieties of Indigenous Experience 144

II

第四章 伊許的故事 Ishi's Story 181

III

第五章 浩鷗法的盼望 Hau'ofa's Hope 339

第六章 望向多邊 Looking Several Ways 369

第七章 第二生命：面具的復返 Second Life: The Return of the Masks 439

推薦

現身之後；在復返的路上

高俊宏（國立高雄師範大學跨領域藝術研究所助理教授）

二〇二三年八月，午後雷陣雨落在桃園市復興區的Sqiy（志繼部落），我跟隨泰雅族大豹群年輕的導演Behuy Masao（曾宇平）來到了Yayui Masin（黃秀珠）的家。當時，我們正在籌拍公共電視關於大豹群的紀錄片，這支進行中的影片是由Behuy執導，我擔任協同導演，並由許多族裔耆老出任影片的「研議小組」，整個紀錄片與族人討論的過程，漫長而嚴謹。

之所以來到Sqiy部落的Yayui家，主要是要記錄泰雅族大豹群的女性織布訪談。在部落裡，女性的角色多半沉默。在當代原民轉型運動的過程中，她們更是隱形的一群人。Yayui的織布功力非常高超，不只一般我們能夠看到的典型泰雅族的平織、菱形織等圖騰，有一次她還得意地向我展示了她如何依照編織的邏輯運算，在一塊紅底的布上編織出了「歡迎光臨」四個白色大字，卽便字體有點歪斜不整，但立卽能讓人理解其中高超的運算能力。這樣的能力，也許相當於矇眼徒手把一台摩托車拆成一堆螺絲與鐵片後，再憑記憶、邏輯與手感，逆向組裝回去。

拍攝的過程中，Yayui提到她國小成績優異，但是卽便如此，父親還是認爲女性不需要讀書，國小畢業就送她去桃園的紡織工廠工作。Sqiy部落的族人與桃園龍潭、八德地緣關係緊密，許多人未完成學業就提早進入工廠，卽便是生病，第一個選擇也是龍潭的國軍八〇四醫院。不過，就像能夠憑空用腦力運算出「歡迎光臨」四個字的傳統編織法，學歷不高的Yayui憑藉著強大的意志力盡情自我發揮，不但曾經被北原山貓收爲弟子，錄了一張個人專輯《一個泰雅女人的一生》，居然還能在不會說族語的情況下就接下了社區大學族語老師的工作（一邊趕緊學、一邊教學生）。Yayui從紡織廠的工作退休後，回到自己族群的織布天地裡，選擇編織自己的語彙。現在已經在平地社區大學教平地原住民編織，可以說桃李滿天下，我們都開玩笑地稱她爲「國寶」。

每次回想Yayui至今的一生，總是讓我想起克里弗德在《復返》裡關於「原民現身」的鮮活例子。當然，克里弗德的「現身」並不單純，甚且纏繞著新自由主義相關的文化資本化等問題，卻也肯認著「現身」爲當代原民發展所帶來的意義。不消說，對於原民「身分政治」的鬥爭，從過去僅僅依循國家體制的「法定身分現身」（例如：法定身分、法定族名法制化……），一直到當代以具有某種個人主義面貌的「文化身分現身」，過程中確實有些自我品牌化的趨勢。但是，從Yayui的例子來說，她一方面在漢人主流的世界力爭上游，另外一方面也可以看到她穿梭於各種當代文化機制的靈活（甚至有時是機巧的）再現方式，對於居住在插天山下偏遠的Sqiy部落的人而言，個人化的文化展現似乎成爲理所當然。反過來說，要他們保持著「像原住民」的狀態，恐怕只是我們近乎於暴力的想法。

✴

回想起二〇一七年開始在台北的藝術學校打工，第一批收的研究所指導生裡，有一位賽夏族的學生Hewen。她的碩士論文以克里弗德的《復返》作爲關鍵的參照，或者，不如說是茫茫大海中的一柱燈塔。

像Hewen這樣一位出生在城市，並未有所謂「原鄉經驗」的「原民」，每每在「返回」南庄進行田野時，反而像是進入一個陌生的世界而被在地人「反獵奇」，心中承受不小壓力。類似Hewen這樣出生在城市的原民藝術創作者，並不在少數。由於一開始不知道該如何「回到」原鄉，Hewen選擇以自己家族的歷史遷徙路線作爲起點，開啟了一個名爲《越山》的計畫。Hewen花了半年的時間深入苗栗的桃牛坪山，一點一滴探索自己家族的路徑。

在這個過程中，「找路」比較像是一個行動的「藥引」，背後其實串連起的是一個網狀的人際關係。

Hewen「帶著問題」進入部落，走訪各個耆老詢問自己家族的遷徙路徑。家族並不是孤立地存在，單一家族的遷徙也會是部落其他人的共同記憶，她就這樣藉由自己家族的路徑，敲開了返鄉的入口。後來，碩士口考順利的通過，Hewen也進入原民台擔任主播，找到了能夠盡情揮灑的舞台。我想，克里弗德「原民現身」的想法在這個過程裡給了她不少能量；彷彿藉由其他原民共同的離散經驗所轉化出來的主動「現身」，獲得了返鄉的勇氣。

✷

那天從Sqiy部落下來後，過了幾天，我跟年輕導演Masao再次前往熊空山拍攝，那裡是百年前造成大豹群被日本宣稱「滅社」的戰場之一。Masao跟Hewen一樣，都是都市成長的原民後裔，也是率領大豹群與日人長期作戰的Watan Saty的孫執輩。在近幾年大豹群的事蹟逐漸打開了以後，Masao決定返回自己的血脈歷史進行探索。

我們走在一九〇六年的熊空山隘勇線，清風拂面。當年遭到日本剷平移作砲台使用的熊空山頂，如今已被泰雅族重要經濟作物的桂竹林環繞。一行人繞過山頂，沿著稜線繼續往前行走，約莫半個小時後，來到了大豹社事件中目前唯一所知的泰雅族遺址，日方稱之爲「熊空山第二突角」。一九〇六年九月的某一個早晨，日本從附近的加九嶺山頭隘勇監督所，以山砲與野砲傾瀉在「熊空山第二突角」上的泰雅族大型掩堡。而在相隔一百多年以後，Masao重新回到了這裡，帶著現代科技的攝影團隊，拍攝祖先在大型掩堡上所留下的蛛絲馬跡。這個時候，攝影鏡頭似乎是某種穿越時空的「通行證」，電影工業所象徵的當代意義，除了是「紀錄」，更代表了「未來觀眾」的尋找。Masao已經不僅僅是單純的尋根，而是在鏡頭的轉譯行動中開創未來的連結。

⁂

時間再回到二〇一六年的秋天，我與一批參與者前往新北市三峽區的鹿窟尖。那是一個以藝術行動之名的「走踏」，我們攀上海拔六百多公尺的山頭，在山頂的一座土凹的構造物旁（俗稱的隘寮遺址），朗誦泰雅族大豹群Losin Watan在一九四七年所寫的〈台北縣海山區三峽鎮大豹社原社復歸陳請書〉，信中懇切要求當時的國民黨當局歸還被日人奪走的「祖墳之地」。當時，我甚至不認識任何一位泰雅族人，做這樣的行動，只能說有一種說不出來的衝動，還有一些不安。衝動之處在於，長年在三峽山區行走，與這塊山野產生了一種奇妙的連結。不安之處也在於基本的「倫理」問題，憑藉什麼能夠尋找「他人的歷史」呢？

後來，我慢慢發現自己會走向那些無以名狀的土凹，尋找土凹背後一連串的事件。在這個過程中，身體大量消耗在若無止盡的土凹的尋找當中，逐漸產生了一個合理化的過程。好像在一種非常古典的、隱含著「犧牲」的錯覺之下，倫理的包袱可以因此而慢慢地消失。土凹的尋找串起了網一般的殖民者路徑，最後離開調查者的身分，離開花草樹木，走入部落，尋找命運因此劇烈改變的泰雅族後代。Sqiy部落的Yayui、持著鏡頭的Masao，當然，還有更多人的出現，譬如霞雲里的Hayun、Yuosou、Yumin，還有Sqiy的Monai、Masin……這些大豹群的後裔就生活在山裡，正在逐一的「現身」。

當然，如何「復返」？對於大豹群而言又是另外一個實際的議題了。克里弗德提到的兩個力量：去殖民化與全球化，彼此看似矛盾與糾纏，也勢必無法分開來看待。「現身」既具有去殖民與全球化的意義，「銜接」、「表演」與「翻譯」都不可能在單一語境之下成立，Yayui的生命就是在相對封閉的部落與開放世界（帶有全球化意味）的中間地帶形成，這樣的現身本身就是在張力的網絡之下尋找契機。Masao帶著世界性的電影工業（與機器）重返部落，也是在「銜接」、「表演」與「翻譯」之間，串連部落與世界之間的關係。從Yayui到Masao，我們看到了兩種不同方向的「現身」，但兩者都是在去殖民與全球化的張力網絡之下進行的。

相同地，復歸土地也是一樣。大豹群傳統領域在日殖時期即轉交三井財團使用，進入了一個徹底轉向壓榨性的「殖民地化」的過程。這樣的壓榨意識從日殖時期過渡到戰後，一直到今日變成了消費至上的「遊憩區」，基本上可以說沒什麼改變。整個大豹溪已經進入後現代的語境，舊有的礦場改爲販賣「奇木」的精品店，你都不知道店裡面那些號稱一八九〇年代合法砍伐時期所遺留下來的檜木怎麼會那麼新鮮。在巨大商業利益的驅使之下，民間直接封鎖河段，以大量的水泥工程鋪設了一個又一個戲水的天堂樂園。當然，更不消說大型旅館的林立。這一切都在告訴著，對於進入後現代拼貼語境的大豹溪流域而言，原民的「復返」目前還在文化的層面努力。大豹群也成立了「泰雅族大豹群族裔協會」，除了持續與官方對話，也藉由各種文化運動，尋找回家的路徑。Masao擔任導演的公共電視豹群紀錄片拍攝，就是在這樣的背景之下催生的。而就土地歸還的議題而言，在疫情尚未發生前，族人確實會與官方討論到歸還土地的問題。昔日大豹社傳統領域在今日除了私人持有以外，更大面積是隸屬於林務局或者國有財產局所有。但是，事涉層面相對複雜，這條歸還土地之路也尚在前進中。

✵

這兩年到亞熱帶的高雄任教，有一天，一位馬卡道族後裔的學生育傑在課堂的報告中，再度提及了克里弗德的「民族誌現實主義」，其認爲，一個民族透過民族誌的方式轉往現實主義，具有複雜的特性，他提到「新自由主義既讓以身分爲基礎的社會運動成爲可能，又強力地把多樣性和轉化導引至它樂見的方向」。似乎新自由主義的幽靈總是隨侍在側。然而，對於尚未正名的馬卡道族而言，現實的處境可能更加「現實」。族群面臨漢化的速度比起其他原住民族群有過之而無不及。因此，將功利觀念與自我商品化的新自由主義概念導入原民運動，在這樣的嚴峻的局勢底下，並不能說是錯誤的。育傑其實是把藝術行動視爲一種創造「現實」的方法，有「銜接」、「表演」與「翻譯」的成分。他也正策畫以重演（reenactment）的方式，號召各界一起以當代劇場的方式重新詮釋一六三五年的搭加里揚之役。從這個角度來說，創造社會共同對話與參與的空間，也許是原民「現身」之後的後續路徑。

《復返》一書層層疊疊，以不同層次與不同案例叩問著什麼是當代原民的現實，這裡面並沒有、也不願給出一個明確的答案。這或許是一本關於漫長辯證之旅的書，穿過薩帕塔、伊許、浩鷗法以及作爲第二生命的面具。這樣的旅程也彷彿發生在許多我所認識的朋友身上，Yayui、Masao、Hewen、育傑。而我還看到的是，這本書陪伴了不少當代原民，在他們漫長的返鄉路上。

推薦

我們共同生活的未來，結局未定

官大偉（泰雅族、國立政治大學民族學系教授兼系主任）

我是一個活在二十一世紀的原住民。在赴夏威夷大學取得地理學博士學位之前，我有一段在都市中求學多年的歷程。我曾是二十世紀後半台灣社會運動街頭抗議人群中的一分子；現在，和許多同儕的原住民學者一樣，我經常在大學校園和家鄉部落之間往返。有時候，我切換語言，和國外的朋友視訊討論下一階段的合作計畫；有時候，無須言語，我和我的族人一起踏在祖先走過的山林路徑。復返，是詹姆士．克里弗德彙整多年觀察原住民族現象與時代變遷的反思。在這本書中，我除了看到不少一路上熟悉的人物身影、著作和案例，也映照出自身的經驗，體會到「復返」一詞所要傳遞的多重意義。

復返作為一種對於時間的認識

如同空間，時間可以是不證自明的、構成世界的基本向度，也可以是一種社會的創造，由社會賦予意義。將時間視爲一道無限延伸的直線，或是一支向前直射、一去不返的箭，是現代化思維的特徵之一。但是，不同文化對於時間，也有不同的認識。夏威夷諺語中所說的：「I ka Wā Mamua, ka Wā Mahope」（未來存在於過去），就是一種不同於線性思維的時間意識。

當我們把尺度放在一個人的生命，那麼從出生、成長到死亡，確實是一個不可逆的過程。但是，如果我們試著把尺度放在一個群體、群體和群體、群體和棲地之關係的網絡（也就是生態），那我們就會看到日起月落、季節循環，看到生命的更迭新起。時間可以不是一條直線，時間可以是一個在不同象限穿梭、迴轉，不斷擴大的螺旋。如果歷史是對於過去的解釋，那麼這種受啟發於生態韻律的、非線性時間意識下的歷史觀（克里弗德將其稱爲歷史生態學），在望向過去的同時，也正看到未來。

基於這樣的認識，我們對於「傳統」，這個許多原住民族運動中常見的名詞，就應該有更深刻的理解。在線性思維的時間意識中，傳統就是過去，甚至在現代化的論述裡，傳統經常被認爲是該拋棄、不合時宜的。霍布斯邦用「發明的傳統」一詞提醒我們，所有的傳統都是基於當下的處境、對未來的期待，而從過去採借而來，回應現今的需要。克里弗德則進一步將傳統定義爲「歷史實踐」，將它視爲是一個動態的過程。舉例來說，我曾經撰文討論南山部落和司馬庫斯部落族人在二〇一二年爲了盜伐事件而在quri sqoyaw（思源埡口，泰雅族祖先向北遷移擴散的重要地點）進行的Sbalay（和解）儀式。這個Sbalay並不是在復刻過去，而是如浩鷗法所說的「體現於身體的、根植於地方的、儀式表演性的時間意識」下的行動。透過這樣的行動，人們望向過去、看到未來。一方面重演儀式，一方面將以前沒有的教會組織、林務局、媒體記者捲入對話；一方面宣告要遵守gaga，一方面重新協商gaga應該是什麼。

復返作為一種生活方式的願景

克里弗德在本書中花了不少篇幅討論的浩鷗法，是提出「群島之洋」哲學、翻轉大陸中心思維的思想家。二〇〇〇年代，我在夏威夷大學接觸到浩鷗法的著作而受啟發，當時他已經在太平洋的學術圈中頗具盛名。值得注意的是，不論是他出身的東加，或是任教的南太平洋大學所在地——斐濟，其面臨的族群議題，都很難用現今廣爲引用之聯合國Cobo報告定義下的「原住民族」（indigenous peoples）* 與墾殖國家的關係來解釋。簡單的說，東加和斐濟現今的多數人口，都是本土（native），由於國家就是由多數本土人口組成，[†] 因此作爲多數的本土人口無須再去強調原住民族權利論述以主張其政治權利。[‡] 但是，克里弗德指出，浩鷗法和吉巴烏（本書中另一位經常被討論的主角，來自「典型」原住民族處境的新喀里多尼亞卡納克政治家）共享著一種開闊的、前瞻的願景。在這個願景下，indigenous，並不只是指涉政治的身分，還指涉不同於國際強權地緣政治、不同於國家科層工具理性、不同於市場經濟商品邏輯的人地關係與生活方式的意義。

要挑戰強大的結構性力量，活出不同的願景，並不是以建立另一個強大的結構性力量來取代，而是看到所謂結構的框架之間存在的空洞、縫隙和機會。克里弗德在許多原住民族的經驗中，看到「銜接」、「表演」、「翻譯」三種在當代回應結構性力量的機制。

銜接（articulation），原本是葛蘭西提出來的概念，意指資本主義結合國家機器形成意識形態的霸權，穿透生活中的不同層面（例如勞資倫理、衛生健康、文化美學），而構成一套完整相互支持的思想秩序。文化論學者霍爾則用銜接來表達常民生活中，以個人爲中心，將不同來源、新舊混雜的事物賦予意義，既不衝突、也無矛盾的情形。克里弗德引申其義，以indigenous articulation，指涉原住民面對各種新的變化，可能是本書中所引用的芭芭拉．尚金所說的殖民接觸的「暴風雨」所造成的破壞，也可能是新的技術帶來的機會，但總是在不同來源、新舊混雜的交接之間，帶著和土地的深刻連結，以及被迫和土地割離的經驗，嘗試重構和墾殖國家的關係、尋求安身之所在（包含有形的生存空間和無形的價值空間）的努力。因此，克里弗德解釋，霍布斯邦所謂「發明的傳統」之「發明」一詞，其實應該更精準地被理解爲一種「關於銜接的政治」（politics of articulation）。

表演，也因此並非虛僞造假，而是一種向世界表達、陳述的積極行動。在我的家鄉——尖石鄉的田埔部落，我尊敬的文化工作者芭翁．都宓，十多年來用復育小米，一步一步重塑了部落的地景。作爲高度儀式性、象徵性的作物，小米的復育重新帶回了許多佚失的語彙（包含對作物狀態的、土壤的、氣候的描述），連結部落女性長者回田間參與勞動，並提供她們的知識。透過小米田的走讀導覽，芭翁．都宓和她的夥伴希望以文化生態的知識經濟，形成部落教室、串聯各級產業，創造一個新的商業模式。這個表達、陳述的積極行動，不僅是在「復育」過去，也是在迎向未來。

翻譯，是不同文化之間相互對話、理解的基礎。克里弗德提醒，翻譯不僅是中介、傳

* 意指先於現代國家出現前即已存在於其土地上；現代國家出現後，雖處於非支配的地位，但仍維持其和土地的連結與身分認同的人群。

† 儘管歷史上斐濟曾經被殖民過，並且引進大量印度裔人口，但幾經消長，印度裔人口在比例上已占下風。

‡ 這也是斐濟在二〇一二年政變後廢除大酋長會議，並開始強調「不論是iTaukei（本土）或是印度裔的公民，都是Fijian（斐濟人）」的背景原因。

遞，它更是一個革新的過程。在我撰寫本文的前不久，芭翁・都宓完成了她在碩士班的研究計畫口試。以她長期投入部落工作高度被肯認的成就，實在不用到制式學院中當學生受罪（這背後有另一個關於政府部門對於文化工作者的不信任而引發她動機的故事），但她將自己置身於部落和學院之間，也開啟了翻譯的機會。她的研究計畫題目雙語並陳，中文是「我在田埔部落的小米農耕實踐」，泰雅語是「pincywagan tnga pazeh squ hbun Pehwan kinbahan na Cyanga Watan」，直譯的話，可以翻成「一個 Cyanga Watan 的後代在 Pehwan 溪匯合處拿手鍬完成的那些事」。Cyanga Watan 是田埔部落的起源祖先，溪流匯合處是泰雅古調吟唱中記述遷移的地點。光是研究計畫的題目，就引起了口試委員熱烈的討論，以及對於語言限制、學術框架的反省。芭翁的這個翻譯，用泰雅古調隱喻而極有詩意的方式，打開了一個新的空間。

復返作為一種重構關係的手段

就在撰寫本文的同時，我也正準備啟程前往荷蘭，參加一個科技與社會研究的研討會，行程中還會和賽德克民族議會的團隊會合，參加一個與歐洲博物館策展人對話的論壇。這幾個歐洲的博物館都有一些早期從台灣原住民族部落取得的文物，在許多朋友的穿針引線之下，這些博物館發展出和賽德族人合作，共同檢視原件、進行文物詮釋、建立數位博物館的計畫。

文物的復返，近年來已是博物館界的重要議題。克里弗德在本書中用伊許——一個和家人失散後，走出「原始」居地，進入「文明」世界，受雇爲加州大學博物館管理員的原住民的故事，刻畫了搶救式人類學將原住民客體化的一段歷史，也透過多方對於伊許的重新解讀，看到他選擇友善、沉默、有所保留的應對策略，所隱隱然存在的主體性。他和他的老闆（克魯伯，美國文化人類學開創者鮑亞士的弟子）之間的情誼與不對等的關係，以及克魯伯在伊許死後，來不及阻止伊許的遺體被科學式解剖的懊悔，乃至之後衍生出對於伊許之「歸屬」的各種爭議，更是顯示了原住民、人類學者、博物館之間的糾葛。

特斯拉克是已逝的夏威夷學者，她極具熱情與批判性，也是重要的主權運動者，我在夏威夷大學時有幸親炙她的風采。她曾在一九九〇年代於《當代太平洋研究》這本期刊和澳洲人類學者基辛大打筆戰。其中有一段話，我讀來覺得非常痛快，大意是：「你們白人那麼喜歡研究我們祖先的骨頭，也不見你們去把你們自己祖先的骨頭好好地挖出來研究研究。」當然，人類學家、考古學家也未必不會研究自己祖先的骨頭。但是她的質問，凸顯了站在科學的制高點，以探求眞理之名，恣意入侵、挖掘、收集，將別人的世界拆解、收納到自己認知之編排秩序的荒謬性。

隨著各式的反省和調整關係的嘗試，博物館對文物的復返，已經發展出多種可能。其中，原物歸還是一種方式，而隨著原物歸還的保存空間與設施建置，博物館和文物來源部落的持續合作，使文物在當代創造出新的意義，也同等重要。當然，歸還的對象爲誰也往往是極需協商的過程（例如，能否釐清當初文物取得的過程？可否追溯得到該文物製造者的後代？要還給家族、部落傳統組織或地方政府？）。如果各方關心的是使文物在當代創造出新的意義，復刻原件並在過程中復振當初的工藝技術，也是一種可選擇的方式。此外，還有許多其他的可能性。重點是，既然要調整關係，就必須從對話協商開始。今日，已有不少的博物館，發展、轉化成爲一種協作實驗的空間。克里弗德在本書中用阿拉斯加科迪亞克地區《望向兩邊》展覽的例子，詳細地敘述了由史密森尼學會出借收藏之文物致阿魯提克博物館，並由當地原住民耆老、組織參與策展，從當地人的主體敘事出發，呈現出文物與今日生活樣貌對照、文化的延續與變遷並現的經驗。

離散與復返的交錯共織、本土與外來的相互定義

雖然有上述這些調整關係的努力，但是現實一直都是機會與挑戰參半。克里弗德認爲《望向兩邊》展覽「反映的是一個文化復興的時刻，它把長達超過二十年的討論、奮鬥和妥

協編織在一起」。放到一個更大的脈絡來看，這個展覽是受到一九八〇年代原住民組織與考古學者一系列對抗和協商的啟發，而經費來源則包含了近二十家區域性和村落性原住民公司。這些原住民公司是一九七一年《阿拉斯加原住民土地聲索解決法》的產物，該法律將原住民族土地權利股票化，並成立多家、不同層級之原住民公司，作爲代表原住民族人和外部公司合作的機構。雖然這些公司投入經費支持展覽，顯示出原住民的經濟成就，但另一方面，這樣的制度被批評爲「假借市場過程終結原住民的新自由主義手段」。傳統的村落組織的正當性被公司取代，但是以營利爲核心目的之公司，終究不是以政治上的主權爲其行事的考量。

在對於各種銜接、表演、翻譯的行動感到樂觀期待的同時，克里弗德並沒有忘記，結構性的不平等仍然存在。他也沒有忽略，在墾殖國家中，原住民的復返和因爲土地、資源攫取而造成離散同時在發生。固然某種程度來說，復返正是因爲離散而被激發的動力，甚至至原住性（原住民之所以爲原住民的特性）或許就是由離散與復返所交錯共織出來，但也不應該把造成這樣的離散背後的結構性不平等浪漫化。克里弗德提出一種現實主義的哲學：在「接觸、奮鬥和對話」的場域，處理「結局未定」和「大小恰好」的故事。換句話說，用一種機遇的、策略的態度，解決當下應該要解決的問題，但不需要提出一個時貫古今的鉅型理論，也不需要因爲體認到事物的非本眞性，就將一切解構致虛無飄渺。舉例來說，我們知道原住民族集體權的主體——原住民族，本身就是一種建構出來的集體身分，但是在結構性的不平等依然存在的當下，以原住民族權利論述作爲對抗不平等就有其價值與意義。

值得進一步思考的是，墾殖國家中的墾殖者後代，也處在離開原居地和在墾殖地上本土化的歷史動力之中。歷史學者韋拉西尼曾指出，墾殖殖民主義的終局，在於消滅原住民族。其方法包含墾殖者自身的本土化，以及削弱、質疑原住民族的原住性，來否定原住民族的權利與道德訴求。這樣的現象確實處處可見。以台灣來說，當我們的社會越來越不想去解決歷史上掠奪原住民族土地的不正義，而瀰漫著原住民憑什麼加分、憑什麼享有比較早領老人年金的福利特權的質疑，我們似乎就越往韋拉西尼所說墾殖殖民主義的終局推進。

所幸，克里弗德的現實主義哲學提醒我們「結局未定」，我們還是可以持續「接觸、奮鬥和對話」的努力。原住民各種銜接、展演、翻譯的行動，從來就不是原住民自己的獨舞自語或在自己的螺旋中轉圈圈，而是透過銜接、表演、翻譯，在召喚墾殖者後代，一起朝向一種生活方式的願景。在這個願景中，原住民不需要被消滅，墾殖者後代也可以和這塊土地相互歸屬。如果說，政治意義上的原住性，是因爲墾殖與現代國家的出現而被創造出來，墾殖者後代的本土性（墾殖者後代和這塊土地的關係），也可以因爲和原住民族的共存共榮而被定義。在許多「大小恰好」的故事裡，像是那些反省之後調整博物館和原住民之關係的經驗，像是我所知道支持賽德克民族議會走向歐洲的許多非原住民朋友（包含我敬愛而早逝的朋友林淑雅教授），像是來到芭翁．都宓的小米田後而有所感動的學員，還有許多在本文無法一一提及，但是每個人都可以想到一些在結構的框架之間尋求機會的嘗試改變的例子，都讓我們可以看到繼續努力下去的力量。

✵

《復返》這本書，是詹姆士．克里弗德彙整多年觀察原住民族現象與時代變遷的反思，從一個原住民的角度，我認爲它不應該只是要讀者在旁觀之中，更加精準的掌握原住民這個「他者」的當代樣貌，而更應該經由從原住民族之復返所學到對於時間的重新認識、生活願景的重新體認、族群關係的重新思考，開展一個「結局未定」之共同未來的想像。

關於《文化的困境》、《路徑》、《復返》三部曲譯注計畫

林徐達（東華大學族群關係與文化學系教授）

《文化的困境》、《路徑》、《復返》三部曲譯注計畫承蒙科技部（二〇二二年更名爲「國科會」）人文社會經典譯注計畫補助出版。本計畫於二〇一五年八月向科技部提出「譯注計畫構想表」，經第一階段審查通過後，於該年末正式提出本項譯注計畫並獲得兩年期補助（科技部專題研究計畫編號MOST 105-2410-H-259-034-MY2）。本項譯注計畫之內容和出版程序均符合科技部「人文社會經典譯注計畫」之作業要點。同時，原著頁碼列於文本下方，以斜體數字標示。

三部曲中《文化的困境》多年前由王宏仁教授（現任職於成功大學政治學系）接受桂冠圖書公司之委託並完成翻譯初稿，而由計畫主持人林徐達教授（現任職於東華大學族群關係與文化學系）進行審訂、潤稿、增加譯注，以及確認譯稿等程序。《路徑》和《復返》早先由桂冠圖書公司洽購版權後陸續出版——《復返》由林徐達和梁永安主責翻譯（二〇

一七）；《路徑》在Kolas Yotaka女士的初譯稿基礎上，交由張瀠之、林徐達審譯後出版（二〇一九）。二〇二一年桂冠圖書公司因故結束營業，承蒙左岸文化協助三部曲出版，接續處理相關版權、修潤譯稿和最終的編輯排版，其中《路徑》委由林徐達和梁永安重新翻譯，《復返》全書檢視並修潤原先的譯本，以助於統整作者在三部曲中持續的論述立場和相關觀點。

本計畫在此向科技部（國科會）和三本譯著的審查委員表達感謝之意，同時感念已故的桂冠圖書公司賴阿勝先生的提攜，並向左岸文化黃秀如總編輯、孫德齡編輯協助這三部曲完整發行表示敬意。此三部曲譯著由計畫主持人全權負責譯文品質，並接受學術社群的監督批評。

✵

本三部曲譯注計畫原著作者詹姆士．克里弗德出生於一九四五年，一九六七年大學畢業於美國賓州哈弗福德學院（其中一九六五年在英國倫敦政經學院就讀），一九六八年取得史丹佛大學碩士學位，並自一九七七年取得哈佛大學歷史學博士學位後，任教於美國加州大學聖塔克魯茲分校意識史學系。克里弗德曾在多所大學擔任客座教授，包括耶魯大學

（一九九〇）、倫敦大學學院（一九九四）、巴黎社會科學高等研究院（二〇〇三）、柏林自由大學（二〇一二）、史丹佛大學（二〇一三）。他於二〇一一年獲選爲美國藝術與科學院院士。

克里弗德是當代人類學論述和文化反思最具重要性學者之一，過去三十年來每年平均超過十場全球性受邀演講；二〇一六年他曾應三部曲譯注計畫主持人的邀請，並以「民族誌–歷史學的現實主義時刻：原民性、博物館與藝術」爲題訪問台灣並發表數場演講。克里弗德過去曾擔任 *American Ethnologist*、*Cultural Anthropology*、*Museum Anthropology*、*Cultural Studies*、*Material Culture*、*Collaborative Anthropology* 等重要人類學期刊之編輯委員。其研究觀點包含人類學發展史、民族誌田野工作、原住民研究、原民藝術、博物館收藏與歷史。

主要著作包括：

《個人與神話：美拉尼西亞世界裡的莫里斯．林哈特》（*Person and Myth: Maurice Leenhardt in the Melanesian World*）。一九八二年加州大學出版社發行；一九九二年杜克大學出版社發行。

《書寫文化：民族誌的詩學與政治》（*Writing Culture: _e Poetics and Politics of Ethnography*），詹姆士．克里弗德與喬治．馬庫斯合編。一九八六年加州大學出版社發行。

《文化的困境：20世紀的民族誌、文學與藝術》（*The Predicament of Culture: Twentieth-Century*

Ethnography, Literature, and Art）。一九八八年哈佛大學出版社發行。

《路徑：20世紀晚期的旅行與翻譯》（*Routes: Travel and Translation in the Late Twentieth Century*）。一九九七年哈佛大學出版社發行。

《人類學邊緣》（*On the Edges of Anthropology*），二〇〇三年芝加哥刺範出版社發行。

《復返：21世紀成爲原住民》（*Returns: Becoming Indigenous in the Twenty First Century*）。二〇一三年哈佛大學出版社發行。

致謝

所有曾經慷慨協助此一著作計畫的每個人，對於他們的謝意顯然無法僅以此一名單作爲等量的對比展現。我相信他們知曉我傾向更爲個別的感激方式。

以下這些學者的知識對我的影響已逐漸增生滋蔓：海登・懷特、唐娜・哈洛威、史都華・霍爾、娥蘇拉・勒瑰恩、馬歇爾・薩林斯；安清、保羅・史密斯，以及已故的艾培立・浩鷗法。

我對理查・西伯斯、安娜・坎特尼、讓・賈敏、米歇爾・雷里斯、讓－馬里・吉巴烏始終心懷感激，他們的友誼和典範成就爲此一計畫給予近四十年的萌芽滋潤。

同時，這些年來我在加州大學聖克魯茲分校意識史學系及其他科系所指導的博士生，賦予我挑戰並啟發靈光。數不盡的學期專題研究與論文指導編織了《復返》這本書。

賀蕭這位卓越的歷史學家和同事，近年來始終督促著我。身爲寫作夥伴，我們彼此切磋砥礪並且批判對方的計畫，本書的每一章節皆有她的身影。

我的妻子茱蒂絲・艾森以對話者和評論者之姿提供多方協助。她用無盡的愛支持我，並且以她擁有的才學展露知識分子應有的樣貌。

我也感謝哈佛大學出版社林賽・沃特斯藉其知識所學，一如既往地支持此三部曲，而《復返》正是其中之一。他的編輯助理王珊珊是一位充滿效率且幽默的人。而加州大學聖克魯茲分校的亞歷山大・赫希提供了研究協助以及許多激勵對話。本書嚴謹的編審安妮・蘇斯曼女士挽救了我數不清的錯誤。

以下的名單提供了出色的交流、批評或是實質支持。當然，他們的協助並不意味著他們必然同意我的結論。第一部分關於原住民文化振興和當代文化政治：馬克・安德森、戈帕爾・巴拉克里希南，理森・博爾頓、艾麗可希斯・邦登、金伯利・克里森、裘莉・克魯克香克、維森特・迪亞茲、吉列爾莫・德爾加多、芭芭拉・艾普斯坦、史蒂芬・費爾德、尼爾森・葛拉本、理查・漢德勒、烏拉・哈塞爾斯坦、艾普莉・韓德森、馬格莉特・喬利、內娜琳・考普阿、克豪拉尼・考亞魯伊、珍妮佛・克雷默、太田好信、羅絲・菲利普、瑞夫・雷貞瓦努、派翠西亞・肖、安東尼・薛爾頓，大衛・蕭特、金・陶貝爾、德瑞莎・蒂瓦、尼可拉斯・湯瑪斯、夏洛特・湯森-高特。

第二部分有關討論伊許和加州印第安人歷史，我特別感謝歐林・史坦。還有已故的威廉・布萊特、琳恩・欣頓、艾拉・傑克尼斯、克里斯蒂安・克里格、已故的卡爾・克魯伯、貝弗利・奧爾蒂斯和傑德・賴夫。

第三部分的艾倫・克羅威爾、小哈坎森、安・範納普－里歐丹，和艾咪・史蒂芬恩是我在阿拉斯加最重要嚮導。我衷心感激他們的寬宏以及激勵人心的研究成果。其他相關且具助益的評論資訊和資源的協助部分，我要感謝柯克・東布羅夫斯基、理查・克內克特、克萊兒・拉龍德、亞瑟・梅森、帕特麗夏・帕特若、戈登・普拉。此外，尚有位於科迪亞克島的阿魯提克博物館暨考古資源庫裡耐心提供協助的工作人員。

最後這個著作計畫獲得古根漢獎學金、史丹佛人文研究中心、日本東京I-House牛場獎學金，以及來自加州大學學院研究委員會等單位的慷慨資助。在此一併致謝。

圖片說明

（頁〇五七）卡納克獨立運動領袖吉巴烏一九七八年攝於新喀里多尼亞的延根河谷。作者拍攝。

（頁一七九）《穿成普通人的郊狼》，L．法蘭克繪。承蒙畫家本人惠允轉載。

（頁一八三）《兩個世界裡的伊許》封面，伊許正在爲一把鮭魚魚叉繫上叉頭。承蒙赫斯特人類學博物館和加州大學校務委員會惠允轉載，型錄編號：15-5727。

（頁一八五）二〇〇四年版《兩個世界裡的伊許》封面。承蒙赫斯特人類學博物館和加州大學校務委員會惠允轉載，型錄編號：13-949。

（頁一八六）關在奧羅維爾牢房時的伊許，一九一一年，霍根拍攝。承蒙赫斯特人類學博物館和加州大學校務委員會惠允轉載，型錄編號：15-5910。

（頁二一一）伊許、克魯伯和巴威，一九一一年。承蒙赫斯特人類學博物館和加州大學校務委員會惠允轉載，型錄編號：13-944。

（頁二一二）在博物館時的伊許。承蒙赫斯特人類學博物館和加州大學校務委員會惠允轉載，型錄編號：15-6088。

（頁二一三）光著上身的伊許，一九一三年，狄克森拍攝。承蒙美國自然史博物館圖書服務部惠允轉載，型錄編號：31704。

（頁二一五）重訪鹿澗的伊許。承蒙赫斯特人類學博物館和加州大學校務委員會惠允轉載，型錄編號：15-5767。

（頁二一六）多洛雷斯，《兩個世界裡的伊許》中的照片。承蒙赫斯特人類學博物館和加州大學校務委員會惠允轉載，型錄編號：15-5151。

（頁二二二）克魯伯拍攝。承蒙加州大學柏克萊分校班克羅夫特圖書館惠允轉載；肖像7。

（頁二三〇）波普與來日無多的伊許合影於一九一六年三月。承蒙「響尾蛇製片公司」的賴夫惠允轉載。

（頁二四七）倫納的表演／裝置《人工製品》，紐約市惠特尼美術館，一九九〇年，霍蘭拍攝。承蒙藝術家本人惠允轉載。

（頁二四八）伊許正在製弓，一九一四年六月，波普拍攝。承蒙赫斯特人類學博物館和加州大學校務委員會惠允轉載，型錄編號：15-5798。

（頁二四九）口袋。在大學裡的伊許，一九一一年十月。承蒙赫斯特人類學博物館和加州大學校務委員會惠允轉載，型錄編號：15-16827。

（頁二五二）《印第安人》，L．法蘭克繪。承蒙畫家本人惠允轉載。

（頁二五七）《伊許與同伴在拉明沼澤》，油畫，約創作於一九七三年，36”×24”。承蒙太平洋西岸貿易公司 H. C. and Käthe Puffer 惠允轉載。

（頁二八五）麗貝卡．貝爾莫爾創作的照片／裝置：《流蘇》（局部）。承蒙藝術家本人惠允轉載。

（頁二九六）赫斯特人類學博物館的海報，二〇一二年，作者拍攝。

（頁三三二）伊許。承蒙赫斯特人類學博物館和加州大學校務委員會惠允轉載，型錄編號：15-5414。

（頁三三七）阿魯提克人划著皮舟前往阿拉斯加州荷馬市，準備參加塔孟塔卡圖魯塔文化節，二〇〇二年八月三十一日，作者拍攝。

（頁四四一）科迪亞克一景，作者拍攝。

（頁四四三）科迪亞克的東正教聖復活主教堂，作者拍攝。

（頁四四五）阿魯提克博物館館內（之一），作者拍攝。承蒙阿魯提克博物館惠允發表。

（頁四四六）阿魯提克博物館館內（之二），作者拍攝。承蒙阿魯提克博物館惠允發表。

（頁四四六）地松鼠風雪大衣，作者拍攝。承蒙阿魯提克博物館惠允發表。

（頁四四八）哈坎森的工作間，作者拍攝。承蒙哈坎森惠允發表。

（頁四七一）「皮納爾面具蒐藏」之一：「第一位」（*Chumliiq*）。現藏城堡博物館，照片版權爲伯特雷所有。

（頁四七三）「皮納爾面具蒐藏」之一：「大臉」（*Giinasinaq*）。現藏城堡博物館，照片版權爲伯特雷所有。

（頁四七四）在城堡博物館的蘇格皮亞克藝術家，安德森拍攝，經惠允發表於此。

（頁四七七）在城堡博物館的蘇格皮亞克雕刻師英加，安德森拍攝，經惠允發表於此。

（頁四七八）「海之民」舞群在「面具：像一張臉」揭幕式上的表演，作者拍攝。

（頁四八〇）「皮納爾面具蒐藏」之一：「夜行者」（*Unnuyauk*）。現藏城堡博物館，照片版權爲伯特雷所有。

（頁四八五）「皮納爾面具蒐藏」之一：「狐疑者」（*Temciyusqaq*）。現藏城堡博物館，安德森拍攝，承蒙城堡博物館惠允發表。

（頁五一六）科迪亞克發射場，作者拍攝。

（頁五一七）《海獺女孩》海報：琳娜．阿馬森－伯恩斯創作的混合媒材作品，經惠允發表於此。

獻給我的學生們，一九七八～二〇一三

序

《復返》是一系列著作的第三冊，此一系列始於一九八八年的《文化的困境》，以及隨後於一九九七年出版的《路徑》。就像先前兩冊，本書各篇章大略寫成於十年之間。每一冊揭櫫的觀念會在另一冊重新省思。所有重要問題都保持開放。因此，《復返》並不是一個結論，不是一組三部曲的完成。它是一系列持續反思的一部分，是對時代變遷的一些回應。站在現在回顧，這些變遷該如何理解？是哪些更大的歷史發展（哪些壓力和侷限的變換）形塑了這個思考和寫作的過程？

以有限的後見之明將自身的工作置於這些歷史變遷之中是有風險的。原有的見解肯定會被證明是錯的，至少會被證明爲落伍過時。重讀《文化的困境》的文字，我強烈感覺到它們的遙遠。它們屬於另一個世界。書中索引不見「全球化」一詞，也沒有「網際網路」和「後殖民」的條目。尋找一套歷史敘事以理解變遷的過程中，我發現那是一種權力關係與論述立場（discursive location）的深刻轉變。簡言之，這種變化可以稱爲西方的去中心化

（decentering）。必須馬上補充的是，「去中心化」並不意味廢除、消失或超越原有的權力中心。但這種不均衡且不完整的變化一直在進行。大地已然移置。

這讓我想起一九七〇年代早期的一番交談。當時我還是博士生，在倫敦經濟學院研究馬凌諾斯基的手稿。一天下午，我在圖書館外面與著名人類學家弗斯不期而遇，聊起人類學的歷史。弗斯以研究蒂科皮亞島（Tikopia）知名，既是馬凌諾斯基的學生又是同事。他對於將跨文化研究與殖民權力相提並論的趨勢感到困惑，特別是由阿薩德主編的重要著作《人類學與殖民遭逢》。他無意小覷這個趨勢，但認爲人類學與帝國的關係比一些批評者所暗示的要複雜得多。他搖搖頭，表情中的困惑半眞半假。這是怎麼回事？他說。不久之前我們還是激進分子。我們自視爲批判性知識分子、原民文化的擁護者和人民的捍衛者，但現在，一剎那之間，我們卻成了帝國的侍從！

這便是感受到「歷史性」。突然間，歐美自由派學者明白了殖民主義原來是一段可能有盡頭的時期。試問，在一九五〇年代初期，誰會料得到法國和英國的大多數殖民地將會在十年內正式獨立？感受到歷史性就像是腳下的小地毯被抽走：那是一種完型（gestalt）的變化，一種立足點突然的改變，或是暴露在一些此前一直隱藏著的凝視之下。對歐美的人類學來說，經驗到自己被界定爲一種「西方」科學，被界定爲只是部分眞實的提供者，固然是一個難以接受且難以處理的過程，但最終來說也是一個增益的過程。同一種挑戰和學習

2

經驗也將我這一代的許多學者推向了性別、種族和性向的研究。顯然過去五十年來，被去中心化的對象不止是「西方」。

回顧過去，我將我的工作定位在一種政治轉換與文化轉換的戰後（postwar）論述之下。就像弗斯，我也開始感受到了歷史性。

⁂

我出生於一九四五年，先後在紐約市和佛蒙特州長大。那時的世界和平是一種戰勝國之間的和平，以冷戰對峙和一種由美國主導的持續經濟膨脹爲特徵。我對現實的基本感知（卽對什麼東西確實存在和可能存在的感知）是在物質繁榮和安全程度都前所未有的環境下形成。當然，我這一代人經歷了反覆出現的核毀滅恐懼。但由於裁軍並未卽將實現，我們每天都學會了在「恐怖平衡」中生活。在其他方面，世界看來穩定而不斷擴寬——至少對中產階級的美國白人是如此。我們從不匱乏什麼，戰爭總是在別處開打。地緣政治對抗的界線有清楚標示，而且大部分時間都是可控制的。

一九五〇年代的紐約市儼然是世界中心。北美的權力和影響力濃縮在曼哈頓的商業區。只要一趟地鐵便可以到達華爾街、聯合國、當代藝術博物館和前衛的格林威治村。戰後時期的去殖民化運動姍姍來遲，表現爲民權運動、反越戰和人們逐漸給予接受的另類文化。我的批判性思維受到激進藝術和多樣化政治（politics of diversity）的滋養，源頭是達達主義、超現實主義、跨文化人類學、音樂和大眾文化。女性、受排斥的種族及受排斥的社會群體成爲新的歷史行動者，他們正在發聲，要求得到公平對待和承認。

和同世代的很多人一樣，我認爲學術工作與這些對社會規範和文化權威的更廣泛挑戰是密不可分的。這些挑戰爲知識、政治和文化生活帶來一種新的開放性。既定的典範和制度結構受到挑戰。這些騷動同時產生了排他性身分政治（exclusivist identity politics）、享樂主義次文化和多元文化主義的多種經營形式。所以，語言的多樣性可能掩蓋了頑強存在的不平等。大多數學術作品（包括我本人的著作在內）從未質疑爲邊緣觀點「挪出空間」的自由派特權。我們不應高估「六〇年代」所帶來的改變。許多表面上的成就（如反貧窮倡議、平權法案和女性權利）如今面臨四面楚歌或正在退卻。但一些重要的改變還是發生了——這些改變不均衡也不完全，但仍然具有決定性。這裡只舉一個例子：一九五〇年代美國大學那種輕率的歐洲中心主義、男性主導的英語系，現在看起來像是一場噩夢。

三十三歲那一年，我從北大西洋遷居到太平洋邊緣，從一個全球性海洋和世界中心遷居到另一個。最初，我自感是一個流落邊陲（「西岸」）的紐約客。但亞洲的身影、美洲北／南移動的長遠歷史，以及文化豐富的「島嶼太平洋」（Island Pacific）* 的影響力卻逐漸顯現。在一個去中心的、接觸頻盈的動態世界中，「西方」作爲一種歷史總部的整體概念變得不再有意義。

住在北加州讓人很快就能清楚意識到：我開始感受到的「去中心化」並不只是戰後去殖民化和「全球性六〇年代」衆聲喧譁的結果。這兩種力量固然帶來了改變，且至今仍在作用中，但「去中心化」也是新的、充滿彈性和流動性的資本主義形式的產物。自此，我對一個尚未完成的、由兩股既緊張又合作的戰後力量構成的歷史雙重取向深感興趣：去殖民化和全球化。

加州的聖塔克魯茲——從一九七八年起此地便成爲我的家鄉——體現了這種雙重性。這是一座大學城，是六〇年代反文化願景家的飛地（enclave），也是矽谷高科技新世界的市郊住宅區之一。這裡是大量資本流入、四小龍和勞工移民的「環太平洋」。我還是住在一個「前沿帶」（*frontera*）——一個將拉丁美洲連結於美國與加拿大的接壤區，它不受控制且不斷地擴大。聖塔克魯茲郡的北半部座落著一所大學和市政府，強烈認同於多元文化主義、女

* 譯注：「島嶼太平洋」係指在太平洋島嶼地區的原民文化和歷史復興，並且強調這些島嶼之間的連結和互動，而非將其視爲孤立的地理單元。這種觀點注重文化的相互影響、交流以及共同的歷史經驗，並且與現代世界保持著複雜而多層次的聯繫。因此，作者認爲「文化復興」不僅僅是對過去傳統的保存，更是一種創造性和持續性的文化實踐。

性主義、環保主義和反帝國主義。而在這個郡的南部，則是墨西哥／拉美裔工人人口不斷增加且勢力不斷坐大的農業綜合企業。我開始將當前的歷史時刻視為一個矛盾的、不可避免的矛盾的交匯點（conjuncture），同時體現著後殖民和新殖民的色彩。

當我開車沿懸崖頂行駛至舊金山時，有時會想起詩人奧爾森的詩句：「我們跑出了大陸的盡頭。」我們？事實上，加州給人的印象愈來愈不像美國的「西岸」，更像是一個多元歷史的匯合。《路徑》裡的文章反映著這種對位置（location）和移動性的複雜意識。全書的最後一篇文章〈羅斯堡的沉思〉把我引導至北方的阿拉斯加——一個不同的「前沿帶」。今日重建於舊金山海岸邊的羅斯堡，十九世紀早期原是俄國毛皮貿易帝國的前哨站，住著許多不同族群，人數最多的是討海的阿拉斯加原住民（今日自稱爲阿魯提克人〔Alutiiq〕或蘇格皮亞克人〔Sugpiaq〕），在俄國人的強制下從事狩獵海獺的工作。在後續的研究中（見本書「第三部分」），我追隨這些移動性原住民的足跡去到科迪亞克島（Kodiak Island）——在那裡，他們的後代正在恢復已遭破壞的遺產。羅斯堡的接觸區（contact zone）也讓我對加州原住民產生了更深的興趣，特別是對伊許（Ishi）的興趣。伊許是加州最知名的印第安人，但有關他的故事歷經了很大變化。這位「最後的野生印第安人」目前正在一世紀前無法想像的脈絡下復興。《復返》的第二部分將會探討伊許故事的不同版本——此單元是一個對「恐怖」與「療癒」、對「歸鄉」（repatriation）與「復興」（renewal）的沉思。*

在加州大學聖塔克魯茲分校任教也打開了我接觸南亞和「島嶼太平洋」之門，因爲該校的跨學科課程「意識史」有許多來自這兩地的研究生選讀。這些學術航行者將自己視爲「後殖民的」和／或「原住民的」。他們有些學成後會留在美國教書，有些則回返故鄉。這些年輕學者清晰地意識到他們在歐洲－美國的思想和制度世界中工作，同時也放眼世界，這加強了我自身處於邊緣或結束某些東西的感覺。我意識到我在他們正在構建的歷史中扮演了某個角色。

《復返》裡的文章就像它的前作一樣，根植於一九八〇和九〇年代。隨著「六〇年代」的式微和全球化新自由主義的興起，革命的願景被文化及智識上的逾越（transgression）和批判策略所取代。到了一九八〇年代，正面去對抗一種移動性霸權（mobile hegemony）看似已經起不了什麼作用。我們改而採取了葛蘭西式的「陣地戰」，即一系列小型的抵抗與顛覆。無法被擊敗的，至少可以被削弱、越界、開放。對許多在歐美權力中心工作的知識分子而言，這意味著在認識論和社會文化層面上支持「多樣性」。如此可以爲不同的現實感挪出空間；可以爲未來的奮鬥確立立場；可以批判和在理論上解構支配形式的權威和常識。我在

＊ 譯注：本書多次使用了在概念和意義上多有重疊的相似字詞：renewal（復興）、revival（復振）、resurgence（振興）、cultural reclamation（文化重振）、native resurgence（原民振興）、heritage retrieval（遺產恢復）。

《文化的困境》裡許多文章（以它們對單一權威的否定，以它們致力於多樣化和實驗性）可以由此獲得理解。《路徑》是同一種批判氛圍的產物，儘管它對新興形式（兼含「離散」形式和「原住」形式）的接受暗示著更多其他東西。《復返》雖仍帶有一九九〇年代的烙印，但卻開始記錄一種新的歷史連結。

*

西元二千年之後的發展不若「後六〇年代」那幾十年容易歸納。但有件事情看來是成立的：新近變得脆弱的美國不再是無可爭辯的世界領袖。九一一事件後的軍事擴張證明是不能持續的，那只是一種對現世處境和不可逆變化的間歇反應。未來無疑還會有進一步的冒險，但美國的全球霸權已不再是一個有可信度的方案。美國得面對新經濟強權、面對伊斯蘭教作爲非西方全球化意識形態中最顯著的代表，以及面對亞洲專制資本主義形式的反擊。系統性危機和過渡（transition）的徵兆隨處可見：見於金融的不穩定和市場的不受控制、見於不平等和匱乏的升高、見於生態限制和資源競爭加劇，也見於許多民族國家的內部分裂和財政危機。許多危機都看不見解決之道，許多過渡都看不見方向。英國首相柴契爾夫人在一九八〇年代說過一句名言：「TINA：沒有別的選項。」* 今日看來，這樣的聲明毫無意義：如今，每個人都知道有別的選項存在，是好是壞則是另一回事。

從新千禧年（new millennium）的高枝回望，我明白過去半世紀的變化是兩股相扣歷史能量的互動結果：一是去殖民化，一是全球化。這兩個過程都不是線性的，也不保證會貫徹到底。兩者都無法包納對方。兩者都包含著矛盾和未定結局。而這兩者都在致力於去除西方的中心地位——借查克拉伯提的話說便是「將歐洲予以地方化」（provincialize Europe）。這是個未完成但不可逆的方案。

「全球化」並不是（或不單純是）「資本主義的世界體系」。它當然是資本主義性質，但又不止於此。「全球化」就我們所知是一個關於開展中多連結的世界，但卻無法充分表述之。它是一個「過度」（excess）的表徵。這當然不是「歷史的終結」、「地球是平的」這種九〇年代版本。它也不是像博韋對抗麥當勞或「西雅圖戰爭」那樣，對抗的是我們熟悉的敵人。[†] 全球化是一個多方向和不可表象的物質和文化關係總和，它把人和地不分遠近地連結在一起。它也不只是帝國的延續，而是如一些左翼評論家常常指稱的，是想用其他更有彈

* 譯注：「TINA」是「There Is No Alternative」（沒有別的選項）的縮寫。因爲這句話的關係，有人把柴契爾夫人稱爲「Tina」（蒂娜）。

† 譯注：博韋爲法國左翼行動家，曾因反對美國貿易霸權而率領一群農民搗毀一間即將開幕的麥當勞分店。「西雅圖戰爭」指的是一九九九年發生在西雅圖反對世貿組織大會的大規模示威。

性的方法以遂繼續宰制的目的。沒有「發自下層的帝國主義」這回事，但卻有「發自下層」或「發自邊緣」的全球化。「全球化」是一個過渡時期的代稱（placeholder），是一項「未竟之業」（*in medias res*）。《復返》是要嘗試描述這個銜接性的多中心總體。它是一種多元的時代精神（Zeitgeists）、一團糾結的歷史（histories）。

同樣地，「去殖民化」也是一個未完成和過度的歷史過程。不像一九五〇和六〇年代的民族解放（這些解放先是取得成功後又被原殖民者收編），去殖民性指的是一種反覆出現的能動性（agency），一種被阻擋、轉向和持續再創造的歷史力量。它曾一度被捆紮於「第三世界」或「民族解放」這些詞語裡，但其能量依然存在。它們以出人意表的形式重新出現在出人意表的地方：體現在「原民性」（indigeneity）（那些一度被認爲注定要消失的人），體現在「阿拉伯之春」（無論它最終會成爲什麼……），甚至體現在舉世公敵——「恐怖分子」。

歷史突然變得可被想像爲「結局未定」爲我們帶來意想不到的驚喜，這其中確實有一些令人感到希望。至少我們中的一些人，可以從我們所抵抗（並在這過程中依賴）的主導系統的失敗中得到鼓舞。新自由主義意識形態無法涵蓋所有替代選項，無法將所有人都囊括在內，這使得想像新身分、社會鬥爭和共處形式（forms of conviviality）變得更容易。但至少對我來說，這種令人興奮的歷史可能性與另一種感覺密不可分——恐懼。這是我二十五年前未曾體驗過的，對既有世界的內心感知突然消失了。我感受到的歷史性的變化是——

大地正在移動。

突然間，我們的孫輩的未來出現了嚴重的問題。這種不安全感無疑與政治經濟衰頹的週期性過程有關，但也因不再能駕馭或輸出的長期生態威脅而加劇。那是一種不同規模的歷史性，那是一個物種與其他物種之間的歷史性，整個地球的過去和未來以及它維持永續生命的能力。當人口增長到達極限、當物質供給耗竭、當資源戰爭變得迫在眉睫，會有什麼樣的事情發生？這些不穩定因素極其深遠，而且正在改變世界。當然，暴露在危險之中的感受，大部分世人早有深刻體會。

過往生活在一個泡泡中的確定性，即「第一世界」的安全感已不復存在。向這一切說再見吧。但接下來呢？

✵

《復返》只追溯其中一個新興趨勢：在一九八〇和九〇年代變得廣泛可見的原住民生存、奮鬥和復興歷史。長久以來，部落社會或原住民社會都被認為注定會在西方文化和經濟發展的暴力進逼下消失。大部分有識之士人都一度認定，這個歷史任務將會由（悲劇性的）「種族屠殺」和（不可避免的）「涵化」（acculturation）完成。但到了廿世紀末，顯然有些不同的事正在發生。許多原住民確實被殺害、許多語言確實消失、許多社會確實瓦解。然而，仍有爲數不少的原住民堅持了下來，適應並重新組合橫遭破壞的生活方式的殘餘。他們選擇性地回溯到深深植根的適應性傳統：在複雜的後現代中創造新的道路。文化持久性是一個不斷生成（becoming）的過程。

我在《復返》裡探索了這個變化過程，觀察它是如何用實用主義方式與全球化勢力、各種不同的資本主義和特定的國家霸權周旋。爲了解釋這些強大權力場域中的原民生活，我設法處理政治經濟決定論的問題。我重新檢視曾在《文化的困境》末章「梅斯皮（Mashpee）身分」提及的文化整全性和歷史連續性的問題。二十五年後的今日，這些問題所暗示的原民持續與復振（revival）過程不再只是鬆開西方範疇的契機。在現今這個充滿系統性危機和不確定過渡的時代，我將它們視爲眞正的、替代性的前進道路。

我在《復返》中主張一種民族誌和歷史現實主義立場，認識到歷史和眞實（the real）的各種觀念此刻正在角力，並在從進行土地權訴訟的法院到博物館和大學這些權力高張的場域被創造性的翻譯。所有這些事件的結合都是偶然的（contingent），並由意見不盡一致的諸造構成。所以，一種充分的現實主義必須並置（即既連結又保持分開）相應而生的部分故事。我處理了三種活躍於過去半世紀的敘事：去殖民化、全球化和原民生成（indigenous becoming）。它們代表不同的歷史能量、行動規模和可能性政治（politics of the possible）。它們不能被化約到一個單一的決定性結構或歷史。它們也不能被彼此分開太久。這三段歷史建構彼此、加強彼此又困擾彼此。我們有必要把這一類「大小恰好」（big-enough）的歷史維持在辯證張力中，讓它們同時（simultaneous）但非同步（synchronous）的存在。因此，《復返》提供的是一種不均勻的逼眞（verisimilitude），政治力量、經濟力量、社會力量和文化力量在其中彼此貫穿，但並未構成一個整體。如果說本書無法以簡馭繁，那這個失敗乃是有意爲之，是決心要貫徹現實主義立場的結果。

⁂

《復返》由三個並非關聯緊密的部分構成。

「第一部分」屬於通論和理論性質。它探索了今日用於理解原住民的不同方法，主張歷史命運（historical destiny）和發展時間（developing time）的觀念必須加以修正，如此才能解釋這些原民文化復興和社會運動。這裡介紹了分析歷史轉化（transformation）和政治能動性（political agency）的工具：銜接（articulation）、表演與翻譯。它把源自雷蒙・威廉斯、霍爾和葛洛義的文化研究傳統的文化唯物主義、霸權和離散理論，連接到源自文化人類學的民族誌－歷史學方法。「第一部分」的三篇文章始於想像一個移轉的「後西方」的觀點，以之作爲一個翻譯地點（place of translations）去理解原民能動性（indigenous agency）。後續的討論在特定的當代脈絡下繼續發展這些觀念。

「第二部分」追溯了一則典型的原住民消失後又變成標誌原民復興的故事。一九一一年，伊許（Ishi）出現在加州一個屯墾者的城鎮，從此爲人所知，被視爲「美國最後一位野生印第安人」。一九六〇年後，因著克魯伯夫人（Theodora Kroeber）爲他寫的傳記成了暢銷書，伊許再次廣爲人知。二〇〇〇年前後，伊許再次登上報端，這次則是因爲加州印第安人最終決定把他的遺骸遷葬，而在這過程中重新掀開一段屯墾殖民的暴力史。我對這趟「歸鄉」過程極感興趣，參與了公開聚會並和與會者多所交談。伊許一度是加州原住民消失的象徵，如今卻代表了他們的存續。他的經驗謎樣而豐富，而他的生與死在很多不同方面對很多不同的人具有不同的意義。伊許的故事傳達了持續的殖民暴力遺產、人類學的歷史、治癒的效果、後殖民和解的前景以及其他諸多議題。

「第三部分」則是在對「島嶼太平洋」進行過比較性的一瞥後，將重點聚焦於阿拉斯加中部，特別是科迪亞克島。我對阿魯提克人（又稱蘇格皮亞克人）文化復興的討論是奠基於過去十年的所謂「學術性採訪」（或稱爲「帶有理論特徵的新聞工作」）。其成果是兩篇環環相扣的文章。第一篇討論協作式的遺產工作，特別是一次大型展覽和二〇〇一年一本多人合寫的書籍《望向兩邊》。第二篇文章集中在阿魯提克博物館暨考古資源庫——這是一個位於科迪亞克島上由原住民自主管理的文化中心。文章描述了十九世紀面具從它們現居的法國家中借回來的復返，以及這些祖先文物在一個變遷中世界能喚起的新意義。這些面具翻譯後的「第二生命」開展在地方歷史、跨國原民性，以及跨國企業多元文化主義（corporate multiculturalism）政策中。

若說《復返》的「第一部分」和「第三部分」是在現實主義的主導原則下所構思，那麼「第二部分」則以不同的分析與想像風格展開。它追溯了屯墾殖民史觀的坍塌經過，但並不試圖以一套更充分的新敘事取而代之。相對地，它採取一種反諷、「後設」（meta）觀點，爲複數、矛盾和烏托邦的結果留下空間。環繞「伊許」這名字所產生的故事不斷滋生，打開了眾多新的可能性。其他種類的進步（progress）因此變得可以想像：烏托邦也許本已存在，所以，重點不是前進，而是轉向和回返。挑戰是去想像歷史中的不同方向和運動，既同時並行又彼此獨立的發展。爲此，《復返》把語言給用罄。

本書的架構需要一些解釋。就像這系列的前兩冊，《復返》是一部文章的拼貼（collage），每篇文章寫成於不同時期，用的是不同的風格或聲音。我並沒有去熨平篇章間的高低落差。修辭上的多樣性讓形塑本書的研究和思考背景和讀者群體保持能見。它要展現的是過程而非最終成品。我們所熟悉諸如專著和論文集等文類目前正在不斷變化。《文化的困境》出版於二十五年前，之後人們的閱讀習慣已經發生改變。現在更少人會一氣呵成，把一本書從頭讀到尾。他們會複製、掃描和下載一本書的部分內容。《文化的困境》和《路徑》在以「書籍」的形式存在一段時間之後，皆以影印本和PDF檔案的方式獲得了第二生命。這一類「出版品」有些合乎版權法，有些則不是。以這種方式傳輸知識不是法律所能（或所應該）遏阻。明顯不過的是，以實體書形式存在的學術著作並不易於傳播。文本經過拆解和模組化之後，反而可以去到更多人手裡。

《復返》的編排考慮到這些新的流通方式。雖然它的整體大於部分的總和，但三個部分是可以分開的。每個部分都是可以獨立閱讀且順序不拘的長篇文章。在還沒有出現一個更好名稱的情況下，我權稱它們爲學術「中篇故事」（novellas）——一種可維持複雜性和發展性，又不犧牲可讀性的中間書寫形式。我想像把三個部分拆爲三本小書出版，供人在不同時間和不同心情下閱讀，大概會提供更大的閱讀樂趣。另外，三個部分的每一章一樣是可獨立看待的文章。

如此編排的一部書必然包含不少重複冗贅。一些重要的脈絡需要一提再提，基本觀念亦復如是。《復返》並不是以直線方式展開：它的「論證」是循環的，周而復始。然而，我已經設法把一些明白多餘的重複減到最低，且爲每章引入一個新的脈絡以探索本書的核心關注。同時，也應該指出的是，書中有些用語並不一致。例如在阿拉斯加的脈絡，我按照當地的習俗把「Native」和「Elder」的第一個字母大寫，但在其他脈絡卻沒這麼做。

最後要一提的是稱謂的問題。許多原民社會都把殖民時代的稱謂廢除，恢復舊稱謂（有時則是另創新稱謂）。這是去殖民過程中的基本部分。因此，我們看到瓜求圖族（Kwakiutl）被夸夸嘉夸族（Kwakwak'awakw）取代，帕帕堝族（Papago）被圖霍諾奧哈姆族（Tohono O'odham）取代，愛斯基摩人被因紐特人（Inuit）取代，紐西蘭被奧特亞羅瓦（Aotearoa）取代。本書尊重這些更易並予以採用。不過，在有需要的地方，我也會把殖民時代與後殖民時代的稱謂並陳。這樣做也許是因爲新稱謂尚未穩定，或是爲了在歷史脈絡下避免時代錯亂，或是考慮到有些讀者對新稱謂毫無所知。

我的核心主題對象缺乏一個普遍滿意的稱呼，光是英語裡便有以下各種用字：「原住民」（indigenous）、「在地原民」（native）、「原初住民」（aboriginal）、「部落住民」（tribal）、「印第安人」、「美洲原住民」、「第一民族」（Frist Nation）等不同用字。我會採取哪個字眼，視乎我的所在場合和受衆性質而定，但這當然有可能會得罪某些人，或顯得不合時宜。

第一部分

卡納克獨立運動領袖吉巴烏（Jean-Marie Tjibaou）1978年攝於新喀里多尼亞的延根河谷。他背後是卡納克人（Kanak）的祖居地——吉巴烏和族人在殖民時期被逐，多年後才獲准返回。（見第二章）（作者拍攝）

第一章　諸歷史之間

印第安人的能動性（Indian agency）常常被解讀為回返到一個從未存在的烏托邦過去（utopian past）。另外一種修正後的說法則會認為，我們很清楚那樣的回返是不可能的：相對地，對話實際上是關於一種不同的今日，而我們就像其他人一樣是活在今日。我們一直在努力成為世界的一部分。

——史密斯，《你對印第安人的認識通通有誤》

原住民已經擺脫歷史的盲點。他們不再是可憐的受害者或來自消失世界的高貴信使，他們如今是地方、國家和全球舞台上可見的行動者。在每個大洲，殖民入侵和強制同化的倖存者都正在復興他們的文化遺產，重新與失去的土地建立聯繫。他們在一個持續藐視和誤解他們的主導政權中奮鬥，而他們的存續本身便是一種抵抗形式。

要能正確看待原民社會或部落社會的當前再起，我們必須避免浪漫化的頌揚和自以爲是的批判，兩者缺一不可。我們需要的是一種批判的開放態度，設法理清當代世界複雜的歷史轉化和路徑交錯。我稱這種態度爲現實主義（realism）。它的源頭（主要是歷史學和民族誌的源頭）會在本章和後面幾章論及。現實主義從不是一種簡單的描述。它是一個組裝「大小恰好諸歷史」（big-enough histories）的敘事過程。這些歷史大到足以具有重要性，但不致於過大。今日的原民性（indigeneity）就是這樣一則故事。藉霍爾的話來說，它是展開在「當前交匯點的矛盾而艱難的土地上」（Hall 1989:151）。

今日，「原住」（indigenous）一詞描述的是一個正在進行的工作。「indigenous」源自古拉丁文，意謂「從裡面誕生或產生者」，強調的是原生性，起源或生長於某個國家；而非外來。四十年前，「原住（原生）」一詞最常用來形容植物或動物。如今，這個在地性極強的詞彙弔詭地開始有了全球範圍的指涉，被用來泛指世界各地那些原被稱爲「原初社會」、「在地社會」或「部落社會」的人類社會。「原住」一詞的內涵變得極有彈性，被形構和大小不同的群體在多樣性的社會脈絡加以使用，以此強調自己在時間上的「居先性」，對土地的扎根相對深厚。我用「相對深厚」幾個字，是因爲號稱具有原民性的人當初往往是從別處來到他們目前的家園。不過，這段歷史也許已經淹沒在時間的迷霧中，而居先性的聲稱也會被說成一種原生性：我們生於這片土地，是它的原民、它的選民（chosen people）。

把自己塑造爲原住者而把他人塑造爲異來者（alien）從來都不是一個清白無辜的舉動。馬姆達尼談論盧安達胡圖族（Hutu）對圖西族（Tusi）的迫害時便強調，「在地者」與「外來者」的種族／族群對立乃是非洲殖民主義最有害的遺產之一（Mamdani 2002）。出於相同的擔憂，尼安諾（Nyamnjoh 2007）和蓋舍亞（Geschiere 2009）批判了非洲脈絡常見的濫用居先性來爭奪權力和資源。巴維斯克則用印度的例子——印度教民族主義如何收編原民性政治——指出個中弊病（Baviskar 2007）。這些例子反映了特定的民族處境、殖民遺產和當前的利益鬥爭。這些例子提醒了我們，在一個移動與交換的世界中，對「居先性」和「所有權」的聲稱始終是對權力的主張。

當然，這並不表示這些聲稱永遠沒有正當性，特別是回應帝國入侵或國家支配的時候。一些批評者認爲，當代的原住民聲稱本質上是排他性的，甚至帶有潛在法西斯性格。毫無疑問，以血緣和土地爲依據的聲稱有時可能會引發不良後果，但我們不應太快得出負面的結論。對主權的共同嚮往與聲稱可以表現爲許多不同形式，弱勢者追求自由和自主的民族主義嚮往，也顯然不同於由國家所加諸的系統性監控與文化同化。此外，如果（如同庫珀〔Kuper 2003〕所主張和不屑的）原民運動活躍人士標舉傳統之舉有時貌似殖民原始主義（primitivism），但相似的行爲在不同的時代卻可以是服務不同的目的，發揮不同的作用。我們應該把原民運動放在變動中的權力關係中觀察（Friedman 2007），著眼於特定的征服歷史、霸權歷史，以及創造性存續（inventive survival）是如何與新的自由／控制體系互動（new regimes of freedom and control）。

「原住」一詞一般指涉規模相對較小的人群，並且他們與土地仍保持著深刻聯繫。用於大相逕庭的社群時，這個詞彙並不預設文化相似性和本質共通性，而是著眼於被入侵、被強占、抵抗，以及在逆境中存續的類似經驗。就此而論，「原住」一詞在美洲、澳洲、太平洋諸島和北極都能成立，但在非洲大部分地區和亞洲若干地區卻不適用。在任何屯墾殖民史並不輪廓分明的地方，很難毫不含糊地認定誰才是「第一民族」。反之，在其他地方，「原住」都有清清楚楚的例子：澳洲的原住民、奧特亞羅瓦（紐西蘭）的毛利人、薩哈林島（北海道）的阿伊努人（Ainu），以及北美洲和南美洲的「印第安」部落。要開列一份包含幾百個原民社會的清單並不難。事實上，在聯合國資助下，一個常設論壇正在致力於定期更新一份這樣的清單。有愈來愈多非政府組織踴躍爲這些在民族國家國界之內（有時是跨國界）掙扎求生的少數群體爭取權利。所有涉及的社會都不乏內部摩擦、不一致的元素，以及有關「本眞性」與「歸屬」的爭論——在這方面，它們與其他所有移動性社會群體並無很大的不同。

本章致力於探討兩個相互關聯的歷史議程和民族誌議程。首先，它提出了我們如何理解一個複雜歷史出現的問題，即該如何理解出現於一九八〇和九〇年代的原民文化政治（indigenous cultural politics）的興起。特別是，它究詰了這個發展是如何關連於當代的諸種身分形式（forms of identity）和多元文化主義——這些現象常常被「後現代」或「新自由主義」等標籤過於簡單地概括。在反思這個近程歷史的過程中，「歷史」這個觀念本身會始終被放在引號裡，懸置於翻譯的關係中。本章介紹了幾個原住民「歷史實踐」的例子，以顯示對「時間」的不同構思會如何質疑和擴大傳統的假定。這兩件工作（一是進行歷史反思，另一是進行後設歷史思考）是相互依存的。我讓它們交替出現，好讓它們彼此互補並彼此困擾。

「自豪原住民」（Indigènitude）

一九八〇和九〇年代期間，一個新的公共角色和全球化聲音讓自己被聽見——這個出現不妨稱之爲「原民現身」（*Présence indigene*）。這種措詞當然是爲了讓人聯想到另一個在文化表演和政治影響力廣泛領域中戲劇性出現的例子：一九五〇年代早期的「黑性」運動（*Négritide*）和它的喉舌刊物《非洲現身》。「黑性」運動是黑人運動家組成的聯盟，主要成員包括桑戈爾、塞澤爾、達馬和蘇珊・塞澤爾等人，致力於挖掘非洲各族群之間文化、歷史

16

和政治潛力的共通性。半世紀後的今日，我們可能會談論「自豪原住民」運動，反映了類似的重新銜接（rearticulation）過程。在這個過程中，傳統被恢復並與其殖民、後殖民、全球化諸歷史建立連結。就像「黑性」運動那般，「自豪原住民」運動具有解放和文化差異的願景，致力於挑戰（或至少是重新導向）民族國家和跨國性資本主義的現代化議程表。「自豪原住民」運動在聯合國和國際勞工組織、在藝術和文化慶典、在政治活動，以及許多非正式的旅行和接觸中都有所表現。「自豪原住民」運動與其說是一種一貫的意識形態，不如說是一些不同源頭與方案的串連。它運作於多種不同的範圍：地方傳統層次（親屬關係、語言復興、生計狩獵、保護聖址）；國家議程表和象徵（夏威夷主權、瓜地馬拉的馬雅人政治，和奧特亞羅瓦／紐西蘭的毛利人動員）；以及跨國活動（全球六〇年代的「紅權」運動*，或是今日圍繞在文化價值、環境、身分等議題的社會運動，而這些運動通常與非政府組織有結盟關係）。「自豪原住民」運動透過媒體放送的影像，包括一個共享的象徵（「聖」、「大地之母」、「薩滿教」、「主權」、「耆老」的智慧和「土地」管理者）。這些意象有時會流於自我刻板印象化（self-stereotyping）。它們表達的是一種依繫於文化與地方的轉化性復興。有時即便是參與者都很難知曉，這些身分的表演究竟有多少成分反映出深刻的信仰，又有多少是策略性的自我展示。

「原民現身」和全球化新自由主義都是出現於一九八〇和九〇年代，而它們明顯在一些重要方面彼此環扣。這種「巧合」讓任何想要爲之歡呼的人三思，同時也引起了歷史決定論的難題。接下來我將會論證，這種趨同性（convergence）不能光用「晚期資本主義」或「後現代性」等時代劃分術語來概括。我們也不能簡單地把政經結構和社會文化表述連在一起，宣稱其中一者（此處係指原民振興〔indigenous resurgence〕）是另一者（新自由主義霸權）的結果或產物。我們將會看到，民族誌觀點如何複雜化這種因果敘述，爲地方能動性創造空間，並指向一種非化約式的辯證性現實主義。當代政府系統容許（甚至鼓勵）大幅度的立異自由（freedom to be different），但前提是不得超出國家方案所加諸的限制和抵觸對資本累積的保護（Hale 2002）。這些限制並非各地一致，而是會表現爲「多種多樣」的形式（Ong 2006）。在例外區域（zone of exception）、利基市場和商品化文化交換，新的和修訂過的差異秩序都可以得到支持。在這些相對自治的場域中，原民文化振興和政治自決都可以找到操作空間。美國某些印第安群體被容許經營博彩業便是一顯著例子。此外，有部分準獨立的

17

* 譯注：「紅權」運動（Red Power）係指在一九六〇和七〇年代由美國原住民族發起的社會運動，旨在爭取原住民的權利和自決。這場運動強調原住民族的文化認同、社會正義和政治權利，並反對政府的同化政策和歧視。「紅權」運動的代表性事件包括一九六九年的惡魔島占領事件，這是一群原住民活躍人士占領廢棄的阿卡特拉茲監獄，要求政府關注原住民議題。這次占領持續了十九個月，吸引了全國的關注，成爲原住民運動的一個重要象徵。同時見後文說明。

部落主權地帶，也可以見到一些特殊通融：例如被准予開採資源、狩獵和捕魚，或被准予對博物館、藝術市場和其他公共表演場地裡的「文化財產」行使控制權。

在邁向全球化的當代世界，帝國霸權和國家霸權的箝制力弱化讓原住民社群有機可趁。除了繼續爭取土地所有權、承認和文化遺產的保存，他們如今還投身更寬闊的政治脈絡，並在藝術、文化和自然資源的市場獲益。在很多地方，隨著重新發現失去的根，原住民人口快速膨脹（Sturm 2011; Forte 2006）。但這種新的擴大並不是發生在權力以外的空間。原民活力需要某種程度符合外部期望，並且至少部分接受多元文化角色和制度（Conklin 1997; Povinelli 2002）。

經濟上的成功（部落博彩、資源開發、藝術與文化的商業活動）有時會增加可觀的財富，但也會助長新的階級制度、內部分裂和對外部市場及資本資源的依賴（Dombrowski 2002）。無論過去幾十年來原住民獲得多少物質進步，它們都不是平均分配的。大部分當代民族國家內的原民群體依然貧困，欠缺足夠的衛生條件與教育保障，受制於掠奪性的國家和跨國「發展」代理人。近年來原住民團體在土地和資源控制方面取得適度但真實的進展是脆弱的，隨時可能被壓倒性更強大的多數人口逆轉（Cattelino 2009）。對於在屯墾殖民國家中追求超越基本生存的部落群體來說，不可調和的雙重束縛（double binds）——例如物質財富與文化本眞性之間的假定矛盾——被強加於他們身上（Cattelino 2009）。

這一切都不是始見於今日。今日的原民運動乃是務實地建立在更早期的抵抗經驗與文化存續經驗。根植於土地與親屬關係的深度歷史（deep histories）在政治動員以及遺產的創造性「第二生命」上有了新的形式。原民文化政治的現實主義解釋所面臨的挑戰是，一方面承認新的身分政治的配合演出（command performances）和商品化，另一方面則仍堅持著固有實踐：口語的傳遞、社會持續性與跨文化協商的形式，以及對地方的具身體驗。維持一種張力（一種清晰的矛盾感）是有需要的，且有所得必有所失。

例如，在一九八〇和九〇年代期間，原住民對文化財產的所有權聲明，讓博物館或私人收藏中的珍貴文物，在擁有和展示上多了新的限制。布朗評估了將文化當成財產進行聲明的利弊，特別是弊的這一面（Brown 2003）。這種「擁有文化」的方式也在漢德勒就魁北克人民族主義而寫的批判性民族誌裡有過明晰分析（Handler 1988）。但擁有文化總是同時有著兩面，湯瑪斯有關「原民太平洋地區」（Native Pacific）禮物與交換的慣用語研究，表達了如何「擁有」藝術／文化的銳利描述（Thomas 1999）。此外，克里森（Christen 2005）和克雷默（Kramer 2006）探討了在遺產和藝術流通中，特定的擁有和分享模式，即祕密和揭示的務實性。在他們不同的脈絡裡——一個是澳洲原住民，一個是加拿大第一民族——這兩位學者顯示出，「爲文化而奮鬥」如何成爲部族自主又彼此相互依賴的核心議題。「合作」與「逾越」共存，「治理」與「轉化性潛力」共存。一如當代承認共存與多元文化主義的其他地

18

區，在這兩個地方，矛盾（ambivalence）變成了一種方法。

很明顯地，當前新自由主義霸權（它就像所有霸權一樣不完整且備受質疑）既提供了機會，也帶來了危險。對很多原民群體來說，利用殖民勢力和新殖民勢力的矛盾進行操作並不是什麼新鮮事。他們的轉化性存續（transformative survival）有賴選擇性的同化、抵抗、逾越（transgression）和隱瞞。他們一直不得不應對不同的受眾。不同的是，如今這些「受眾」涵蓋的範圍變得更大：從祖先和家族成員到國家機構和非政府組織，從住在聖址的神靈到坐在董事會會議室裡的商業夥伴，從人類學家到遊客，不一而足。因此，一九八〇和九〇年代的「原民現身」乃是許多特殊存續歷史（particular histories of survival）的延伸，同時又在國家和全球舞台上達至空前未有的能見度。以下是一些較爲知名的公開表現形式：

◎一九六九年，一個自稱「全體印第安部落」（Indians of All Tribes）的團體占領了舊金山灣惡魔島（Alcatraz）的舊監獄，宣稱它是獲解放的印第安人國。這個部分受到「黑人運動」啟迪的「紅權運動」肇始了一種注重宣傳的政治策略。

◎一九七一年，在原住民與亟欲鋪設油管的石油公司的共同壓力下，通過了充滿爭議性的《阿拉斯加原住民索賠解決法》，創造出一批由原住民擁有的強大開發公司。

◎一九七五年，第一個美拉尼西亞文化節「美拉尼西亞二千」在新喀里多尼亞舉行。

兩千名原住民和五萬名其他族群人士參與了這個彰顯卡納克人身分的慶祝活動。自此，文化節在太平洋地區成爲定期舉行的活動，匯集了來自許多島嶼的表演者。

◎一九八二年，《我，里戈韋塔・曼朱》（*I, Rigoberta Menchú*）* 出版，未幾便成爲國際多元文化主義的經典。接下來十年，里戈韋塔・曼朱的形象經歷再銜接（rearticulation），從瓜地馬拉貧窮農民的象徵變爲泛馬雅人（pan-Mayan）和泛原住民身分（pan-indigenous identity）的象徵。

◎一九九二年，南半球抗議「哥倫布發現美洲四百年紀念」，拒絕了歐洲中心和擴張主義史觀及其「發現」權利。同年，曼朱女士獲頒諾貝爾和平獎。

◎一九九二年，在「瑪寶（Mabo）訴昆士蘭州」一案中，澳洲高等法院駁回屯墾殖民主權賴以奠基的「無主土地說」（*terra nullius*），判決澳洲原住民與托雷斯海峽群島島民（Torres Strait Islanders）繼續擁有土地權。

◎一九九四年，聯合國代表大會把一九九五至二〇〇四年定爲「世界原住民國際十年」（International Decade of the World's Indigenous People）。爲成立於一九八二年的「原住民

* 譯注：里戈韋塔・曼朱（Rigoberta Menchú）爲瓜地馬拉原住民女性，原爲貧窮農民，後致力於爲瓜地馬拉原住民權利發聲，人生經歷由人類學家伊麗莎白・德布雷寫成《我，里戈韋塔・曼朱：一位瓜地馬拉的印第安女性》一書。

議題常設論壇」積聚動力。

◎一九九〇年代，美國的印第安部落擴展了博彩經營，帶來新的財富、政治影響力和爭議。更多原住民群體積極參與經濟開發計畫。澳洲原住民、北美洲西北海岸和其他「部落藝術」的市場急劇擴大。要求把人體遺骸歸葬和收集原住民文物的需求變得愈來愈普遍。

◎一九九七年，在「德爾加木庫（Delgamuukw）訴卑詩省」一案中，加拿大最高法院承認原住民的土地權具有特殊性質，不容否定，並在法庭程序中給予部落的口述歷史更多空間。

◎一九九九年，加拿大東北部一片廣大土地被劃爲因紐特人（Inuit）自治區「努納武特」（Nunavut）。

◎二〇〇〇年，雪梨夏季奧會場外的示威畫面傳遍世界。原住民同時「現身」於運動場內與場外：一群原住民在奧運開幕禮上表演歌舞，另一群在館外抗議。澳洲原住民運動員凱茜・弗里曼（Kathy Freeman）的精彩表現獲得舉世喝彩。

◎二〇〇五年，以艾馬拉人（Aymara）身分自詡的莫拉雷斯（Evo Morales）當選玻利維亞總統。拉丁美洲多處出現以原住民身分爲集結旗幟的大眾社會運動。拉丁美洲記者筆下開始出現「原住民」一詞，從前他們都是稱同一批人爲「窮人」或「農民」。

這些還只是原住民以較爲矚目的方式公開表現的例子。二〇〇三年，尼岑撰寫了一本精彩作品，談論「國際原民主義」（international indigenism）的歷史，顯示出這個一度自相矛盾的修飾語如今已成爲了政治現實。他描述了一系列近期興起但彼此關係相對來說並不緊密的原民運動，以及它們與如聯合國、國際勞工組織等國際機構、人權和環保的非政府組織、藝術市場、遺產生產（heritage production），以及許多地方性或全國性身分表演（identity performance）舞台的關係。自一九七〇年代起，《文化存續季刊》和《原住民世界》等出版物調查了六大洲三大洋範圍內的社會、生態、宗教和藝術等奮鬥情形。今日，成爲原住民（being indigenous）是一種受到國際機構和非政府組織支持的願景。事實上，「原民性」論述似乎已經達到了一種模組化、高度流動的形式。從美洲到非洲到中國，身分、文化和祖土的緊密聯繫加固了對於入侵國家和跨國力量的社群抵抗。這種論述也支持了跨社群對於優先順序的奮鬥，以及支持了對於政府批准的地區與觀光發展的奮鬥。在加勒比海（人們普遍認爲其原住民早已消失），加勒比人（Caribs）和其他振興的印第安群體愈來愈引人注目（Forte 2006）。具有當地根基的非裔加勒比海人除了吸納美國的嘻哈文化和消費文化，也正在吸納原民修辭（Anderson 2009）。

原住民的全球「現身」是不容否定的事實。但在肯定這個事實的同時，我們也不可忘記，文化傳承的地點不是節日或集會，而是圍繞在篝火和廚房餐桌。原民生活展開於多元脈絡，而它們的關係並不總是和諧的。例如，以氏族為基礎和有著長久部落政府傳統的群體，也許會拒絕新的「原住民」標籤，認為那與他們的生活不相干，只對大學院系、跨國活躍人士和失根的城市人有意義。任何勘察「原民性」社會地景的企圖都會遭遇多樣性和矛盾。在美國、澳洲和加拿大，大多數有原住民身分的人如今都生活在城市裡。正如第二章和第三章將會顯示的，舊的社會團結與文化傳播形式正在重新銜接，在新的脈絡中為不同的受眾表演。創新的都市原民生活實踐有賴來回往返於原居地與離散地網絡（diaspora networking）之間。正如二〇一三年那場成功的「別再袖手旁觀」（Idle No More）運動所證明的，「臉書」現已成了部落動員的場域之一。遺產復興與藝術創造如今利用新技術將其文化的連接「再路徑化」（reroute）。在其對都市印第安人強索力探的民族誌裡，拉米雷斯把原住民形容為「跨國者」（transnationals），指出他們同時活躍於兩個國家：一個是部落國家，一個是大多數人的國家（Ramirez 2007）。

若要問這些務實的存續和文化復興作為一股歷史力量究竟意味著什麼仍為時尚早。這是個帶有種族中心主義色彩的問題。試問我們何來立足點可以如此下定論？就目前，我們能說的是部落、原住民或第一民族社會歷經轉化後存活了下來，並且日益茁壯。光是它們的存在便已經挑戰了長期以來賦予西方文明、現代性或進步敘事的假設。

另類史觀（一）

幾個世紀以來，從歐美的制高點觀之，世界分爲兩大類社會。用來形容它們差異的語言包括「傳統」/「現代」、「口語」/「文字」或「冷」/「熱」。最後一組著名區分出自李維史陀，分別用來指稱小型的部落性群體和更具變遷取向的現代西方（Lévi-Strauss 1991:125）。這類二元對立選項一度被認爲是切合事實的描述，如今卻顯得笨拙和過簡，只是區分「我們」和「他們」，以及把每個人在時空中歸類的高效機制。無論是好是壞，它被那些自認爲代表未來的人視爲常識。他們拿科學、工業和技術上的革命去佐證他們的世界觀，認爲歐洲的歷史顯示自己包含著一種進步、發展的驅力。這種世界觀在十九世紀晚期隨歐洲民族國家、帝國和工業的崛起達至頂峰。

22

這種歷史的「隧道視野」（tunnel vision，語出布勞特〔Blaut 1993〕）持續至廿世紀，它把某些人說成是站在歷史的浪頭，把另一些人說成是注定被歷史淘汰（Fabian 1983）。「歷史不斷進步」的意識形態一度被廿世紀的戰爭、經濟蕭條和那些自稱文明人的種族暴力（無論在國內還是國外）所鬆動（Lindqvist 1997）。但第二次世界大戰之後，持續的經濟繁榮支撐了一種更新版的帝國觀點，它把世界區分爲「已開發」和「低度開發」兩大部分。不管是資本主義的「第一世界」或社會主義的「第二世界」都自視爲現代化的推手，截然有別於落後的

「第三世界」。然而，隨著戰後的武裝和平（armed peace）瓦解、經濟膨脹的蹣跚和全球化聯繫變得更不受控制，具有明確階段和劃時代突破的線性發展觀愈來愈難以爲繼。廿世紀結束之際，原先被現代性進步史觀所遮蔽的其他歷史紛紛從陰影裡浮現了出來。

就在不久之前，我們現在稱爲原住民的多樣化人群幾乎普遍被認爲沒有未來可言。他們被認爲是「沒有歷史的人」，注定消失。進步的歷史是命定的，而那些有超高破壞和重建效率的機制——包括貿易、帝國、傳教活動、傳染病、學校教育、資本主義、美國化和全球化——將會把僅餘的原民社會全部剷除。他們以爲這就是事情的本來面目。但一個相反的眞實，卽「小規模部落社會還有未來」的事實，卻在廿世紀晚期嚇了世人一跳，帶來了薩林斯所說的「人類學啟蒙」（anthropological enlightenment）（Sahlins 2000:ch.15）。這一類出人意表的結果顯示出，歷史並不是把所有人都驅趕至同一個方向。它們也足以提醒我們一個不爭的歷史事實：歷史總是持續變化，沒有既定的結局。

如今，有識之士再也不會相信學校長期以來教授的內容：哥倫布「發現了美洲」。這半球被發現過不只一次，而發現它的人也不只來自一個方向。現在學界開始嚴重懷疑一個成說：南北美洲的最早居民完全是在最後一次大冰河期結束後跨越白令陸橋遷移而來。按照體質人類學家的研究，最早來到美洲的其中一支人種在身體形態上與阿伊努人（Ainu）極爲接近。這些拓荒者可能是來自庫頁島（Sakhalin Island）一帶的海岸線，以徒步或乘船的方式來到美洲。也不過十五年前，這完全不是公認的歷史事實的一部分。誰能想像考古學、基因學和歷史語言學不會帶給我們進一步的驚奇？十六世紀抵達美洲的船隻、軍隊、傳教士和微生物當然具有劃時代意義，但用以架構這一次「兩世界相遇」的方式業已被科學和原民運動所改寫。如今，「新大陸」的觀念已經沒什麼意義。因爲只要我們認眞對待美洲深遠且仍在持續發展中的原民歷史，包括其複雜的文化與語言、其複雜的遷徙和交換，以及印加、馬雅和阿茲特克的帝國、戰爭和都市生活，那麼文明現代性的目的論敘事（無論是成功還是悲劇性的）明明白白就是個種族中心主義下的產物。

這一類歷史敘事業已遭到「地方化」（provincialized）（Chakrabarty 2000）。自一九五〇年起，分布不均衡和未完成的去殖民化過程持續偏轉西方及其認識論假設（包括歷史有預先確定方向這個觀念）。不再有某個地點（本來就從未有過）可供我們講述整個故事。與此同時，透過許多不同媒介在不同規模層次產生的連通性卻激烈增加。這對全球化來說既是個好消息，也是個壞消息。我們尋求一種現實主義，以應對這個既存在連接又有著分歧的弔詭世界。霍爾提醒過我們，過去與未來的論述性連結（discursive linking）對部署一個集體主體至爲重要（Hall 1998）。因此，要想像一個連貫的未來，人們必須選擇性地動員過去的資源——這些歷史實踐採用不同的形式，以不熟悉的語境表達。與這些歷史互動需要一種再現的技巧（representational tact），需要一種耐心、自省（self-reflexive）的開放性——或可稱之爲一種歷史的「守虛能耐」（negative capability）。這個詞語當然是來自詩人濟慈，原是指一種保持警覺接納性，願意不遽下結論的詩性態度。我們必須不斷意識到我們對他人經驗只能局部企及，必須追蹤干擾模式（interference patterns）和新興場域（sites of emergence），必須把「不僅僅是地方模式」（more-than-local pattern）串接起來。「傾聽諸歷史」（listening for histories）的守則現在變得比「如實講述歷史」更爲重要。

且讓我們秉持這種精神，考察幾種挑戰西方本體論且具潛力擴展的原民歷史思考方式。我們正在走進一個寬廣的比較領域，它雖然尚待系統性研究，但業已由納博科夫的傑作《時間森林：美洲印第安人的歷史方法》（二〇〇二）發端。這類談論特殊歷史思考方法和可供我們汲取靈感的民族誌著作愈來愈多，其中包括羅薩爾多的開創性著作（Rosaldo 1980, 1989）、薩林斯的兩部作品（Sahlins 1981, 1985）、蕭特研究約米人／亞奎人（Yoeme/Yaqui）的出色之作《我們會舞出我們的眞實》（Shorter 2009）和合作網站「種下種子」（Vachiam Eechal/Planting the Seeds）。但還有多遠的路要走？則反映在近期出版的論文集《克利俄的多張面孔：歷史編纂學的跨文化方法》（Wang and Fillaffer 2007）。其二十五位供稿者幾乎清一色是歷史學家，完全沒有提及人類學對於原住民敘述、記憶和銘刻歷史正日益增長的文獻資料。書中所謂的「跨文化方法」聚焦在歐洲，僅略爲兼及東方和南亞。「沒有歷史的人」依舊缺席。

且來傾聽夏威夷歷史學者麗麗卡拉・肯埃雷海瓦在《原生土地與外來欲望》一書是怎

麼說的：*

有趣的是，夏威夷人把過去稱作「在前面的時間」（*Ka wa mamua*）。我們一般不會去想未來，但萬一想到，會稱之為「在後面的時間」（*Kawa mahope*）。情形就像夏威夷人是牢牢站在當前，背對著未來而定睛看著過去，致力為今日所遇到的兩難尋找歷史答案。這種取向在夏威夷人看來非常符合實際，因為未來總是未知，而過去則是富於輝煌和知識。（Kame'eleihiwa 1992:22-23）

「向後進入未來」的意象讓人聯想起班雅明〈歷史哲學論綱〉（一九六九）一文中著名的「歷史天使」。班雅明的天使被吹進未來，而臉仍朝著往昔。但兩者的差異是顯而易見的。肯埃雷海瓦的夏威夷人不像班雅明的天使那樣，把過去看成廢墟，看成一堆破碎的碎片。代之以，她喚起的是一個有生成力的社會神話（sociomythic）傳統，其中「富於輝煌和

* 譯注：本書中「native」一詞依作者討論的內容和主題多數翻譯爲「原民」；在其他脈絡下亦翻譯爲「在地」。此處《原生土地與外來欲望》（*Native Land and Foreign Desires*）一書翻譯爲「原生」土地，以呼應《路徑》強調中的「原居主張」。

知識」。最重要的差異大概在於，夏威夷人不是被無情地「進步」之「風」吹進未來。對於他們來說，時間不是採取單一、暴烈的方向，而是會審時度勢地往返於當前的難題與被記取的過去（remembered past）之間。這是一種實用主義取向，不是目的論或彌賽亞主義取向。透過土地和祖先具體化的過去總是新事物（the new）的源頭。

夏威夷人之所以可類比於（只是「可類比於」而非「可等同於」）班雅明的唯物主義史家，這是因為對後者來說，「過去」的垃圾堆中總可能包含著不同的故事，而這些故事顯示出，未來不必然是由「實際發生過的事情」決定。夏威夷人和歷史天使都同樣望向「過去」以尋找出路，不同之處在於前者是以實用主義和追宗溯祖爲取向，後者是以批判和彌賽亞主義爲取向。兩者都不是要把過去、現在和未來連成一直線。未來總是未寫就。有必要強調的是，肯埃雷海瓦並不是要鼓吹一種循環史觀。夏威夷人的時間性不是與進步和線性的時間對立。倒不如說那是一種迴環性的時間，透過回憶向後走之後再向前走。在這裡，我們找到一種不同的歷史行動方式，但它並未帶來認識論上的本質性衝突，不涉及非此即彼的選擇，即不是只能在傳統與現代之間或神話與歷史之間二選一。對肯埃雷海瓦而言，夏威夷人的「過去」是關於育成（generativity），無關重現。

夏威夷人的主權運動（肯埃雷海瓦是其領袖之一）動員了根深蒂固、錯綜複雜的文化與政治傳統。過去幾十年來，它一再獲得新的動能和新的能見度，是我前面提及有關後六

○年代原住民脈絡的一部分。除了它那些外顯的政治活動以外，一個動態的記取（remembering）過程也正在進行中。這運動包含許多面向：在鄉村飛地（enclaves）加強芋頭栽種；恢復和改造草裙舞及各種儀式；在學校裡復興在地的知識與語言；動員媒體支持政治行動；在世俗大學裡為原住民認識論爭取空間；將主權歌詞融入雷鬼（reggae）旋律。復興夏威夷的傳統當然不等於復活一套舊的生活方式。它牽涉講究實際的選擇，以及對「根源」的批判性重新編織。這一點在新的性別角色上表現得最為清楚，也表現在對基督教、國家政策和跨國性原民聯合的參與。這些多樣策略因著夏威夷人對一個共同譜系的援引而互相連接，透過對原居地的依繫而獲得共有的基礎。在活生生的傳統裡，有些元素會被積極記得，另一些會被遺忘，還有一些會借用外來的影響，或從其他情況類似的歷史中翻譯而來。地區、世代、階級、性別、城鄉和政治策略的差異是張力和中介的場域。在這種選擇性和創造性的文化政治中，涉及的是定義身分、控制文化以及影響構成現代夏威夷原住民生活的不平等政治、社會和經濟關係的力量——這種力量始終是不完整的。

肯埃雷海瓦在結論處指出：「未來總是未知，而過去則是富於輝煌和知識。」我們可以在澳洲原住民對「夢境」（Dreaming）的取向中找到類似的觀點：「夢境」是祖先創造已知世界的過程，而世界是一片圖騰場域構成的地景，由當前世代透過現場儀式和遵守傳統的「法律」而更新。狄波拉·羅絲稱這種取向為「本源」，會不斷被更新並帶來更新。她進而指出，澳洲原住民的「時間取向」可以概括為如下的順序：「最先出現的是大地，接著是『夢境』，然後是祖先。我們（澳洲原住民）跟隨在他們之後，我們的後代則跟隨在我們之後」（Rose 2004:152）。羅絲以引人入勝的方式講述了白人征服者和基督教是如何把一種不同的歷史時間性（一個「一百八十度轉換」）強加於澳洲原住民，企圖把他們的意識導向一個進步和救贖的「未來」。這樣的轉換如果成功，就會把「本源」轉化為「過去」，轉化為一種被留在後頭的東西，最終大概只會放在博物館裡供人緬懷。羅絲詳述了澳洲原住民是如何抵抗這種變遷，如何持續地牽繫於「故鄉」（country）——「故鄉」是「夢境」和祖先法律仍然存活於其中的空間母體。

值得強調的是，朝向祖先、圖騰夢境和大地的時間移動並不是回到過去。「夢境」具有生造力，所以澳洲原住民並不抗拒一切變遷。不分男女，耆老們全都樂於（買得起的話）開著「豐田」四輪傳動車去造訪聖地。克里森追隨默倫（Merlan 1998）提供的線索，精彩說明了住在城鎮的瓦魯明克（Warumungu）女性是如何繼續與「故鄉」保持關係（Christen 2008）。羅絲書中有一章（大概是最讓人看見希望的一章）談到在養牛場工作的原住民勞工的遺產——她稱之為殖民壓迫史一個「非線性轉折」（Rose 2004:94）。她探索了牛仔生活的藝術，特別是原住民與屯墾者同時培養的跨物種關係與實踐。這種交叉能力並不外在於澳洲原住民的生活方式，而是他們具身宇宙觀（embodied cosmology）的一部分——這種宇宙觀在一個轉化中的神話–歷史地景中打開了新的路徑。

對羅絲和肯埃雷海瓦而言，回歸「本源」並不是返回過去。更佳說法也許是在一個擴大的現在（an expanded present）裡轉身，轉身後再回返。但「現在」也不是一個完全恰當的字眼，因爲它少了「從一個先在或最初源頭（一個從未過去的過去）吸取資源」這層重要意思。要避用「過去」、「現在」和「未來」這些字眼是困難的，因爲這些概念早已內嵌於西方的歷史本體論之中。而且，就像肯埃雷海瓦那樣，我們需要用它們作爲翻譯用語，作爲橋樑再通往別的東西。夏威夷人往「後」轉是爲了走向「前」，或走向別的某個其他的方向（一些西方語彙裡沒有的方向）。無論如何，溯祖性轉向（genealogical turn）並不是一個逆轉時間的過程或是重複發生過的事情。肯埃雷海瓦描述的迴環形道路明顯不是西方後設歷史學家（metahistorian）熟悉的「時間之箭」。它也不是一個「神祕主義」的替代選項。原民歷史思考方式透露出非重複的發展可以表達爲多樣的形狀、規模和用途。因此，「傾聽諸歷史」意謂解構線性時間與循環時間的對立。

27

解銜接後現代性

讓我們回到歷史化的日常任務。我早前提出過一個問題：一九八〇和九〇年代的原民

「現身」和新自由主義霸權的崛起有什麼關連？在這個脈絡下，我們不可能把原民動員與更寬廣的身分政治（identity politics）模式區分開來。可以肯定的是，進行中的社會奮鬥和創發過程往往有著很深的前殖民和前資本主義根源，是來自再利用和活化以特定祖地爲基礎的傳統。原民的表演能量和反文化願景是先於（也潛在地逸出於）國家和跨國的管制系統。但原民文化傳統和社會運動（無論它們有時會多強調自己的主權和獨立性）並不是孤立地存在。就像其他以身分爲基礎的社會運動那樣，它們深陷在強大的國家與跨國的強制及機會體制裡。因此，有必要讓圍繞決定論產生的議題保持一種張力。這需要一種願意忍受複雜和矛盾的能力。它同時意謂著要爲散賈麗所稱的「可能性政治」（Sangari 2002）保留一席之地。民族誌－歷史現實主義的工作致力於在不強加結構性閉合或發展命運的前提下，呈現物質限制、歷史的交錯和新興社會形式。

在一個具有影響力的討論中，雷蒙．威廉斯反對直接形式（或說機械論形式）的政經決定論，建議以更有彈性的「決定論」取而代之，後者強調的是壓力與限制，是在多元層次偶然銜接的各種物質－文化力量。他還把分析區分爲「斷代式」（epochal）和「歷史式」兩類，認爲前者會「把一個文化過程視爲一個有著決定性支配特徵的文化體系」，而後者則會「看出在特定與有效的支配之內和之外的運動與趨勢之間存在著複雜的相互關係」（Williams 1977:121）。斷代式思考習慣把層疊和矛盾的經濟、社會、文化成分，包納在一個以發展敘事包裹的系統化整體裡，相較之下，歷史式思考則總是想弄明白威廉斯所稱的「『支配』（dominant）、『殘餘』（residual）和『新興』（emergent）」（1977:121）三種成分在任何交匯點的特定互動關係。這些成分並不必然會形成一個融貫的敘事，其中「殘餘」清楚代表過去、「新興」清楚代表未來。威廉斯指出，在斷代式思考的現代化、世俗化版本裡，宗教長久以來都被認定是處於正在式微的狀態。但今天有許多的宗教實踐形式（基督教靈恩派的全球性蓬勃是最明顯例子）卻可以被視爲同時有著「殘餘」與「新興」成分。同樣說法亦適用於原住民的社會與文化運動：它們往「後」看是爲了向「前」走。當我們體認到這些「古代」傳統中的「現代」實質，西方歷史的整個發展方向便會動搖。當分析對象不是歐洲，而是更複雜斑駁和矛盾的殖民和後殖民接觸史及鬥爭史時，威廉斯的「歷史」意識會進一步複雜化，會被投入到一種對話的翻譯關係之中。

我一直主張，「歷史」在一個重要比例上是屬於他者。它的話語和時間形態是獨特且多樣的。「歷史實踐」（historical practice）的概念有助於擴大我們的關注範圍，讓我們可以認眞看待口述傳播、系譜和儀式過程的主張。在以文字和時間順序爲特權的現代理念中，這些具身的、實踐性的方法，並未被充分地、現實地認爲是歷史性的。「歷史實踐」可以作爲重新思考「傳統」的翻譯工具，這種重新思考對原民存續和復興具有核心的重要性。例如，原住民對被承認、土地、文化權和主權的權利要求，總是假設了一種植根於親屬關係和地方的連續性。我們很容易將這種歸屬感理解爲本質上是向後看的——傳統作爲遺產，作爲當代混合體中一種「殘餘」成分。然而，如果我們把它視爲歷史實踐，傳統便會擺脫它與過去的優先聯繫，並被理解爲一種連接不同時間點的方法，是一個轉化的源頭（Phillips 2004）。如此一來，一種統一的史觀將會讓位於互相糾纏的歷史實踐。「傳統」和它的許多近義詞（遺產、文化遺產〔*patrimoine*〕、習俗〔*costumbre*〕、習慣〔*coutume*〕、傳統〔*kastom*〕、習慣法〔*adat*〕）將會是指一個互動、創造和適應的過程。

民族誌現實主義（相當於威廉斯的「歷史式」分析方法）的任務因此不僅僅爲變遷中的社會、文化和經濟形構，提供一個多規模層次和非化約的描述。它也解決了務實的，有時是烏托邦的可能性問題。現實主義必須著眼於正顯現中的、超出熟悉範圍的事物。身分政治（更精確的說法是身分認同政治）被證明是難以抑制的。身分打開了哪些可能性？特定交匯點的特定權力是如何導引這些能量？在廿一世紀初期的今天，我們目睹了文化與身分的增生滋蔓。人們運用一種看似無止盡的林林種種標誌（一些同時具有貫穿性和生產性的判準）進行自我歸類，用地方、國籍、文化、種族、性別、性向、世代和殘疾來定位自己。這份清單原則上可以無限延伸。這現象是如此遍見，以致需要一個系統性解釋。我們可以把這些增生的權利要求同時理解爲一個全球歷史時刻與一個政經結構的產物嗎？

由詹明信的〈後現代主義〉（Jameson 1984）和哈維的《後現代性狀況》（Harvey 1990）所開

創的分析傳統生命力強盛，至今毫無衰退跡象。它們的近期嫡裔是周蕾的《新教民族與資本主義精神》（Chow 2001）和可馬諾夫夫婦的《族群有限公司》（Comaroff and Comaroff 2009）。這些學者從全球不同場域收集證據，將身分表演和身分商品化聯繫於一個特定的歷史時刻：這是一個全球性的系統性變化，給予了地方世界新的彈性和決定性重構。各家對這變遷的出現時間和全面性程度有不同理解，但他們大部分都同意，一九七〇年代廣泛的經濟危機標誌著一個轉捩點：二戰後持續了異常漫長的經濟膨脹從此時起陷入衰退。到了一九八〇年代，一個重構過的「新自由主義」霸權將在日益跨國性的市場和彈性化的財富累積方法的基礎上獲得鞏固。一個文化生產與文化接受的新體制（regime）伴隨著這轉變產生，詹明信稱之爲「後現代主義」，哈維稱之爲「後現代性」。從這個角度來看，身分的創造和重塑是晚期資本主義或說「後現代」世界文化形式和承認制度系統的一部分。資本主義全球化容許甚至鼓勵差異，只要這些差異不威脅到主導的政治經濟秩序。獨特的文化傳統在身分的劇場中被維持、重建、表演和行銷。

根據這種分析，在後現代性裡，地方社群受到施壓和誘使，在一個全球性身分商場裡重新形構自己。當「文化」與「地方」在政治上被重新強調時，往往會以懷舊、商品化的形式出現。此時，傳統會以擬像（simulacrum）的方式殘喘，生活習俗會淪爲死遺產，民俗（folklore）會淪爲僞民俗（fakelore）。我們愈來愈常碰到麥卡倫所謂的「重新建構族群身分」：

那是一種「新的和高度被決定的族群形式」，是「爲促進觀光而設的族群身分，其關鍵賣點是異國風情」（MacCannell 1992:158）。自我刻板印象化（self-stereotyping）的例子所在多有，只是有些巧妙些，有些拙劣些。當然也存在著一種客體化、商品化和表演身分的愈來愈強烈傾向，而這種文化生產形式之所以可能，是拜多元文化多樣性與新自由主義行銷術結合之賜。可馬諾夫夫婦著作的書名（《族群有限公司》）一語道盡這種現象。只可惜道盡得太過頭了。因爲正如我們將會看見，這一類批判沒爲偶然性銜接（contingent articulations）和矛盾的趨勢留下多少空間，很容易淪爲沾沾自喜的頑固態度，把一切看成是系統權力的結果。它把全球化透過相互連接所產生的差異（這種有生產性的弔詭最先是由哈維指出）輕易打發掉，也把詹明信預期的對霸權形式和反潮流的眞正辯證分析縮減爲一種病徵批判（Clifford 2000）。

*

一九九四年，即《後現代性狀況》出版四年後，薩帕塔民族解放軍（Zapatista）在恰帕斯州（Chiapas）起事的消息傳了開來。這群戴著面罩的男男女女看似是憑空出現，而他們的所作所爲儼然是向全球性新自由主義宣戰，幾乎在各個層面挑戰它的邏輯。拜其領袖（或說

「反領袖」)「副司令馬科斯」(Subcomandante Marcos)的非凡魅力之賜，「薩帕塔」很快家喻戶曉。在起事後的那些年間，它把「原民」本土主義銜接於階級政治、性別平等、基督教解放神學和墨西哥民族民粹主義(nationalist populism)。「薩帕塔」明顯代表一種新型的社會動員。但它有多新？它的「馬雅」根源有多深？這些農民反叛軍是農人還是原住民？或兩者皆是？一些觀察者認爲「薩帕塔」只不過是舊的馬克思主義游擊戰術的新變種，另一些則宣稱這是一個眞正的「後現代」運動。

我無法在此介紹「薩帕塔」的社會構成、地方歷史和政治意義，因爲相關的爭論牽涉複雜且持續進行中。我會提及「薩帕塔」是因爲此一社會運動所奠基的地方性和身分主張超越了狹窄的身分認同。他們顯然屬於「後現代性狀況」。在一些精明公關和形象設計師的幫助下，「薩帕塔」用好記好認的意象和象徵符號建立品牌，也鼓勵後來所謂的「團結觀光」(solidarity tourism)*。此外，其原民本土主義是透過鼓勵多個不同的原住民群體遷移至人口相對稀少的邊疆地帶所達成。來自墨西哥高地與其他地方的屯墾者在一個新地點拼湊出一個多族群的「馬雅」傳統，又變通傳統實踐去適應當代的社會主義和女性主義理想。與此同時，游擊戰術和進步派意識形態又被他們給「原民化」。在一個回溯至「新西班牙」(New

31

＊ 譯注：「團結觀光」的主要目的是爲在地社群創造經濟機會和讓主客之間有正面的文化交流。

Spain）*的細緻入微分析中，拉瓦薩指出「薩帕塔主義」歷史實踐之根本，並非是本質上的原民文化或抵抗政治（politics of resistance），而是一種歷史悠久能力，一種維持「多樣性不矛盾世界」（plural noncontradictory worlds）的從屬能力（subaltern capacity）（Rabasa 2010:68）。

雖然該運動著眼於爭取國家和跨國承認，但它也保持了對村莊層級民主轉型的承諾，進而創造出所謂的「自治社群」。這個協作性、地方性的過程，顯然不同於哈維所描述如波士頓的昆西市場等地的地方和差異行銷。然而「薩帕塔」並不是住在一個截然不同的世界，而我們有時也會難以決定，他們代表的是對全球化的否定辯證性，即一個多樣性地景底下的棲身處所，還是其他的什麼。就目前看來，他們對新自由主義強制性自由貿易的抵抗和他們擴張民族民粹主義的企圖似乎已被遏阻。一個非凡且持續的原住民社會主義實驗僅限於恰帕斯的特定村莊。儘管如此，「薩帕塔」已播下了變革的種籽，並得到整個墨西哥和以外地區其他地方激進主義的呼應（Stephen 2002）。

恰帕斯州的叛亂只是複雜化新自由主義全球化或後現代性作爲資本主義最新階段的時代敘事的一個戲劇性例子。事實上，整套「階段論」（stages）語言如今顯得太單向且歐洲中心主義。許多交錯的、反文化的歷史擾亂了這一敘事。例如，葛洛義在離散的「黑色大西洋」中追溯了現代性的替代形式，挑戰過早的、歐洲中心主義的整體視角，同時也拒絕民族或種族原始主義的絕對主張（Gilroy 1993）。類似的替代形式出現在今天所謂「原住民」的錯綜複雜的地方、區域和全球歷史中：澳洲原住民的藝術生產、安地斯山脈原住民環繞水權的動員、阿拉斯加的部落博物館，以及加拿大原住民對土地與語言的聲索。要掌握這些反文化中的創新與限制的具體辯證法，葛蘭西對變遷中霸權和相對權力鬥爭的分析要比文化衰亡、社會同化或不可避免的經濟吸收的前後敘事歷史得多。霸權不是支配，而是一個歷史過程：在不平等力量的演變領域中未完成的鬥爭、偶然的聯盟和妥協。

另類史觀（二）

傾聽其他思考和實踐歷史的方式，我們轉向人類學家葛拉本提供的一個引人深思的例子。它見於一九九八年的《博物館人類學》學刊，與幾篇關於「原住民策展」的論文一起刊登。

葛拉本以他在加拿大東北地區因紐特人的長期民族誌研究而聞名。該地區一再更名，反映出權力關係的變化：先是稱爲魯珀特地／昂加瓦（Rupertsland/Ungava），然後變爲新魁北克（Nouveau Quebec），再改爲努納維克（Nunavik）。還有許多具有不同歷史的地方名稱。

* 譯注：這裡指的是西班牙人於一五二一年在巴拿馬地峽建立的一個殖民地。

葛拉本文章的主角塔姆斯・魯瓦令加（Tamusi Qumak Nuvalinga）在圓頂冰屋和帳篷中長大，卒於一九九三年。只懂伊努克提圖特語（Inuktitut）的塔姆斯花了很多年時間編寫一部詞典，希望藉此保存民族語言並支持其在學校中的使用。他還創辦了一間稱爲「魚簍」（Saputik）的地方博物館，於一九七八年開幕。

「魚簍」並不完全是「水壩」，因爲它不會攔住水流。它更像一個濾網（塔姆斯所知道的魚簍是由一橫排的石頭構成），可以攔截游魚但又不會完全把水流堵住。如此一來，人們便可以叉到很多魚，風乾後供秋冬二季食用。這種以果腹爲目的的捕魚爲收集和記憶提供了一個意象。「魚簍」博物館是一棟兩層樓高、仿圓頂冰屋木構建築。館內收藏著舊衣服和舊家當、狗拉雪橇（但不含雪上摩托車）、青田石雕刻（一種相對較新但讓因紐特人引以自豪的藝術形式）、一九五〇和六〇年代的因紐特人老照片。二樓仿造冰屋內部設計，擺放著舊的和新訂製的家具設備。一個傳統的世界被收集起來，但並沒有重現「前接觸時期」生活的意圖[*]。館內蒐藏主要是來自較近期的過去，是一些被認爲有價值和有需要拯救的文化物品。葛拉本主張，「魚簍」反映的是一種新的歷史意識：「塔姆斯將時間看成一條河流，會把一切不可逆地帶向大海，從此永遠消失不見」（Graburn 1998:26）。

必須指出的是，這不是一個有關首度接觸的故事，不是受到突如其來衝擊或「墜入」現代性的結果。塔姆斯的博物館構思是要回應發生在一九六〇和七〇年代的加速變遷。在那之前，因紐特人與探險家、貿易商、傳教士、人類學家和加拿大政府官員已經有過一段很長的接觸史。在廿世紀的大部分時間裡，因紐特地區享有一定程度的繁榮（主要貿易項目是毛皮，特別是白狐毛皮），饑荒不再發生，一些疾病亦告絕跡。技術的變革（槍枝和木頭房屋的引進）被證明可以和傳統的維生方式和社會結構相容。對塔姆斯來說，傳統生活方式是一種——藉歷史學家懷特早期關於邊境關係頗具影響力的著作中所描述的——協商而來的「中間地帶」（middle ground）（White 1991）。因紐特人有選擇性地利用加拿大的資源，並在很大程度上按照他們自己的條件行事，從而維持一定程度的權力平衡。但這種平衡在一九六〇年代被打亂，其時貿易衰退，政府和傳教士的干預增加，更多年輕人被送進學校，語言快速式微。

塔姆斯對這種改變的回應是建立一間地方博物館。「魚簍」保存了個人和家庭所珍重的物品，過程中建立起「文化」寶藏或集體「遺產」。葛拉本把這座博物館與塔姆斯編寫的伊努克提圖特語詞典加以連結，因爲後者也是某種魚簍。塔姆斯還曾在一九六〇年代領導一個合作運動，以抵制哈德遜灣公司的貿易壟斷並阻止魁北克一項預定的大型水力發電計畫。葛拉本指出，因紐特人這個「長期鬥爭是爲了把經濟控制在自己手中，控制在合作社手中，

* 譯注：這裡的「前接觸」指與白人接觸以前。

並保證下一代會受到伊努克提圖特語教育」（Graburn 1998:25）。這不是一個注定消亡的文化的垂死掙扎，而是一種對國家和資本主義這類強大結構力量的持續搏鬥。因此，絕不可把塔姆斯的遺產收集等同於原民版本的「搶救式」收集（廿世紀早期的人類學便是抱著這種心態收集），把原民社會的文化消亡和和政治失敗視爲勢所必然。「魚簍」積極重構出一個「揀擇而得的傳統」（Williams 1977:ch.7），在變化中識別、保留並重新翻譯身分的關鍵來源。

葛拉本談了許多後續發展，特別是原住民策展實踐在新魁北克／努納維克的博物館和文化中心的擴展。他追溯了一個銜接至更廣「族群」文化的普遍趨勢，而這場文化表演也帶向在地觀眾、全國觀眾以及觀光客等不同層次的觀眾。因此，塔姆斯的努力預示了對今日「原民性」而言有著基本重要性的身分政治：新的自治與依賴形式、更新的傳統與資本主義發展。我一直主張，這種努力的最終結果無法預先讀取。它們都具有一些特定的銜接性，結局仍然保持敞開。因此，任何單線發展的假設都應該被懸擱，以給交錯的歷史（intersecting histories）挪出概念空間。

在很多原住民社會，原生的起源故事都與一種對更早階段的歷史敘事並存不悖。例如，「島嶼太平洋」各社群都有一套本社群是如何原生於大地的神話，但又有一套他們的英雄祖先是如何渡海而來建立社群的故事（Bonnemaison 1994）。因紐特人的口述傳說講述了祖先來到現居地和趕走前先住民多塞特人（Dorset People）的經過（考古學家估計這場遷徙發生在距

34

今七百至九百年前）。更近期的變遷同樣以一種「溯而不迴」* 的溯祖方式記錄下來。這一類故事敘述了來而復去的捕獸者、捕鯨者、探險者與外國人所帶來的變化。這些「中間地帶」歷史記錄了「新」（槍枝、商業、房屋與疾病的到來），但不帶有質的斷裂感，也不帶有文化失去感。溯祖性歷史可以印證和解釋現在：我們是如何從不同的地方到達這裡的；過去的哪些東西定義了我們現在的身分。而雖然歷史存在一個方向，但這個方向卻讓我們在變遷中保持我們的身分。溯祖因此不是一個拋棄過去而走向全新未來（西化、基督教、資本主義或現代）的故事。

在塔姆斯對時間的表述中，時間河流的目的地是大洋，是一個有去無回之地，是一個會讓一切失去形式之地。這會讓人聯想起李維史陀在《憂鬱的熱帶》（一九五五）裡深刻描繪的「熵」（entropy）。在那裡，世界歷史採取了「瀑布」的形式，會讓一切差異帶向同一。未來無處不在，都是趨同的、無差異的同質性（homogeneity）。無論是作為消逝文化的哀嘆還是進步的讚美，這故事都是我們熟悉的。舊事物必然會被新事物無情地取代。但真的是這樣嗎？還有其他什麼在發生嗎？塔姆斯的「大洋」顯然是個代表失去一切差異的意象。但那是歷史的宿命嗎？河流和魚簍標誌著「我們可以稱之為『現代』的新意識的到來」

* 譯注：這是葛拉本在與作者私下交流時所做的形容。此處的「溯而不迴」指因紐特人追溯過去不是為了回到過去。

35

（Graburn 1998:18），那麼我們是在談論某種全新的現代意識和現實意識嗎？還是說那是一種劃時代的替代品？還是說那是一個（我認為這種可能是葛拉本的脈絡說明所容許的）再銜接和翻譯的過程？這種「斷定一個清晰裂口」是為時過早的。此一想法也許仍是一種以歐洲為中心的觀點：在現代性轉化過程中，強調「全數保留或蕩然無存」或是「之前與之後」的論述思維，往往傾向假定別人只能變得與我們相似。反觀民族誌－歷史現實主義則會著眼於一個被決定程度較低的轉化過程，一個發生在特定社會、經濟和政治角力場裡的過程。它會注意「新性」（newness）是如何在實踐中銜接，差異和身分是如何被翻譯，以及是如何向不同的觀眾表演。這會讓人難於斷言時間在一個意義下是「新興」，另一個意義下是「殘餘」。原民文化政治常常是用「舊」來表達「新」，以此作為向前走的途徑。塔姆斯畢竟是把他的捕捉時間技術稱為「魚簍」而非「博物館」。變遷是一個「望向兩邊」的過程（見第六章）。不管歷史會表現出怎樣的發展和方向感，它都是覆蓋（overlays）、迴環（loops）和交錯的時間通道構成。

有鑑於此，塔姆斯的「魚簍」計畫並不是輓歌，也不是熟悉的西方意義下的博物館學方案。它連結於地方合作運動，連結於土地與語言，連結於新興的因紐特人身分、創造性藝術與遺產計畫。它的文化搶救工作是一種轉化的連續性的一部分：就像「第一民族」面向未來的傳統主義那樣，它是連結於對主權的新聲索。因紐特活躍主義為加拿大東北地區帶來了一個大型的準自治區（努納武特），連帶而來是新傳統（neotraditional）機構、話語、藝術形式與社會運動的增生滋蔓。這不再是由圓頂冰屋、帳篷、狗拖雪橇、毛皮和伊努克提圖特語構成的「中間地帶」，不再是塔姆斯那一代人生長於其中的世界。但它也不是一種無分化的現代性，不是所有人都被同一條河朝同一方向沖走。

民族誌現實主義

兩個近期的研究方案（一個來自墨西哥南部，一個來自瓜地馬拉）提供了歷史和政治上調和的民族誌現實主義範例。它們混合著不同比例的樂觀與悲觀，爲系統中心和自上而下的權力及文化過程概念提供了有根據的替代方案。荷娜德茲．卡斯蒂略的《恰帕斯州的歷史與故事》是根據作者在薩帕塔民族解放軍前沿區及其四周從事的田野調查工作寫成，追溯了一個馬雅小群體在廿世紀下半葉追求存續與身分再認同的曲折過程。海爾的一系列批判性論文（Hale 2002, 2005），後來發展爲一部錯綜複雜的民族誌則是探索瓜地馬拉印第安原住民與拉迪諾人（Ladino）對新自由主義和身分政治的回應（Hale 2006）。

在墨西哥邊界的一側，卡斯蒂略與那些愈來愈將自己視爲「瑪姆」的馬雅印第安人一起工作。瑪姆語的流失程度非常嚴重，而直到最近期，個人都傾向於融入操西班牙語的「麥士蒂索」（mestizo）*人口——他們會在社會和文化上被完全同化看來是勢所必然。但更細緻的民族誌鏡頭透露出一段協商適應的歷史，它讓瑪姆人在政治氣候的變遷中始終保持鮮明的社群色彩。卡斯蒂略指出，瑪姆人文化復興和身分認同出現的時間遠早於原住民的薩帕塔民族解放運動公開化的一九九四年。她經常造訪居住在拉坎頓（Lacandon）雨林和恰帕斯高地的瑪姆社群並不是活躍的叛亂者。他們很多都是「耶和華見證人」（Jehovah's Witnesses）信徒。瑪姆文化復振的一個主要鼓吹者同時也是一位長期的長老教會活躍人士和「革命制度黨」（多年來爲墨西哥的執政黨）的支持者。婦女運動在這個身分混合體裡是相對自治的元素。

卡斯蒂略追溯了一種堅持、矛盾且富有創造性的存續政治（politics of survival）。她聚焦於宗教信仰的變化和女性的行動主義，顯示出瑪姆人如何既抵制又適應政府的現代化模式。這是一段成爲「現代人」的歷史，但這歷史不是（或說不完全是）按照國家的意思行事。一九三〇年代，一個人如果想要從墨西哥革命的土地重新分配中受益，便必須壓制當地文化並講西班牙語。國家政策強迫瑪姆人在這些方面配合，而瑪姆人的服從既是實質性又是策略性的。幾十年之後，瑪姆群體因爲高地土地短缺遷移至低地平原，再遷移至拉坎頓雨林，他們採納基督新教作爲邁向現代的途徑。在這過程中，他們也能夠保持與同化國家的距離，這種距離後來在文化傳統和原住民權利的復興中找到新的表達形式。曾經以「混血」

身分生活的人群將會以「瑪姆人」的身分重新出現。

隨著追求成為一個「混血墨西哥」的理想讓位於多元文化政策，國家仍然是瑪姆人身分轉化過程的一部分。一九八〇年代，政府組織抵達恰帕斯州，積極鼓勵農民恢復身分，特別是恢復他們的原民傳統與語言（政治自治或主權當然不是這訊息的一部分）。文化（以及隨身分而來的尊重）此時被認為是均衡的社會及經濟「發展」不可少的一環。政府打的如意算盤，是透過一種受管控的多樣性將瑪姆人整合到國家之中。但就像此前一樣，政府政策和機構只能促進改變，無法控制改變的方向。「薩帕塔」宣稱擁有的「強烈多樣性」（自治〔*autonomía*〕），以及墨西哥其他地區原民民兵對這種多樣性的迴響，顯然不是官方計畫的一部分。而且更微妙的是，此一住在拉坎頓雨林裡信奉「耶和華見證人」的社群，也就是卡斯蒂略從事田野工作之處，透過基督教千禧年主義、與紐約宗教中心的連結，和對原民傳統復振愈來愈濃厚的興趣，表達出其獨特性。瑪姆語的廣播開始把散居各處的瑪姆人重新連接起來。被選擇性記取的傳統與基督新教規範並行不悖。部分傳統手工藝在鼓吹生態觀光與文化觀光的情況下獲得復振。

正如卡斯蒂略指出的，瑪姆人身分政治的出現不是一則回歸源頭、重新發現真實身分

＊　譯注：麥士蒂索係指拉丁系白人與印第安人所生的混血後代。

的復興故事。她的著作追溯了一個霸權過程，說明了社群為求存續和保持獨特，是如何以實用主義態度接受和抵抗國家在不同時期開出的不同收編條件。這記述同樣不是講述一個由當代多元文化主義招募的故事，一個由新自由主義國家或跨國市場管理的系統。全球資本和國家是活躍的力量，但不是決定性的結構。當然，我們未嘗不可就像可馬諾夫夫婦在他們著作中主張的那樣（Comaroff and Comaroff 2009），把人們愈來愈感興趣於瑪姆人的文化表演（特別是在拉坎頓雨林開展文化觀光的前景）視為一種對身分和地點的商品化，視為是把身分和地點整合到「後現代性狀況」不可或缺的過程。能夠符合這種診斷的軼事俯拾皆是。但卡斯蒂略這部歷史細節詳盡的民族誌卻充分顯示出，這一類描述有多麼簡化，因而讓許多地方根源和路徑，以及糾結和辯證的能動性，從視野中消失。

卡斯蒂略展現了在廿世紀大部分時間，瑪姆人的存續（總是一個轉變和轉化的過程）總是與政府計畫又卽又離。用霍爾的新葛蘭西派語言來說，兩者的關係是一種持續變化的銜接（斷連和重連）（Hall 1986b）。在瓜地馬拉工作的海爾也使用葛蘭西的工具，探究了原民動員與新自由主義管治在一九八〇和九〇年代拉丁美洲的匯聚與緊張。他長期研究的民族誌對象是瓜地馬拉的拉迪諾人，但他的理論與比較視野遠大於此。特別是在他的干預主義論文裡，探索了新自由主義改革對動員馬雅人以及拉丁美洲其他原民社群的影響。其研究顯示出，權利政策和身分承認可以為文化復振和以身分為基礎的社會運動開闢空間。它

38

們提供機會，讓原先被邊緣化的人群可以動員，確立自己的文化與政治身影。但新自由主義同樣會侷限可能性，試圖控制與收編新浮現的力量。海爾指出，在瓜地馬拉，一個有力區分「好」原住民（*Indios*）與「壞」原住民的方式：前者只要求權利，用文化方式表達原民性；後者則會以激進的政治主張要求主權或自治。自由主義政策和機構總是想辦法把原民動員導入前一範疇，以限制它們的轉化潛力。這分析在今日具有廣泛的相關性：我們在非洲（Englund 2006、Geschiere 2009）和澳洲（Povinelli 2002）都看到類似的收編策略。哈維所說的全球化「後現代性狀況」（具備彈性、多元文化和市場取向）可以找到許多地方版本。但海爾的民族誌嗅覺能讓他注意到一些別的東西。

海爾認爲，在馬克思主義革命不存在現實可能性、「文化權利」成爲霸權鬥爭焦點的處境下，應該問的基本問題如下：

> 在目前這個斷然是後革命的時代，文化權利組織很可能占據著一個極其模棱兩可的空間：它們企圖行使新自由主義國家授予的權利，與此同時又迴避與這些讓步相伴而來的侷限和指令。在這些情況中，葛蘭西的「銜接」概念變成了分析的關鍵：屈從（subjugated）的知識與實踐會被銜接於統治者，並因而被中性化嗎？還是說它們除了**占據著一個在上方打開的空間，同時抵抗其內建邏輯、連接於他人，邁向一些我們迄**

39

> **今未能充分想像的「轉化性」（*transformative*）文化－政治替代選項？**特別是在拉丁美洲原民政治這個動盪不安的領域，縱容理論走在扎根分析（grounded analysis）前頭是不智的。（Hale 2002:449；強調為本文作者所加）

好消息與壞消息是分不開的。新自由主義既讓以身分爲基礎的社會運動成爲可能，同時也強有力地把多樣性和轉化導引至它樂見的方向。但海爾不認爲這是事情的全部。他願意爲一種過度的（excessive）可能性政治（politics of the possible）保留一席空間，不排除有「我們迄今未能充分想像的『轉化性』文化－政治替代選項」的存在。

海爾推薦的「扎根分析」同時是民族誌、歷史學和政治學取向的。他這部研究拉迪諾人的民族誌細節豐富且強索力探（我無法在這裡以有限的篇幅介紹），指出拉迪諾人除表現出新種族主義（neoracism）以外，又表現出一些與社會範疇存在緊張關係的心理傾向和習慣。就像卡斯蒂略那樣，海爾體認到，社會文化存續（sociocultural surviaval）和身分形成（或再形成）是一個主動和關係性的過程，而那些「在上方打開的空間」也可以被創造於下方。召喚（interpellation）與銜接是同時發生，而銜接方式會因權力關係的不同而有所不同。再者，未來是不確定的，因爲後現代性不是歷史的終結，新自由主義也不是最後底定的霸權。這樣說並不是否認結構的不平等和資本主義的決定性。在瓜地馬拉和拉丁美洲其他地方，新形式的社會、經濟、文化權力正在被強加、協商、抵抗和挪用。海爾看出，從屬群體（subaltern group）擁有的操作空間非常有限。雖然海爾對「原民文化復興必然是反霸權性質」這種浪漫主義觀念潑冷水，但他同樣看出新自由權力體制和多元文化主義所開啟的可能性。他靜觀和傾聽那些潛在的徹底再銜接現象的出現。

舉例來說，假如「拉迪諾人」和「馬雅人」在瓜地馬拉的種族對立可假多元主義民主之名而打破，新的聯盟便有可能被創造出來。「混血」身分是否可能被徹底改造，以含容那些願意跨過族群和種族界線的人？海爾探討了「自下而上的混血化」（mestizaje from below）這種新興可能性，指出它不再是一種同化主義色彩的民族規範，而是變得具有顛覆性、有潛力推翻新自由多元文化主義規定的硬性族群／種族範疇。在都市環境中，大量窮人和年輕人拒絕接受國家所提供的身分類別，常常樂於承認自己的原民血統，但又更樂於尋找一個「中間」位置。有些拉迪諾人尋求與那些願意自視爲「新混血」的馬雅人結盟。另一個讓人看見希望的趨勢是，在尼加拉瓜和宏都拉斯，已經出現了一些由原民群體和黑人群體組成的地域單位（bloques）。在一些由地方控制的地區，在這些相對自治的所在，人們與由國家和經濟開發機構（如世界銀行）強加的規範處於一種又即又離的緊張關係（Hale 2005）。海爾在整個中美洲都看見這種初生的趨勢，但又承認它們並不保證會帶來激進變遷或是進步結果。他在結論裡指出，舊有的政治地圖（馬克思主義的、民族主義的、開發主義的、自由主義的）在現今那些「未開發領域」中不只價值有限，而且往往構成一種障礙（Hale 2002:524）。

海爾和卡斯蒂略這類的民族誌研究無法單靠一幅決定論結構的地圖描繪出來；需要的是多元和互相交錯的地圖。根據這種著眼於交匯點的視角，「身分」是關係性、社會性的認同過程。但如果說成爲原住民／拉迪諾人、黑人／白人、印第安人／屯墾者的身分差異不存在一個基源或永久的根據，這並不意味著這些社會位置是幻象或是沒有力量的。它意味著存在於歷史變遷與偶然中的社會及文化群體會不斷地將自己跟其他群體進行比較。就像「薩帕塔」的「強烈多樣性」那般，瑪姆人身分亦是一種相對地位，是在飽受挑戰的條件下維持的相對地位。就此而論，它與美洲原民群體要求的主權形式愈來愈多樣化的現象相似（Biolsi 2005）。最佳的民族誌–歷史學研究，例如卡特利諾對塞米諾人（Seminole）博彩業的研究，以及史特姆對切羅基人（Cherokee）血緣政治和部落身分的研究，會透過葛蘭西式角力場，觀察其中的連續性、緊張與矛盾。讓交匯點保持開放性和視之爲由複雜因素決定並不是後結構主義方法論的產物，也不是由解構歷史秩序與解釋秩序的理論驅力促成。這是一種去中心的現實主義（一種兼顧多規模層次和非化約的現實主義），在不預設決定論的情況下致力於諸決定元素。

現實主義——在後結構主義和去殖民化之後——預設了一種分裂和可爭論的敘事視角。如今，不再存在能夠決定性地繪製特定、地方故事的全景，也不再有哪種人類歷史敘事、經濟發展敘事或擴散中全球系統敘事是站得住腳的。在廿一世紀初，宏大敘事（grand narrative）已斷然被去中心化。這是一個我們熟悉的觀察。但大敘事的去中心化並沒有讓我們陷入我已故同事沙爾所形容的「把所有權力交給斷片」的「後現代」困境——我們除了小歷史（small histories）和地方角度（local vision）以外別無所有。因爲「地方性」（the local）從來只是「全球性」（the global）的對立面，而兩者是同樣的抽象和意識形態的。更具體地說，我們可以探索介於兩者之間的一切。我一向主張，現實主義著眼的是「大小恰好」（big-enough）和「不僅僅是地方」（more-than-local）的敘事（即旅行和翻譯的歷史），但不會爲其設定一個連貫的宿命，無論是進步或是衰亡。因此，我們依賴的是並置和中介的過程，進行概括但卻非一概而論。阿多諾有句名言：「整體卽謬誤（The whole is the false）」（Adorno 1974:50）。但「斷片」（the fragment）何嘗不是如此？現實主義是自覺地與局部歷史（partial histories）周旋，處處注意它們的建構性張力。海爾和卡斯蒂略這類的民族誌－歷史學研究提供了方法，讓人可以批判性地理解後現代性的矛盾和弔詭，而不是動輒用解釋將其勾消。

另類史觀（三）

讓我們再聽一個引人共鳴的原民歷史思維的例子（Pullar and Knecht 1995）。那是我十五年前偶然讀到的一段引述，它被一篇關於歷史的文章拿來充當結語，也預示著我今日的思辯（Clifford 1997a）。這段引文自此常駐我心。當時一如今日，我好奇它能否講述一段「大小恰好」的歷史。

說話者是住在阿拉斯加半島的阿魯提克（Alutiiq）耆老芭芭拉・尚金（Barbara Shangin），據說她一九七〇年代曾這麼說過：

> 我們的族人幾千年來挺過無數的風暴和災難。俄國人帶來的種種困難有如一段漫長的惡劣天氣。然而，就像所有其他風暴，這場風暴有朝一日總會過去。

我們不太難猜想這番話指涉的是一段可辨識的歷史：阿拉斯加的殖民化及其後果。我不認爲尙金的意思是阿魯提克人最終會回到資本主義現代性入侵前的狀態，即回到俄國毛皮貿易商在十八世紀晚期開始整合阿拉斯加前的處境。就我的詮釋，她是認定惡劣天氣已帶來了無法逆轉的改變，而這些改變有些值得保存（一個例子是俄國東正教的傳入，它已落地生根成爲純正原住民宗教）。「惡劣天氣反覆出現」的意象暗示著一種不是往回走的回歸。因此，尙金喚起的循環並不是一種非歷史的重複，而是結構化的模式（structuring patterns）——一些可利用於轉化的模式、一些可讓變遷貫穿著連續性的模式。她所敘述的那一類歷史時間向度深邃，相當於一種原民的「長時段性」(*longue durée*)，同時涵蓋殖民化以前和之後的時期。這種「涵蓋」(既是過去的也是預言性的)是當代原住民講述歷史的基本特徵。我們聽尚金的話並非是一廂情願：她在一種獨特的歷史語境中提出了現實主義的主張。

但我們大概更應該把她的史觀稱爲一套「歷史生態學」(historical ecology)。在反思「島嶼太平洋」諸社會的記憶方式時，東加作家、人類學家暨願景家浩鷗法(Epeli Hau'ofa)的見解也是堪稱一套「歷史生態學」(見第五章)。有時，他看似是在延伸尚金的願景。浩鷗法斷言原民歷史深深根植於口述傳說和地方，根植於所居住的土地與海洋。真實的歷史(即有重要性的歷史)並不是等到殖民化、傳教士、文字書寫和全球性開發的到來才突然出現。歷史的包羅範圍要更全面得多。保存在口述傳說裡的歷史回憶(一種以地方爲基礎的歷史回憶)是以循環的方式運作。尚金的「天氣」總是不同又總是一樣，總是在回歸又總是在創新。浩鷗法引述肯埃雷海瓦對夏威夷人時間觀的說明(過去是「在前頭」，未來是「在後面」)，然後用他典型的幽默口吻如此問道：「那麼，這算不算是狗追著自己尾巴跑的一個例子呢？」

他給出肯定的回答，而他接著說的一番話大可視作對尚金變遷願景的一個注腳：

> 當時間是循環的時候，時間並不獨立於自然環境和社會而存在。對我們的歷史重建來說，重要的是要知道大洋洲人對循環時間的強調與季節的規律性相聯繫。這些季節表現在循環的自然現象，如某些花朵、鳥類、海洋生物、落葉、月相、盛行風和氣候模式的循環出現，它們啟動人類活動（農業、陸上和海上採集、貿易與交換、航行）的循環，而這些活動各有自己的儀式、慶典和節慶。這是一種普遍現象，被不同文化以不同程度強調。（Hau'ofa 2008:67）

43

浩鷗法斷言，體現於身體的（embodied）、根植於地方的（emplaced）、儀式表演性的時間意識存在於每個社會。但技術先進和都市化的世界讓人難以與故鄉和它們的韻律保持連結。在島嶼太平洋社會中，「我們大部分人都是住在城市，按照當代全球性文化的步調生活，但又仍然與我們的非城居親戚維持關係，因此周旋於傳統與現代之間，不論其定義如何。」要表達這種周旋，「我們可以使用螺旋（the spiral）的概念，它同時包含循環運動和線性運動」（2008:69）。浩鷗法談的不只是一種記憶方式，更是一種歷史實踐，一種生存和延續生活的方式：「我們可以更進一步，把這個螺旋概念納入大洋洲生態意識形態的制定中，將線性發展與自然循環結合起來，以指導現代技術在我們環境中的應用。我們在大洋洲的長期存續很可能有賴於此類指導」（2008:72）。

浩鷗法的「螺旋」是原民蓬勃（indigenous thriving）的意象，一個無止境溯祖發展中的轉化與回歸的意象——這是一個深刻的關係過程。此一意象引起了廣泛的共鳴。我們從未生活在一個「依時間箭頭指示」（arrow-of-time）帶有明確方向的歷史裡。我一直主張，我們是生活在當代各種時間相互碰撞所形成的漩渦中，是生活在既分又合、以不同方向前進的諸歷史中。這種串連無法以一幅單一平面的地圖來表現。尚金的歷史「天氣」（總是不同又總是一樣）大概可以充當原民歷史認識論與歷史實踐的一種意象。如同浩鷗法的「螺旋」那般，它在發展性時間裡賦予了轉化和回歸一個形態。這兩種敘事形式都深具現實主義性格。並且，他們的「生態學」思想感情對「不僅僅是地方」的脈絡具有顯著重要性。在一個不平等、人口過剩和環境備受蹂躪的世界裡，小型社會的存續，若能夠達成某種程度的社會平衡並承擔起在地依繫的責任，或至少是以此爲目標的，本身就是一種成就。但這是一種「大小恰好的歷史」嗎？即它是一種大得剛好足以形成影響力的歷史嗎？對那些湧入城市的人來說，它構成何種差異？在新的銜接脈絡裡，原民方案有可能成爲一種「不僅僅是地方」的全球性力量？爲什麼我們會提出這類問題？難道是因爲光是地方性的存續並不足夠嗎？

浩鷗法一再雄辯地論證，停留在地方性和小型社群從來不是也從未是一個戰略選項（Hau'ofa 1993, 2008）。人們總是會透過旅遊、貿易、技術、親屬關係、遷移、侵略和衝突而彼此連結（他強調這道理弔詭地特別適用於島嶼社會）。雖然建築防護牆和只管耕耘自己一畦園圃有時也許是必要，但此舉從不足以充當長期的生存策略。相互依賴和移動是原民社會反映並部分控制的歷史現實。他們有賴三種互動的社會過程來實現這一點：銜接、表演與翻譯。

銜接、表演與翻譯

將哈維和詹明信的研究予以歷史化理解，我們想像著一個不斷變化的資本主義世界體系，它透過差異運作，鼓勵並管理多元的文化和身分。原民社會運動正是在這些有彈性的結構內開展。但我一直主張，分析不能停留於此。事實上，上述兩位思想家都爲「烏托邦」（一種激進的轉化願景）保留一個重要位置（Harvey 2000; Jameson 2005）。所有全球性－系統性的方法無疑都有淪爲功能論化約主義的危險，讓一切差異看起來像是結構性力量的衍生物或「產物」。但反過來說，民族誌研究取向則容易流入唯名論（nominalism）。太強調特殊與細節有時會變成對所有概括性分析的類似口頭禪式反對：「事情比這還要複雜……」

有見及此，今日社會文化分析家奉爲圭臬的是一種綜合結構與過程的方法，一種綜合「宏觀」與「微觀」的方法，一種綜合葛茲的「深描」（thick description）和詹明信爲世界歷史「繪製認知地圖」的方法。問題是，這種方法面臨著嚴重的方法論障礙和認識論二律背反（antinomies）。綜合性解釋傾向把一個「層次」或「規模」化約爲另一個「層次」或「規模」，傾向於從挑選過的部分創造出全體，或建立一個人爲的前景（foreground）與背景（back-ground）。正如我在若干年前所論證的，這一類修辭／分析策略只能產生出偶然性綜合，產生出一些注定會被它們的構成性排除（constitutive exclusions）所否證和修正的「部分眞實」（Clifford 1986）。類似見解是對一九八〇年代民族誌的激進批判的一部分。自那之後，在一些新的假設和參與條件的指導下，各式各樣的全貌觀和組裝體（assemblage）受到民族誌研究的自覺追求（Ong and Collier 2005; Otto and Budandt 2010）。我自己嘗試了反綜合的現實主義，在論文裡並置不同的再現性風格（representational style）與敘事組成的隨筆書寫（Clifford 1997b）。沒有可及的最完美方法，有的只是在地方與全球、結構與過程、宏觀與微觀、物質與文化這些僵固的二分法之外進行的實驗。

人們如今已普遍體認到，全球性－結構性進路除了可解釋種種歷史學－民族誌特殊性（pariculars），還同時會被後者縮小了範圍。相反地，微觀分析則受制於更大的打造世界的能量和力量，而這些能量和力量會打開地方性和顚覆分析焦點中任何獨立的「場域」（Gupta and Ferguson 1997a）。我們無可避免只能在一些不可調和的二律背反中間工作，以定位和關係爲基礎進入我們歷史時刻的弔詭和張力，既利用又反對局部觀點。因爲這是一種多層次、對話性和未完成的了解，所以也是對當代社會文化諸世界一個更符合現實的了解。至少我自己是這樣押注。

靠近當代原民性的錯綜複雜地形時，我依靠的是三個分析概念：銜接、表演和翻譯。它們構成一個攜帶式工具包，讓人可以不虞化約地思考社會與文化變遷。三個都是過程概念。這三件工具（或說它們是「理論性隱喻」大概要更精確些）彼此互補且讓彼此複雜化。它們以實用主義的方式使用，不容許被系統化。讓我花點時間來詳細說明三者。

銜接指的是一個大範圍的連接與解連接：政治、社會、經濟和文化之間的連接與解連接（見第二章）。爲了更仔細地了解這個概念，海爾提出的那個基本問題（見上文）是很好線索：

> 屈從的知識與實踐會被銜接於統治者，並因而被中性化嗎？還是說它們除了占據著一個在上方打開的空間，還會同時抵抗其內建邏輯、連接於他人，邁向一些我們迄今未能充分想像的「轉化性」文化－政治替代選項？（Hale 2002:499）

這番話一開始指出，屈從的知識與實踐有可能會被支配性的新自由主義方案／國家方案收編，以致無法引出意義重大的變遷。在海爾的用法裡，「銜接」指的不是社會身分或文化身分的必然被同化或消失，而是一種對國家和跨國機構議程（如人權體制、非政府組織

46

和多元文化綱領）的認同和自治的普遍願望的聯盟。因此，差異不會因爲銜接而被抹去，反而會因引導和包含差異的形式得到支持，甚至強化。這是霸權實際運作的模樣：講求互動和協商，但最終結果是由權力更大的一方所決定。

然而，海爾又進而主張，有一反霸權的可能性範圍存在。這些可能性一樣有賴於銜接的過程。他問道，當屈從的知識與實踐「占據」著一個在上層打開的空間的同時，是不是有可能也抵抗其內在邏輯？這裡的「抵抗」並不意味完全拒絕，因爲「抵抗」乃是與遷入新空間的動作同時進行。「占據」一詞同樣意味著那是一個策略性而非必然性結果。這種有選擇性的投入可以用「銜接」的語言表達，因爲「銜接」所建立的聯繫雖然眞實，卻是偶然的。銜接總包含「解銜接」（disarticulation）的可能性——這種可能性表現在引文中的「又同時抵抗……」一語。海爾另外也爲「再銜接」（rearticulation）留出空間，因爲他指出從屬群體不無可能「連接於他人」，朝既非「上層」亦非「下層」的方向形成沒有先例可援的聯盟。

海爾所提這段話的基本問題，內在於霸權過程之中，可以說是構成當前世界許多地區歷史時刻的基本要素。那是一個定義「現實」（the real）的二律背反，不應該過快解決。海爾爲「轉化性」（transformative）一詞加上引號，表示我們對怎樣才算是意義重大的變遷（即結構性變遷）維持著關鍵性的不確定性。「銜接」的語言可幫助我們關注權力形式和操作條件，專注於特定的物質連接與符號連接，不致預先關閉解連結和再連接的可能性。它把文化政治的世界（它的各種敵對與聯盟，它的各種召喚與抵抗）理解爲同時既受到物質的限制，又對創新開放。

表演是另一個有助我們掌握社會和文化過程全部矛盾複雜性的關鍵概念。直至很近期，身分政治仍然被理解爲自我認同（self-recognition），一種在新自由主義寬容體系裡進行的自我行銷。表演被化約爲召喚。根據這種觀點，個人或群體是被「呼喚」，去把自己表演爲本眞的文化主體。這種承認發生在一個賦權情境（situations of empowerment）裡，而該情境又是被國家和跨國的治理術體制（regimes of governmentality）所囿限。「治理術」一詞來自傅柯，而在最複雜版本的分析裡（如Povinelli 2002; Chow 2002），傅柯派的觀點甚至會與馬克思主義的觀點結合。文化主體發現了自身，並讓自己變得可爲握有資源的有權有勢觀衆所辨識。在這種觀點中，對本眞族群身分的經營、遺產的展示、開發方案中有品牌的地方主義，以及或多或少帶有盤算的文化觀光「行爲」，都是一種配合演出（command performance）。然而，當傅柯與馬克思相結合時，要將「表演」限制在特定的霸權體系或經濟系統內就變得更加困難。

傅柯的移動和去中心化的權力概念透過主體化過程發揮作用，讓人獲得整體性、賦權、成就感、自由的體驗。若視之爲一些社會表演，這些主體過程是過度的（excessive），會同時符合且超出社會與經濟秩序。它們的政治效力（political valence）無法提前預測。自由既可以與反抗相連，亦可以與消費相連。賦權可以意味著感覺良好，也可以意味著推翻社會秩序。此外，召喚本身便是表演性質。文化主體爲多元觀眾「扮演自己」——這些觀眾包括警察、國家機構、學校、教堂、非政府組織、遊客；他們也爲家人、朋友、世代、祖先、部落、動物和個人信仰的神表演。主體性是複數的，並不是只會朝權力轉過身去，一如阿圖塞的著名寓言那樣轉向權力（Althusser 1972）*。它也可以是轉身離開、陷入沉默、祕而不宣、使用多個名字，以及隨環境的改變而有不同應對。

對表演的關注使我們能夠專注於行爲的具體性以及不同觀眾在維持身分方面的角色。一如我們將會看見的（尤其見於第三部分），原住民文化表達包括各種藝術和儀式，「表演與訴說」（Strang 2000）的關係對於聲索權力和資源至關重要：舞蹈、圖案、帕瓦（powwows）集會慶典、文化節、博物館展覽、「薩帕塔」巴士車隊巡遊活動等等†。而這些公共表現可能會讓我們忘記更私密的慶祝活動：冬季誇富宴的家庭宴會、初始儀式和人生轉變、治療、紀念和交流。氏族和部落的神話和歷史在合適的時候悄悄傳承下去。文化知識總是透過特定的角色和禮儀既被揭示又有所隱瞞，既分享又保密。例如，澳洲原住民的氏族當權者會

* 譯注：此處的阿圖塞「寓言」指的是某人被一位警察給「召喚」而轉過身的故事，見本書第七章。

† 譯注：薩帕塔解放軍每年會以巴士組成的車隊，在墨西哥穿州過省，接受民眾歡迎。

決定在傳統交流以及現代繪畫、網站或部落博物館中流通什麼內容，而什麼內容則保留給自己。男性和女性以不同的方式控制和儀式性地表演知識，管理特定儀式和跨世代教學的表演。這些是發生在資本主義市場和意識形態霸權之外的主體養成形式，儘管可能從未完全脫離其影響。原民身分在今日是表演性的，會在不同時間向不同觀眾演出，有多少自由發揮的空間因時因地而異。在第二部分，我們將詳細追溯「美國最後一位野生印第安人」伊許，他是如何表演好加諸他的各種預期角色又同時保持著顛覆性沉默。

翻譯不是傳遞（transmission）。例如，將全球性文化（「美國」文化*）的擴散視爲一系列翻譯，重新定義其表面上的擴散爲一個部分的、不完美且富有成效的過程。有些東西被帶了過去，但形式卻有所改變，形成地方差異。畢竟，*Traditore tradutore*（翻譯即背叛）。翻譯過程必然會丟失或扭曲一些原有訊息，又會羼進一些新東西。假借詩人龐德的話來說，翻譯是一種「革新」（make it new）的方法†。在薩帕塔民族解放運動的例子，馬克思主義被翻譯成馬雅語彙，因而變得新穎，使得婦女亦能參與對話（Hernández Castillo 1997）。「副司令馬科斯」以別出心裁的方式爲墨西哥和更廣大的世界翻譯出一套「可能性政治學」。在看不見的地方，在面具背後，不同的「馬雅人」之間以及拉坎頓雨林邊境的流離失所的農民之間，一直在進行對話。在這些「自治區」，對話在不同的語言、不同的輩分和不同的性別之間持續進行。「翻譯」是一種以對話爲本質的文化過程，而就像「銜接」那樣，「翻譯」沒有盡頭，也不保證會得出成果。

翻譯的概念要優於傳遞、溝通或中介，因爲它可以傳達出社會生活的碰撞、失去和拼湊性質。翻譯的理論／隱喩讓我們得以關注在那些持續被「跟著帶過來」（carried across）的文化眞實，那些在實踐中被轉化和創新的文化眞實。我們不那麼傾向於將一種正確或完成的意識形態予以實體化：要不就接受不然便放棄。它也讓我們更難去歸化一種種族本質或一項本眞的文化傳統：你只能是屬於它或不屬於它。文化翻譯總是參差不齊的，總是會被背叛的。但這種干擾和欠缺平順本身正是新意義的源頭，是歷史牽引力的源頭——安清的跨文化「摩擦力」（friction）概念（Tsing 2005）和哈洛威的「衍射」（diffraction）和「干擾」（interference）概念（Haraway 1997），都把這一點顯示得很清楚。因此，我們面對的挑戰乃是認識到在既系統又混亂的當代世界中，爭取操作空間的重疊但不一致的諸歷史。

在地方或國家或全球的層次，「原民」的歷史實踐攸關重要嗎？重要的話又有多重要？這問題雖然既化約主義又種族中心主義，卻無法避免的經常被提出，作爲再次讓部落社會

* 譯注：作者替美國兩字加上引號，暗示美國文化嚴格來說不等於全球性文化，因爲它會在擴散的過程中被翻譯與改寫。

† 譯注：龐德以「革新！」的口號呼籲現代主義藝術家打破主流藝術的窠臼，推陳出新。

變得微不足道、殘餘且消失的方式。我認爲，任何充分的回應都絕不能是用一種統一史觀來取代另一種。我們必須同時在多個不同的規模層次和參差的諸歷史之間工作，投入於多樣性和矛盾之中，居住在弔詭裡。這種帶著戒心的不確定性便是現實主義。要在歷史裡構成不同最起碼意味著邁向某處，意味著爭取一個有原創性的未來。對小型社會來說，繁榮之道不在於追趕號稱更先進的經濟體或文明，而在於把轉化、連續性和發展的模態（modalities）倍數化。如果歷史時間並不是只有單一流向，那麼當代原住民在一個相互連接的世界正在邁向何處？他們的全球「現身」改變了些什麼？這個問題有著新的重要性，也有著新的不確定性。

第二章　原民銜接*

獨立（independence）是對相互依存（interdependence）的良好管理。

——吉巴烏，《卡納克人現身》

新喀里多尼亞（New Caledonia）是一個狹長的島嶼，從一頭到另一頭大約三百英里，最寬不超過五十英里。它以山脈爲脊，橫跨的山谷一路延伸到海邊。一八五〇年，大約有三十個不同的語言社群居住在各自的河谷，表現出典型的西太平洋社會生態。一個半世紀之後的今日，情況已多所改變。新喀里多尼亞是一屯墾型殖民地（settler colony），一度設有

* 本文原發表在研討會「處於邊緣的原民太平洋地區文化研究」（Native Pacific Cultural Studies at the Edge）。該研討會由迪亞茲（Vicente M. Diaz）和考亞魯伊（J. Kehaulani Kauanui）共同策畫，由加州大學聖塔克魯茲分校文化研究中心主辦，為期兩天（二〇〇〇年二月十一、十二日）。我將演講內容重新整理，並儘量保留當時的氛圍：一個大洋洲原民學者濟濟一堂的場合。

50

一座法國監獄，如今則成了鎳礦中心，原住民族在漫長的殖民歲月裡一再被迫遷出家園。自一九六〇年代開始，奉著「卡納克人」（Kanak）名義反抗法國統治的行動愈發激烈（「卡納克人」此一稱謂是從殖民者對全島原住民的泛稱「canaques」變化而成，但將字首改爲大寫）。島上殘存的語言社群和區域內的文化習俗在這個新的政治身分的內外投入了錯綜複雜的結盟與競爭。法語是通用語。從一九七〇年代起，卡納克獨立運動爲相對自由派的法國政府和島上長期存在且保有優勢地位的白人製造了極多麻煩。結果是，以原住民占絕大多數的島嶼北部取得愈來愈大的經濟自治與政治自治，而被侵占土地亦以非常緩慢的速度逐一歸還。在此，我無法深入探討這種同時具備後殖民和新殖民特徵局勢下的反向潮流與新喀里多尼亞不確定的未來。我打算談論原住民折衷生活方式的一面：我很想把這一面稱爲「原民通勤」（indigenous commuting）。（順道一提，「commute」的早期含義涉及「交換」、「易貨貿易」、「變遷」和「遷徙」……）

新喀里多尼亞的白人和太平洋混血人口大多住在首府努美阿（Noumea）及其周邊地區，位於島嶼相對貧瘠的南端。反觀原住民則大多生活在島東和島北的肥沃山谷。當我在一九七〇年代末訪問新喀里多尼亞時，吉巴烏（Jean-Marie Tjibaou）帶我參觀了其中一個北部的居住區延根（Hienghène），當時他正要成爲卡納克獨立運動最重要的發言人。吉巴烏是延根的區長，持續參與爭取歸還氏族原居地的運動，這些土地已經被殖民牧場主侵占超過半個世紀。因爲政治工作的需要，他住在努美阿，但會定期利用法國人建設的公路系統返回延根參加會議、儀式和家族事務，車程約六小時。過去二十年來，吉巴烏大部分時間都遠離自己的河谷出生地，習慣了生活在一個以上的地點。但他毫無疑問知道自己歸屬於何處。他深信，卡納克人若想在當代世界中感到自在（*à laise*），必須與一塊土地，包括和它的祖先、歷史與生態保持持續關係（Tjibaou 1996）。恢復失地始終是卡納克運動的重大目標。

新喀里多尼亞的美拉尼西亞人並沒有大舉遷出村莊而遷入城市——無論是島上或島外的城市——的趨勢。卡納克人的都市人口有相當大的比例是住在努美阿（本島的政治與商業首府）及其周邊地區，但頻繁往返。近期研究證實，較古老的移動模式在連結部落和城鎮的遷徙流動中持續存在（Hamelin 2000; Naepels 2000）。第一次注意到這種移動性時，我對於前殖民和後殖民生活方式同質性竟如此之高感到相當驚訝。從前，人們爲了參加各種社會、經濟和政治活動，習慣花個一、兩天從一個村走到另一個村，或從一個山谷走到另一個山谷。如今，有了公路設施，人們同樣花個一、兩天卻可往返穿越整座島。人們繼續移動、流通並且設法在重要時刻「回家」。一切依舊（*Plus ça change*）。

這些觀察引出了幾個值得我們討論的關鍵議題：

一、「原民性」如何透過扎根和往返於（rooted in and routed through）特定土地，並經由這些地方傳遞？我們該如何思考在地著地性（local landedness）的複雜動態和擴大化社會空間？

我們應該視之爲一種原民處境和離散處境的連續性（continuum）嗎？還是說那是一種特殊類型的離散主義（diasporism），即一種原民類型的離散主義？它是都市與鄉村的一個生活辯證嗎？有無保留地的生活有何差異？是島嶼與大陸的原民經驗？原民在居住地點上的連續性當然存在著眞正的張力。但正如查普曼對索羅門群島及其他地區有關「流通」（circulation）的廣泛研究顯示，我們應該小心，不要把在家與在外看成二元對立，把從村莊生活邁向世界主義的現代化看成進步（Chapman 1978, 1991）。當我們試圖理解原住民追求「現代」的各種方法等全部範圍時，關鍵是要把握造訪與返回的模式、渴望與鄉愁的模式、連接距離與差異的模式。

二、「邊緣」與「中心」的關係。我們該如何理解一個廣闊的原民地區？是一個「原民太平洋地區」嗎？是哪些傳統與實踐讓人可以沒有居住於在地且保持小型社群的同時感到「植根於此」？這個問題總會讓我想起「黑麋鹿」（Black Sioux）——這位又是蘇族巫師又是天主教傳教士的印第安人，年輕時曾與野牛比爾（Buffalo Bill）同遊巴黎。他說過大意如下的話：「（位於南達科塔州的惡地〔Badlands〕）哈尼峰（Harney Peak）是世界的中心。不管你在哪裡，哪裡都可以是世界的中心。」移動中的人們如何帶著他們的根，以致可以成爲阿皮亞所謂的「有根的世界公民」（rooted cosmopolitans）（Appiah 1998:91）？眞有一種原民類型的家外之家（homes away from home）嗎？

三、上述問題又會引出這個問題：原民或在地依屬（native affiliation）的觀念可以擴大到什麼程度而不致於失去其特異性，落入更普遍的「後殖民」移轉論述中？在這個會議裡，我們發現自己身處於「原民」與「離散」依屬與身分的邊界地帶（borderlands）（我認爲這不是一條明確的界線）。我盼望我們會正視而不是逃避原民和離散願景及經驗所形成的構成性張力。我們既需要抗拒不成熟的後現代多元主義的魅惑，同時又需要抗拒排他主義式的「自我／他者」定義所帶來無法避免的危險。

思考一種「處於邊緣的原民太平洋地區文化研究」時，我們必須把注意力轉向原住民的動態性、互動性和寓居於旅行之中（dwelling-in-travel）。但同樣重要的是記住，在「不僅僅是地方」的意義下，成爲「原住民」並不意味要犧牲對土地（一片或以上的土地）的依繫——這種奠基（grounding）能幫助人們在一個複雜相互依存的世界中找到家的感覺。一如「黑麋鹿」去巴黎的時候，把哈尼峰帶在身邊。另外，我先前提到的「卡納克人通勤」例子也有助於提醒我們，「原民太平洋」的「邊緣」並不總是遠在數千英里之外的島嶼中心。在新喀里多尼亞，努美阿標誌著一個特定「原民太平洋地區」的強大「邊緣」。該城市長久以來一直是白人飛地（enclave），但這個邊緣一直在與「部落」（習俗生活的土地）往返接觸中。對於吉巴烏和他許多族人同胞來說，從來不是在傳統或現代之間做選擇，而是要在爭取權力的同時維持一種可持續的互動。

53

要能以**卡納克人身分**對當代世界感到**自如**，意味著同時在村莊和城市兩地生活與工作。吉巴烏所倡導的原民文化政治是在一些里程碑事件中成形，其中包括一九七五年的文化節「美拉尼西亞二〇〇〇」（其名稱喚起了一個充滿活力的**未來**）。這節日運作於很多層次：復振傳統故事、舞蹈和聯盟的跨部落交換；在新喀里多尼亞和羅雅提群島（Loyalty Islands）的層次接生出一種銜接的「卡納克人」身分；向歐洲人的新喀里多尼亞、新殖民主義的法國、其他太平洋國家和國際組織（如聯合國）宣示一種擴大化的「美拉尼西亞」文化。吉巴烏很清楚文化政治和身分政治最能在邊界地區發揮作用，所以堅持倡議興建的文化中心必須蓋在充滿白人敵意的努美阿。這文化中心現已落成，以吉巴烏的名字命名，遺憾的是他因爲遇刺身亡無緣得見。在他看來，文化和政治認同的政治總是跨越界線。誠如本薩指出，「吉巴烏文化中心」在空間設計上是一銜接的集合體，帶有若干緊張關係地將「傳統」（*la coutume*）與跨國藝術及文化世界並置和連接在一起（Bensa 2000）。

因此，思考那些生活在「邊緣」（如奧克蘭、奧克蘭*或洛杉磯）的「太平洋原住民」時，我們必須記住，「邊緣」（動態原民生活穿越性和守護的前沿）並不是只在加州之類的地方方能找到（正如迪亞茲一再提醒我們，加州是座落在環太平洋火山帶）。邊緣和邊界橫穿（crosscut）這地區，定義出不同的交匯點（conjuncture）：地方的、國家的和區域的；都市的、鄉村的和介於兩者之間的；殖民的、新殖民的和後殖民的。

這番討論讓我進入今天關於「原民性」的核心論點：它的「銜接」性質。我將探討「銜接理論」運用在新興的「原民太平洋地區文化研究」領域會有哪些優勢和侷限性，並且衡量將「銜接」和「離散」之類的觀念從它們的北大西洋原生地翻譯進入太平洋空間與歷史的可能性。在本研討會中，肯定會有其他人會談到更多太平洋文化研究的具體路徑、困難和迂迴，探討那些依循薩依德所稱的「旅行理論」（traveling theories）（Said 1983）的未完成路徑。

爲求清晰，讓我一開始便提出一些頗尖銳的對立、區分，稍後我將會模糊這些對立。「銜接」的原住民性概念拒絕了關於今日部落運動的兩個常見主張。首先，它質疑一個假設：原民性本質上是關於基源性、超歷史的依繫，像是祖先的「法律」、連續的傳統、精神性、尊敬大地之母等。如此的理解忽視了當代原民文化政治務實、糾結的現代形式。其次，銜接理論同樣認爲今日將原住民或第一民族的訴求視爲後六〇年代、「後現代」身分政治的產物是過於簡化的（即碎片化群體在晚期資本主義、商品化多元文化主義中的「發明傳統」的運作）。這種觀點忽略了先於或外在於世界體系的原民抵抗（ingenuous resistance）和連接於根部轉化的漫長歷史。我相信，我們必須堅決拒絕這些過於簡化的解釋，但又同時衡量每個解釋中包含的部分眞實。

54

* 譯注：這兩個奧克蘭分別是加州的Auckland和紐西蘭的Oakland。

把原民性理解爲「銜接」，意味著認識到在這個旗幟下提出訴求的文化和歷史的**多樣性**。是什麼讓我們可以把夏威夷人（他們的歷史裡出現過一個君主國）和規模更小的亞馬遜或新幾內亞部落相提並論？是什麼讓泛馬雅的活躍人士與經營博彩業的美國印第安人有可比擬之處？是什麼讓聲索土地的澳洲原住民或托雷斯海峽島民相似於新自治區「努納武特」的因紐特人（卻不相似於同樣有著強烈分離主義傾向的加泰隆尼亞人、蘇格蘭人或威爾斯人）？印度的「部落」人群和斐濟的酋長大議會有什麼共通之處？

我不認爲有可能找出一組核心的「原住民」特徵清單。他們大致上的共通性更多是一種歷史偶然（但並非因此而變得較不眞實）。不同的原民運動之間有著潛在連接性（但沒有必然連接性），各有過被歐美、俄國、日本和其他帝國主義者殖民的歷史。他們全都在對抗以同化爲務的民族國家，全都強烈要求自治或不同形式的主權。近幾十年來，有關原民共通性的正面論述紛紛出現，而它們全是從上述的歷史困境汲取資源：各種泛印第安、泛澳洲原住民、泛馬雅、「北極圈」原民運動，以及不斷擴大的第四世界聯盟網絡皆屬此類。這些論述也透過聯合國、非政府組織和觀光網絡宣傳出去。所以，今日有大量表達正面「原民性」觀念的擴大化意識形態，而它們又反過來哺入了地方傳統。

把這一類等價鏈（它們必然會淡化或消除顯著差異）視爲銜接現象，並不是要把它們視爲「非本眞」（inauthentic）或「僅僅」是政治性的、是投機取巧的杜撰。就我的理解，銜接會喚起更深層意義的「政治」——一種內在於所有社會的轉化生活的生產過程，其中包含著共識、排除、結盟和敵對。

⁂

我稍後會談到銜接理論的優勢與侷限。這裡，我想先提一些大的歷史議題，以顯示「島嶼太平洋」背景與北大西洋文化研究工具所處的背景之間的區別。但必須馬上補充的是，我並不是在主張「太平洋例外主義」（Pacific exceptionalism），而是強調廿世紀晚期相互連接、開放的歷史中的一些顯著差異。我們在定位太平洋諸歷史時必須將其與全球諸勢力連結起來，而非將其定位於這些勢力之外，或是加諸它們一些前定的條件，假定它們必須永遠追趕「線性進步」的預定狀態。

本地區去殖民化（一個不均衡且未完成的過程）的時間點攸關重要。政治主權的形式上獨立一般來說發生於一九七〇和八〇年代，比非洲和南亞的後二戰群聚獨立經驗晚了幾十年。去殖民化當然不是一個全有或全無、一蹴即就的過程，而是會經驗長期的抵抗和調解，會跟帝國勢力解連結又再連結。但一九五〇和六〇年代的民族獨立運動在這過程中代表了一個劃時代的時刻，也因此保留著某種規範地位。太平洋地區的去殖民化遇到的是頗爲不同的歷史處境，面對的侷限與擁有的可能性皆有所不同（Firth 2000）。例如，自一九六〇年代起，「由民族主義化菁英領導的國家獨立可帶來自由與社會正義」此一概念已經被徹底推翻——對地方和部落居民來說尤其如此。在今日世界很多地方，民族國家認同已不再被毫無疑義地視爲通向更美好明天的康莊大道。

此外，自一九七〇年代早期開始，資本主義世界體系亦經歷重大突變，出現了各種所謂的彈性資本積累、晚期資本主義、後福特主義，或後現代性（Jameson 1984; Harvey 1990; Ong 1999）。結果，「獨立」觀念此一號召性的口號愈來愈有需要加上引號。在吉巴烏看來，「獨立」和「相互依存」是分不開的。因此，主權永遠不可能是分離主義性質，即不可能是目的本身：「是主權賦予我們協商相互依存的權利與權力。對我們這樣的小國而言，獨立是對相互依存的良好管理」（Tjibaou 1996:179）。讓主權觀念（即有權控制邊界、控制文化與控制經濟）大爲失色的一個事實是，今日沒有任何國家（哪怕是最強大國家）能有效管理自己的經濟、邊界和文化象徵。你不可能把非法移民、毒品、可口可樂或麥可·喬丹阻遏於邊界之外。你也無法阻遏巴布·馬利——雷鬼音樂與原民運動的銜接泛見於太平洋和其他地區，以非組織的形式響應著「起自下層的全球化」（Brecher, Costello, and Smith 2000）。此外，由於跨邊界的移動常常是大規模和非線性，身分和公民權的經驗是錯綜複雜，不一而足。家庭也許會以遠距離的模式組織。事實上，一個人有可能是生長在洛杉磯、鹽湖城或奧克

56

蘭，但卻深深牽繫夏威夷、東加、薩摩亞和庫克群島（Small 1997; Kauanui 1999）。這一類離散困境、經常反映出的電匯經濟，以及因而所導致的「通勤」（交換、變遷、遷移）等情形都得益於空中運輸、網路、影像和手機等技術。如果太平洋居民可以透過獨木舟占據廣大空間，那他們爲何不能透過飛機和網路住在那裡呢？

當然，跨國移動現象由來已久。但在一九五〇和六〇年代之時，它們對去殖民化文化政治的重要性卻不顯著。當時占據主導地位的是現代主義的民族國家願景，它致力在特定領土周圍畫出邊界，並在其中構建「想像共同體」（imagined community）。在族群成分複雜的地區打造民族，例如「奈及利亞人」或「印尼人」，難免要打壓或反對倒退「部落主義」。並且根據這種願景，唯有民族國家才可以是進步的。今日，打造「民族國家」計畫當然離失敗尚遠，但事情卻無可避免地變得大有疑問。原民和地方拉力新配置計畫反對這種現代化態度。（在我撰寫本文時，民族國家建築在斐濟、索羅門群島和印尼這些多族群地區看似特別搖搖欲墜。）

這種發展反映著各種新舊的「族群」對抗、傳統的地區差異，以及資本主義世界體系所帶來的壓力與機會。全球化和後現代性的理論家傾向於認爲，一種新「彈性」系統正積極爲本土主義政治、身分政治和文化政治挪出空間，又在若干程度上商品化這些政治。我想強調的是「若干程度」。原住民和地方社會與全球結構的部分糾結並不僅僅是世界體系的

57

未竟之務。它們有自己的動力來源。正如許多具有歷史意識的太平洋民族誌曾指出的，環繞身分、傳統與主權產生的當代運動延續並轉化了長期的衝突和互動歷史（例如Dening 1980; G. White 1991; Finney 1994; Jolly 1994; Sahlins 1994; Bensa 1995; Thomas 1997）。

這些研究與原民學者的研究匯流（例如Diaz 1993; Helu 1999; Hereniko 1995, 2000; Teaiwa 2001a），致力在變遷中的表演與結盟脈絡中，追溯文化存續、抵抗和創新的持續經驗。傳統銜接了（即有選擇性地記取和連接）過去和現在。正如瓦格納（Wagner 1979）和肯埃雷海瓦（Kame’eleihiwa 1992）各以自己方式指出的，在原住民的認識論中，「過去」是人們尋找「未來」的所在——這兩組括號意味著西方人對歷史發展的常識性觀點（一種把傳統與現在視爲對立的觀點）已經在翻譯中被解構。此外，一如費德曼（Friedman 1994）所論證的，這些動態性傳統現已在去中心的西方裡有關「族群」與「種族」空間中找到更大的政治表述空間——這些流動性場域過去都是動輒被歸於「多元文化主義」和「身分政治」的名下（Clifford 2000）。一九八〇和九〇年代愈來愈強大的部落主權運動至少顯示出，當前的霸權——無論稱其爲新殖民主義、後現代性、全球化、美國化或是新自由主義——是斷裂的，有可觀程度的未來容許被創造。非常古老的文化習性正在被積極改造，透過宗教轉皈（religious conversion）、種族／族群形成、通訊科技、新的性別角色和資本主義壓力而被重新路徑化。

因此，太平洋地區的去殖民奮鬥有其自己的時間性與傳統。並且由於政治的去殖民化是發生在一個主權愈來愈妥協的現實中，我們看見了不同民族身分形式的浮現，看見了地方、地區、國家和全球之間的新型協商。這一點表現在巴布亞新幾內亞當前的「民族打造」不同於六〇年代非洲的情況、表現在兩個薩摩亞的不同、表現在部分自由化的屯墾者政權（新喀里多尼亞和紐西蘭）內部新出現的聯邦主義形式和原民自治形式。也表現在夏威夷主權倡導者提出的不同議程。有鑑於「民族國家」（nation-state）規範中的連字號已普遍鬆開，比較太平洋地區和其他地區（如歐盟）的地區主義及民族主義議題將大有啟發。這一類比較如今可以在不訴諸邊緣和中心、落後和先進的概念的情況下進行——在西方的想像中，這些概念長久以來讓其將太平洋地區視爲「在遠處」和「在後頭」。

當然，今日的流動資本與勞動體制（labor regimes）在地區的運作就像在國家一樣順暢，有時還猶有過之。但區域建構不僅僅是自上而下的過程。加泰隆尼亞的獨立運動也許與新歐洲的經濟格局有關，但它也回應了長期以來的文化、語言和政治自治願望，既在西班牙內部又在西班牙之外。在區域性宏願（regional aspirations）中，總存在一個「自下而上」或「外中心」（ex-centric）的元素，一段比後現代空間結構及金融網絡更深刻的歷史。大家都很熟悉浩鷗法引人共鳴的盼望：太平洋島民將自己和家園之間的空間，視爲他們透過舊的和新的旅行、訪問、貿易和移民實踐創造「眾島之洋」（sea of islands）的驛站，而不是在廣闊

58

海洋中一些分散的點（Hau'ofa 1993）。浩鷗法把古老故事連接於現代處境，體認到存在於一個複雜當代空間中的時間重疊。他心目中的「衆島之洋」當然不是「環太平洋火山帶」，因爲後者的地區化是以資本流動爲基礎，有的只是一個空的中心（Connery 1994）。「衆島之洋」是一個從內部向外構建、銜接的區域，是基於將島嶼彼此連接並與大陸離散連接的日常實踐。浩鷗法往回回溯至獨木舟航行，與此同時又講述巨無霸噴氣式客機的故事，即東加人、薩摩亞人、夏威夷人往返洛杉磯、奧克蘭和鹽湖城的故事。就像葛洛義的「黑色大西洋」和新興的「北極圈」原民連接，太平洋的「衆島之洋」有助於我們概念化從屬地區建構的實踐（subaltern region making），看見一些世界體系傾向的全球化／地方性（locality）模型所看不見的現實。

浩鷗法呈現的太平洋流動性無疑揭露了一種原民世界主義（同時見Thaman 1985）。然而，這其中卻有著一個弔詭，一種豐富但有時候難以處理的張力。因爲要認識到一種特定的原住民居住和旅行的辯證法，需要的不只是拆解充滿異國情調／殖民主義色彩的住家原住民（homebody native）觀念，這種觀念認定只有老是住在家鄉的人才算原住民。有關這一點，我從加州大學聖塔克魯茲分校的原住民研究生——蒂瓦（Teresia Teaiwa）、迪亞茲（Vince Diaz）、考亞魯伊（Kehaulani Kauanui）、基多（Pam Kido）、考普阿（Noelani Goodyear-Kaopua）、沃爾德魯（Heather Waldroup）和韓德森（April Henderson）——那裡學到了很多關於不同的根源與路徑的生活經歷。想要平等對待「原民太平洋地區」兼具常住與旅行的複雜策略，我們需要一種相當不同於阿帕度萊（Appadurai 1990）或賈普塔和弗格森（Gupta and Ferguson 1992）的觀點，儘管他們對被歸化地點（naturalized places）、「文化」和「原住民」的批判已經極爲重要。（對照的立場可參見蒂瓦〔Teaiwa 2001b〕）。我們絕不能讓殖民固定性（colonial fixity）和後殖民流動性（post-colonial mobility）之間的對比，或原民植根（indigenous roots）和離散往返（diasporic routes）之間的對比，強化爲一種對立或一則故事的前後兩部分，如此一來這則故事將會把世界主義等同於現代。當我們考慮太平洋的旅行中原住民（traveling natives）時——如果可以這麼稱呼——這種分類便會瓦解。剩下的是一系列對土地和地點不同程度的依繫，也就是原民住居與旅行於新舊傳統的不同銜接。

✵

接下來讓我更直接探討銜接理論如何幫助我們理解這一切。它的侷限性何在？哪裡需要作出調整和定制？霍爾的銜接政治學當然是對葛蘭西的更新（Hall 1986a,1986b; Slack 1996）。它將陣線效應（frontier effects）——即把敵人區分於朋友、把「我們」區分於「他們」、把內部者區分於外部者——理解爲一種戰術手段。我們看見的不是僵固的對峙——文明與原始、資產階級與無產階級、白人與黑人、男人與女人、西方與第三世界、基督徒與異教徒——反而是在一個領域內持續的鬥爭，其中不同的部分由不同的聯盟（依特定的元素結盟和解盟）所占領。其中有大量中間立場。許多政治與文化位置都不是牢牢固定在分界線的這邊或那邊，而是容許角逐和奪取。

銜接的概念當然意味著話語（discourse）或言說（speech），但它從不是一種自我呈現、一種「表達性」聲音或一個主體。有意義的話語是語言元素的切割和組合，而這些元素總是從更龐大的符號可能性的劇目（repertoire of semiotic possibilities）中挑選出來。因此，銜接性傳統是某種集體的聲音，但又總是被建構出來的，並且具有偶然性。在其他的用法裡（即離開了語言的領域，離開了它的語法和言說、結構和表演的秩序），銜接指的是具體的連接、接合。霍爾最愛舉的例子是「鉸接式貨車」（聽在美國人的耳朵裡有夠異國情調！）。*總之，銜接起來的東西就像一輛卡車的車頭和後面的載掛拖車，或像一句句子的各個構成部分，可以解開和再連接。因此，當我們把一個社會或文化形構理解爲一個銜接的集合體（ensemble），便不能用一個有機體模型去設想它，不能把它想像爲一個會在時間中持續發展和「生長」的活的身體。一個銜接集合體更像一個政治聯盟，或就其有能力把大異其趣元素接合在一起而言，更像一個賽博格（cyborg）。雖然一個社會文化集合體的可能元素與位置是歷史地加諸，其受的侷限可持續一段非常長的時間，但它們的配置（configuration）並非永恆或出於自然。

「銜接」提供了一種非化約方式來思考文化轉化和「傳統」形式的顯著變化。認爲原民社會只能全盤接受或全盤不接受西方文化，或是認爲西方文化代表致命衝擊的想法假定了文化爲一個活的有機體。這時候，原民語言、傳統宗教和傳統親屬關係會被視爲關鍵器官，一旦失去或被轉化或組合爲全新結構就必然會導致有機體的死亡。你不能沒有了心臟或肺還能存活。但是事實上，原住民社會在很少或沒有本地語言使用者的情況下，以虔誠的基督徒身分，並且擁有「現代」家庭結構、參與資本主義經濟和新的男女社會角色持續存在。就歷史上看來，「內在」元素已經與「外在」形式在選擇性、融合性的轉化過程中連接在一起。吉巴烏同時本著天主教前牧師和卡納克傳統倡導者的身分說過，《聖經》並不屬於西方人（他們只是「路過」把《聖經》搶了過去）。這種說法便是在分離和重新銜接歐洲和美拉尼西亞的宗教傳統。

61

殖民壓力常常會創造出出人意表的政治／宗教集合體。在我研究傳教士－民族誌作者林哈特與美拉尼西亞基督新教的環扣「轉皈」經驗時，這是第一件令我著迷的事情（Clifford 1982）。在整個太平洋地區，人們都讓自己和他們的社會依繫於基督教的某些部分，同時拒

＊ 譯注：「鉸接式貨車」（articulated lorry）是英式英語，相當於美國人所說的「truck」（卡車、貨櫃車）。

絕接受或徹底轉化掉其他部分（大量例子見於Barker 1990）。某種程度上，這是一個透過動態傳統結構消化新事物的過程——薩林斯的開創性著作突出了事情的這一面（Sahlins 1985），並且是無可避免的。但這不可能是事情的全部。主張原民社會是透過結構轉化取得文化連續性這論點在商業接觸的早期階段最具說服力，但接著（尤其是殖民體制或新殖民體制就定位之後）便必須以另一個更具政治權宜性的過程作爲補充（卡里爾提出過類似的主張〔Carrier 1992:140〕）。原民社會的文化連續性往往是不均衡分布，並不是由一個持續的、轉化性的結構作爲保障。由於地方傳統在過去兩個世紀以來受到激烈擾亂，又由於新的個人主義、普世主義、交換和通訊形式，已大大重新結構化身體、社會與空間，所以那些確實持續的傳統必須被視爲各種異質元素（有新有舊，有原生的也有外來的）的特殊組合。卡里爾用銜接來描述博納姆島（Ponam Island）的禮物和商品形式歷史關係的研究，在這方面堪稱典範（Carrier 1992）（同時見埃林頓和格韋茲對新不列顛島殖民活動、傳教活動和資本主義互動的研究〔Errington and Gewertz 1991〕，以及參見安清對馬來西亞與印尼的環保運動的「銜接」研究〔Tsing 1999〕）。在另一些例子裡，我們看見原民婦女運動把傳統角色與基督徒角色編織在一起，運用傳統（*kastom*）語言和反殖民主義，在地方、國家和跨國層次上應對父權權力（Molisa 1987; Jolly 1994）。相較於那種透過選擇性地整合和拒絕外部壓力與誘惑來持續數百年的本眞古老傳統，這些例子呈現出一幅截然不同的圖景。（尼爾森在分析瓜地馬拉的大規模原民動員時，使用銜接理論提供了豐富的比較（Nelson 1999）；同時也見於拉莫斯用它來解釋巴西糾結的原民和民族主義議程（Ramos 1998）。

對銜接理論來說，本眞性（authenticity）的問題只屬次要，因爲社會和文化持續的過程從自始至終都帶有政治性質。銜接理論認定文化形式總是不斷被形塑（be made）、解構（unmade）和重塑（remade）。社群有能力透過選擇性地記取過去重構自己，也必然會重構自己。重點在於他們有沒有（以及如何）說服和強迫內部者和外部者接受「我們」（we）的自主性（這通常是發生在有權力和不平等的處境中）。在我看來，談到所謂文化的「發明」（invention）時，這種思考方式更符合現實主義。我不需要提醒大家，「傳統的發明」觀點在太平洋文化研究領域備受爭議。最知名的例子是韓森（Hanson 1989）談論毛利人傳統的文章所引起的風暴，以及特拉斯克（Trask 1991）對基辛（Keesing 1991）和林內金（Linnekin 1991）作品中有關人類學職權的斷然否定。這類爭論常被化約爲以下問題：到底是「內部者」還是「外部者」更有資格再現原民文化。在這一點上，它表達出一種對非在地專家的適當去中心化（但不必然是一種否定），強烈支持了地方歷史記載與口述傳統價值。但把在地權威和人類學職權對立化的去殖民鬥爭方法，往往會模糊了實質的歷史議題——至少短期內是如此。

62

不同位置的職權（學院與非學院的、原住民與非原住民的）應該如何再現一個活的傳統，一個由不均衡分布的連續、斷裂、轉化和復振過程組合而成的傳統？我今日對銜接的談論有益於就這些關鍵議題進行持續辯論（我希望它會成爲對話）。我並不認爲把「傳統的發明」的研究取向用於太平洋地區，本質上是人類學家的事情，人類學家要面對的是新的原民挑戰，且堅持自己有再現文化和本眞性的專業職權（Friedman 1993；有關對「本眞性」的追求，更細緻的解說見Wittersheim 1999）。那當然只是故事的一部分。但「發明」的概念同時也觸及到一些重要的東西，儘管是以笨拙的方式觸及。瓦格納的思考方式（其結構深受新幾內亞詩學和政治學的影響）是這用語在非化約意義上一個更好源頭（Wagner 1975），勝於霍布斯邦和蘭傑所持的一般性了解（Hobsbawm and Ranger 1983）。這種對創造性文化過程的先見之明往往在揭露民族主義虛構和操縱的分析洪流中被遺忘。

體認到這種趨勢，我認爲把「發明」的概念重新理解爲一種銜接政治是有用的。這讓我們可以站在更具體（因更動態而來的更具體）的歷史基礎上。從這個角度來看，整個「習俗」的觀念會顯得相當不同，而喬利尖銳地稱爲「非本眞性的幽靈」（specters of inauthenticity）（Jolly 1992）也將不再作祟。「什麼東西從這邊借用到那邊？」或是「什麼東西在新處境裡丟失和重新發現？」這類問題，都可以放在普通的政治／文化活動領域討論。

✻

銜接理論無法解釋一切。把它推到極端的話，則不啻是主張一切的文化形式、結構與再結構、連接與解連接都具有根本的偶發性，彷彿在任何時刻任何事情都有可能發生。這種觀點事實上是對霍爾銜接觀的一個誤解。他相當清楚指出過，在任何歷史時刻，連接和解連接的可能性都會有所侷限。確實，某些形式和結構性敵對（structural antagonism）會持續相當長時間。然而，想要具體理解這些持存的力量（不管那是基督教和資本主義，還是傳統的宇宙觀與親屬關係），我們必須研究特定的文化象徵與政治集團。這些東西的存在並非必然，而是需要積極生產出來，因而也會受到潛在力量的挑戰。

當我們考察原民性的不同銜接場域，會發現變遷中的混合體持續受到的侷限是著地性（landedness），或說地方的力量（power of place）。這是所有部落第一民族身分認同的基本元素。不是每個人都是處於移動中，很多人還是住在他們本來居住的地方，即使周圍的棲息地有時經歷劇烈轉化。隨著「部落」或「民族」生存的規模發生激烈改變，被迫離開原居地而住在他方的人常常會維持和復振一種思念，這是一種對土地的活躍回憶。這種扎根（grounding）可以在一切斷裂和依繫中提供一種深度感與連續感，不管多麼脆弱，在宗教轉皈、國家控制、新科技、商品、學校教育和觀光業等影響中仍可看見。原民的住居形式涵蓋一系列的場域和強度：有住家的原住民、有通勤的原住民，有在旅行中的原住民，有流寓的原住民。這種對「土地」的渴望持續活躍，程度各不相同。生長於新幾內亞而定居於斐濟的浩鷗法很能道出一位失所的東加人對原鄉的渴望：

> 否定人類有家鄉感（sense of a homeland）就是否定他們可在世界上深深扎根。大部分東大洋洲人都有一個「哈瓦基」（Havaiki）*，那是一片共有的原居地，模模糊糊存在於對太古的記憶裡。有時在蘇瓦（Suva）† 的山區，月亮和幾杯紅酒常常會撩動一個老去的心靈。每當這種時候，我的目光就會越過洛塔娜島、雷瓦平原和努庫勞島的珊瑚礁，企圖看到「哈瓦基」，看到原鄉。它就在那裡，位於前方很遠處的過去，會通向其他記憶、其他現實、其他家鄉。（Hau'ofa 2000:470）

土地（萬那杜稱之爲「*ples*」，澳洲稱之爲「country」，新喀里多尼亞稱之爲「*la tribu*」）意味著一個存在於未來的過去，是政治與文化行動中一個持續和變遷的基礎。銜接理論把一切看成有重組、切割和混融的可能性，因此難於處理這個物質性的連續性環扣體（nexus of continuity）。當一個社群在一個島上生活了千年，僅僅把其成員對於土地的認同簡單說成一種反抗策略，或是一種對殖民化或世界體系力量的回應是不夠的。即使包含部分眞實，這種說法仍然不夠充分。（就此，湯馬斯討論了這些重點和它們適切的緊張關係〔Thomas 1997:11-15〕。）人們當然不會經歷許多世紀都是以同一種方式依繫於同一塊棲息地。社群是會改變的；土地是會變遷的。男人和女人會因著傳統與地點的不同而以不同的方式——新的方式——說話和行爲。地方感（sense of locale）是透過內部和外部的重新協商而表達出來和被感受到。然而，這種對錯綜複雜、變遷地點的歷史意識並無法捕捉住過去祖先對一座山的認同（假定還有人記得這個甚至更早之前的事的話）。舊有的神話與系譜固然會改變、連接和向外伸出，但總是與一個歷久不衰的空間環扣體有關。這是一種原民的「長時段性」（*longue durée*），一種很容易在後殖民投射中迷失的前殖民投射。因此，原民聲稱總是會超越殖民擾亂（包含後殖民和新殖民擾亂）：我們是最先住在這裡的，至今仍住在這裡，也將會在這裡締造一個未來。（同時見阿魯提克耆老尚金的斷言，引用於克里弗德〔Clifford 1997a:343, 2000:107〕。）

雖然承認這種對一段鮮明扎根歷史的基本宣稱，但我反對用僵化的對立來定義當前形形色色的原民經驗。我們固然必須區分「離散主義」和「原民主義」，但同時也必須（小心翼翼且部分地）連接兩者。真正重要的是「大小恰好」的世界的銜接，是在全球與地方**之間**的特殊迴路過著的具體生活。我們不能忽略維持著關係性社群和關係性宇宙觀的一般

* 譯注：「哈瓦基」是神話中所有波里尼西亞人的原鄉。

† 譯注：蘇瓦爲斐濟首都。

人：那些透過部分重疊和翻譯而與他人共享的複合「世界」。絕對化的原民主義（即不同的「人群」各自努力占據一小塊原有土地）是一種令人害怕的烏托邦願景。它會導致規模大得難以想像的徙置和族群淨化，會否定掉所有移動、都市化、棲居、再原民化、根陷、再前進、侵略和混合的深度歷史——而這正是人類歷史的基本要素。因此，必然有很多不那麼絕對化的方式（並且在實踐中確實有）可供我們構思「原民在地性」（nativeness）。

本土主義是原民性的排外陰影，看重整全和分離，看重血緣純正和土生土長。它拒絕接受雜亂、務實的銜接政治。現今族群對立的世界不乏暴力例子提醒我們這種永遠存在的趨勢。但民族沙文主義雖然是一種持續的趨勢，卻不是新原民主義的必然結果。我前面一直設法勾勒的銜接性實踐、根植性實踐**和**世界主義實踐顯示出一些更複雜的、浮現中的可能性（同時見Childs 1993, 1998）。讓人可以成爲「原住民」的方式已大爲增加，而今天的研討會有很好條件把這種增加展現出來，因爲它的兩位策畫者對此頗有研究（Diaz 1993, 1994; Kauanui 1999）。「原民太平洋地區」的各種原民運動顯示，在後殖民／新殖民狀況錯綜複雜的連接性中，人們已發展出新的、有創意的策略以爭取呼吸空間和關係性主權。它們要在複雜多元的現代性**裡面**找到生存之道，與此同時又保持獨特性。這種獨特性寄託在文化傳統、著地性，以及持續中的移轉史、旅行史和循環史。正如浩鷗法主張過的，「離散主義」的成分（即地方之間的移動）可以讓自己不致被輕視，變得大小恰好（big enough）、

65

變得全球化。但他又強調，那樣做並不意味與特定的生態、地方和「記取的過去」（pasts to remember）失去聯繫（Hau'ofa 1993, 2000）。由於原民主義和離散主義並不是可以一體適用（one-size-for-all）的範疇，我們必須構思出更細分的語彙並找出具體的方法，再現**既**分散**又**連接的人群。

「原民太平洋地區」的狀況大大不同於產生北大西洋文化研究的那些——這種差異體現在這次研討會中，原民議程表與離散議程表的矛盾結合。在我自己的研究裡，每當我把霍爾或葛洛義（又或者是布茲或瑪西）的理論引入太平洋地區，都會強烈意識到它們的「世界化」（worldings）（此一詞彙借自史碧娃克）背後的加勒比海史、南亞史和英國史。在這些歷史裡，「原民」願景——特別是其第一民族取向更強烈的版本——並沒有持久的主張。但如果「黑色大西洋」與南亞的離散理論想要在太平洋地區運作良好，那它就需要對不同的地圖和歷史進行重大調整。我相信，這樣一種理論翻譯（theoretical translation）對於稱爲「文化研究」的未竟方案是有益的。事實上，隨著它在澳洲、奧特亞羅瓦／紐西蘭和加拿大的發展，往往受到原住民壓力的影響，我們已經可以看到新的形式正在出現。理論的地方化對一種眞正跨文化、根植與移動路徑的文化研究攸關重要，這是它得以旅行的條件。

這大概可以解釋這次研討會何以會讓我滿心興奮：我感到自己同時被一種新興中的「原民太平洋地區文化研究」所移轉與徵召。

＊

最後，讓我稍微回到新喀里多尼亞和吉巴烏，再看一眼一個既根植又流動的銜接性原民世界。前面說過，吉巴烏曾帶我到他位於島嶼北部的家鄉延根到處走走。他一度離開延根超過二十年，接受培訓成爲一名天主教神父。後來他辭去神職，以卡納克活躍人士的身分回到家鄉。他的氏族也陸續遷回被侵占的原居地。

新喀里多尼亞東北部處處是陡峭翠綠的河谷和山脈露頭，每座懸崖和每塊岩石都留有重要的祖先回憶。卡納克人村莊常常是座落在高地，象徵樹、棕櫚樹和特殊植物排列得非常美麗而有序。

有一天，我們在延根附近一個村落，斜躺在草坪的躺椅，透過樹林向外看，愜意地聊天。稍早，我走進一些村民的房子，那些混凝土結構的房子看起來空空蕩蕩，只有牆壁上隨意貼著剪報。回想到這個，我感到困惑，便問吉巴烏：「看看這個村落，漂亮座落在山谷裡，一切都安排得好有美感。但屋子裡面卻是空的……」

我們討論了這個問題，最後達成一致結論：這裡的人大部分時間都是消磨在戶外。然後吉巴烏突然大手一揮，把村莊、河谷和山脈全收攬到這手勢中，又說道：「*Mais, c'est ça la mason*」（但這才是眞正的房子）。

吉巴烏揮手的動作——將這麼多東西包含在他的卡納克家中——表達了一種以村莊和山谷爲中心的歸屬感。他一直盼望他的族人可以在廿一世紀找到**自如**之道（*à l'aise*），而對這個盼望來說，有歸屬之感是根本要求。 67

在隨後的幾年中，隨著我閱讀更多吉巴烏的政治、民族誌和自述性作品（如今全收錄在品質上乘的《卡納克人現身》一書）。這讓我逐漸明白，他那天比出的手勢要包含更多：除延根河谷以外，也斷然包含整個新喀里多尼亞和馬雅提群島（在這兩個地方，一種組合而成的「卡納克人」身分正在政治搏鬥中浮現）。但會不會，他的手勢還涵蓋了「島嶼太平洋」（那是一個更寬廣的文化交流與聯盟的世界，對吉巴烏把相互依賴視爲獨立的思考方式一向至關重要）？還涵蓋了新殖民主義的法國嗎（不管是好是壞，法國的宗教與文化繼續影響著卡納克人的「房子」）？甚至在一個新的原民銜接中涵蓋了全世界？

第三章　原民經驗的多樣性

我們將拜訪那些已經住在離散地（lands of diaspora）的族人，告訴他們我們已經建造了一個新家，一個屬於我們所有族人的新家。從大洋不斷流動和環繞的特性中汲取靈感，我們將遠行四方，去連接於其他大洋和大海的民族，與他們交換我們有過和即將啟航的旅行故事。

——浩鷗法談「大洋洲藝術文化中心」的宗旨

割斷臍帶之處是謂家。

——美拉尼西亞諺語

我們是多麼矛盾的一群人啊！

——琳達．史密斯，〈今日的原住經驗〉，格萊恩基金會研討會論文

「原民經驗」是難以被侷限的：這個詞語所喚起的歸屬感是許多不同的本土主義和民族主義的本質部分。有時它僅僅歸結爲以下這個最起碼聲稱（一個關係性和策略性的聲稱）：「我們比**你們**早住在這裡。」原民意識有時是環繞著對外來者、入侵者或移入者的敵意結晶。許多形式的本土主義都維持著這一類疆界意識，反映著即時的政治議程、自我防衛與侵略性。這種「先來早到」的聲稱有時相對薄弱且根本上具有爭議性：今日，有各色各樣的人群是透過對比於他群而自稱享有「原民性」。然而，也有許多群體無可否認地深深根植於在他們熟悉的土地，本文正是以他們爲主題。這些人被稱爲澳洲原住民、部落住民、第一民族，或其他更特定、更地方性的名字，不一而足。他們有些以原住民自居，有些不以原住民自居，或僅在某些時候會如此自居。無論這些人群採用或被賦予什麼名字，都有著以下的共同特徵：對這片土地有極長時間的依繫，且經歷過被占領、剝奪和邊緣化的暴力史。這個群組關係鬆散，包含的經驗極爲分殊，邊界模糊不清。國際勞工組織和聯合國曾努力釐清原住民的定義，但徒勞無功（Niezen 2003; Brown 2003）。

邊界的模糊性意味著存在某種開放性的歷史動力。人們正在即興創作各種可以讓他們成爲原住民（to be native）的新方式——對各種新、舊文化與方案進行銜接、表演與翻譯。原住民運動同時在地方、國家、區域和跨國等不同規模的增加是廿世紀晚期帶來的驚奇之

68

69

一。畢竟，部落住民或是原初民族早被認爲注定會在現代化之風不停吹襲下凋零。這是一個所有人都明白的歷史事實——唯一例外是忙著用各種創造性方式追求存續的部落住民本身。這種「存續」是一種動態的互動過程，包含著規模與依屬的轉換、拔根和再扎根，以及身分的盛衰。在當前時刻，這些過程表現爲一種複雜的浮現——一項**原民現身**（*présence indigène*）或一種表演性的原民「聲音」（Tsing 2007）。活躍在這些再銜接中有哪些失去和更新經驗，過去與當前依繫有哪些改變了，又是哪些社會、文化與政治策略？探索這些問題的學術著作一日多於一日，其中案例包括薩林斯的提綱綜覽（Sahlins 1999），以及哈蒙（Harmon 1998）和史特姆（Sturm 2002）對美國原住民複雜歷史的研究。

掌握了作用於原民性不同銜接場域的諸種活躍且未完成的過程之後，我們將更容易解開，或至少是「鬆開」（Teaiwa 2001a）對「原民」、「原生」和「主權」這些關鍵概念的常見理解。這些詞語中內建的定義封閉性（definitional closure），以及它們所授權的文化與政治實踐，既是必要的也是危險的。它們表達了一種強烈立場宣稱，這對原民社會運動貢獻卓著，但它們同時也關閉了某些可能性，並在實踐上受到一些不那麼絕對的經驗與策略的補充與切穿。要成爲和土地有關的「原住民」有各種不同方式，但強調先來或「原生」常常會遮蔽重要的移動歷史；而「主權」的控制總是受到妥協和相對的限制。「原住民」名義下的活動遠不止是出生或歸屬於一個有限的土地或國家。

本文透過鬆開原先被認爲存在於「原民」和「離散」生活方式之間的對立，爲當今廣泛的原民經驗光譜中的矛盾與過度（excess）挪出空間。其目標是實現一種較豐富且更具偶然性的現實主義，更充分地理解已發生、正在發生和可能正在浮現的情況。這項論點並不否認對擁有土地（landed）、扎根或地方身分的聲稱，認定它們確實是（或應該是）離散性質。我的主張也並未假定世界主義在歷史經驗上會更爲進步——哪怕新規模和新向度的原民生活正在一種全球連接和地方屈折的後現代性中不斷增長。質疑一種本質的對立並不會消除這種對比所反映的歷史差異或緊張關係。原民或部落社群往往具有強烈的歷史根據，宣稱他們歸屬於特定土地。例如，澳洲原住民便在他們的「故鄉」（country）生活了非常長的時間，長得足以讓相信線性歷史本體論的多疑者亦不得不承認，澳洲原住民「永遠」或「從一開始」就在那裡是合理的。這一類對古老源頭的「神話」斷言可以喚起一種「歷史的」連續性。考古證據以不同程度證明，以下這些人群卽便不是原生，也是對他們居住的土地扎根極深：因紐特人、太平洋島民、南北美洲各種原住民；挪威、瑞典、芬蘭及俄羅斯的薩米人（Sami）；西加里曼丹（West Kalimantan）的達雅人（Dayak）。他們全都享有一種原民的「長時段性」。這些歷史經驗的開始和結束都深深根植於一個地方。這與離散身分認同（diasporic identification），起源於身體的移轉和流離失所所構成的經驗有何不同？

然而，離散理論家揭示的許多經驗（例如Hall 1990; Gilroy 1993; Mishra1996a, 1996b; Brah

1996），都可以在當代原民生活中變得可見和可理解——同樣情形也見於盧斯（Rouse 1991）和席勒（Glick-Schiller 1995）所揭示的遷移迴路，以及科亨（Cohen 1997）等比較社會學家所分析的歷史壓力與結構。在移動與住居的日常實踐中，分隔離散生活與原民生活的界線變得模糊，因而開啟了一個錯綜複雜的邊界地帶。在這條邊界上，劃定了原住民自主和主權的爭議線，例子包括「離島」（off-island）夏威夷人與原民民族主義運動的緊張關係（Kauanui 1999），也包括城居澳洲原住民之間、或印第安人與住在原居地附近的人之間的緊張關係。原住民對土地的依繫有著錯綜複雜的中介，不必然涉及連續的住居。這情形尤其見於美國、加拿大、澳洲和紐西蘭，因爲它們的原住民如今大多都住在城市裡。因此，討論「原民離散」（indigenous diasporas）是有一定的意義的。

但這有著什麼意義？翻譯持續在爭論之中。例如，不能簡單地將一個與北大西洋奴隸買賣餘波有關的概念（Gilroy 1993），或一個與向前帝國中心進行後殖民遷徙有關的概念（Brah 1996），直接輸入至與土地有深深聯繫的處境（澳洲原住民、太平洋島民、北極圈因紐特人和馬雅印第安人皆屬這種處境）。我們必須探索各個原民離散地的特殊性——更精確說法大概是必須探索當代原民生活的離散**向度或交匯點**。將離散語言帶入原民脈絡意味著面對其內在的困難。在近期對離散／後殖民理論思維的批判裡，原民學者（如蒂瓦〔Teaiwa 2001b〕）指出，當旅行、流離和遷徙被視爲想當然爾（或只是被看成當代世界的特徵），焦點便會傾向於再一次將原住民族歸入過去或歸入邊緣。例如，當文化研究中的離散理論家拒絕「本土主義」的種族主義、排外的英國民族主義（little England）或是柴契爾保守主義（Thatcherite）形式時，他們便有可能會讓所有深深根植的依繫視爲不具正當性或視爲糟糕的本質主義。這時，眞正複雜的原民歷史——涉及不動性與移動性，總是奠基於轉化性和有著潛在廣泛互動的歷史——就變得看不見了。這等於是把原住民連同本土主義的洗澡水一起倒掉。* （其改善之看法見迪亞茲和考亞魯伊的論文集〔Diaz and Kauanui 2001〕。）

這導致的結果是模糊掉互動性世界主義的特殊原民形式，也就是把外來者、貿易關係、循環遷移、在地「發展」論述，以及傳教旅行、海上旅行和軍事旅行納入系譜（Swain 1993; Sahlins 2000; Phillips 1998; Gidwani and Sivaramakrishnan 2003; Gegeo 1998; Chappell 1997）。排他性本土主義在政治原民主義上當然很顯眼，例子包括「紅權」的民族主義修辭、夏威夷的主權運動，以及斐濟原住民對離散印度人的攻擊。† 然而，這一類聲稱在所有（至少是大部分）

---

* 譯注：英文俗諺裡有「把嬰兒連同洗澡水一起倒掉」之說，意思是「因噎廢食」。

† 譯注：夏威夷主權運動始於廿世紀中葉，特別是在一九七〇年代和八〇年代，隨著美國民權運動的興起，夏威夷原住民開始更加積極地尋求恢復他們的主權和自治權利，這一運動持續至今。而斐濟原住民對離散印度人的攻擊是指在廿世紀後期和廿一世紀初，由於土地、資源分配和政治權力等問題引發的種族和族群衝突，特別是在一九八七年和二〇〇〇年的政變和政治動盪期間，印度裔斐濟人成爲暴力襲擊的目標。

現實環境中都是站不住腳的。在當前原民經驗的光譜裡，身分認同極少是僅限於在地或是自我封閉的，反而是在多層次的互動中運作。離散語言有助於把這種複雜性的一部分帶入視野。特別是在有著結構性不平等的屯墾殖民地（settler-colonial），在那樣的處境下，離散語言無法超越原住民與新住民的物質利益及規範願景之間的緊張關係（Fujikane and Okamura 2000）。但當離散移轉、回憶、網絡和再次身分認同，被認爲是部落、原初住民、在地存續和動力不可或缺的部分時，一個充滿斷裂和聯繫的生活歷史景觀便會變得更加清晰。

「離散理論」也許已享受過屬於它那十五分鐘的學術盛名。[*] 王愛華和其他研究海外華人的學者對它的擴大使用有所質疑（Ong 1999）。如洪美恩在其近作《不說中文》所顯示的（Ang 2001），有些文化研究著作的作者已經撤回他們早先對離散自我定位（diasporic self-location）的積極擁抱，轉而探索安德森（Anderson 1998）所稱的「遠距民族主義」的絕對主義向度。在其對印度離散文化的研究中，米西拉避免讚揚式立場，始終讓本質主義和雜揉性（hybridity）之間的本質性張力保持清晰的視野，以此顯示他所稱的「排他主義式」離散與「邊界式」離散的「互聯狀況」（前者著眼於回返，後者則著眼於互動和交錯）（Mishra 1996a, 1996b）。無論是民族主義形式還是反民族主義形式的讚揚式離散願景，將會永遠備受它們的對立面所困擾。不過，這種辯證的不穩定性有時是一件分析利器：離散經驗的對立傾向（排他主義和跨界）是思考的好材料。事實上，歸屬的矛盾複雜性——同時身處當代多場域社會世界裡的民族結構的裡面和外面——說不定會是離散最具生產性的「理論」貢獻。我在本文最後一節將會力主，原民對主權的聲稱包含著類似的矛盾，因此也包含著類似的潛力。

✵

民族史學家卡洛韋用「離散」一詞形容佛蒙特州阿本納奇人（Abenaki）在十九世紀隨著白人屯墾者進逼而分離四散的處境（Calloway 1990）。他們看似消融了，而這種消融在過去被解釋爲一種消失（這種事情在軍事壓力和流行病肆虐下很常見）。但卡洛韋主張，阿本納奇人並未消失，只是（至少一部分人是如此）遷移到較安全的地方去，即遷移至鄰近的緬因州和加拿大（同時見Ghere 1993）。根據這個解釋，離散是阿本納奇人的一種求生方法。他們彼此間並未完全失去聯繫，也繼續在他們的新環境裡重構他們的文化。對相對具移動性的原民群體而言，可能無法用「流放」（exile）的概念充分說明他們在壓力下離開原居地的經

* 譯注：這裡暗示「離散理論」也許已過了全盛時期。典出普普藝術家安迪・沃荷一句名言：「在未來，每個人都能成名十五分鐘。」

驗。「離散」更能道出「分散中連接」(connectedness-in-dispersion)的社會空間現實。

「流放」表示一種被迫缺席的狀態，表示當事人預期他們在不公不義的環境獲得矯正後就能儘快返回家園。這個詞語因此適用於很多被迫離鄉背井的原民群體，甚至適用於仍然生活在原居地(已縮小爲保留地或飛地)，無法自由漁獵、採集、旅行和在特定地點舉行儀式的人們。被流放者總是以返回家園爲目的，並採取具體政治手段(土地聲索和返還)加以爭取。另一方面，也有許多人放棄返回傳統社群和土地的念頭，改爲以遵守傳統習俗、季節性造訪保留地或「故鄉」，或是以傳統表演的方式表達思鄉之情。隨著後代(不管是被迫或被吸引)遷至城鎮，他們實際上連續生活在傳統地方的現實意圖消失了，這時與已失去家園的連接就更近乎是一種離散關係，即會表現爲典型的思念形式、遠距離的民族主義和流離失所的「遺產」展演。「離散」傳統上預設著遠離發源地和遲遲無法回歸。這讓「離散」有別於「循環遷移」和「邊界地帶」的經驗：許多住在美國的墨西哥人和住在紐約市的加勒比海人(他們回鄉探親的次數頻繁)都屬於後一範疇。但現代通訊工具可以縮短距離，讓很多離散地變得更像邊界地帶，即可以讓人頻繁且親密地與故鄉發生接觸(Clifford 1994)。

後文將會詳細討論一個阿拉斯加的例子，並且可以看見原民人口積極支撐這一類離散邊界地帶。對於勞動力遷移的研究者來說，許多原住民群體在空間上分散並不令人驚訝。有大量米卻肯州(Michoacan)的印第安人是住在墨西哥市並在加州務農。有數以千計的薩摩亞人住在奧克蘭、東加人住在鹽湖城、夏威夷人住在洛杉磯。我們還可以在舊金山找到爲數可觀的納瓦霍人（Navajo）（這是一九六〇年代政府徙置計畫的結果）。這些例子不勝枚舉：米切爾對鋼鐵工莫霍克人（Mohawk）的經典描寫（Mitchell 1960）；戈森早期將恰穆拉人（Chamulan）的遷徙視爲擴張宇宙論（Gossen 1999）；卡貝爾人（Kabre）的離散和移動路線是皮奧特近期那本的民族誌《遙遠的全球》裡不可或缺的一部分（Piot 1999）；達內爾的著作奠定了「遊牧式美國原住民社會組織的手風琴模式」（Darnell 1998）。

在面對原民分離於家園和指向於家園、村莊或保留地的生活光譜時，我們有必要把離散理論有關「失去」與「距離」的假設複雜化。同樣地，我們也不應該把都市化視爲從鄉村到都市的單程旅途。吉萬尼和西瓦拉馬克里什南在對印度部落住民和從屬階級的「循環遷移」的民族誌記述裡，同時批判了馬克思派和自由派的現代主義（Gidwani and Sivaramakrishnan 2003）。他們以葛蘭西式語彙把工作和欲望的具身性實踐作爲糾結性的反霸權方案，認爲它們可以爲身分認同與文化主張打開「鄉村世界主義」（rural cosmopolitan）的可能性。這一點亦適用於當代許多「原民」遷移——不管是被迫的、自願的，或是兩者的具體組合。避免一種現代主義的都市化目的論（即把都市化完全等同於拋棄鄉村生活），民族誌記述如今追隨多場域社群的「路徑」（the “routes” of multisited communities）。（在這方面，蘭伯特提供了一個豐富的西非個案研究〔Lambert 2002〕。）焦點轉移至具體的連接與翻譯，轉移至中途站和回歸迴路。例如，在默倫細緻又詳盡的民族誌中，澳洲原住民「群體」（mobs）聚集在城鎮外圍和養牛場，但又會把他們的聚落的座落方向安排得與傳統故鄉保持一致，並定期成群旅行到「野外」採集傳統食物和在聖址歌舞（Merlan 1998；同時見 Christen 2004）。因此，在實踐上與故鄉保持親密關係是可能的，儘管那些土地法律上並非由原住民所擁有。對多元「用途」的掙扎當然是存在的，而回到「故鄉」也不總是可商量的（類似情形也見於對北美洲漁獵和採集權的爭論）。但實用性主權（即便它不被法律承認）的一個基本事實在於，人們與原居地的具體聯繫並未被切斷。「離散的」距離是特定且具關係性的。

我們有必要把這些部分流離失所的、與「國家」的持續關係，以一種連續性的方式與更遠處的城居者的季節性回返或延遲回返進行比較。近期澳洲的學術研究運用離散語言來探討「原民土地權時代」對土地的不同依繫方式（Rigsby 1995; Smith 2000, Weiner 2002；同時見李立的考古學涉入〔Lilley 2000, 2006〕）。這些研究沒有把原住民身分化約爲單一的抗爭環扣體，它們讓我們注意到，有關銜接連續性的關鍵議題是如何在浮現的土地聲索脈絡中受到爭論。透過里格斯比的研究，史密斯質疑一個盛行於學術界和法律的僵化區分，即「傳統的」和「歷史的」人群之間的區分（Smith 2000）。前者的生活與原居地及傳統保持密切關係，並以「我們自古以來就是住在這裡」這種「神話性」聲稱來表達這種密切關係；後者則是透過失去家園的殖民史和重新發現的系譜來追索他們的「原住民」遺產。原民地權法律傾向於承

75

認具有在地基礎人群的聲稱，而拒絕那些空間上遠離故鄉的原住民的聲稱，認爲空間上遠離故鄉是失去本眞性的指標。史密斯明確指出，許多他所稱的「離散」的城市居民並不容易歸入歷史或傳統這兩個範疇的任何一個。他看到的是一種可協商的差異性，而不是本質上的對立。城市居民比在地者更傾向於接受均質化的「部落」模式，而在地者對歸屬感和所有權的意識則是基於特定氏族和對地方的責任感。這種觀點的差異可能會導致誤解和互相猜疑。但在聲索土地的過程中，這兩群人是有可能克服最初的互不信任轉而攜手合作。其中一群人會（至少是有時候）學會尊重耆老們的地方知識，另一群人至少務實地，接受了更廣泛的「原住民」動員和未來。這種權宜的結盟當然並不保證團結。藉助於默倫的見解（Merlan 1997），史密斯觀察到，原住民與土地的連接中存在著一種「認識論的開放性」，以及在一個共同基底的社會文化結構中，「離散者」和「在地者」形塑出新的聯盟和身分認同規模。與其說「離散者」和「在地者」分別體現了「神話」的過去和「歷史」的未來，倒不如說他們代表著「銜接變遷脈絡的兩種文化連續性的軌跡」（Smith 2000:8；有關神話與歷史的實效性融合，同時見Sutton 1998）。

韋納批判法律和人類學上的「連續性」觀念（Weiner 2002）——這種觀念把某些特定的特徵（例如住在故鄉、母語流利或恪守宗教規定）視爲具備或不具備某種身分的決定性條件。他看出有一種在時間中更具多樣性也更動態的集合體（同時見Clifford 1988a, 2001）。社會生活的再生產總是有關反覆的「失去」和「復得」，有關選擇性地傳遞和在變遷環境中重構歷史。城居原住民重新連接身分和依屬的做法毫不新鮮。藉助猶太離散經驗，韋納爲失去家園的原住民的土地權利提出聲援：「千百年來，無數的例子顯示，家園的觀念和意象曾讓世界各地的離散群體得以維持。這一點足以證明，原住民對故鄉擁有法律專業上所稱的所有權。」這是一種文化主義色彩相當強的立場，但韋納又願意讓它與澳洲法庭（和許多頑強的馬克思主義者）所持的唯物主義判準保持張力（根據這個判準，原民的地權必須以連續性使用爲基礎，必須與「特定土地維持著系統性經濟關係與適應關係」）。韋納接受這種張力，又適當地拒絕任何觀念／唯物主義的二分法。他在結論裡說：「在這兩極之間的某處——這兩極在澳洲來說既想像又不現實的——存在著澳洲**所有**原民地權聲索」（Weiner 2002:10）。我們還可以說，在這兩極之間，存在著一個不均勻的連續性（一個觀念的、具身的、結構的和物質實踐的連續性），而我們有必要把它同時理解爲既複雜地根植又具有離散性。

有鑑於原民社會的多樣性，我們需要面對的是一系列的脈絡和規模層次，以及一些新的政治動員語彙和擴大了的社會地圖。各種集體稱謂——例如美洲原住民、阿拉斯加原住民、（加拿大的）第一民族、（新喀里多尼亞的）卡納克人、（瓜地馬拉）的馬雅人、澳洲原住民和印尼的原住民（Masyarakat Adat）——代表一種銜接性身分，代表特定「部落」、語言群、村莊或氏族之間的聯盟。他們包含著與原居地維持著不同空間與社會關係的人群，各與「土地」有不同的距離。對所有自認爲是「在地者」、「部落住民」或「原住民」來說，一種與家園和親屬的聯繫感是基本的。把這種感覺實踐出來的論述、具身和具地方式可以非常多種多樣。有些城居者會回鄉參加家族聚會、典禮事件、生計活動、舞蹈節和帕瓦集會慶典，有些則不會回去。對於一些人來說，這是頻繁回返的問題；有些人一年只回鄉一次，參加夏天或仲冬社會活動；還有些人很少甚至從不回去。

在原生（我們從來就住在這裡）和離散（我們思念家園：明年布拉克山見！）這兩極之間增生出形形式式的原民經驗。若將其視爲一個銜接式連續性和複雜的歸屬光譜，我們將可望對光譜的兩極有嶄新觀照。如果說原民生活有著離散面向，則反之亦然。因爲某種類似原民渴望（indigenous desire）的東西會激發離散意識，讓它想要在主導民族國家的想像共同體外處尋找歸屬。在離散地，純正的家（authentic home）除了會在連結諸地點的具體社會網絡中被找到，還會在另一個想像的地點被找到——此一想像地點同時屬於過去和未去，同時是已失去和被渴望。這一系列被深切感受到的依繫是布菈所稱的「返家渴望」（a homing desire）的一個關鍵部分（Brah 1996:180）。離散的住居實踐（有別於經常伴隨其絕對主義的返家意識形態）避免在被流放或受同化上非此即彼。人們透過保持對另一個地方的強烈依繫感，在這裡找到了一個歸屬地。他們迴避了完全歸化或完全不歸化爲正式的公民身分此一

77

問題，但又沒有讓自己陷入永遠的邊緣化。這至少是離散歸屬的方案，即同時當個黑人**和**英國人、同時當一位穆斯林**和**法國人，或同時當一名拉美人**和**美國人。在這種生活實踐中，各種強烈形式的「文化公民」（cultural citizenship）隨著民族國家（nation-state）中間的連字號鬆開而浮現出來並成爲戰場（Flores and Benmayor 1997; Ramirez 2007）。

類似情況不難在原民經驗裡找到：有部落依屬而又熱愛棒球，和爲自己在美國軍隊裡服役而感到自豪的印第安人比比皆是。這種「雙重歸屬」（double belonging）（此詞語原是卡斯托里安諾用來形容住在德國的土耳其人〔Kastoriano 2003〕）需要一種攜帶式原民意識（a portable sense of the indigenous）。這正是何以族群身分可以很深刻、而又不流於狹義的民族主義（Hall 1989）。因此，在生活實踐裡，原民和離散的多重依繫並不彼此排斥。而雖然在一些政治鬥爭的情境裡，必然會激發原民／離散的意識形態對立，但仍然存在有非常多相對看不見的中間地帶和務實經驗，是可以讓兩類歸屬相互貫穿且並存不悖。打開離散和原民模式之間邊界地帶的目的，是突顯空間規模、文化依屬和社會計畫的不均勻地形（在這方面，安清提供過一幅清晰和複雜的地圖〔Tsing 2000〕）。對「原民經驗」的現實主義解釋是要抓住超出於各種定義、政治綱領和博物館本眞性之外的實際生活——它既是自我創造又是由外加諸。

現在讓我們來看看一個具體的案例，它來自範納普－里歐丹的研究成果（Fienup-Riordan 1990, 2000）。這位人類學家研究西阿拉斯加納爾遜島的尤皮克人（Yup'ik）迄今近三十年，在原民協作者的幫助下對殖民時期和後殖民時期的尤皮克社會有相當詳盡的描繪。以下是其大致概況。

在俄國人於十八世紀晚期抵達以前，克斯科溫河（Kuskokwim）和育空（Yukon）三角洲地區的居民過著一種定居式移動生活，即在不連續的地域內進行「遊牧」。靠著狩獵、採集和捕魚（淡水魚和海水魚），他們的生活尚稱富足。雖然從很早便被歸類爲「愛斯基摩人」（這是基於他們與因紐皮克人〔Inupiaq〕及因紐特人的語言與社會相似性），但尤皮克人從來不住圓頂冰屋，也不在冰面上刺捕海豹。他們在很多方面都有別於外人的刻板印象（Fienup-Riordan 1990）。俄國人對他們的殖民衝擊相對輕微，這是因爲在白令海峽沿岸並沒有海獺可捕。西阿拉斯加的原居民也不像他們南方的鄰居「阿留申人」（Aleut）和「阿魯提克人」（Alutiiq）那樣，曾經歷血腥征服和強制勞動。（「阿留申人」原是俄國人對阿拉斯加原住民的統稱，現在的阿留申島民自稱翁納岡人〔Onangan〕，意指「阿留申島民」。阿魯提克人前稱太平洋愛斯基摩人。）後來，因爲尤皮克人的地區不產黃金，他們也沒有像其他阿拉斯加原住人群那樣經歷重大擾亂。不過，尤皮克人確實遭受了傳入疾病的影響，他們的社會經歷了破壞性的變化。

雖然俄國的影響力在這裡要比在其他地區更為緩慢，但它還是帶來了向俄國東正教（儘管夾雜著原民元素）的廣泛皈依、混血的「克里奧」（Creole）階級的出現（俄國殖民方案鼓勵通婚），以及新的貿易和商業關係。美國在一八七〇年代接管阿拉斯加之後，新的傳教士到來，新的原民化基督宗派站穩腳跟（特別是天主教和摩拉維亞教會）。這些年間，原住民的親屬結構、村落依屬（village affiliations）、自給自足的維生方式和母語雖然歷經轉化，但仍然具有活力。近幾十年來，隨著阿拉斯加原住民土地聲索運動、遺產展演、開發活動和身分政治的復興，尤皮克人維持了他們在地扎根族群的聲譽，對自己的身分充滿自信，繼續連接於傳統依屬的同時，又開發出新的方法來維護他們作為原住民的身分。

我們不需要把尤皮克人的社會文化存續描繪得過於浪漫。許多尤皮克人繼續承受著殖民擾亂和經濟邊緣化的有害後果而看不見未來。一如阿拉斯加的其他原住民地區，酗酒和高自殺率奪去許多生命。漁獵的生計不足以完全自給，必須同時仰賴社會救濟。一九七一年通過實施的《阿拉斯加原住民土地聲索解決法》影響全面，帶來的是好壞參半的結果。《解決法》穩定了原住民的土地持有（這些原住民雖被剝奪了大量土地，但從未被強制集中在保留地系統內）。這雖然帶給了部落社群可觀的新資源，它也限制了原住民對土地的所有權，並在原民社群與原住民開發公司之間劃出一條財產界線。新形式的經濟活動和一個企業菁英階層隨著《解決法》而出現。它也支持形形色色的遺產方案，卽各種對範納普－里歐丹稱之爲「有意識的文化」（conscious culture）（Fienup-Riordan 2000:167）的銜接、翻譯和表演的一部分。在尤皮克人的故鄉，這帶來了面具製作與面具舞的復振。它們一度被各基督教教會禁止，如今則受到鼓勵——基督教是原民振興、結盟和糾結於國家結構的更大脈絡的一部分。（東布羅夫斯基〔Dombrowski 2002〕和克里弗德〔Clifford 2004a〕對這些發展提供了對比的評價。）在阿拉斯加原民社會文化重組中的進行階段，部落政府與自由主義國家結構既無法分離也無法融合爲一個可運作的霸權。範納普－里歐丹呈現的尤皮克連續性（Yup’ik continuity）故事總的來說讓人樂觀，顯示出一個動態的地方傳統可經由流動和離散經驗而得到維持和再對焦，某些方面甚至得到強化。

在出版於二〇〇〇年的《一個變遷中世界的狩獵傳統》中，範納普－里歐丹指出從傳統尤皮克村莊往地區性城鎮和國家都會中心移動的情況顯著增加。雖然她講述的故事也許帶有階級偏見（因爲她聚焦在有能力創造擴大網絡的尤皮克人，換言之是有能力到城市旅行和分送食物的人〔Fienup-Riordan 2000:279n13〕），但該移動現象卻遠遠不只見於少數菁英分子。最重要的是，這種移動不符合單程「都市化」的現代化模式。在傳統尤皮克村莊和安克拉治（阿拉斯加最大的城市）原民生活的新中心之間，有可觀的循環移動。範納普－里歐

79

丹將這些移動描繪爲一個浮現中尤皮克人「全球網」（worldwide web）的一部分，即有了新的社會和空間規模的多中心原民生活的一部分。一九七〇年有四千八百位阿拉斯加原住民或多或少定居在安克拉治（「或多或少」是個重要限定條件）。這數字到了一九九〇年上升爲一萬四千五百位，至二〇〇〇年逼近一萬九千位。根據範納普-里歐丹的評估，這種趨勢與其說是反映尤皮克鄉村的空洞化，不如說是反映了它的擴延。

尤皮克人在村莊與城市之間的循環移動改變和轉化了傳統的交換與季節節奏。從前，夏季是人們（以小家庭爲單位）進行狩獵採集的季節，冬季則是大型社交團體聚集、密集的儀式生活、節日和交換的季節。對於居住在城市的尤皮克人來說，相似的社交活動則是以新的方式進行，而且有時是在與傳統上不同的時間進行。這是許多因素共同導致的結果，包括雇用模式、假期，以及新型交通運輸工具的出現。今日的尤皮克社群是靠雪地機動車、電話，尤其是大大小小的飛機縫合在一起。住在安克拉治的尤皮克人定期會回到納爾遜島和卡斯科奎姆河三角洲的村莊參加捕撈、狩獵和採集季節性食物。「自給自足」的生計活動（這些活動在阿拉斯加普遍被認爲最能表現原民身分與「傳統」）有時會結合商業方案。在冬季，新近復振的舞蹈節日、天主教和摩拉維亞教會的假期，還有東正教的聖誕節與新年，都能吸引回返的訪客。在一月初至一月中旬這個特別緊張的時期，古老的仲冬聚會傳統和俄國人在兩世紀前帶來的基督教禮儀結合了起來（Fienup-Riordan 1990）。

居住在地區性村莊和城鎮的尤皮克人出於各種原因造訪安克拉治，包括參加婚喪喜慶、購物，以及爲親朋送去剛採集的冷凍「在地食物」。「阿拉斯加原住民醫學中心」（Alaska Native Medical Center）也是他們的目的地之一。（這中心不只是一醫學機構；它專門爲原住民的健康需求而設計，並以當地文化爲基礎組織運作。它的禮品店提供了一個重要的工藝品銷售管道。）政治和教育聚會同樣是一大吸引力：例如一年一度的阿拉斯加雙語教師大會，每次都吸引來自全州各地超過一千名參與者。遺產展演和在地食物分享在這些聚會裡扮演核心角色。

城鄉之間的造訪和往返模式是由相互環扣的社會、經濟、政治和文化力量驅動。現代化理論常常提及的種種壓力和機會，一些會讓傳統社會「脫嵌」（dis-embed）的力量（Giddens 1990），都是促使人們從鄉村遷入城市的原因。這些力量包括貧窮和鄉村生計的無以爲繼，以及尋找工作雇用和擺脫因性別、宗教和年齡而起的社會束縛。然而，從範納普-里歐丹的描述所浮現的是一種可識別的「原民」現代化形式，至少是這種形式糾結的可能性。傳統的漁獵和採集雖然受到威脅和規限，但並未被資本主義的生產和分配模式完全抹去。它們以新的形式出現，並與現代經濟體相結合。透過城市的進出，團體的（家庭的和村莊層級的）依屬和交換得以擴延。我們看到的與其說是一個脫嵌（或去地域化）的線性過程，不如說是文化色彩鮮明的空間與社會實踐的轉化與擴延：再鑲嵌（reembedding）、擴大地域，還有以飛機往返的方式住居（dwelling with airplanes）。

範納普－里歐丹認爲，尤皮克人個人和團體的生存與「發展」策略具有高度的原民色彩。（可作爲比較的是美拉尼西亞和非洲的原民發展概念〔前者見於 Gegeo 1998; Sahlins 2000; Curtis 2003，後者見於 Peel 1978〕。）這種能動性（agency）不是完全自由和毫無拘束限制，但也不是純然是受到強制的。例如，從鄉間遷往安克拉治的年輕女性多於年輕男性（兩者都是爲了獲得教育機會和逃離村莊的拘束限制）。這一類追求「現代化」的策略並未被視爲喪失原民身分的經歷，而是正好相反。在安克拉治，尤皮克人進入了經濟交換、政治和文化的擴大網絡，即進入了州的層次、國家層次和跨國層次的連接。在這些網絡裡，他們開始感覺自己是「尤皮克人」，而非主要根植於特定的親屬群體和村莊。這種部落或民族名稱（ethnonym）是一九六〇年代之後才被廣泛使用，如今被用於多族群的街坊區裡、泛阿拉斯加原住民環境、第四世界接觸、與非原民的關係中，以及在形形色色的文化表演、展覽和網站裡獨樹一格。

城鄉之間愈來愈多的移動和遷徙顯然有助於「尤皮克人」身分的擴大銜接。但這種經驗絕非獨特。蓋吉奧提供了一種類似但是受到不同驅動的索羅門群島經驗，其中遷離家園的馬列人（Malitan）把「他們的移動視爲一種**家園的擴大**，隨之而來的是原民意識的強化」（Gegeo 2001:499，原作者的強調）。事實上，許多民族主義首先都是由流放者或在外國首都念書的學生所銜接。（拉法爾對黎剎和菲律賓「仕紳階級」（ilustrado）的研究卽爲一例〔Rafael 1989〕。）相對於以土地爲基礎的依屬或氏族依屬，「部落」依屬更常見於都市環境——那裡對母語、擴大親屬關係和客體化「遺產」的可消費象徵的重視，遠大於對土地與家庭的紐帶。然而，我們不應把對比放大爲對立。現實生活中身分認同是複數性質且因情境而異。一個人到底算是某個村落的村民、納爾遜島島民、尤皮克人還是阿拉斯加原住民，端視情境的不同。在地依屬不會被更大的原民形構取代，因爲兩者不是零合關係。琳達・史密斯在二〇〇五年格萊恩基金會的研討會上主張一種類似的複雜性（見本章一開始的引述）。她說，她從小認爲當個毛利人便是當個雙文化的人（這是因爲女性在她媽媽和爸爸的部落扮演的角色非常不同）。她指出，成爲「原住民」是一種透過其身分多種不同層覆（layers）的方式：「我們是多麼矛盾的一群人啊！」

在阿拉斯加，更大規模的「部落」和「阿拉斯加原住民」社會形式的出現與多元文化主義和政府治理（governmentality）密切相關，包括《解決法》、原民藝術市場、遺產場所、觀光事業、聯合國論壇、環保的非政府組織，以及人權組織。原住民現身是以代價換來的（Hale 2002; Clifford 2004a）。正如我們在第二章看到的，新的身分規模和身分表演是由受管控的多元文化主義的霸權結構所「召喚」出來的。但新的身分認同也轉化和翻譯了深層的（儘管並非總是連續的）本地根源（Friedman 1993）。這些有時會被籠統歸到「身分政治」名下

82

的現象包括了召喚過程、表演性過程、翻譯過程和政治策略過程。當新的部落身分認同與流離失所的群體（displaced population）聯繫起來時，我們絕對有必要承認原民著地性（Native landedness）的特殊性和彈性，承認蓋吉奧所描述的擴大化「在地」意識。大規模的部落身分是可以與其他層次的依屬以及家園（兼含地理和社會意義的家園）維持緊密銜接。

隨著回鄉探親的人愈來愈多以及停留時間愈來愈長，村莊本身獲得了特殊重要性。在當代的尤皮克人生活裡，「個人性」（personhood）和「地點性」（placehood）是緊密交織在一起的。* 雖然一個人不需要不間斷住在家園才能與之保持持續關係，但家園的存在乃是當代尤皮克人身分的核心（Fienup-Riordan 2000:156）。這種觀點在〈城市中的尤皮克人〉一文的最後幾句話得到了呼應。這篇文章收錄在範納普－里歐丹的《變遷中的狩獵傳統》，作者是電台記者阿克提夫。他主張，都市環境中的原民身分具有一些表演性質：「總而言之，安克拉治是個好玩的地方，值得去去，但我無意住在那裡。況且，它的人行道對我的腳踝來說太硬了，而我也老是不得不向白人證明我的尤皮克性（Yup'icity）」（Active 2000:182）。

這種對安克拉治和「尤皮克性」的觀點反映著不同的關係性場域要求不同種類的表演。在阿克提夫看來，安克拉治是個好玩的地方，但也是個讓人有不舒服的遭逢和被迫表演的所在。但其他尤皮克人卻感覺它是家的一個延伸。對於另一些人（或在不同的時候），城市是一個令人興奮的新地方，可以在那裡拓展自己。範納普－里歐丹明白確強調「家園的存在乃是當代尤皮克人身分的核心」，但她同樣否定從舊的鄉間表演位置轉換至新的都市表演位置是一種線性進步。部落離散並不是一種被流放的環境，不是被阻礙的回返；它是更多元的、更關係性，同時也更具生產性。（相較之下，達內爾記錄了傳統阿貢魁印第安人〔Algonquian〕的「半游牧式」社會結構，是一種「在維持生計基礎下的擴大和收縮過程」，並且在新的歷史脈絡裡予以維持和翻譯〔Darnell 1998:91〕。）範納普－里歐丹以具體例子說明了城市尤皮克人如何以一種非移民或非流亡的距離，來維持與村莊（親屬關係）和土地（自給活動）的聯繫。（美國原民學者彼特斯〔Peters 1995〕和拉米雷斯〔Ramirez 2007〕在舊金山灣區關於印第安社群的研究也看到這種複雜的網絡經驗和多元依繫經驗。）「離散」語言（它近期的各版本與擴延邊界地帶與遷移循環的模式有重疊之處）對這些流動的、多中心的歸屬實踐能有一定程度的說明。「跨國民」（transmigrant）† 也許會被認爲是較精確的類比，因爲

---

* 譯注：個人性（personhood）係指個人的身分、個性、觀念，或個人存在的狀態。這個詞語用來描述一個人在社會和文化中的角色和身分認同，特別是在尤皮克文化和生活方式中的意義。在這裡，它強調了個人的身分和地方身分之間的密切聯繫。相對地，地方性（placehood）涉及到對特定地理位置的情感和文化依繫，以及這些地方在維持和塑造社群和個人身分方面的作用。

† 譯注：「跨國民」是與「移民」（immigrant）相對的觀念，後者追求在遷入的新國家落地生根，前者則在多方面與母國保持聯繫。

他們創造並維持著非常獨特的「跨國社群」（transnational community）（例如Levitt 2001）。不過，兩者雖然有相當大的重疊，但部落身分認同對近乎民族規模的銜接意識，加上對回返傳統與土地的新渴望，更能暗示出離散的特質。

✵

沒有單一的分析語言可以窮盡這些複雜的根源和路徑經驗的涵蘊。離散論述讓多場域和多規模的困境得以被看見，並且抗拒轉化的目的論敘事。它能突出但未能充分分析當代移轉中發揮作用的政治、經濟和社會力量：暴力占奪的歷史、勞動力流動的有形推拉作用、循環遷移的集體策略、個人逃離壓迫性社會狀態的動機、消費主義欲望和現代誘惑。顯然地，靠著離散網絡維持的種種社會文化連接（sociocultural connections）可能使這些狀態較可忍受，但無法彌補原住民所承受的貧窮和種族排斥。此外，有一種「原民」特殊性，它會迴避離散對移轉、失去和延後返家渴望的核心重點。所有以第一民族、原住民或部落住民自居的人群共同有著受到侵略和占奪的歷史，並且這歷史不是發生在距今太久。他們很多人當前要不是住在割裂化和縮小化的從前居地便是住在附近。他們有著從未離開原居地的強烈感覺，而這感覺既是一種活生生的現實，也是一種救贖性政治神話。這影響了空間與時間的經驗方式，影響了距離與連接的生活方式。根據範納普-里歐丹的理解，城居的尤皮克人更多是擴延了家園而非從家園中移轉。她指出相似模式亦見於其他阿拉斯加原民群體。因此重點不在於有沒有抓住中心，而在於開放的社會網絡如何維持轉化的土地和親屬連接。部落家園——它的動物、植物、社會聚會、共享的食物、祖先和靈力——並非從遠處想像出來的，而是透過季節性儀式、社會聚會、探訪和生計活動在不同地點被激發、「被實踐」出來（de Certeau 1984），由此在一整系列場域中被賦予了意義。「離散的」原住民更像是分枝而非斷枝。

這毫無疑問是一種理想化。各種不快經驗（流放、貧窮、被拆散於家人、絕望、語言和傳統的失去、無止盡地延遲返鄉、鄉愁和思念）確實是生活在遠離家園的原住民的多樣經驗的一部分。「離散」和「地方」人群的身體分離和不同知識基礎並非總能透過親屬聯繫、交流和政治聯盟來彌合。在新的「部落」、區域和國際規模上進行的文化政治與身分政治，無法避免在不同地點和世代之間的失敗（或非常有限的）翻譯；難免會遇到社會排斥，遇到種族純正性和文化本眞性的考驗。新的領袖、文化掮客和經濟菁英，以及對政府、企業、學術界和慈善資源等各種新的依賴，都是擴大化原民連接賴以打造的過程中不可分離的一部分。範納普-里歐丹的尤皮克「全球網」既是一種描述，也是一種無法自動普遍化的盼望。尤皮克人因爲享有對母語、土地和傳統等相對強烈的持續連接，所以能夠在一個擴大空間中繼續保持社會聯繫。而在這根植於路徑的經驗（rooted experience of routes）中，他們代表了去中心化原民故事光譜中的一個例子。但如果範納普-里歐丹筆下那個在地根植的「全球網」是一種理想化，它卻不是一個錯覺。因爲它描述的原民實踐和原民抱負可以見於今日世界許多地方。這幅頗爲光明的尤皮克人圖景將永遠被貧困、種族歧視、劣質醫療和有限教育的其他現實所籠罩。離散意識表達了失去與希望的矛盾經驗，表達了絕望與彌賽亞主義的矛盾經驗（Clifford 1994）。因此，在思考原民離散時，我們必須直接面對創造這些離散的災難性壓迫歷史，與此同時體認到社會文化連接如何得以維持族群性（sense of peoplehood），並在糾結的政治經濟情境中，投射一個根植且擴展的未來。

雖然本文提出了一些「原民離散」的突出特徵，但並未與其他移民和跨國居住者的經驗形成鮮明對比。本文所展現的是一系列不均勻分布和重疊的經驗、侷限和可能性。實際上，對於那些在都市和準都市環境中居住及移動的許多自我認同的原住民來說，「原民」經驗和「離散」經驗之間不可能存在本質上的對立。這兩個詞語會在日常生活的妥協和不一致中瓦解。我們奮力尋找語言來再現今日「原住民」多層覆和多面向的現實，而不強加簡化、回顧過去的本眞性判準。在這種再現奮鬥中，重要的是如何比較地思考一系列古老和新興歷史的方法，從而達到足夠的**現實主義**。

現實主義是一個需要謹慎使用的術語。在這裡，它既被用於描述性／歷史主義，也被用於務實性／政治意義。許多描述性現實主義的最大問題在於，它在未被承認的時間和空間視角中，投射出對實際存在和實際可能性的願景。如此一來，「完整的」、「現實的」歷史發展、現代性、進步、西化或民族解放的解釋，或遲或早，將會隨著新的歷史主體的出現而給予處境化（situated）（Haraway 1988）或地方化（Chakrabarty 2000）。這些「新」主體（它們的干涉會使得原本穩定的現實投射變得困難）中有部分並不是眞正的新事物（即不是新近的發明），而是曾經被壓制、邊緣化的人群，因緣際會獲得廣泛認可的身影與聲音。在這些存續／出現過程中的連續性（Friedman 1993）和族群生成（ethnogenesis）（Hill 1996）包括了政治**銜接**、交匯點**表演**和部分**翻譯**（Clifford 2004a）。新興的歷史主體（在當前脈絡下係指那些被籠統歸類爲「原住民」的人）是在跨地方（translocal）的迴路裡被看見和聽見，並施加足夠的政治壓力，使得他們成爲廣泛歷史力場中的重要參與者，而不僅僅是邊緣角色。

我們業已看到歷史現實主義（被歷史化和翻譯過的現實主義）並不會投射出一個綜合的大故事。它要處理的是一個結局未定（因爲線性歷史時間在本體論上總是未結束）和「大小恰好」的故事，是接觸、奮鬥和對話的場域（Clifford 2002）。「大小恰好」的故事是要再現一種「攸關重要」的力量、發生（happening）或現身，但何謂「大小恰好」並不是學術專業知識或文化或政治權威最終所能決定的。每一個對「現實」（the real）的投射，無論多麼多樣、具爭議或多義，都預設了排除和遺忘：構成的外部、沉默或未被掩埋的過去幽靈。它們在當前被認爲是不可想像或烏托邦性質，卻有可能在交匯點或非常時刻重新浮現爲「現實的」（realistic）（Benjamin 1968）。當前在「原住民」的標誌下重新銜接的衆多不同小型部落和原住民社會的持續存在和復興，正是對歷史現實（historically real）的批判和擴展。在這裡，「現實」同時意謂著眞實存在，並且在一非目的論性質的後現代性裡有著一個未來。

根據這種觀點，本文對「離散」和「原民」的概念性對立提出質疑，認爲它有礙於理解原住民是如何回應種族屠殺、物質占奪和強迫同化的經驗，以及他們會如何處理政治、文化、種族和經濟的邊緣化，還有以及如何對待改變和重新身分認同的機會。（卡迪那透過解開「印第安人」／「麥士蒂索」（mestizo）的對立做了類似工作〔de la Cadena 2000〕。）這一類現實主義會把複雜的歷史放在前景（foreground）：多樣的原民基督徒的融合經驗、與「野牛」比爾一起「旅行」，在捕鯨船上或以強制勞工和契約勞工的經驗、在養牛場工作的澳洲原住民、在咖啡種植園裡工作的馬雅人、在鋼鐵廠工作的印第安人，還有形形式式的「城居原住民」的經驗。這種觀點在面對部落投入觀光產業方面、資本主義發展，以及投入博物館和與藝術市場的互動時，努力保持著一種清晰的矛盾態度（lucid ambivalence）。它將這些活動視爲「歷史實踐」，是「傳統未來」的內在部分（Clifford 2004b）。這種現實主義就像任何現實主義一樣，開展於一個特定時刻和特殊位置。

要察覺自己的立場當然是困難的。可以倚靠別人的幫助，但別人並不總是慷慨的。也許會有人批評本文太過強調部落或原民生活互動、接合和空間分散的面向，從而忽略了土地、親屬關係、語言和傳統的連續性。而這種強調也許會被解讀爲是對爭取獨立和主權的民族主義運動中，其不可或缺的本質主義宣稱的一種不友善。這樣的解讀不無道理。本文確實論證了原民歷史經驗是層覆的（layered）且根本上是關係性的，主張族群或種族的絕對聲稱會排除掉生活現實以及關鍵的可能性。然而，離散並未被提議作爲強烈身分聲稱的替代方案或處方箋。離散**向度**只是被了解爲一個不均勻的依繫連續性的一些面向。對原生、本土主義和文化／種族本質的強烈主張同樣是這個過程的一部分。事實上，群體與個人會根據情況、觀眾或務實目標，在這些看似矛盾的位置之間遷移。一種充分的現實主義需要理解離散／世界主義經驗和原生／民族主義經驗之間的具體互動方式——那是一種在「原民性」爭議下持續的對話和緊張關係。（讓這些對話與緊張關係保持在視野內的一個例示性研究，見莫倫的〈薩摩亞刺青作爲全球實踐〉〔Mallon 2005〕。）

這不僅僅是更豐富的「歷史主義」描述：如實地講述過去或現狀。現實主義無可避免帶有政治乃至預言向度，因爲它必須斷定什麼是（或不是）一個可以帶來改變的「現實」機會。當今原住民運動對自決和主權的訴求反映了力量平衡的變化，是後一九六〇年代在某些情況下可能實現的改變。許多事物在原住民主權的標誌下出現，該詞語的實際意義範圍難以界定，因爲它涉及了特定的地方和國家背景以及不均衡的「全球化」條件。在今天，

87

主權的行使和協商於不同的規模層次，其意義已不同於《威斯特法倫和約》的伸張者或是路易十四與拿破崙所強加的主權。它們也超越了威爾遜式國際主義或反殖民民族解放運動的整合與獨立願景。「切羅基部落聯盟」（Cherokee Nation）是一個好例子：根據史特姆的細膩分析，這聯盟是葛蘭西所稱的「矛盾意識」打造和改造，內部多樣性大得無可化約（Sturm 2002）。原民主權今日涵蓋一整個系列的意義，包括美國原住民的「國內獨立民族」地位、「努納武特」的準獨立地位、萬那杜的國家地位及其跨國的稅收庇護（tax shelters）、奧特亞羅瓦／紐西蘭新興的雙文化政體（polity）、薩米人（Saami）的跨邊界機構、新喀里多尼亞的《馬提尼翁府協議》（Matignon Accord）和《努美亞協議》（Noumea Accord）所表現的聯邦主義、阿拉斯加原住民的「公司」機構、澳洲對原住民土地使用的廣泛協議，以及環繞自然資源與「文化財產」愈來愈激烈的鬥爭。

馬卡和弗拉斯探討了這個「主權論述的增生」現象，力主它們並未複製十九世紀作爲屯墾殖民國家（settler-colonial states）基礎的模式（Maaka and Fleras 2000:93,108）。當前的各種論述表達出「不涉及分裂的主權模式，強調在非強制性背景下，相對但相關的自治模式」。原民運動利用國內／跨國政府結構中的「漸進主權」（graduated sovereignty）（Ong 2000）所提供的間隙可能性、失敗和機會。借鑑阿弗列的莫霍克人精闢洞見，塔利認爲原住民社會運動不是**為了**爭取自由的（舊意義上的絕對獨立）的鬥爭，而是「自由**的**鬥爭，使之從內部修改殖民內部系統」（Tully 2000:58，原作者強調）。海爾以葛蘭西式觀點評估新自由主義多元文化主義不均衡銜接的馬雅社會運動時，也得出了類似的結論（Hale 2002）。形式上的獨立並不必然會帶來處境的改變，而這一點清楚顯示在太平洋地區微型國家的困境：它們必須花更大氣力去調和文化／政治自主與經濟依賴（或說相互依賴）（Bensa and Wittersheim 1998）。「主權」（按當前一整系列實踐所理解的「主權」）讓人看見合乎務實的可能性和結構性限制。比奧西對當前美國印第安人四種不同主權主張的分析，是這種戰略複雜性的一個重要提醒（Biolsi 2005）。另一個提醒則是來自安德莉亞．米爾巴克對在聯合國爭取自決與主權的移動性「地方創新」的解釋（Muehlebach 2001）。

在每一個脈絡中，全面主權（即意識形態性主權）與協商性主權（即務實性主權）交替出現並相互結合。一種對歷史可能性的非化約評估，即一種政治性／預言性現實主義，會體認到這種必然的交替和策略性彈性。若是少了激進願景和最大化聲稱，原民運動便會有被收編之虞。另一方面，在一個經濟及軍事力量極不對等的環境下，若是少了專為某特定目標而設的安排和結盟，短期內便難望取得成果，並且會引起反彈的危險厥為巨大。把離散帶入原民性複雜領域的價值之一，大概在於此舉可以輸入一種構成性矛盾心態。離散經驗必然同時是民族主義者與反民族主義者性質。對血緣、土地和回返的絕對主義堅持和隨遇而安的藝術兩相並存，後者追求家外之家（homes away from home）、在不同的人群間打造一個家。離散的斷裂與連接——失去的家園、部分回返、關係性身分和世界跨距的網絡——是當今原住民經驗的基本組成部分。

第二部分

COYOTE AS A SIMPLE MAN.

《穿成普通人的郊狼》，L・法蘭克繪，承蒙畫家本人惠允轉載。自稱爲「去殖民主義者」，L・法蘭克把自己的血緣追溯至南加州的阿賈蒙族（Ajachmem）／通格韋族（Tongva）。她活躍於以保存和復興加州原住民文化爲宗旨的組織，畫作廣爲展出。爲《原住民加州新聞》創作的「郊狼」系列被收集在《橡實湯》一書，1998年由全盛出版社出版。就像「郊狼」那樣，L・法蘭克有時會把字倒著書寫。

第四章　伊許的故事

「伊許的故事」（Ishi's story）可能意味著「有關伊許的故事」（the story of Ishi），可以由歷史學家或某些權威人士執筆，從所有知道的訊息裡整理出一個融貫、確定的畫面。然而，我們無法獲得這樣的視角。這故事是未完的，且在不斷衍生當中。本文的標題也可以理解為「伊許自己的故事」，一則由伊許自己講述或由他人代為講述，可以讓人一窺其感受、經驗和判斷的敘事。但我們有的只是富於暗示性的片段和巨大的空白：正是這種沉默召喚出更多的版本、意象和結局。「伊許的故事」既是悲劇又是救贖，持續被不同的人覆述和改述，而講述者各有自己切身的利害關係。這些隨時代而變遷的不同詮釋正是本文的素材。

恐懼與療癒

一九一一年八月二十九日，一位「野人」跌跌撞撞闖入了文明世界——伊許的故事由 91
是伊始。他在北加州一個小鎮奧羅維爾郊外的屠宰場被狗追趕至角落。過去四十年來，他都是與爲數愈來愈少的族人藏身於米爾澗（Mill Creek）和鹿澗（Deer Creek）的深谷——這兩條澗位於拉森山（Mt. Lassen）山麓，是沙加緬度河的支流。「雅希」（Yahi）一族在一八〇〇年代晚期幾乎被白人屯墾者的民兵隊伍殺光。他們有些向北逃命，投靠雷丁（Redding）和皮特河（Pit River）四周的印第安族群並與當地人通婚。那些留下來的人被追趕、殺戮、綁架和餓死，最後只剩一人待在鹿澗。

他的奇特故事流傳至今，是淘金熱（加州原住民的劃時代災難）的未完遺產。這位說著雅那語（Yana）的倖存者從不肯透露姓名，我們只知道他簡單地被稱爲「伊許」——這名 92
字是人類學家克魯伯一九一一年爲他所取，五十年後又因爲西奧朶拉所寫的著名傳記而變得家喻戶曉。*

西奧朶拉是克魯伯第二任妻子和遺孀，一九六一年出版了《兩個世界裡的伊許》。這部「美國最後一位印第安野人的傳記」一紙風行，被翻譯成多種文字，是加州大學出版社長盛不衰的暢銷書。原封面的照片（後來多次再版沿用），顯示了伊許在米爾澗棲息地，蹲在地上的

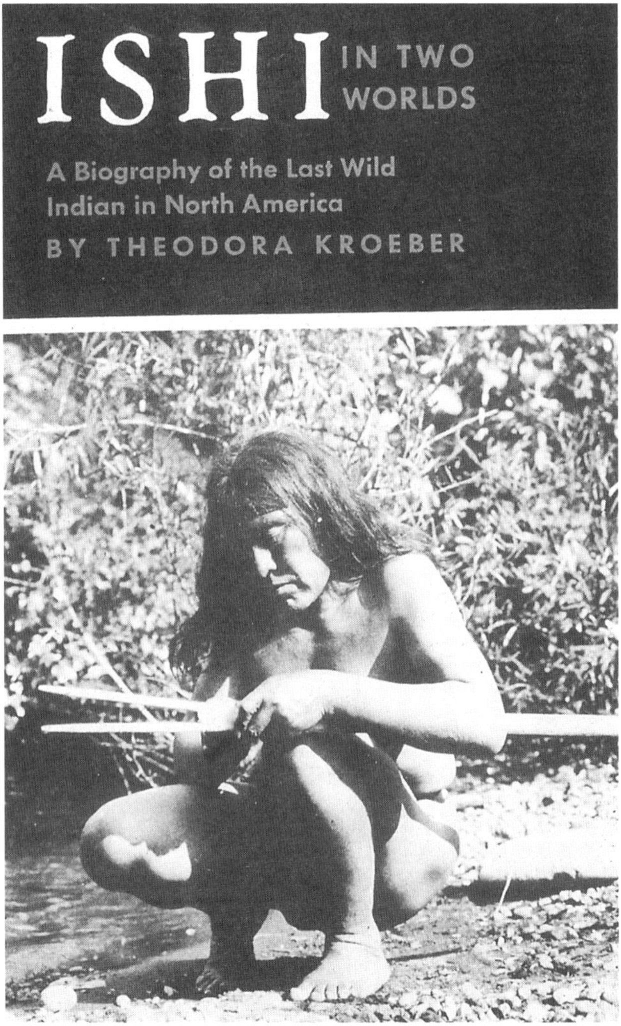

伊許正在為一把鮭魚魚叉繫上叉頭。有四十多年時間，這照片都被用於《兩個世界裡的伊許》的封面。

＊譯注：本章在翻譯上依據文脈以「西奧朵拉」或「克魯伯夫人」指稱西奧朵拉・克魯伯（Theodora Kroeber）。

一幅圖像，意在表現「前接觸」時期印第安人生活的形象。那是一個精心安排的表演，因爲 93
這張照片拍攝於伊許生命的晚期，這時他已經在舊金山生活了四年，於他的人類學家朋友們安排的回程中拍攝了這張照片。伊許臉上的陰影經過印刷後變深，很有原始面具的味道。

二〇〇四年版的《兩個世界裡的伊許》收入更多伊許的照片，展示了伊許身穿多種服 95
裝和擺出不同姿勢的樣子，外加一些取自十九世紀晚期歷史檔案的圖像。封面經過重新設計以配合時代的變遷。所有暗示原始性的元素都被去除了。出現了伊許穿西裝打領帶的模樣，而早期封面裡那個處於民族誌凝視之下的遙遠「客體」亦變成了一個分歧而複雜的「主體」。仔細看伊許的臉（這臉有部分被框線切掉），他的表情顯得自豪、不安、模糊……這幅攝於伊許被抓後不久的照片比其他我們熟悉的照片有更多桀驁不遜的味道。

被轉載得最多的那幅「野人」照是一九一一年由一位當地攝影師在奧羅維爾監獄拍攝（頁一八六）。伊許被暫時關在那裡，等待克魯伯的助手沃特曼前來，準備把他帶到舊金山的新家。照片中伊許一臉害怕且面黃肌瘦，與一九六一年封面照片中那位被餵養良好的人完全不同。雅希人一般留長髮，但伊許爲哀悼死去的家人，按習俗把頭髮灼短。這圖像是一個強有力的建構。一種奇怪的背景缺失——可能是因爲背後有塊布幕的關係，又可能是攝影師在暗房處理過所致——讓照片中人看似完全孤立無依，近乎是個外星人，是個迷失的遊魂……被剝奪了任何背景，他成爲純粹的人工製品，隨時可以被收藏；純粹的受害

2004年版《兩個世界裡的伊許》的新封面。它由兩幅照片構成，一幅攝於伊許剛被白人抓到不久，另一幅是伊許穿西裝打領帶的樣子（未裁切的原照片見p.211）。

關在奧羅維爾牢房時的伊許，1911年。霍根拍攝。

者，準備被拯救。

西奧朵拉對於故事主人翁在舊金山生活的精彩描寫讓「伊許」這個權宜名字變得為人熟悉、個人化，甚至感到親切。他在那裡成為了名人。有五年時間，他住在加州大學的人類學博物館，為館方工作。他受雇為一名管理員，每星期天都為殷切的參觀群眾示範雅希人造箭和造弓的技藝。這位印第安人也樂於充當民族誌報導人，特別是在口述傳統、技術和語言方面的資訊。很多人回憶時都提到他「紳士般」的拘謹、莊重和幽默感。面對舊金山的文明，這位雅希人的態度是好奇與保留參半。門把和火柴比飛機更讓他印象深刻。至於他感受過哪些恐懼（人群和博物館裡保存的人骨都曾讓他大驚失色），他主要藏在心裡。一九一六年，他染上當時流行的肺結核（加州原住民對這種疾病特別沒有抵抗力），溘然辭世。

＊

生活在博物館的五年間，伊許的名字與他的朋友暨監護人克魯伯的名字緊密交織在一起。克魯伯是北美人類學界的重量級人物，也是新建校的加州大學的人類學系創立者。他們之間建立了一段互相尊重和彼此忠誠的關係，但這友誼又受到兩人的拘謹所影響，伊許

96

需要依賴他稱爲「大酋長」的克魯伯，以及受到科學的要求所制約。隨著時間的遷移，他們的關係變得錯綜複雜，而伊許的故事亦無可避免地成爲了克魯伯的故事。

西奧朵拉以高明技巧和豐富感情重現伊許在舊金山的生活。雖然從未見過自己筆下的主人翁，但她接觸到了許多對伊許有著生動記憶的人，最著名的當然是她的丈夫（克魯伯在《兩個世界裡的伊許》出版前不久才逝世）。她也借重了柏克萊人類學博物館收藏的豐富照片、錄音和紀錄片（Jacknis 2008）。儘管近來有學者——其中一位是史坦（Starn 2003, 2004）——以後見之明挑出《兩個世界裡的伊許》的事實性錯誤和質疑她的一些強調重點（本文也是如此），但此書仍然是不可少的作品。它至今仍是我們大部分人認識伊許生平的主要資料來源。挾著她對人類複雜性的慷慨鑑賞力和對披露性細節的慧眼，西奧朵拉這位新手作家創造了一部傑作。透過閱讀她的作品，一代又一代的人們開始了解這個被稱爲「伊許」的人。

這層認識混雜著洞見與盲點。《兩個世界裡的伊許》書中引人入勝的人物描寫常常會讓人忘了西奧朵拉的主要報導人對伊許的所知其實非常有限。我們忘記了克魯伯和他的同事懂得雅希語有多麼少，而伊許的英語是多麼的粗淺。他的故事和歌曲，有超過五十小時的錄音保存在蠟筒錄音機上，至今仍只有少部分被解讀出來，因爲我們別無其他憑藉可以了解雅希語（雅那語的一種方言）。從這些幾十年前的錄音，我們聽到一個興奮的聲音。伊許顯然喜歡說故事。從他那遙遠的聲音，我們只能很隱約地知道他想要說些什麼，或是想說給誰聽。

伊許的故事並未結束於一九一六年，也沒有隨著四十年後最有影響力的重述而結束。他的死及其餘波至今仍對大相逕庭的加州受眾充滿意義。對今日愈來愈重要的是，《兩個世界裡的伊許》所創造的那幅人類肖像並不是基於加州原住民的觀點。雖然西奧朵拉認識不少加州印第安人並且關係還不錯，但她在爲伊許塑像時顯然不認爲有參考和納入原民觀點的必要。本身是切羅基人（Cherokee）的原民學者凱倫・比斯曼指出這個缺失：「如果西奧朵拉有徵詢過本地區的原住民……她可能會聽過通婚、共享經驗和相互歷史的敘事。伊許和雅那人的事跡活躍在這些人的口述傳說裡」（Biestman 2003:148）。但比斯曼仍然肯定《兩個世界裡的伊許》的價值，因爲在一九五〇年代這個「尾聲」階段，人們對牛仔／印第安人的刻板印象仍牢不可破，鮮少看得到複雜且富有同理心的原住民塑像。而正如我們將會看到，歷史風向在五〇年代之後發生了變化。從不同的距離來看，西奧朵拉的觀點顯得更加片面，這也讓她的書在新的方式中變得有意義。

伊許不願談論自己家人，不願提及那些逝去的人，而我們也完全不知道他爲什麼要離開躲藏地點，向著被捕的奧羅維爾走去。他爲什麼要南行？他的目的地是哪裡？有很長一段時間，人們都認定，伊許是因爲孤獨和筋疲力盡而簡單地向白人文明投降了。但邁杜人（Maidu）的口述傳說有不同說法，主張伊許的目的地是他們的傳統領域。

以下敘述我自己的伊許故事時，我會避免敘事閉合（narrative closure）的傾向，致力於讓

97

各個缺口保持開放。我會談到加州原住民前些年為伊許出面所提出的聲請，這些聲請無可避免會引起伊許的「遺產」應該誰屬和用於哪些目的的問題。這是個嚴厲且麻煩的問題，不應該遽下結論。我會追蹤伊許故事的各種改述，說明它的各種添加、批判和挪用是如何變得攸關加州原住民的未來而非過去。因為伊許顯然不是「最後一位」加州印第安人，也不是什麼「野人」（除非是在非常人工的意義下）。

西奧朵拉曾賦予伊許故事一個人性、憤怒、可愛和苦樂參半的包裝。但這包裝正在由那些與伊許的辛酸故事和他的遺體有不同利害關係的人們所解開。

⁂

在羅馬智慧女神米娜娃（Minerva）的遠眺中，一名開礦者在沙加緬度河附近工作。一隻灰熊依偎在她腳邊，一些船在河上航行。背景處是內華達山脈。野生動植物、農業、自然之美、商業和機會全表現在加州州璽上……這州璽是由美國陸軍少校加尼特所設計，在加州成為美國一州前由一八四九年的制憲會議通過採用。

——〈加州州璽〉，見〈nestate.com〉網站

我對伊許故事的關注始於課堂，一度以《兩個世界裡的伊許》在加州大學的大學部課程裡作爲上課教材。這堂稱爲「建構異國風情」的課程是要分析西方學者、旅行家、攝影師和製片人是如何創造「原始人」的意象。此一課程在講授幾回之後，我覺得我應該採用一些比美拉尼西亞材料或非洲材料更接近我們生活的文本。《兩個世界裡的伊許》是一個很自然的選擇，因爲它重溫了加州的建州史，並且是一個既展現又質疑刻板印象的複雜的印第安人個體形象。此外，本書也提出一些有關歷史觀點的重要問題：它體現著我的學生依然秉持的自由派假設，但又因爲過時得剛好而足以讓這些假設變得顯眼。因此，我的教學挑戰在於如何肯定西奧朵拉對一個例示性生命的大方詮釋的同時，又把這本著作的盲點揭示出來。我們有需要認識那段隨著時代不同而對伊許有不同挪用的歷史，這其中包括我們自己的挪用。

透過把「美國最後一位野生印第安人」的故事與當代印第安作者的作品並置，我希望讓學生認定部落社會注定消亡不再那麼信心十足。加州州璽那幅由大自然、商業、採礦和古典文化構成的畫圖裡缺少了什麼？這個排除了加州印第安人的進步願景是如何成爲一則自我實現的預言（self-fulfilling prophecy）？西奧朵拉毫不妥協地把擾亂加州田園生活的暴力和種族屠殺寫入書中。在她的幫助下，我們得以面臨我們的道德優越感賴以獲得支撐的歷史失憶症（這失憶症讓我們可以對發生在世界遙遠地方的暴力和屠殺指指點點）。伊許的故事提醒我們，不過才一百多年以前，在我們這個「黃金之州」，一些得到官方支持的白人民兵一再衝入沉睡的村莊，不分男女老幼一律殺無赦。伊許生長於其中的世界和康拉德的《黑暗之心》（我課程的另一本教本）裡的剛果在本質上並無不同——在這些地方，帝國入侵、資源掠奪性資本主義和種族滅絕結合爲一種常態。

講授伊許的故事與我的其他研究旨趣相呼應。它爲我長久以來關心人類學史提供了許多值得深思之處。因此，在本章接近尾聲之際，我會對克魯伯（加州大學人類學傳統的奠基者）和一門後殖民科學的前景投以特別關注。在伊許故事的早期版本中，人類學往往受到頌揚，而到了較近期的改述，它卻往往遭到質疑，甚至被汙名化。藉助於這門變動中學科近期的反思性和協作性趨勢，我會提供一個較辯證性的觀點。我還會談到娥蘇拉．勒瑰恩的諸多作品，因爲它們特別能與我的觀點呼應。除了是克魯伯的女兒，勒瑰恩還是伊許故事大家庭的一分子。她那些人類學色彩濃厚的科幻小說沉思了一些對伊許遺產來說具有根本性的議題：殖民化、暴力、文化轉化，以及交換。她也幫助了我思考一個後殖民加州的可能未來。本章提到的許多「願景」和「修訂」歸根究底是這個結論未定的問題的一部分。面對一段有確定性的歷史（determinate history）並思索超越之道（即不被否認、受害人身分和負罪心理所凍結）——這斷然是一群成分大相逕庭和有著具體、糾結歷史（有時還是悲慘過去）的人生活在一起時的挑戰。

過去幾十年來，出現了大量以伊許爲主題的書寫、言論、歌曲、舞蹈和電影。這些創作在接下來的討論中多有涉及。不過，我的談論幾乎完全限於公共表述的範圍內，僅偶爾涉及一些較有意思的地方改述和加州印第安人的口述傳說。毫無疑問，有一些聲音（或深深的沉默）是我所不知道的。在出版的領域，近年來出現了四本重要著作：二〇〇三年克利夫頓．克魯伯和卡爾．克魯伯編的《三個世紀裡的伊許》、二〇〇四年史坦的《伊許的大腦》、二〇一〇年薩克曼的《野人：現代美國曠野裡的伊許和克魯伯》、二〇一一年伯里爾的《伊許第一個世界裡的未說故事》。凡是讀過《兩個世界裡的伊許》又想更新資訊的讀者都可以求助於這些延伸和修正，但西奧朵拉的著作仍是不可少的起點。

《三個世紀裡的伊許》的書名本身便是一個干涉。它一改西奧朵拉的「兩個世界」格局（既然她把伊許的故事寫成一個純眞和失落的故事，寫成一個墜入「現代世界」的故事，便無可避免是採取一種前後分明格局），把伊許看成是一個有三部分歷史的故事。又因爲它提到的「第三個世紀」（修正主義的世紀）才剛開始，所以它的結尾必然是保持開放。該書收錄的書寫範圍頗廣，包括一些歷史資料與爭論紀實、一篇談伊許的石器的學術文章、一篇談聲音紀錄和口語的文章、一篇仔細分析伊許在大衆文化中的形象的文章，以及一篇他爲伊許錄音文本所做更好的翻譯。卡爾．克魯伯在序言中爲人類學的人文主義提供了一個有力辯護（與我在本書提出的方法對照閱讀將會大有裨益）。《三個世紀裡的伊許》也爲與自己相左的觀點留出空間，特別重要的一篇是南希・謝普–休斯執筆的批判文章。不過，《三個世紀裡的伊許》最具重大意義之處在於顯著納入原住民的聲音——這在同類出版品或電影中大概是頭一遭。

《伊許的大腦》（副標題為「尋覓美國最後一位印第安『野人』」）則是相當不同的作品——部分是民族誌，部分是偵探故事，部分是個人追尋之旅，部分則是歷史翻案——史坦的敘事縷述了近期伊許遺骸索還運動的經過，特別是尋獲伊許大腦的經過——這大腦一度「丟失」在史密森尼學會。史坦本人在這個尋獲過程扮演關鍵角色，而他也以一位積極參與的人類學家、參與觀察者和倡議者的身分寫作。除了掌握豐富資訊，史坦文筆清晰且公正。我自己對伊許遺產的思考深受過去十年來發生的事件影響，而史坦曾大方與我分享他在這期間的研究成果。我們一起參加了一些印第安人的集會，而本文的許多觀念都可以追溯到我倆的談話和他那部不可少的著作的若干段落。

《野人》和《伊許第一個世界裡的未說故事》是在我快要寫完此文時出版，所以我對它們的倚重要少於另外兩本。但它們都包含一些別處找不到的材料和洞見。薩克曼（一位文化歷史學家）為伊許的人生和時代提供了豐富的脈絡化敘事，特別能幫助我們理解環繞「自然」和「曠野」兩個概念展開的當代議題、伊許的舊金山探險，以及克魯伯與其受託管人的複雜心理關係。伯里爾是地方文史工作者、伊許的熱情支持者，並且是不遺餘力的檔案收集者，負責奧羅維爾周邊屯墾者–印第安人關係的任何事情。他自費出版的《伊許第一個世界裡的未說故事》是一部注釋豐富的剪貼本，包含重要的口述歷史訪談和各式各樣的文件（地圖、引人幽思的歷史照片和剪報等）。書中收集的許多聲音可以反映出廿世紀之交北加州的跨文化和跨部落關係（不過伯里爾有時會過於草率的推測）。

我自己對伊許故事的改述則仰賴以下這些作者的後殖民民族誌修正：薩利斯（Sarris 1993, 1994）、菲爾德（Field 2008）、畢比（Bibby 2005）、以及法蘭克和霍格蘭（Frank and Hogeland 2007）。這些作品全都具有創造性，各對加州原住民的歷史和現況提供了一個局部和取角謹慎的觀點。我所提供的資料完全無法取代它們的詳細和親近感。我的觀點是一種外部者的觀點，同時受到距離和流動性（mobility）的加持和限制。加入近年來對伊許的不協調多聲對話（discordant polylogue）時，我設法讓事情保持在「被打亂」和「過程中」的樣態。伊許對許多不同人等都是一個療癒想像的來源，而我亦無法免疫於他的魔法。這位野人重被打開的故事是一個時代的重要表徵，預示著一個浮現中（哪怕總是受到抗阻）的後殖民加州。我會如此措詞，或許是因爲我想找尋的是一種不同類型的烏托邦：其歷史是從旁移動（moving sideways）*，以環形行進，切分節奏（syncopated），總是處於浮現中狀態，永不抵達

* 譯注：在這裡，原文「moving sideways」意味著歷史不是直線前進的，而是以非線性、不預測的方式發展。這強調了歷史進程中的不確定性和複雜性。

（Le Guin 1989）。最起碼，這種兼納多樣性和反諷的曲徑讓我們有可能批判單音權威——無論這種單一眞理的主張來自於支配權力還是反抗的社會行動者。在我那個有關諸故事的故事（story of stories）中，進步、革命或劃時代變遷的向前邁進性都會受到懷疑。我們面對的與其說是一條清晰的歷史道路，不如說是一叢群的替代方案，一個由糾結關係構成的當代現實，沒有一個可搆得著的「外面」和一個清晰可見的「之後」。

這種不肯簡化複雜性的決心意味著某種猶豫，某種保持距離：一種等待和觀望的姿態；在最好的情況下，也許是一種警覺的、預兆（divinatory）的態度。這就是我所追求的「歷史」觀點，它不保證任何總覽（overview）、客觀性或更卓越的精密性。或許弔詭的是，我發現諷刺地保持距離是僭越性希望（transgressive hope）的催化劑。永遠打斷：「還有什麼別的？」「慢著……」（Clifford 2000）。當然，我們不必把諷刺性的不介入當成目的本身。海爾曾經爲積極的介入（activist commitment）強力辯護，反對他認爲是後現代文化批判（postmodern cultural critique）所代表的立場（這兩種立場是學院人類學奮力成爲後殖民學科所可採取的唯二路徑）（Hale 2006）。對此，我唯一不同意的是他把兩者的對比硬化爲一種零合，只能非此卽彼的選擇。我在這裡推介的方法——對偶然性和多樣性保持敞開——既非一個最後的安歇之處，也不是可以對治一切的處方箋。它當然並不自誇擁有認識論上更優越的「後設」（meta）視角。這是一種批判性的專注形式，而非疏離形式，是從事歷史反思和製作認知地圖的思想工作時的必要一環。這一種諷刺可以抑制決定論和道德主義，讓我們在所有當代轉化中持續清晰地偏離中心。

二十五年前我在《文化的困境》裡引用過的伊博族（Igbo）諺語尤適用於今日：「你不會老站在同個地方觀看一場扮裝慶典」（Clifford 1988b）。

＊

哈哈，你們白人……哈哈哈。

——老瑪麗，引自安古洛《穿工作罩服的印第安人》

伊許的故事把多樣的敘事形式共冶一爐：牧歌式寓言、悲劇結局、生還者故事，野蠻與文明相遇、失落與和解、犧牲與療癒的戲碼。有近一世紀時間，它支持著一種對歷史宿命的理解。但在新的壓力下，在一些新的交匯點（conjuncture），這個故事正被拆解。

像伊許這樣的角色（「族人中的最後一人」、「最後的印第安野人」）反覆出現在不同的屯墾殖民史中。無論先前存在的人口是被殺光還是被迫流離，新來者（newcomers）的意識形

102

態或遲或早都會需要一個伊許：《最後的莫希干人》或《德蘇烏扎拉》皆是個中例子。新社會需要爲消失的世界譜寫安魂曲，譜寫各種版本的「帝國主義懷舊」（Rosaldo 1989）。因爲儘管有許多屯墾殖民者聲稱他們進入的是一片無人土地，或聲稱原居民不完全算人而是些需要「被改善」的小孩，但他們內心深處仍會知道正在發生的是一場入侵，是一場殘酷的征服。對某些人來說，「殺光所有野蠻人」或「唯一善良的印第安人就是死掉的印第安人」之類的口號已足以讓他們心安理得，特別是在不安全感瀰漫的時期尤其如此，無論這種「不安全感」是眞實的還是人爲製造出來。但對大多數人來說，以暴力方式讓一群人取代另一群人需要更多的科學和人文主義理論來合理化。在十九世紀，「種族演化」和「適者生存」的觀念爲一群人「必然」取代另一群人提供了正當性。以動物物種類比的自然歷史「滅絕」概念可以爲殘酷行爲辯護：殺死野蠻人或讓他們死在孤絕環境只是爲大自然推動了不可避免的進程（Lindqvist 1997）。以一種較人道的方式，「文明使命」、宗教「歸化」或文化「同化」皆是朝向同一個目的所作的努力。

但這一類較自由派色彩的合理化說詞，從來不足以作爲一個志在落地生根的屯墾者社會的建國神話（founding myth）。宗教歸化和文化同化的方案都太矛盾且分布不均。至少總有一些原住民還活著，他們雖然被迫侷處一隅卻仍然堅持原來的種族和文化色彩。「野蠻」從來不能眞正被「文明化」，而同化也總是不完整的。因此，需要一個更清晰的斷裂，一個終點時刻，以此來象徵暴力占領的結束和屯墾者國家的成立。正如狄波拉・羅絲在對屯墾殖民暴力及其餘波深具啟發性的討論中所主張的，一種目的論／基督教的史觀要求一個尖銳的斷裂或一個「元年」（year zero）（Rose 2004）。這種前後分明的史觀保證了一種注定的進步：文明取代野蠻，白人替代原住民。伊許之類的故事具有犧牲性的目的，以一種悲劇的感傷情懷結束征服時期。一個個人的死亡可以象徵一個集體的重生，一個歷史階段的明確結束可以讓另一個階段在潔淨過的空氣中開啟。

這一切現在都不是很清楚了。像伊許這樣的角色所凝聚的終結性，無法掩蓋那些未完成的屯墾殖民史中的許多死亡、轉化、鬥爭、協商和重生。不管著名的楚格尼尼（Truganini）是不是最後一位純種塔斯馬尼亞（Tasmania）原住民，今日的塔斯馬尼亞都斷然有大量原住民活躍於土地索還和主權政治。同樣地，以「伊許」之名敲響死亡鐘聲的加州印第安人，如今存在的身影愈來愈顯著，他們積極參與語言和文化復興、擴大的博彩事業、遺骨返還聲索和部落正名。在加州一如在許多屯墾殖民國家，原住民「第一民族」的抗爭變得前所未有的顯眼。伊許的故事不再能充當加州建州暴力的哀歌性解決。它承載了新的、更混亂和模糊的意義。

伊許的故事正在被加州原住民「取回」，並帶來意義重大的後果。本文肯定這個過程的必要性。它主張不能把正在發生的事僅僅只是理解爲一種殖民關係的反轉，或是一種忠於

103

歷史事實的回歸，就像整件事情的目的只是爲了重新發現伊許的眞名實姓。因爲沒有人（不管屬於任何傳統）能夠可信地聲稱知道伊許的本名或聲稱自己對伊許的內心世界所知甚多。他仍然是一個強烈謎團，仍然是維森諾所稱的「隱晦伊許」（Ishi Obscura）（Vizenor 1994）——我們聽到這個人名「伊許」時，幾乎可以看到一片引號的森林。但正是這種晦暗本身散發出某種光。正如後文會看到的，奧羅維亞野人故事持續改變的版本讓我們可以觸摸到持續進行中的接觸史，而這接觸史同時體現著加州原住民的傷口和創造力。

✵

《兩個世界裡的伊許》寫於一九五〇年代晚期，出版於一九六一年，其時克魯伯已身故一年。此書的風格和語調固然是作者西奧朶拉本人所有，觀點卻強烈反映著她主要報導人的觀點。西奧朶拉告訴我們，她丈夫一直想寫一部伊許傳，但哪怕事隔四十年仍然覺得往事痛苦得讓他無法下筆，因此她接下了這項任務。《兩個世界裡的伊許》的回顧性觀點雖片面和過時，但至今仍是有關伊許最詳盡且資料最豐富的記述之一。書中材料常被人當成第一手資料引用——另一部也常被如此對待的作品是海澤和西奧朶拉後來合編的一部伊許彙編（Heizer and Kroeber 1979）。西奧朶拉的寫作事業開始得很晚：開始創作《兩個世界裡的伊許》時，她的子女皆已長大。她巧妙地將個人傳記與加州歷史交織在一起，創造了一個引人入勝且經常也是感人的敘事。伊許和他的族人所遭受的苦難被她以克制但毫不畏縮的憤怒講述。《兩個世界裡的伊許》採取文學性風格但沒有流於花俏，不會為催淚而犧牲精準。它對伊許在舊金山的生活細節有栩栩如生的描寫，又能敏銳到看出他有哪些格格不入之處。雖然就現在的標準而言，《兩個世界裡的伊許》只算是一部「前女性主義」之作，但西奧朵拉有時會溫和地站在一個距離之外看男性關係：伊許在博物館裡的交誼。儘管她認眞對待自己作為一位文件記錄者和歷史學家的工作，她主要還是一名傳記作家，致力於使一個被暴力中斷的生命成為可感可知的個人肖像。卡爾．克魯伯在為新版《兩個世界裡的伊許》所寫的序言裡強調，她母親這部作品持續不衰的價值在於體認到伊許的基本人性並把它「翻譯」出來（Kroeber 2004）。本文要探討的正是這種基本人性是如何被不同的社會行動者（social actors）創造和干擾，建構和解構。時至今日，伊許仍繼續在翻譯中被尋獲或遺失（found and lost in translation）。

今日閱讀《兩個世界裡的伊許》是很好的自我歷史反思（self-historizing）練習。它讓我們不得不注意到它在一九六一年該書出版時的情境和我們近半世紀之後的立場之間的落差。這中間發生了什麼事？是「六〇年代」及其餘波，其中最重要的是各種印第安人復振運動：「紅權」（Red Power）、「美國印第安人運動」、「第二次傷膝澗之戰」（一九七三年的對峙）*，以及一種錯綜的部落和泛印第安政治的出現，且在很多公衆領域打破了白人對印第安人發言權的壟斷地位。在全球層次上，政治地景也受到了二次大戰後去殖民化的積累效果所改變——沒錯，這種改變並不是平均分布，也受到了新殖民主義的圍堵，但卻已足以爲競奪（contestation）和各式發聲創造出廣闊的空間。更近期的大事是部落資本主義的登場（例子包括阿拉斯加的資源開發公司、加州的印第安博彩業和幾乎見於各處的文化觀光業）。以都市爲基地的身分政治（identity politics）和「原民」動員的新形式紛紛在地方、半球和跨國的層次上進行。許多事情已經改變。

西奧朵拉的書是在一九五〇年代回望世紀初鮑亞士派人類學的豐功偉業。但它也反映著一種廿世紀較後期的幽暗意識。巴克利在他對克魯伯及其遺產的尖銳評價中指出：

及至一九六〇年，即克魯伯去世那一年，半世紀的動亂在在顯示他對進步的信仰是錯了。西奧朵拉比丈夫小二十一歲，完完全全是個廿世紀人，而她寫作《兩個世界裡的伊許》的目的部分看來是要回應廿世紀中葉對西方文明的揭露。東歐的納粹大屠殺，德勒斯登、廣島和長崎的轟炸，史達林的集體謀殺，二次大戰後的帝國瓦解和古典殖民主義終結，以及五十年代中期美國的黑人民權運動，這一切都有助於讓十九世紀晚期加州印第安人與白人關係史受到新的嚴酷檢視。在一九五〇年代末，西方文明的核

心中隱藏著一種深刻的種族滅絕、種族主義和壓迫力量的證據似乎無可辯駁。（Buckley 1996:289）

任何讀者都不會忘記西奧朶拉毫不妥協的種族屠殺敘事。正如巴克利強調的，《兩個世界裡的伊許》「第一次面對廣泛的廿世紀讀者，展示了一些早期加州殖民主義的赤裸事實」。在描寫白人冷血滅絕加州原住民（又特別是伊許的族人「米爾潤人」）一事上，《兩個世界裡的伊許》非常直接且具體。自一八六〇年代以後，碩果僅存的米爾潤人（包括當時還是男孩的伊許）被驅趕至曠野深處躲藏了四十年。因此，伊許是在一個不自然的孤立環境下長大。（儘管關於米爾潤人是不是眞的那麼隔絕於白人社會或他們的印第安鄰居，近年來受到歷史學者、考古學者和原民口述傳說的質疑。）這段歲月隨著一支調查隊闖入他們的藏身

* 譯注：一八九〇年美國騎兵在傷膝澗殺害了大量拉科塔蘇族印第安人。「第二次傷膝澗之戰」指的是一九七三年美國印第安運動（AIM）在南達科他州松嶺保留地的傷膝澗發起的一場抗議行動，旨在反對部落政府的腐敗以及美國政府對印第安人社群的忽視和壓迫。這場占領行動吸引了約兩百名「AIM」成員和支持者參與，並與美國聯邦調查局和其他執法部門展開了持續七十一天的對峙。在這期間，雙方多次發生武裝衝突，最終在聯邦政府同意調查部分問題後結束。這場對峙事件引起了美國國內以至國際上對美國印第安人問題的關注，激發了更多印第安人權利運動。雖然對峙沒有立即帶來根本性改變，但對印第安人運動和社會對印第安人問題的認識產生了深遠影響。

處「灰熊隱地」(Grizzly Bear's Hiding Place)而告終(該地點位於一座懸崖下面,位置隱密)。伊許、他的母親、妹妹和另一個老人被衝散。他自此沒有再見過他妹妹和那位老人。他生病的媽媽未幾死去,留下他獨自一人。三年後,他向南往奧羅維爾和康考邁杜人(Concow Maidu)的土地走去。

從「野人」在一九一一年現身到《兩個世界裡的伊許》在一九六一年出版,這趟走出隱藏之旅一直被框架爲從「石器時代」到「現代世界」的過程。伊許的行動被詮釋爲「放棄自己」,類似於自殺或接受命運的行爲。無論如何,一離開了米爾澗,他看來就只剩下一條歷史道路可走。這道路毫無商量餘地地把他帶到「未來」:白人的文明與在人類學博物館裡的死亡。

然而,伊許當初是打算去哪裡的問題有待更專門的地形學解答。鹿澗和米爾澗之類的沙加緬度河支流向拉森山延伸,所經之處即使在今天仍然是荒野且難以進入:河谷四周被陡峭山脊包圍,灌木叢生,長滿毒櫟樹。十九世紀中葉,住在這裡的族群(伊許所屬的族群)普遍被稱爲「米爾澗人」(稍後又因爲他們使用的雅那方言而被稱爲「雅希人」)。他們南面住著說著邁杜語的族群,西面住著溫頓語(Wintu)的族群,北面(皮特河)住著阿楚格維語(Atsugewi)的族群。有些雅希語的倖存者在一八六〇和七〇年代的大屠殺期間逃到了北面其他語言群體,包括雷丁的社群(主要是溫頓人)或皮特河的社群。在伊許的時代,邊界和身分認同是非常流動的。「雅希人」是住在部落與部落間的邊界地帶。

近年的印第安改述一再質疑伊許是要「走向文明」和放棄自己此種假設。邁杜人的口述傳說認定伊許是他們親戚，有時還聲稱伊許的母親是邁杜人。這不無可能，跨語言邊界的搶婚以及自願婚姻並不少見。當代的邁杜人指出，邁杜人和雅希人有過一段和平接觸的歷史，但爭執亦一再發生。皮特草場（Butte Meadows）是雙方舉行夏天「盛會」（貿易、賭博和社交）的傳統場地。邁杜社群有可能會歡迎伊許這個雅希人的倖存者嗎？我們永遠不得而知。（在這件事情上，奧羅維爾那幾條把伊許逼入牆角的狗扮演了決定性的歷史推手角色。）有鑑於伊許「被俘」的偶然性，我們必須至少質疑那個長久以來被接受的假設：征服者的文明是他唯一的可能目的地。

⁂

伊許在舊金山的生活被西奧朵拉描繪成一個悲慘歷史的最佳結果——一種溫和的滅絕。有其他可能的替代方案嗎？博物館裡的人類學家乃至伊許本人，看來沒有認眞考慮過把這個倖存者安置在其他印第安群體裡的選項。他原本也許可以投靠米爾潤以北的一些印第安小村，那裡還有一些說著北部雅那語（一種與雅希語勉強可通的方言）的印第安人。

又或者他原本可以投靠南面的邁杜人。伊許與邁杜人雖然語言不通，但邁杜人也許會考慮到他是來自一個有淵源的鄰族而收留他，或考慮到他的母親是邁杜人（這一點一直有爭議）而收留他。邁杜族藝術家戴伊（Frank Day）於一九七三年接受訪談時回憶說，當伊許被白人抓到後，他的父親（最後一個康考邁杜人酋長之一）被叫到奧羅維爾牢房，應白人的要求試著和伊許溝通。但他完全失敗。不管怎樣，並沒有人能保證伊許可能可以在其他印第安人中間得到良好接待，因爲這些部落飛地本身就非常擁擠，而且還不斷受到採礦者和屯墾者的進逼。伊許也可能會受到猜疑，被視爲危險的外來者：在那些以人工方式把不同人等（有時是彼此有敵意的人等）硬湊在一塊的社群，害怕巫術的心理揮之不去。能攀點遠親關係自是另當別論，但伊許幾乎肯定是米爾澗人的最後一員。他沒有已知的親人尚在人世，至少沒有他認得的親人。另外，我們不應該往回投射一種超地方性的「加州印第安人」團結，因爲這種團結僅在最近幾十年才開始出現，而且分布得相當不平均。

克魯伯和沃特曼肯定是把伊許看成來自舊加州純正印第安文化一個未受汙染的珍貴樣本。他們有強烈動機把他留在近旁，以供研究。但他們至少給過他一次選擇機會：在博物館生活或在印第安保留地生活。用現實的標準來看，這不太算是一個選擇。對於一個身心俱疲的飢餓之人來說，一個舒適的地方和友善的人們無疑看起來不錯，比他想像中那個曾經派遣武裝人員來殺害族人的白人世界要好得多。今日有時會聽到這樣的評論，認爲伊許是被人類學家「俘虜」，被「囚禁」在博物館裡。就字面看，這種意見並不公道：伊許受到慷慨對待，有工作，領有薪資，行動自由。然而，這些評論可能表達了一種感覺，即這位難民是被限制選擇的囚徒，這種狹隘的自由是由殖民暴力創造的，無法想像其他選擇。在所有由伊許或代表他所做的選擇中，最值得反思的是讓伊許暴露在城市和博物館公共角色中的疾病問題。難道不應該爲他找到一個牧場或更健康的環境嗎？也許他不喜歡住在與外界隔絕的鄉村環境。要把伊許的主觀意願、人類學家就近研究他的動機和現實的風險評估拆開來是很難的。若是住在城鎮之外，伊許是否會更不容易感染結核病？但牧場一樣有各種疾病。無論如何，假定其他加州印第安人會願意接納伊許，或假定他對人類學博物館不會有「家」的感覺，反映的都是當代的身分政治，而不是一種對伊許感受的現實評估（Starn 2004:263, 275-276）。

所有這些疑問都是後見之明，全是因爲加州的印第安人並未消失這個後續的歷史發展才會變得與之相關。因爲有這個後續發展，現在才有可能，或說才有必要，去想像事情可以有別的樣子。但鑑於當時出現的具體選擇，假定他安然接受現實，《兩個世界裡的伊許》裡的敘事變得有點注定只能如此的味道。這種印象受到全書的整體結構的加強：那是一個前後分明的結構，由兩個單元構成，一個稱作「雅希人伊許」，一個稱作「伊許先生」（Mister）。書中的「兩個世界」分別對應於「過去」和「未來」：走入現代文明之旅是一條沒有回頭的路。

兩個單元其實也可被分別稱作「恐怖」與「療癒」。兩個單字都被西奧朵拉反覆使用，而它們讓人聯想起陶席格分析新大陸殖民文化的著作《薩滿教、殖民主義與野人》（一九八七）——其副書名為「對恐怖與療癒的一個研究」（A Study in Terror and Healing）。正如巴特拉等人指出過，野人神話長期以來一直伴隨著歐洲對「文明」的想像（Bartra 1994）。儘管對野蠻「他者」的想像早在近代早期就已存在，但隨著歐洲向新世界的擴張，它獲得了新的生命。陶席格稱野人神話為一件送給被殖民者的「左手禮物」（left-handed gift）*，因為它為剝削和消滅未開化的「野蠻人」提供了正當理由，同時也賦予了他們神祕的力量，甚至最終賦予他們道德上的優越感。一旦兇殘的和平時期結束，倖存的殘餘者就可以被浪漫化，賦予非凡的力量——精神的、薩滿的、與自然親近的，知名的拉科塔族（Lakota）先知「黑麋鹿」（Black Elk）這樣的鼓舞人心的人物便會從失敗中出現。野蠻的印第安人幾乎一夕間便搖身變成了智慧的印第安人、充滿靈性的印第安人，成了一個物質主義社會渴望得到療癒的泉源。這個社會也許煩惱多多，但卻擁有鋪天蓋地的勢力：陶席格從不忘提醒我們，殖民者對印第安人智慧的接受是以一段恐怖史為前提，是以建立並維持殖民者的支配作為前提。

在伊許死去的近五十年後，《兩個世界裡的伊許》為適應一批自由派受眾而採納了一個恐怖／療癒結構。西奧朵拉面對的是熟悉鮑亞士派相對主義人類學的讀者，因爲這種人類學已經透過米德和潘乃德的宣傳而廣爲人知。她對恐怖的描述讓伊許的「野性」顯得具有正面性質，是一種與文明隔離並與自然和諧相處的表現，反觀十九世紀末那些屠殺印第安人的白人才是眞的「野蠻」。她將伊許描繪成不可思議的善良——他的耐心、常識、幽默和慷慨贏得了周圍所有人的喜愛。更後來，在《最後的雅希人伊許：一部紀實史》一書的引言中，她將伊許這種近乎魔法的力量銘刻在卷首的題辭裡：「無論何時觸及伊許，這種觸碰都會帶來回報。它照亮了前行的道路」(Heizer and Kroeber 1979:v)。

109

✵

聚集在《兩個世界裡的伊許》第一部分的「恐怖」可以讓人學習到爲數可觀的加州印第安人歷史，包括有關雅那人的民族誌和語言學細節、隨淘金熱而來的入侵、牧場和農場的滋蔓、圍捕與獵殺印第安人。第一部分是一個令人毛骨悚然的故事。西奧朵拉雖然承認有若干例外情況，但仍然堅決認定，該爲大屠殺負責任的是加州在十九世紀後半葉的美

* 譯注：意味著右手持槍，左手持禮物之意。

國化過程。最近的研究揭示了一個更複雜的前沿接觸（frontier contacts）圖景（Starn 2003:201-207）。事實上，「米爾澗人」可能是一群來自好幾個不同的語言群、成分複雜的難民，而且懂得怎樣還擊，所以不那麼是克魯伯想像中的文化純正「小部落」（tribelet）。至於白人民兵這邊也不是（如我們熟悉的形象那樣）動輒濫殺婦孺和喜歡舉著印第安人頭皮炫耀。前沿區其實有不少良性互動的事例，有些屯墾者甚至會致力保護印第安人。當然，還是有些屯墾者是眞的出於害怕心理而失去良好判斷能力，加入捕殺印第安人的行列。但不管怎樣，這個經過修訂、黑白不那麼分明的前沿地區故事，最終無法抹去掠奪和滅絕的殘酷累積事實。在《兩個世界裡的伊許》第一部分裡詳細記錄的事件撕裂了加州外表平靜的肌理，觸動到一個（至少對印第安人來說如此）從未痊癒的傷口。

但《兩個世界裡的伊許》的第二部分（「療癒」）卻讓人幾乎忘掉第一部分的恐怖。它的標題敬愛地把伊許稱爲「先生」（現在看則有些屈尊俯就的味道）。

左圖裡這位新發現的公眾人物赤腳穿著夾克和領帶，身旁站著克魯伯和北雅那語翻譯巴威（Sam Batwi）。巴威曾在博物館裡爲語言學家沙皮爾充當翻譯，但他與伊許相處不來，很快便被請回家。在新版的《兩個世界裡的伊許》和其他出版品裡，這張照片中的巴威都被裁切掉，只剩克魯伯和伊許。這位翻譯者被科學家視爲是一個被涵化的、不純正的印第安人。他們沒有再試圖讓伊許與其他說著雅那語的印第安人共事，巴威很快便從伊許的故事消失。然而，從二〇一三年的今日看來，巴威卻預示了那些一世紀後重葬伊許和尊他爲祖先的印第安人。

伊許向人類學博物館的參觀者示範箭術和造箭簇的技藝，並在館內蓋了一間「雅希屋」。但第一版的《兩個世界裡的伊許》（直到最近仍是最通行的版本）完全沒有收錄伊許穿著西式服裝從事印第安工作的照片。在舊金山，他幾乎一律婉拒打赤膊站在鏡頭前面，只有一次例外：那一次是爲一本叫《消失中的種族》的暢銷書讓一位來訪的攝影師拍照。維森諾這樣評論：

（由右至左）伊許、克魯伯和巴威，1911年。

111

> 伊許從不是他的真名，他也不是照片裡那個三代人以前在北加州屠宰場被捕的部落住民。那時他消瘦，穿著帆布襯衫，是個具有自然理性（natural reason）的人和孤單獵

者，但從不是那個在博物館裡迷失和被找著的肥胖冒牌野人。兩個部落住民被抓到，他們是博物館裡的兩個代名詞，一個是「隱晦」（obscure），一個是「在沉默中忍隱」（endured in silence）。隱晦伊許（Ishi the Obscura）是在一幅他光著上身的照片中被找到：以那種偽裝被命名的那個部落住民瞪著鏡頭，望向遠方。（Vizenor 1994:126）

✵

《兩個世界裡的伊許》的第二部分是以一種善良的體諒精神架構出來的。它一逕把博物館的工作人員和科學家稱作

在博物館時的伊許。

「伊許的朋友」。在這些朋友中，有三位最爲突出：克魯伯（「大酋長」），他是新成立的人類學博物館館長；沃特曼（「沃塔曼尼」），他是克魯伯的人類學後輩同事，對伊許非常友好，常常請他回家作客；波普，他是毗鄰的教學醫院的外科醫生，暱稱「卜皮」（Popey）。波普也是伊許的私人醫生，兩人分享著對射箭的相同熱情，常常一起外出打獵。關於這些不同的友誼，他們的不對稱投入，以及（不時會出現在西奧朵拉的溫和凝視中）他們的男子氣概有很多可以談論：有科學家矜持的一面，又有男孩般的友誼交替出現。這個角度看來特別適用於波普與伊許建立在弓箭打獵基礎上的情誼。它也表現在鹿澗露營之旅的歡樂氣氛。在他人生的最後一個健康夏天，伊許回鹿澗走了一遍，同行的有克魯伯、沃特曼、波普和波普的十幾歲兒子小薩克斯頓（Saxton Jr.）。

伊許原本拒絕返鄉。那不是一個有著快樂回憶之處，伊許擔心會遇到死去親人的遊魂。但其他幾個人的熱情和「大酋長」的權威使他軟化。伊許一到鹿澗之後就放心了，因爲他感受到死去的親人已經找到通往死者之路。

接下來那個月是個快樂的混合，混合

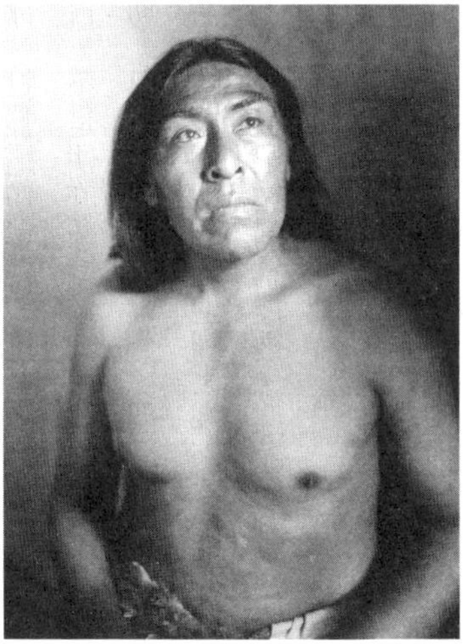

光著上身的伊許。狄克森拍攝，1913年。

113

著民族誌表演、談話、攝影，還有開玩笑、游泳、打獵這類單純的玩樂。毫無疑問，兩位人類學家有意重構的是維持鄉愁氛圍的美好昔日，不是伊許經歷過的艱苦與殺戮。伊許穿著一塊纏腰布爲克魯伯的鏡頭表演各種傳統活動，但拒絕像其他人一樣裸泳。此行收集到的民族誌材料非常可觀，包括一幅雅希人平日活動的兩個山谷的地圖，裡面有超過兩百個地名；筆記本中記錄了數百種植物藥草的名字。在西奧朵拉的敘述裡，這趟返鄉之旅在時間和空間上都標誌著伊許「最燦爛歲月」的頂點。

在三位對他生命最重要的人陪伴下回到故地的核心地區，那種感覺大概類似進行精神分析之類的冒險。他起初不情願尋索兒時走過的小徑，不情願挖出痛苦的成年經驗，後來勉強配合，最終是全心全意配合。而在分享地方和記憶的過程中，他成功彌縫起他的昔日世界和今日世界之間的鴻溝。（Kroeber 1961:216）

這個混合著民族誌、心理學和人類情誼的療癒被明白說出來的同時，一段殘酷的暴力史看似被拋諸腦後。這種觀點無疑是反映著伊許幾個同伴的心情，因爲據西奧朵拉描述，他們都愛極了這趟露營之行，捨不得返回「文明」社會。想了解這種「回歸嬉鬧」（ludic regression），大概可以參考狄洛瑞透澈的研究《扮演印第安人》和賽菊蔻論同性社交（homosociality）的知名之作（Deloria 1999; Sedgwick 1985）。至於那位最後的雅希人本人，心情想必複雜得多：「快樂歸快樂，但他卻突然變得渴望回到博物館，**想要回家**」（Kroeber 1961:216）。他匆匆拔營，是同伴中第一個登上火車的。他有像幾個同伴那般殷切期待夏天結束時再回來採榛果嗎？我們永遠不得而知。當時是一九一四年六月，而在八月爆發的世界大戰改變了一切。「這四個朋友當時不可能知道，他們永不可能再次這樣無憂無慮地在一起，不可能知道伊許能享受目前容光煥發健康狀態的時間只剩不到一年」（1961:217）。民族誌田園詩突然間被鋪天蓋地的歷史陰影籠罩——這是所有這類懷舊的宿命。然而，在西奧朵拉的敘述中，伊許看似得到了療癒，他的兩個世界被連接在一起。他與他的同伴們分享了這個療癒。

重訪鹿澗的伊許。

114

115

多洛雷斯，《兩個世界裡的伊許》中的照片。

多洛雷斯是伊許在博物館裡的另一類朋友。雖然在《兩個世界裡的伊許》裡只占一、兩頁篇幅，但多洛雷斯卻是伊許故事裡最引人好奇的浮光掠影之一。多洛雷斯是帕帕堝人（今日稱圖霍諾奧哈姆人），來自亞利桑那州，在西部幾個州以替建築工地管理馬匹維生。有空檔的時候，他會充當克魯伯資助的語言學研究計畫的報導人。他常常從工地與克魯伯通信，談論帕帕堝語的翻譯和語法複雜性的問題，同時禮貌地要求提高他所準備的文本的報酬。在一封信中，他表達出對家鄉的思念。提到一個政府安家人員老是催他回老家定居時，他以典型的挖苦口吻說：「他希望我結婚，種玉米。但我怎樣負擔得起？……我畢竟是個流浪漢，太捨不得我的自由」（Dolores 1911）。舊金山人類學博物館固定有印第安人進進出出，而多洛雷斯是常客之一，有時除充當語言學報導人之外還擔任警衛。有一段時間他和伊許是室友，兩人發展出一段溫馨友誼。據西奧朵拉描述，這友誼奠基於兩人對何謂「恰如其分的印第安人」有相同體認，即相信印第安人應該「有禮、善感並表現出尊嚴」（Kroeber 1961:159）。他們是有趣的對比：伊許大半輩子都在躲藏，反觀多洛雷斯則是通曉多語的旅人，對一切都帶有些懷疑，但對帕帕堝語言與傳統懷有濃情。

116

西奧朵拉引用了一封多洛雷斯寫給她丈夫的信，信的結尾處表現出他一貫的幽默語調（1961:159）：

我看到報紙上說沃特曼教授去看了那個在巴特縣某處被俘虜的奇怪印第安人。我猜你是因為太忙，才會沒時間跑一趟去看這個印第安野人。

我覺得我必須跑到亞利桑那山脈找個地方躲起來。等你找到我之後，你就去找塔虎脫總統（Taft）或其他人，說他們必須與我簽一份條約。我想這是讓我的餘生找到好地方安頓的唯一方法。

再見，

你的朋友多洛雷斯

多洛雷斯帶著伊許逛舊金山——逛公園，逛餐廳，逛商店。他們是「出現在意想不到地方的印第安人」（Deloria 2004），接觸到墨西哥人、中國人、其他印第安人和各階層的人。正如西奧朵拉指出，這些遊歷讓伊許大開眼界，見識要遠多於「被關在博物館裡的野人」這個意象所提供的想像（有關伊許在舊金山的遊歷，可同時見薩克曼的著作〔Sackman 2010:ch.6〕）。西奧朵拉猜測，世故的多洛雷斯也許曾奉勸伊許不要和白種女人發生性糾葛（她和多洛雷斯很熟，所以猜想他會給伊許說些經驗之談）（Kroeber 1961:160, 211）。在《兩個世界裡的伊許》的宇宙裡，兩人的友誼開啟了一扇小窗，讓我們可以一窺變遷中加州印第安人生活的複雜性（Sarris 1994; Ramirez 2007）。今日，在一些未得回答的問題上，多洛雷斯扮演著類似指稱物的角色，可以顯示與伊許同時代的印第安人（絕對不是些垂死的原始人）對他的困境也許有過哪些啟發。

西奧朵拉的敘述人味十足。它讓我們感受到伊許的自重和拘謹，他的幽默感和他的社交能力。我們看到了他挑剔的習慣和好奇的感知（他對裝了彈簧的百葉窗深深著迷）。它對伊許的微笑著墨甚多（「微笑」是一種在「印第安人」照片中極為罕見的特質）。我們還了解到伊許是如何和他的科學家朋友合力進行語言的記錄和翻譯工作。顯然，他認識到記錄他的語言、故事和技術技能的價值。在這些領域，他是一位願意合作的報導人（Jacknis 2003）。但對於其他事情（他的躲藏歲月和他的家人）他卻保持沉默。到達舊金山之初，被問及躲藏歲月的情形時，這位難民用了一個冗長和費解的表演（被稱為「木鴨故事」）作為回覆，這個故事從下午一直講到第二天早上。他後來把故事重說一遍，錄音在圓柱形蠟筒上，但錄音內容迄今未能充分翻譯出來。

因為同時被公眾和學者視為是來自石器時代的使者，伊許受到人類學博物館珍視，被認為是寶貴的民族誌資料來源。在那些可以透過身體動作示範的文化領域，他跟克魯伯和沃特曼有最好的溝通。但複雜的信仰和長篇敘事則面臨重大障礙，無論對人類學家還是對伊許來說都是如此。這倒不是說，這些方面的溝通是完全不可能的。如果雙方都有那個耐心和善意，相對少的字詞仍可以表達很多事情。但許多個人的思想感情和文化的纖細成分，無可避免在他們共同的話語裡消失了——據沙皮爾形容，這話語是個「由英語、準英語和雅希語構成的雜燴」（Sapir 1916:329）。沙皮爾花了很多時間與伊許一起工作，也是與伊許對話的人中最熟悉其他雅那方言的學者。沙皮爾付出的艱苦努力構成了今日了解伊許文本的主要基礎。想了解伊許作爲一名語言報導人的工作情況，還有今日能對他的語言了解到何種程度，可一讀戈勒的權威記述（Golla 2003），儘管仍有許多空白。

當伊許感染肺結核而病危之後，沃特曼強烈責怪自己不應該任由沙皮爾在一九一五年夏天讓伊許過度工作。伊許在前一年十二月也得過病（沒有確診爲肺結核），當時克魯伯和沃特曼都憂心忡忡，怕深具價值的研究工作會中輟。不管伊許的死是不是因爲那個夏天的密集工作所促使，他都斷然沒有被強迫的成分。據所有人所述，伊許一直熱情參與語言工作，視之爲最後一個把雅希語被記錄下來和翻譯出來的機會。沙皮爾對雅那語音韻有著一雙特別銳利的耳朵。在他們的合作中（例如在進行錄音的時候），報導人必須受到控制。困難轉錄和微妙的意義必須要按部就班覆核。伊許很明顯想說些什麼，但他又是想要說給誰聽？是後代子孫嗎？（誰的後代子孫？）是說給科學聽嗎？（他博物館裡的朋友？）。又也許，孤單一人生活了那麼多年之後，能對著一個雖然理解不多但至少關心他的人說著雅希語本身便是一大快事。印第安人一般都是在冬天講述他們的傳統故事，因爲那是一個漫長的季節和舉行大型聚會的時光。所以，博物館對伊許來說會不會是一種冬季的「延伸」，是一個相對靜止不動、強烈社會性和宜於表演之處？

住在新家裡的伊許看似並未不快樂。柏克萊的人類學家們當然是急於從伊許身上多認識一種他們認爲未受現代世界影響的原住民文化，但他們也給予伊許物質上的支持和眞誠的感情。伊許則以忠誠和在研究上配合作爲回饋。無論如何，這是他們記憶中的伊許。當人們閱讀伊許在那段時間留下的紀錄，無法不感受到伊許對他命運的接受，甚至給出了某種程度的寬恕。早前，當克魯伯提供他入住印第安保留地的選項時，他回答說他想留下來：「我想要在這屋子裡老去，打算死在這裡」（Kroeber: 1961:218）。

大概，伊許是把他在博物館裡的歲月理解爲某種死後生命（afterlife）。他不可能期望自己能在奧羅維爾與白人的遭遇中倖存，這些他所知的白人都是殘暴的。他原訂的目的地是「世界邊緣」嗎？——正如後來西奧朵拉和弗里曼（Freeman 1992）的小說敘述中所描述的那樣？或者，當他沿著鐵路走向那座濱海的城市時，他認爲自己是走在通向死者之地——如紀錄片《伊許：最後的雅希人》所想像的那樣？還是說他肩負著將印第安智慧帶給白人世界的使命——一如許多人所暗示，有時甚至明確聲稱的那樣？又或者，他已經從傳統的郊狼神話吸收到求生和適應新環境的「狡獪」技能？——這是紀錄片中的一種猜測，許多改述的印第安人也皆如此主張？但也許他只是很高興終於安全了，溫暖且吃得飽。

一九六一年，《兩個世界裡的伊許》爲我們提供了一個苦樂參半、近乎幸福的結局——

至少是一個悲劇故事所能指望的最好結局，考慮到恐怖的記憶以及在伊許和他的族人身上瀰漫的不可避免的死亡感。據西奧朵拉記載，伊許的最後遺言是這句話：「你們留下，我走了。」這原只是雅希人的一句普通告別語，但在《兩個世界裡的伊許》的脈絡裡，它卻無可避免肩負起更大的寓意：一種對命運的順從，象徵著原住民在加州的消失。「你們留下，我們走了。」

對讀者而言——至少是對那些並不知道加州印第安人仍然頑強存在、持續奮鬥和持續復興的讀者而言——這種表面的結局顯然是可以讓人滿意的：伊許接受了不可避免的命運，死在一個文化諒解的環境裡，身後事受到幾位白人朋友的好好照顧。

下圖這張伊許的照片被收錄於西奧朵拉和海澤一九六八年合編的歷史照片集《近乎祖先：最早的加利福尼亞人》的最後，以一種莊嚴的認命心態作為總結——柯蒂斯同一時期拍攝的許多著名印第安

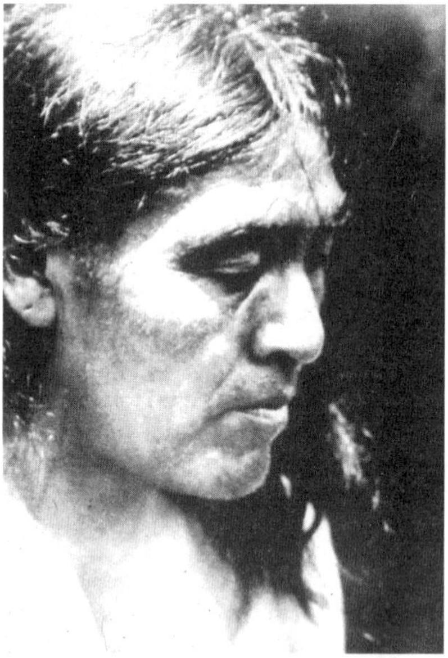

克魯伯拍攝。

120

人照片都有類似味道。當初拍攝這張照片的克魯伯在四十年後被妻子要求扼要說出伊許的個性特徵。他的回答讓「認命」形象賦予了稍微不同的意義：「他是我所認識的人之中最有耐心的。我是說他駕馭了耐性哲學，不會讓絲毫的自憐和怨尤減少他的歡快堅忍（cheerful enduringness）的純粹性」（Kroeber 1961:229）。「耐性」的詞源是受苦和忍耐痛楚（比爾斯的《魔鬼辭典》把這個字定義爲「僞裝成美德的輕微絕望」）。但無論伊許忍受著什麼痛苦，它們都已消失在他的「歡快」外表中。西奧朵拉在注釋丈夫的評論時兩次提到「歡快」這個字詞，並這樣總結說：「他的道路是隨遇而安的道路，即『中道』。他默默循著這條道路而行，樂於工作一些些、玩一些些和被朋友圍繞」（同上引）。

《兩個世界裡的伊許》不光是一本書，因爲正如它的作者不時擔心的，它有一種以人工方式把故事主角的空白部分填滿的傾向。在序言中，西奧朵拉將自己的工作比作把零散和不相干的珠子串在一根線上：「讓人驚訝的是，伊許的人生項鍊雖然有許多不完整之處，但最後看起來依然是完整的」（卷首題詞）。她認爲傳記作者有義務總結一個人生的意義，因此她將伊許置於道家中庸之道上。但就在她實現了傳記作家責任的同時，她卻遲疑起來：「伊許的形象部分在陽光下，色彩斑斕且獨特；部分處於深深的陰影中，被我們的無知和他自身的劣勢所掩蓋。一部傳記應該至少包括這些陰影的本質，未實現的可能性，未兌現的承諾……」（同上引）。據她自己指出，這一類「深影」的例子包括把伊許化約爲單一名字的暴力（生活在傳統印第安社會的每個人都擁有好幾個名字），還包括他的語言孤立、婚姻生活和性生活的剝奪，以及伊許被暴露在致命疾病下的風險。

但這段文字喚起的陰影恨快便被一個光明燦爛的結論驅散。她指出，人類學的人文主義，卽有一個「普遍人性……廣闊基礎存在」的假設（1961:230），業已被伊許獨一無二而又普同的人生經驗所印證。無論是把伊許視爲一個來自石器時代的最後使者或是作爲在新環境中創造性適應的人，他本質上都是一個人，一個有能力成長，並且——像所有人一樣，有限度地——擁有自由。西奧朶拉認定伊許是自己「選擇」與他的白人朋友生活在一起。他寧可「選擇」一份薪水和獨立性，而不是政府的監護，而「當『文明』把肺結核這份禮物送給他時，他又選擇按照波普的指示與疾病戰鬥，並以優雅的態度接受戰敗，念茲在茲的是減少照顧他的人一點負擔」（同上引）。

但自從他去世以來，加州的印第安人並不覺得伊許的「選擇」（如上述提到的那些）有什麼特別的啟發性。在人類學家中間認命地接受死亡，溫馴進入寂靜長夜——這樣一個伊許不太有英雄氣概。他在最後有一點太像白人希望看到的印第安人，這個「族人中間的最後一人」不留多少空間給眞實的生存掙扎。他被認爲擁有的文化本眞性也讓其他印第安人顯得成色不純。正如以下將會看到，在近幾十年，這個由西奧朶拉揭櫫的觀點已經發生改變。

對《兩個世界裡的伊許》的主要讀者群（即非印第安人讀者）而言，此書的結局有助於療癒恐怖，可縫合起由「第一部分」掀開的傷口。書中的科學家人道而有友情，書中的印第安人有智慧、樂於付出，並在最終原諒一切。我們無須懷疑這種描畫是眞實反映著克魯伯、沃德曼和波普的個人感情和動機。但個人感情和專業旨趣的混合從現今看來卻比西奧朵拉所允許的更加問題重重。有很多理由可以讓我們質疑這書爲伊許故事所提供的敘事閉合——一個充滿人類尊嚴的結局：一個好人在一群好人陪伴中死去。

一個對伊許之死非常不同的最終評論打破了這種魔咒。這個另類結論原是《奇科紀事報》一九一六年三月二十八日一則啟事，後被收入海澤和西奧朵拉一九七九年合編的《最後的雅希人伊許：一部紀實史》的最後篇幅：

原始人「伊許」死了。他抵受不住文明的嚴苛，而肺結核（這病乃是那些過著原始純樸生活後又放棄這種生活的人的大敵）奪走了他的生命。伊許被認為是白人到達這片土地之前便已經在加州繁衍生息的一個部落的最後一員。他能鑽木取火，能用燧石造箭簇，也熟悉文明早已忘卻的其他技藝。他多年來為加州大學的專家們提供樂趣和研究機會，而他們毫無疑問從他身上學到了許多古代的印第安知識。但我們不相信他是教授們想讓公眾相信的那種奇蹟人物。他只是個餓得受不了而從鹿澗荒野現身的印第安人，在這之前則是靠著躲藏在那個偏僻之處而得以長時間逃脫白人的追捕。後來，白人雖然提供了衣食居所，但最終就像用來福槍殺死他一般。（Heizer 1979:242）

依這種觀點，伊許的故事不具有療癒性。沒有什麼可以挽救這悲慘的一生，也沒有什麼可以軟化伊許命運中根本的暴力。對於他在博物館裡過的好時光，還有他幾個白人朋友的科學人文主義，《奇科紀事報》只是輕描淡寫一筆帶過。

在爲《兩個世界裡的伊許》所寫的新序言中，卡爾．克魯伯引用了這篇文字並指出它所具有的戰略位置。他形容其母親編《最後的雅希人伊許：一部紀實史》的目的是兼納「她在寫第一本書時認爲不適合收入的紛紜觀點」（Kroeber 2004:xix）。不過，我們也許值得透過歷史反思，進一步追問爲何會有這種重點的轉移。海澤和西奧朶拉之所以願意讓那麼尖刻的現實主義擁有最後發言權，也許是反映著一九七〇年代晚期的氛圍（「第二次傷膝澗之戰」、占領惡魔島事件，以及重新意識到印第安人與白人之間的那種深刻且持續的敵對關係）。此舉或許還是想要與在二十年前《兩個世界裡的伊許》的寫作過程中那位幽靈般的合著者克魯伯本人拉開若干距離。海澤同時是克魯伯的朋友和他在柏克萊的繼承者，而他與他的導師不同，他毫不猶豫地直視加州的暴力接觸史和文化摧毀史。及至一九七九年，在全國各地湧現的部落運動已經逼令人們把注意力從「療癒」轉回到「恐怖」，並面對「不平等」和「種族歧視」持續存在的現實。但當時還太早，尚不足以讓人想到要把原住民聲音收進一部有關伊許的「紀實史」裡。口述傳統大部分仍然不為外人所知，而原民修正主義也尚未公開化。海澤和西奧朵拉的「紀實史」若是換成今日才來編纂，其面貌大概會非常不同。

⁂

《兩個世界裡的伊許》結尾的人文主義和諧旋律裡夾雜著一個刺耳音符。當伊許因肺結核而病倒時，克魯伯正在歐洲和紐約有為期一年的休假研究。克魯伯從遠處密切注意病情的發展，而當伊許的大限突然逼近時，他火速給博物館副館長吉福德捎去一信，交代在任何情況下都不允許進行屍體解剖或任何種類的解剖。（在教學醫院，屍檢是例行公事。）克魯伯認為這個程序沒有科學意義，因為死亡原因已經非常明確，又指出博物館裡尚有許多骨骼可供研究。在《兩個世界裡的伊許》一個常被引用的段落裡，他堅持說：「如果有人談到什麼科學的利益，那就代我對他們說：叫科學見鬼去吧。我們決定要站在我們朋友旁邊」（Kroeber 1961:234）。就一個生性拘謹的科學人來說，這是很強烈的措詞。克魯伯知道（醫院裡其他人也知道）伊許當初看到博物館裡那些被肢解和保存起來的屍體時，有多麼震駭（他相信人死後應該予以火化，因爲這樣死者才到得了死者之地（Land of the Dead））。

但克魯伯的信到達得太晚。團隊中吉福德這位資淺成員因爲抗拒不了壓力（施壓者看來主要是伊許的箭術同好波普醫生），同意讓屍體接受所謂的「簡單解剖」。接著伊許的遺體被火化，骨灰裝在一個陶瓷罐裡，以莊重儀式（基督教標準的莊重）下葬，陪葬的有各式雅希人物品。這個即興組合在舊金山奧立佛山墓園的一個角落安葬了八十年。

但那趟「簡單解剖」並不怎麼簡單。在吉福德寫給他缺席上司的道歉報告裡有這麼一句話（《兩個世界裡的伊許》加以引用）：「大腦被保存了起來。」摘取大腦以供進一步研究並不是教學醫院的標準程序，而這句話也引起一個疑問：伊許的遺體有全部火化嗎？對大部分讀者而言，解剖遺體使《兩個世界裡的伊許》的結局有些令人不快。不過，這種苦澀基本上受到了其他描寫的克服：伊許死前的堅毅，他幾個朋友的由衷哀痛、克魯伯情感澎湃的信，以及博物館同仁爲舉行一場不太熟練但眞誠的適當埋葬所做的努力。

伊許的大腦後來怎樣了？有八十年時間，沒有人在乎它的去向。然後，在一九九〇年代晚期，一群伊許的南方鄰居開始提出疑問，並強烈要求返還伊許的遺體和遷葬。這是歷來第一次，人類學家照管伊許及其遺體的權利受到了公開質疑。在「巴特縣美國原住民文化委員會」及其主委盎格爾看來，返還印第安人遺骨是一種道德責任。盎格爾兒時曾目睹祖先的遺體被州政府挖起裝箱，一箱箱載走。（這是爲了建造巨大的奧羅維爾水壩的緣故：

沿河有大片康考邁杜人的土地會在水壩落成後被淹沒。）伊許的流放代表著其他許多暴力迫遷的故事。盎格爾強力主張，只有讓伊許回歸到「他所歸屬之處」，他的流放才會結局圓滿。他告訴《奧羅維爾機會報》的記者：「從出生到死亡，伊許都是他周遭那個社會的囚徒。整個雅希部落仍然處於不確定的狀態（limbo），除非是伊許的遺體能返還印第安人，以恰當的方式安葬」（一九九九年二月十八日第四版）。對加州所有印第安人來說，返還遺體是一種集體療癒方式，是對政治暴力史、輕蔑史和侵占史的補救措施。

邁杜人的施壓（主要是透過當地媒體和《洛杉磯時報》）促使加州大學舊金山分校的研究人員南西．洛克菲勒和杜克大學人類學家史坦展開調查。這調查過程被記錄在史坦的《伊許的大腦》一書。他在柏克萊的班克羅夫特圖書館發現了一封信，得知克魯伯結束休假後決定把伊許的大腦捐贈給位於華盛頓特區的史密森尼學會，交由當時的著名體質人類學家赫爾德利奇卡研究。赫爾德利奇卡正在收集大腦，而且不只是世界各地原住民的大腦，還包括美國民族學局創立人鮑爾自己捐出的大腦。赫爾德利奇卡的比較種族科學研究一度威望卓著，但在伊許過世之時已是處於聲名破產邊緣。克魯伯私相授受的禮物沒有受到利用，一直浮在德拉瓦州一個貼上標籤的保存槽裡。

普拉特在二〇一一年的《墳墓事大》一書披露，有超過一世紀時間，不管業餘還是學術人士都有大量收集印第安人骸骨的興趣。褻瀆墓址一直是——並且持續是——一種普遍的做法，一再引起原住民社群的痛恨和抗議。鮑亞士和克魯伯等人類學領軍人物無疑對盜墓感到反感，但仍然奉著科學的名義按部就班進行這種做法。伊許故事的原民講述者都覺得克魯伯決定把伊許的大腦送給史密森尼學會之舉令人費解且震撼。在爭取返還遺骸的私下和公開聚會中，他們一再質疑克魯伯這位伊許的「朋友」怎麼做得出此等野蠻行爲？有這疑問的不只是原住民。爲什麼極力反對解剖的克魯伯不至少把伊許的遺骸重新組合起來？既然「卜皮」大概比博物館裡的任何人都跟伊許更加關係密切，他又怎麼會提議進行一種他明知他朋友會反感的侵入性程序？（他提出的詳細解剖報告顯示，那趟「簡單解剖」包括摘除每一個內臟測量尺寸和秤重後，然後將它們悉數塞回屍體中並縫合起來。對於非醫學讀者來說，這樣的臨床細節令人震驚。）答案大概是：這個珍貴的人類樣本太獨特了，科學有必要知道有關它的一切。

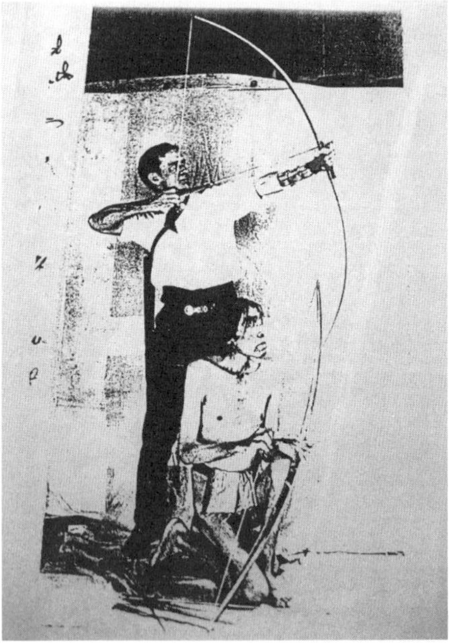

波普與來日無多的伊許合影於1916年3月。

在伊許人生的最後幾星期，伊許的醫生兼朋友波普安排拍攝了一張兩人擺出彎弓射箭的姿勢。照片中波普高高站著，把弓拉成滿弦，生氣勃勃。伊許蹲跪他旁邊，身形憔悴得令人心痛。當這位外科醫生看到沖洗出來的照片時，他後悔說服疲憊的病人下床拍照。然而，他仍將這張照片納入了他的醫學報告中。克魯伯在編輯這報告以供出版時，將這張照片刪除了。我們可以明白理由何在。這照片是讓人不忍卒睹的，它此後也從未在任何出版品出現過。如果把它納入《兩個世界裡的伊許》，將會嚴重干擾全書結尾的氛圍。

125

✵

他的性情氣質是哲學性、分析性、內斂且歡快。他多半把我們看成極端聰明。雖然我們知道很多事情，但對大自然一無所知，沒有任何保留；我們全是愛管閒事的人。事實上，我們只是世故的小孩。

——波普，〈伊許的醫療史〉

126

遇到射箭時弓在手中斷裂，伊許會視為非常嚴重的惡兆和生病的預兆……他碰過兩次弓斷，而毫無疑問，他認為這事情和一些我們文明的邪惡影響力是造成他最後一場疾病的原因。在他生命衰損期間，射箭的話題可以把他典型快樂笑容帶到他的臉上。給箭裝上羽毛或把箭尖連到箭桿帶給他的歡樂比任何娛樂帶給他的都多。即便衰弱到無法工作的時候，他仍然喜歡向我透露造一支箭或加固弓背的小祕訣。直到最後，他的心還是在這項遊戲上。

——波普，〈雅希人的射箭〉

在身體不同部位透出的氣味會讓人聯想到不同動物。伊許說白人就像馬一樣，聞起來很臭。

——波普，〈雅希人的射箭〉

幾位科學家與伊許的關係混合著科學旨趣、父權主義、仰慕和親愛之情。他們看不出來個中的刺目矛盾。總的來說，用一種重劑量的歷史相對主義眼光，我可以理解克魯伯處置伊許大腦的方式。在當時普遍的種族和文化假設的背景下，若給予他所相信的進步和反種族主義的科學研究應有的價值，我們很難將這些行爲視爲野蠻。（他的導師鮑亞士曾經用頭骨測量否定過一些有種族偏見的科學見解。）儘管克魯伯和鮑亞士把他們的文化研究視爲是歷史學和詮釋性質，但仍然尊敬一些像是赫爾德利奇卡進行的那一類科學研究方案。克魯伯無疑是認爲，如果他將伊許的大腦送去史密森尼學會，那次不幸的屍檢便不會是了無意義，而是可以間接帶來一些有用的知識。伊許的死讓克魯伯心煩意亂（特別他第一任妻子前不久也才死於肺結核。這時的他正處於中年危機的前夕，將會暫時丟下人類學的工作），他也許是認爲除了把伊許的大腦送去研究之外，別無其他可以讓他對得起朋友的方法了。

有鑑於他們時代的意識形態視域，克魯伯、沃特曼、波普和吉福德對伊許都已算是竭盡所能，表現得大方慷慨。儘管如此，這種歷史背景下的理解不能再成爲最終的結論。這個以友誼和良好意圖爲主軸的人文主義故事（《兩個世界裡的伊許》把它講得有聲有色）業已在壓力下解體。

被帶回家的伊許

加州印第安人的存續（這是一個範圍更廣闊的原民振興的一部分）爲伊許的故事帶來了新的意義和關鍵性轉折。至少有三個互相重疊的論述同時運作，反映的是原住民對時代變遷的多樣化回應。以下三種身分只是粗略的近似值：作爲使者的伊許、作爲狡猾倖存者伊許，以及療癒者伊許。

使者。就像拉卡塔族的著名巫師「黑麋鹿」那樣，伊許被認爲身上帶來了訊息。他代表著自然／靈性／文化世界的智慧。以重疊和不同的方式被理解，伊許啟迪了新一代的印第安人與非印第安人。

「這個不可思議的故事是有關雅希部落的最後一位英雄，講述他如何將雅希人生活之道包含的勇氣、信念和力量帶給『文明』。」西奧朵拉寫了一個小說化的伊許故事學童版，有很多年時間一直是加州公立學校四年級學生的指定讀物。上述引語見於該書的封底，而封面上的伊許跪在地上，弓箭擱在一旁，攤開兩個手掌讓一隻兔子嗅著。我在一個不同脈絡聽過另一個信使伊許的故事，那是二〇〇〇年九月由雷丁／皮特河印第安人在拉森山附近爲慶祝伊許歸葬故土而舉行的紀念典禮（史坦對過程有詳細記載〔見Starn 2004:267-285〕）。幾個世紀以來，拉森山都是不同原住民族群（包括伊許所屬的米爾澗人）的聚會處。那次紀念典禮（包括豐盛的鮪魚晚餐和黃昏的熊舞）歡迎任何人參加，不收費，開支由部落基金支付。史坦懷疑，有鑑於伊許生前加州印第安人的賭風是那麼盛行，若是伊許得知他的慶典是由部落基本（即賭場收入）付費，大概會覺得開心（Starn 2004:270）。

在高地草坡上，與會者圍成一圈分享著伊許在今日所代表的意義。其中有老有少，包括了雷丁和皮特河的部落領袖格米爾（Mickey Gemmil）、喬治（Tommy George）和墨菲（Barbara Murphy），以及在紀念典禮接近尾聲時發言的史坦、洛克菲勒，以及史密森尼學會的代表基利昂等爲返還運動出過力的非印第安人。與會者各帶著自己的需要和希望前來參加典禮，盼著可以達成某種的和解。許多人表達了與雅希部落的深厚情感，終於把伊許帶回了自己人的土地上。有位發言的少年搜索枯腸想要說明伊許何以對他重要。他好不容易才說出話來，少年表示自己看過一些伊許示範工藝的老照片。「好厲害。」他說。不過，這時他看似對於印第安人至今仍受到不公道待遇的憤怒心情所攫住。「那些仍未下葬的骨頭……」他說。但他又要如何認同於伊許的經驗，認同於伊許在一家博物館裡的死亡呢？少年說他好不容易終於理解了伊許的目的：「他去那些人那裡是爲了教他們如何在土地上生存。」

一幅送給在場每個人的海報總結了典禮的意義。海報上面寫著：「歡迎我們的親戚伊許回家。願我們永不忘記我們的祖先。」伊許的流放終於結束了。海報有四分之三空間被伊許的一幅側面照填滿。這照片以頁二二三的那幅爲藍本並微微更動（我曾把它與柯蒂斯那些表現印第安人失敗和屈服觀點的照片相提並論）：伊許的臉旁被加上一根羽毛。起初，我認爲羽毛只是增加一個更普遍的「大平原印第安人」形象。稍後我才曉得鷹和鷹羽對加州和加州以外的印第安人具有神聖意義。因此，那根羽毛是表達一種精神上的聯繫，而原照片的寫實性也因此受到了轉化。它現在變成了一個「回家」的意象，表明伊許已經回歸故土，和跟一個擴大中的關係網絡連接在一起。

在另一個對伊許遺產的更新中，聖羅莎（Santa Rose）的加州印第安人博物館暨文化中心近期舉辦了一個特展，以紀念伊許在奧羅維爾現身的一百週年，取名爲「伊許：一個有關尊嚴、希望和勇氣的故事」。這個特展（連同館方製作的一支同名影片）強調伊許的經驗對今日加州原住民具有積極意義。在一個由柏克萊的赫斯特博物館主辦的相關會議上，奇奧亞族（Kiowa）社運家、法律學者尼康利（Earl Neconie）在誇讚過伊許之後稱他爲「英雄」（接著又微笑補充說伊許的另一特殊身分是「加州大學第一位美國原住民雇員」）。波莫族（Pomo）社運家又是聖羅莎博物館創辦人的邁耶（Joseph Meyer）（也許引用了部落主權政治的語言）形容伊許是位「外交家」。博物館製作那卷錄影帶上的說明文字把它要傳達的訊息總結如下：「伊許爲一個充滿暴力與摧毀的世界帶來了和平與慈愛。」

在聖羅莎博物館裡，伊許是一位爲印第安未來世代而來的使者。該展覽清晰有力，是由執行館長邁耶－林姆（Nicole Meyers-Lim）所策劃。雖然各個年齡層都會在展覽中找到感興趣的展品，但它的主要對象是學校團體。入口處放著兩塊貼滿照片和說明文字的鑲版，一塊的大標題作「什麼是文明？」，另一塊作「回到鹿澗」。第一塊鑲板把伊許描寫爲一位舊金山的暫住者，警覺但投入，又強調他始終堅持「雅希人的文明觀」。第二塊鑲板上的照片全是克魯伯拍於鹿澗之旅期間，照片中的伊許一律裹著纏腰布，正在表演「前接觸」的生活方式。很明顯，這兩塊鑲板是要帶給參觀者雙重視野：一是對「現代性」的批判性印第安經驗，一是對傳統生活的記憶。附近則有兩個樹脂玻璃箱裝著從赫斯特博物館借來的文物，它們要表達的是同樣的雙重歷史視野。其中一個玻璃箱放著三個一九〇〇年前後的古典波莫族籃子。另一個放著一把金屬鋸（出土於伊許的「石器時代」藏匿處）、一些伊許在舊金山用玻璃瓶製作的箭簇和一個漂亮魚鉤。可想而知，這些物品和影像很容易就會引起學童們問一些關於傳統與變遷的問題。

第三個展示區聚焦在「價值觀」。現場播放著伊許一世紀前的錄音，聲音不是很清楚——雖然難以理解，卻眞實存在。參觀者會被邀至幾道小門前面，把門推開。每扇門上都有一張伊許的特寫肖像並寫著一項印第安價值觀。打開門之後會看見該價值觀的定義。以下其中四項德目的定義是我引自博物館的導覽手冊。

勇氣：這個價值觀是一種心靈或精神特質，它讓一個人可以面對艱困的環境、危險或痛楚。伊許以很多不同方式展現出勇氣。他面對過許多艱困處境，包括屠殺、失去家人，以及被迫離開家園前往舊金山。

慷慨：這個價值觀是以樂於付出爲特質。伊許實踐了互惠，生活在舊金山期間把許多東西分享給那裡的人類學家和其他認識的人。他分享傳統技藝的知識，分享了教導他人有關其文化的時間，又把自己製造的東西分享給參觀博物館的遊客。

尊重：這個價值觀表現爲有能力不去干涉別人的權利／信仰，或對別人的權利／信仰表現出體諒。伊許尊重自己部落的文化信仰。在與人類學家分享資訊時，他把自己文化和靈性信仰的一大部分保持隱私。

尊嚴：這個價值觀表現爲自我尊重，或顯示出一種高尚人格特質。生活在舊金山期間，伊許根據雅希人的世界觀詮釋周遭的世界。他以對一個雅希人有用的方式看待舊金山社會。例如，有一次他被帶去參觀一個航空展，問他對飛機有何感想時，他回答說：「老鷹飛得更好。」

130

透過把「慷慨」和「尊嚴」並置，館方解釋了伊許如何能在願意配合人類學家的同時，又不失其雅希人的身分意識。他從不完全接受他們的「文明」。他的人生儘管苦難重重，但卻帶給了未來世代一個重要訊息，讓他們知道在屯墾殖民者的現代性中，在一種資本主義的現代性中，該如何以才能和身爲一位印第安人的身分生活。

狡猾的倖存者。大多數時候，印第安人身分（Indian identity）都更加是一場配合演出

（command performance）。另一種原民修正主義認識到，伊許的各種形象（可憐的、感情深切的或勇氣十足的）都是在權力關係中的建構。就像拉科塔人「黑麋鹿」的天主教傳教士身分那樣，伊許對某些都市和科技社會方面顯然感興趣，與他傳統代言人的角色（即作爲原民價值或自然價值的信使角色）格格不入。印第安人對伊許故事的反諷評論動搖了他自身擁有的純正成色，以及他被認爲體現的精神價值及人性價值都變得更加複雜——無論是對於主流社會，還是對於在身分政治的戰略動員中捲入的復興部落主義。此一伊許故事的轉向在在提醒我們，不存在單一的印第安人身分這回事，也沒有統一的（用人類學家以前常說的）「在地觀點」這回事。

伊許喜歡抽一根好雪茄。

阿尼什納比族（Anishanaabe）小說家維森諾（Gerald Vizenor）多次在他的文化批評和戲劇作品裡提及伊許。作爲加州大學柏克萊分校的教授，他不斷地喚起雅希人的記憶——這記憶在加州大學與加州原住民長期關係中是一個持續存在的刺激因素。維森諾曾領導一個運動，爭取把一棟從事「族群研究」的大樓更名爲「伊許堂」。最後，當校方只給他一個「伊許園」時，他指出這個名字就像其他承認原住民的名字那樣，只是取代了那些仍然處於陰影中的名字。但在「伊許園」的啟用典禮上，他又指出：「部族姓名和部落故事的陰影持續著，而這陰影是我們的自然存活（natural survivance）」（引自Owen 2003:379）。

在維森諾的用法裡，「存活」（另一罕見的用法是「survivorship」）指一個同時生存於陰影內與外的過程，這是一個同時生存於強加和適應的模擬（simulation）的內與外的過程（「權力」的認識架構需要這些「模擬」）。伊許既扮演又顛覆了白人所期望的純正印第安人角色，因而成了「後印第安人存活」（post-Indian survivance）（Vizenor 1994）的高手和謎樣英雄。「存活」和「存續」（survival）不完全一樣，因為後者意謂堅守和傳承傳統的生活方式，但維森諾意義下的「存活」卻動態得多，是在跟權力和新事物打交道的同時把舊故事和舊名字隱藏在下面。根據這種觀點，伊許是個狡猾者（trickster），他在接受博物館朋友所提供的「模擬的本真性」角色的同時，又把自己的另一些方面分離開來。伊許在露出中隱藏，在說話中保持沉默。重點不是口是心非的「假裝合作」，而在一個不平等和權力飽和的環境中反諷地接受生活的表演性（歐文對此有一清晰解說〔Owen 2003〕）。在一個顛覆性和近乎後現代的伊許身上，維森諾找到了自己的「狡猾者」身分認同，找到了自己一套與現實攪和的說故事者方式。就像其他任何人一樣，他暢所利用「隱晦伊許」（Ishi Obscura）；但幾乎跟其他任何人不同的是，他知道自己目的何在：

> 伊許存在於我們的想像願景裡，而他透過他的博物館綽號堅持留在我們的記憶裡。我們在他的流放中聽到我們自己的流放，而藉助他的逗弄和自然理性，我們創造出新

的原住民反諷故事、存活故事和自由故事。我的那些故事是一個曝露出狡猾的文化裡所共同流放的一種贖罪。（Owen 2003:372）

伊許毫無疑問是默默同意讓自己活在一個化名底下和活在配合演出中。他的新身分是一種他賴以聯繫於別人和取得承認的方法。爲了說明這一點，維森諾引用了一件波普記下的軼事（這軼事奇怪而使人心有戚戚）（Vizenor 1994:134）。以下是西奧朵拉的轉述：

> 有個蘇族（Sioux）印第安人曾經評價伊許。事情的經過如下。一天，波普和伊許去看「野牛」比爾（Buffalo Bill）的「蠻荒西部秀」（兩人都愛看這表演）。參與演出的有若干大平原印第安人，他們其中一個（高個子，塗著顏料和戴著羽冠，一派莊嚴）走到波普和伊許面前。兩個印第安人靜靜對望了好一會兒。然後，那個蘇族人用字正腔圓的英語問：「他是哪一族的？」波普回答：「北加州的雅那人。」那個蘇族人輕輕抓起伊許一撮頭髮，放在手指之間搓了搓，一面端詳伊許的臉，最後說：「他是一位非常高貴的印第安人。」他走開之後，波普問伊許對剛才那個蘇族人有何感想。「他是個大酋長。」伊許興奮地回答。（Kroeber 1961:228-229）

無論這次認證表演（authentication performance）在當時對那個蘇族人和伊許的意義何在，也無論有哪些印第安幽默的成分在波普認眞的浪漫化之中流失掉，這軼事在維森諾的宇宙裡具有不可避免的諷刺效果。伊許和那個蘇族人同樣都是「模擬的印第安人」（simulated Indian）。

要發現眞正的「伊許」，方法不能簡單地視爲掀開一個假面具或發現一種共通人性。這個人是活在一個別人所取的化名底下。維森諾寫道：「（伊許的『存活』）是在一個意指『族人一員』的單字中被聽見，而那個單字成了他的名字。」

> 這樣更好，而他也從未告訴人類學家、記者和其他好奇者他用於部落中的神聖名字，甚至沒透露自己的各個綽號。其他用在部落中代名詞堅守沉默。他也許是在說：「博物館沉默中的鬼魂大方慷慨，而這些人現在假裝用他們的名字來了解我。」狡猾者詮釋學是他綽號的沉默。他也許是在說：「伊許本身就是一種缺席。」（Vizenor 1994:128）

伊許的「沉默」在現實中占有一個位置，這位置既超出支配性的眞實秩序，又超出文化相對主義和人類學翻譯方案的鞭長。維森諾同時求助於「部落故事」，用它們在不同現實之間進行調解：那是一種連接與脫離不同世界的足智多謀方法。他讚揚伊許從來學不會在對學者講述他的故事時放慢速度。這位「報導人」說的話是聆聽者不能理解的，他的健談本身就是一種沉默。沉默是那種不能翻譯的故事。「伊許」這個名字或綽號本身掩飾了其他名字的缺席。這是對無法聽到的表達。現在聽不見，過去歷史中也聽不見。它們是伊許「也許是在想說」的話的一絲痕跡。

維森諾不是唯一意識到透過模擬而存活的存活術無可比避免會帶有反諷的人，因爲模擬乃是一種既是出於強制又是出於玩心的表演。

133

✵

伊許被拍攝許多照片。這些照片令人難以忘懷：照片中的他似乎在某種程度上既存在又缺席。露西・利帕德一九九二年所編的《部分回憶》收錄了美國原住民藝術家和作家探討與圖象糾纏的印第安歷史和身分困境的文章。這些犀利又讓人讀之辛酸的文章，每一篇幾乎都可爲伊許的故事提供注腳。

例如，格林說一幅老照片讓他看得「震撼」。照片中兩個穿白色洋裝的印第安女孩斜倚在維多利亞風格的沙發上，自信滿滿地看著鏡頭：

幾個柯蒂斯的男孩圍在她們四周，全都戴著貝殼項鍊和披著毛皮——全是些帶有紅褐膚色的君王，身上抹著口水和礦脂。他們要不是假扮大平原王子便是誇富宴嘉賓或某某族的最後一人。我馬上感到不是滋味，但是是我自己要專挑柯蒂斯和其他針孔幻術家的東西來看。我想對他們說：弄個貼近現實的生活吧。別再把你們的狂想加諸我們。只要給我一個穿工作罩服和戴牛仔帽的印第安人就好。這樣我們就能認真看待發生在他們身上的事。（Lippard 1992:47）

又例如史密斯這樣說：

他們說伊許是最後一位未受文明觸及的北美印第安人。我不太確定，但他真的很鄉土，與近代的發展嚴重脫節。他最起碼是個大鄉巴佬……

有一天，他們帶伊許到金門大橋公園參觀。一位名叫弗勞爾的早期飛行家在那裡正打算來一趟越野飛行。你可以想像那些人類學家有多麼迫不及待要看看野人伊許與飛行機器。他會怎樣看待這種奇蹟？

伊許抬頭望著天空上的飛機，說了一句「白人在上頭？」用的是一種傳記家會形容為「略感興趣」的語氣。

二十年後，我祖父成了第一個常搭飛機的卡曼契人（Comanche）。（Lippard 1992:95）

德拉姆這樣說：

> 作為一個「照相主體」，傑羅尼莫（Geronimo）*打破了窠臼。靠著一人之力，他重新發明了美國印第安人照片的概念。他肯定不會放過任何「拍照機會」，對攝影的殷切一定是不亞於攝影師，才會留下無數照片。但即便他為照相機後面那個人「擺姿勢」的時候，他照樣看似摧毀了那個姿勢，創造出自己的立場。在每幅照片裡，他都望穿鏡頭，嚴肅地、專注地望向看照片的人，要傳達一個特殊訊息。他看來設法要看見我們。他要求被看見——根據他自己要求的方式被看見。（Lippard 1992:56）

據西奧朵拉所述，伊許經常被參觀人類學博物館的遊人拍照，很快就成爲擺姿勢和攝影光源的專家。

* 譯注：阿帕契族酋長，曾帶領原住民反抗美國及墨西哥，被印第安人視爲民族英雄，後於一八八六年歸順美國，一生拍過許多照片。

134

茱蓮妮・里卡德：「我們透過觀看、聆聽與經驗生命而存活。照片不會提供這種第一手經驗，但它卻也許會縈繞你的記憶，讓你想要尋找生命」（Lippard 1992:110）。

❋

倫納（James Luna）是南加州路易辛諾族（Luiseño）／迪埃格諾族（Diegueño）藝術家，成名作是一九八七年的《人工製品》。在這件「作品」裡，他讓自己光著身體裹著一條毛巾，躺在博物館地上。這表演除了是直接指涉作爲活展品的伊許，還是對搶救性收集（salvage collecting）、觀覽（spectatorship）和本眞性表演（performance of authenticity）的一個總評論。在聖地亞哥人類博物館（後來移至紐約的惠特尼美術館）的一個展廳裡，倫納一動不動地躺在一層沙子上。這件展品既生動又死寂，讓隨意來訪的觀眾感到措手不及。身體四周有一些貌似「官方」的說明文字，指出當事人的姓名並解釋了因飲酒或打架而造成的特定身體傷痕。倫納從保留地帶來的私人物品放在附近幾口箱子展示，內容包括音樂錄音帶（鄉村音樂、西部音樂、爵士樂、墨西哥音樂及「性手槍」樂團）和金斯堡的詩集《嚎叫》。一個個體生命被喚起……而這件印第安人工製品聆聽著四周的交談。

一個裹纏腰布的印第安人。倫納和維森諾所諷刺的那種「本眞性表演」可以在頁二四八的照片中看到。它取自《兩個世界裡的伊許》中選出的照片，拍攝於伊許在鹿澗的露營之旅。《兩個世界裡的伊許》早期版本所收錄的伊許照片幾乎都是這種類型：假冒再現過去「接觸前」的生活。如果說它們代表的是一個「模擬的印第安人」，那麼眞實的伊許應該如何呈現？是穿戴「整齊」衣著嗎？大概是，因爲自從成爲攝影機的焦點以後，穿戴整齊是他自我選擇的呈現方式。可他又同意在露營期間表演維森諾所謂的「文化脫衣秀」（cultural striptease）。他甚至樂於扮演印第安人，而且明顯認爲把傳統生活方式表演出來以供紀錄是值得做的事。然而，他又對一部分事情守口如瓶。他的「存活」（即他以一位「印第安人」的身分生活在「文

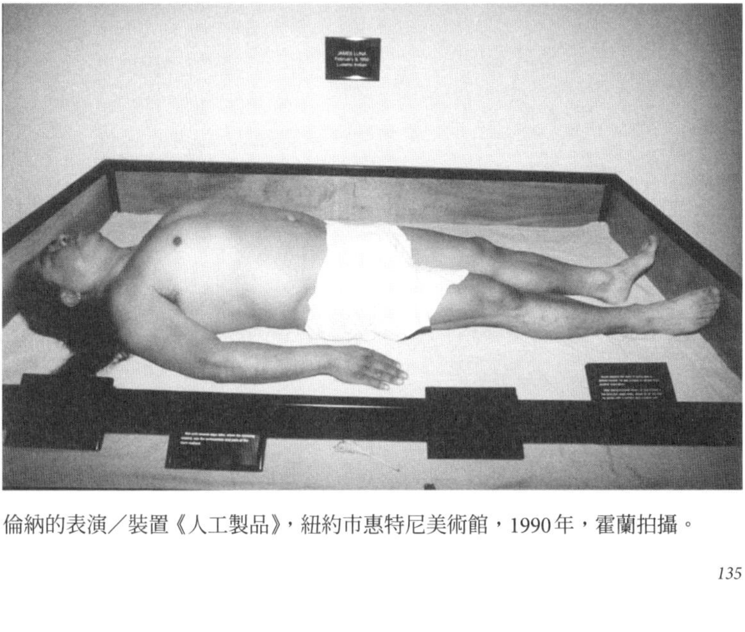

倫納的表演／裝置《人工製品》，紐約市惠特尼美術館，1990年，霍蘭拍攝。

明」的方式）明顯是有選擇性的，在接受其中一些新生活方式的同時又拒絕另一些，敞開的同時又有所保留。他從不習慣與人握手，總是儘量避免這種互動方式。但他非常喜歡口袋，而他的口袋裡很快便裝滿西奧朵拉委婉地稱之爲「男性的一般雜物」的東西。

哪幅照片可以道出眞實的伊許？倫納的另一齣表演《與一個眞正的印第安人合影》（一九九一～一九九二）是對這個不可能回答的問題的評論。參觀者被邀請在三個選項中做出選擇：與穿著大平原印第安人服飾的倫納合影、穿著polo衫和家常褲的倫納合影，或是與只裹一塊纏腰布的倫納合影。前兩個「倫納」是眞人大小的人形立牌，第三個是活生生的眞人。然而，觀衆並沒有因爲在這些簡化的本眞性之間做選擇而感到困擾，反而更投入於其中的樂趣。安德里婭．利斯告訴我們：「在近期的表演中，倫納都要靠一句話才能讓群衆安靜下來或鴉雀無聲：『好吧好吧，我保證下次會讓你們跟一個眞正的紅鬼（nigger）合影』」（Liss 1992:13）。

伊許正在製弓，1914年6月由波普攝於鹿澗。

136

口袋。在大學裡的伊許，1911年10月。

二〇〇二年，我應邀至舊金山的加州藝術學院演講時，建議主辦單位邀請倫納一同進行一場談話。我就著演講桌唸出本文一個早期版本時（背後螢幕放映著伊許的幻燈片），倫 137 納扮成工友，在舞台四周靜靜打掃。

在接著的討論時間，他說：「我不是一頭郊狼，郊狼不是好東西。我是個小丑。」他又說：「我不是在圓錐形帳篷裡出生。我是在電視出生……是個當代美國印第安藝術家。」

談到自己父親時，他說：「他繼承了酗酒的傳統……」

身爲一名藝術家，倫納不忌諱公開表演部落生活最讓人困擾和最不高貴的一面：酗酒和部落內部械鬥。一九九二年，他以泛印第安人宇宙觀的四大方向爲靈感，創作了一件稱 138 爲《神聖顏色》的裝置藝術，其主體部分是一幅倫納和三個朋友（有男有女）的合照，四人分別代表人類的黑皮膚、白皮膚、紅皮膚和黃皮膚種族。在展覽目錄中，他提供了這樣一個和解願景：「我必須告訴你們，我們的許多部落生活方式有時讓我充滿敬畏：它們既複雜又無比單純。創作《神聖顏色》時，我想著的就是這個。就像四大方向一樣，我們用四種顏色來區分和平衡我們的世界」（引自Liss 1992:19）。

倫納以「文化戰士」自居，以族人的喉舌自居。二〇〇五年前往參加「威尼斯雙年展」的飛行途中，他回想起自己的前輩，包括曾在一八三二年前往義大利學習的本族天主教徒塔克（Pablo Tac）和把讀寫技巧從寄宿學校帶回部落的族中長老。倫納還想起伊許這個所謂

「加州最後一位印第安野人」，覺得他是個「相當聰明的傢伙」，曉得火柴是西方文化最棒的發明。就這樣，「伊許先生」這個人類學標本和跨文化觀察者，在「同溫層」裡加入了倫納和塔克的行列（Luna 2011:42, 44-45）。

身分（identity）和本眞性（authenticity）在倫納、維森諾和上述提過的其他人的作品裡是個保持開放的問題。他們具備不同諷刺感性（ironic sensibilities），與攸關生存的社會和政治過程有著密切關係，這是一種抵抗、參與和轉化。諷刺和挖苦（satire）並不主要是一種疏遠或批判形式，而是一些烏托邦渴望的表達——正如歐文所說的，這些烏托邦渴望乃是「位於狡猾倖存者故事的弔詭核心」（Owen 2003:376）。因此，印第安人的身分、傳統，甚至本眞性並非是一種受批判或需放棄的「本質主義」，而是一些審訊進行中的場域，其中的眞實歷史關係——不管是玩笑的還是一派嚴肅的——都是即興創作出來的。

各種記載都告訴我們，伊許喜歡開玩笑。

療癒者。根據西奧朶拉和她的資料來源，伊許是個有「宗教信仰」的人：

> 他按照雅那傳統的方式，相信人是由一些神和半神創造並使世界充滿生靈，也相信祖先制定的禁忌不可違反。他還相信雅那人死後靈魂會前往有一個叫「死者之地」的

地方共同生活。他對基督教感興趣，覺得大部分內容合理而可理解。他深信白人上帝不會樂於讓印第安人住祂的天家，那怕小勞（博物館裡一個愛傳教的雇員）告訴他事情不是那樣。他也許想到過，若是白人靈魂出現在雅那亡靈的圓圈舞行列會顯得格格不入。但即便他真的這樣想，他也會有禮貌地不說出來。（Kroeber 1961:224-225）

西奧朵拉沒說她是如何得知這些。

無論如何，它們都是一些看來可信且典型的拘謹：伊許雖然願意試著與新環境、新關係、新工具和新習俗打交道，但仍然堅守雅那人的核心信仰與

《印第安人》，L・法蘭克繪。*

愛惡。伊許對其他生活方式的基本態度看來是一種寬容的好奇心，換言之，他的參與並不意味著他放棄原有的價值觀。這是受鮑亞士文化相對主義薰陶的人類學家看待他們的受託管人的方式。

伊許在博物館內外的言行舉止讓他們對人的樂天本質和橋接重大文化差異的可能性感到樂觀。他常掛在臉上的微笑讓他們感到好過些。此外，他體現了某種天眞無邪和智慧，看起來更像個「野小孩」（wild child）多於「野人」（wild man）。就像科辛斯基小說《在彼處》裡的主角豪澤那樣，伊許那些簡單的手勢表情或言詞在在看來都饒富深意。

西奧朶拉爲丈夫所寫的傳記《克魯伯：一個個人形構》對伊許那安靜的魔法力量有所記載。書中敘事要到一九一三年的部分才提到伊許，而且是在一個特殊時刻提到。當時，克魯伯的第一任妻子漢麗埃塔剛因肺結核過世。他呆坐在辦公桌後，「腦袋一片空白」。

然後，從隔壁房間傳來玻璃碎片錚錚鏦鏦的落地聲。有人正在那裡工作——是伊許。克魯伯走到隔壁房間。只見一個穿著整齊但赤腳的印第安人坐在一片帆布的防水布上

＊ 譯注：畫中紙板上是一些倒著寫的英文字，再倒過來便是SURE I'D LOVE TO HEAR AND INTERPRET YOUR DREAMS FOR YOU，即「我當然樂於聆聽和爲你詮釋你的夢想」。

面，正用一把鹿角造的鑿子熟練地雕琢黑曜石箭簇。伊許微笑著打了招呼，但沒有停止手中的快速剎鑿動作：他已習慣了這個朋友坐在旁邊，看他工作。（Kroeber 1970:80）

西奧朶拉用倒敘交代了伊許如何來到博物館、他的族人有過什麼悲劇遭遇，以及他與博物館裡幾位人類學家所建立的新友誼。她指出，這位遭受重創的倖存者幾乎在博物館安頓好之後便立刻動手打造器物，「爲的是讓世人對他自己的雅那人世界可以略有所知。」

透過他們交換的寥寥數語，透過話語間那些舒適的沉默，克魯伯感到伊許正設法幫助他，撫慰他，傳授他一些雅那人的信念。他和伊許尚有許多未完成的工作。隔壁的筆記本裡也有寫得滿滿的其他未完成工作。（1970:84）

克魯伯回到他的辦公室，專注於尤羅克語（Yurok）的語法。伊許剛剛教會他工作的療癒力量——努力工作固然是一種雅那人的美德，但同樣是一種基督教和維多利亞時代的價值觀。伊許的耐心堅持能力點醒了克魯伯。不管這件軼事有沒有被克魯伯本人或他妻子誇大其詞成分，伊許在那敘事中的作用都是淸楚的。

✵

療癒者也許是伊許最有力且持續的角色。近數十年來，加州印第安人一直致力於以新的方向詮釋這一主題。在他們看來，伊許代表的與其說是一種與過去的決裂（「最後」的純正印第安人）、一位謎樣的倖存者或是一名狡猾的脫逃藝術家（escape artist），不如說是一個流放與回歸的縮影、失喪和復得連結的縮影。對盎格爾和其他爭取返還伊許遺體事宜的原住民來說，他的故事並未完結：他的回返故土是一種完成，是一種療癒經驗，而且不只與雅希人有緊密歷史連結的人有關，對所有加州印第安人亦然。如今，伊許的故事以各種大相逕庭的方式創造出新的意義。

丘馬什族（Chumash）的莉茲·多明格斯（Liz Dominguez）在一九八八年秋季號的《加州原住民新聞》撰文指出，她因聽到伊許的聲音——他錄製的歌曲和故事的磁帶而受到啟發。雖然她無法理解他的話，但光是伊許的聲音本身便非常震撼有力。後來，她在自己族人中間從事「搶救式人類學」（salvage anthropology）工作時找到相似的錄音：哈林頓等搶救式語言學家曾爲她高曾祖母錄了一些錄音帶。這趟遺產追尋之旅引領她積極學習並唱誦丘馬什語。她在文章最後說：「謝謝你，伊許，你的訊息傳過來了。」

更多的伊許錄音目前正由柏克萊的琳恩·欣頓和同事努力翻譯中。這是一項艱鉅的工

141

作，因爲伊許的方言沒有留下任何其他紀錄——沒有詞典、沒有文法書，也沒有完整翻譯的文本。但當最新的整理和翻譯（部分翻譯）完成後，它們的受衆肯定不僅僅是學術界。廿世紀由克魯伯等「搶救式人類學家」收集到的語言學材料和口述傳統資料正在爲不同的印第安活躍人士、作家、學者和藝術家重新利用並賦予新用途。其中一個例子是馬妥爾語（Mattole）材料重新運用於概念藝術創作（Julian Lang, 2008）。

左圖是邁杜族藝術家戴伊（Frank Day）一九七三年創作的油畫《伊許與同伴在拉明沼澤》。這畫大有可能是以伊許拍於奧羅維爾牢房的照片（頁一八六）爲藍本。但兩相比較，我們會發現那個雅希難民已經被重新解讀：從絕望變爲充滿力量，從恐怖變成療癒。這裡的療癒不再是與博物館中的白人朋友聯繫的問題，而是伊許的療癒力量在部落生存與賦權的背景下被重新想像。

戴伊對「前接觸」地點、事件和神話的魔幻寫實詮釋，對加州印第安藝術的興起產生了影響（Dobkins 2003）。戴伊出生於一九〇二年，是邁杜族一位重要頭目和發言人的兒子。他念完公立寄宿學校和廣泛遊歷過北美的印第安人山鄉之後，他返回北加州並執起畫筆。他對康考邁杜人傳說所做的「自傳體民族誌式」（auto-ethnographic）（Pratt 1992）演繹混合著寫實主義與富想像力的虛構。他的油畫充滿戲劇張力，常把歷史大事與靈性事件結合。戴伊同時把他的評論、回憶和他知道的故事錄音下來，時間長達好幾個小時。他以這種方式，加上與溫頓族藝術家拉佩尼亞（Frank LaPeña）共同組織的傳統舞團，戴伊成了邁杜文化創造性連續性的一部分。雖然他的一些詮釋與記憶引起爭議，而且基督教在他的思想裡占有很大比重，戴伊那些活力充沛的畫像、文字和舞蹈一直充滿開創性。他於一九七六年辭世。

上述油畫描繪的是被白人抓到幾星期前的伊許，畫中的他正在治療一個受槍傷的印第安同伴。戴伊回憶，他和父親於一九一一年八月初在離奧羅維亞不遠的一個地方偶然發現了這一場景，這裡不是印第安

《伊許與同伴在拉明沼澤》，油畫，約創作於1973年。

部落傳統上會聚集的地方。畫中的伊許是個具有能力的薩滿形象，與一個月後被抓到的那個形銷骨立的難民大不相同。他使用一個複雜的裝置（利用貝殼反射聚焦的陽光）來加熱水而不產生明顯的煙霧。石頭被加熱後放入水中，然後應用於傷口。戴伊的伊許形象是獨一無二的，也沒有任何留存的證據可以證明加州有過類似伊許在畫中使用的醫療技術。

戴伊的回憶雖然不可能驗證，但他的「改述」的當代意義卻毋庸置疑。他的說法成了邁杜族口述傳統的一部分，其中包括與北方山谷中藏匿的親屬／鄰居的近距離接觸。史坦的書中記錄了一則這類故事（Starn 2004:292），而伯里爾的書記錄了戴伊的其他回憶（Burrill 2011）。戴伊的療癒圖畫將伊許故事從支配性歷史分離出來，讓它得以在印第安振興運動裡扮演著啟迪性角色。一個例子是邁杜人重新承認他們與雅希人有著深厚淵源：戴伊的記憶日後將會被「巴特縣美國原住民文化委員會」引爲證據，以支持他們有權迎回伊許遺體的主張。

伊許的故事在不同的部落脈絡被回憶和重新詮釋，但這些口述資料大部分都是外人無法觸及。例如，若不是貝弗莉．奧爾蒂斯的慷慨分享，我不會知道雷丁的沙斯塔學院一九七六年三月曾經有過一場表演——她會知道這則訊息又是透過一位克魯克族（Karuk）／尤羅克族／阿布納基族（Abenaki）印第安人約瑟芬．彼得茨（Josephine Grant Peters）分享予她的一篇剪報。這齣名爲《伊許》的戲劇是由雷丁居民夏綠蒂．伯利森和來自戴維斯（Davis）的胡帕族（Hoopa）印第安人安德里婭．凱爾西（Andrea Kelsey）共同撰寫。一份地方報紙引述了扮演伊許祖母的薇薇安・黑爾斯通（Vivien Hailstone）的話，她是克魯克族／尤羅克族／胡帕族印第安人：「我演出的理由不只是因爲伊許是雅希部落的最後一名成員。我演出時心情沉重，因爲它還是關於我的部落，有關所有部落——它們正處於垂死中。在美國兩百週年的今日，我希望我們可以攜手計畫未來，而不是由別人爲我們計畫。」文章繼續寫道：「伯利森夫人把該劇的精準和詩意歸功於凱爾西女士，而凱爾西女士發現，整個演出非常不同於一般。『除了兩位扮演白人之外，每個演員都是加州印第安人，這是非常罕見的。在其他戲劇，你都會感覺到演員是在扮演印第安人，讓你既失去現實感又什麼都感受不到。我們大部分演員都完全沒有表演經驗，但我發現，他們做的事與其說是表演，不如說是在重溫（reliving）』」（引自奧爾蒂斯的個人對話〔Ortiz 2013〕）。這一類意見可讓我們略窺伊許的多年經驗對加州印第安人的意義：他們重溫過去的創傷，並且奮力掌握控制自己的未來。

144

✵

伊許的療癒之效同時有著陰暗的一面。

在追尋伊許漫長過程的近尾聲，史坦驅車進入山區，前往格林維亞印第安山鄉（Greenville Rancheria）一個名爲泰勒斯維爾（Taylorsville）的小鎮。當地住著大約八十位山地邁杜人。

史坦帶著錄有伊許四首歌曲的錄音帶（原錄在圓柱形蠟筒），四首歌都是用邁杜語而非雅希語唱出。然而，奧羅維爾四周所剩無幾的邁杜人無一聽得懂歌詞，他們其中一位猜測，伊許使用的也許是一種山地方言，因此史坦安排讓泰勒斯維爾的幾位剩下的原住民聽聽這將近一個世紀前的模糊沙啞歌聲。史坦原以爲他們聽到熟悉的鄉音會很高興，即使是由一位雅希鄰居所唱出的，沒想到結果大出意料之外：

我關掉錄音機之後，有好一陣子鴉雀無聲。最後，威廉明娜（Wilhelmina）打破沉默：「他沒道理會唱這些歌的。」原來，她和其他人對前面兩首賭博歌沒有意見，他們記得他們小時候聽過。這些歌曲由無意義的音節組成，是一種印第安即興演唱，旨在為賭博比賽增添歡樂氣氛。讓五位耆老困擾的是另外兩首歌，它們是巫醫歌。「他沒道理會唱這些歌的。」威廉明娜又說了一遍，再補充說：「它們是巫醫唱給鬼靈聽的。」但它們為什麼不能是伊許自己的歌呢？因為倘若真如有些人相信伊許是位巫醫，那麼他就應該有自己的巫醫歌。威廉明娜沒有回答，她似乎知道這些歌是屬於某些山地邁杜人的巫醫，但又不願意直說。正如我早已知道的，有別於「新時代運動」對「印第安治療術」的正面觀感，舊時巫醫是給人下惡毒咒語包括對嫉妒心的祕密施咒。就我所能猜測到的，威廉明娜是不想談論巫醫和巫術這種敏感甚至危險的話題，特別是不想跟一個外人談這些。

幾位耆老對伊許爲什麼要唱那些歌做出了一些猜測（「他是要爲自己找死嗎？」「他是明白到其他人都死了，一切都完了嗎？」），接著便沒有人再說話。

這個故事是否還有更多內容？那些歌是否有些祕密意義是不可分享給外人的嗎？但追問下去是無禮的。我只再逗留了一會兒便朝公路前去。（Starn 2004:300）

耆老對那些巫醫歌的顧忌讓史坦想起在一九九七年短暫出現過的一個說法：最後一位雅希人事實上是一位遭族人驅逐的「惡意薩滿」。也許那些耆老在隱瞞什麼。又也許他們已說出知道的一切，不願揣測。史坦在山地邁杜人之間得到的這個曖昧「結局」讓人無法不回想起西奧朶拉說過，伊許這名字的四周環繞著「深深暗影」。

但這個引人共鳴的形象依然在發揮它的魔法。史坦把一趟個人追尋之旅織入了他的多線索般的歷史裡。作爲「那些未能如願的追求者和想成爲什麼的人」（即許多尋求某種本質的伊許愛好者）中，他形容自己是「一個喜歡與印第安人爲伴的白人，一名擱淺在北卡羅萊納州的加州人，一位討厭寫作的作家」（Starn 2004:296）。這位人類學家在北卡羅萊那州生

145

活卻又覺得自己被流放，最終在自己從小長大的地區找到重新連結。此一活躍的學術研究讓北加州的悲劇性和轉化歷史多了一份重新的意義。追尋伊許之旅最終把史坦帶到一個高齡一百歲的邁杜族女族長薇拉．麥基恩（Vera Clark McKeen）前面，她的熊抱有力得「就像生命本身」（Starn 2004:296）。借勒瑰恩一部烏托邦民族誌（稍後會討論）的書名來說，我們可以說《伊許的大腦》裡的史坦「總是在回家」（always coming home）——這句話似乎總結了伊許故事中的救贖承諾。

✻

犧牲性療癒（sacrificial healing）在充滿基督教價值觀的文化中尤其有意義。今日的加州原住民文化便是這樣一種文化：它不同程度地混合了基督教、本土彌賽亞主義、療癒願景和世界循環／更新的觀念，這些都在改變中的傳統中發揮作用。伊許的故事存在於一個未完的歷史中，由交織和糾結的線索編織而成，包括印第安人和白人、舊與新、私人與公共。在加州印第安人看來，前不久的爭取返還遺體運動證實了伊許故事的療癒潛力。透過「把伊許帶回家」，一個傷口獲得了癒合——至少是癒合一陣子。這一次的返還過程雖然相對平順，但自一九一七年起便存在於北加州印第安社會的緊張、決裂和再銜接仍然隱隱可見。

當伊許在二〇〇〇年回到他的族人身邊時，原住民社會的地景已經有了徹底變換。

當伊許的大腦最終確定是藏在史密森尼學會之後，很快便形成共識：應該讓伊許分散的遺體回歸至（如盎格爾所說的）「他所歸屬之處」。博物館人員、加州州政府、專家學者和加州部落全都動員起來，以一般的「返還」標準而言，進展得相對迅速。但伊許眞正的「歸屬之處」又是何處？把伊許遺體歸還族人的要求引起了棘手的歷史和政治問題。已經沒有任何的雅希人或米爾潤印第安人存在，那麼誰是這遺體恰當的受領人？發起和領導遷葬運動的是巴特縣的邁杜社群，他們原是雅希人的南鄰，有時又是競爭對手。他們遠赴華府，爲伊許的大腦舉行儀式，然後開始協商返還事宜。但在爲伊許出面的同時，他們是否也竊占了一份原本不屬於他們的親族關係？

每個人都同意應該把伊許歸還加州印第安人，不加干預地按照傳統儀式下葬。問題是，返還法令規定，如果死者已無直系親屬存在，就必須以「文化親緣性」（cultural affiliation）作爲認定遺體受領人的判準。* 這裡惹上了一個歷史的大麻煩。因爲當世界已經改變了那麼

* 譯注：「affiliation」一詞在三部曲著作中多數時候翻譯爲「依屬」，指的是一個人或社群所歸屬的地區、文化情感的聯繫程度，或是在特定區域下的政治、經濟與社會的合作與聯盟。此處「cultural affiliation」依文脈內容翻譯爲「文化親緣性」。

多，又要根據什麼標準來判斷「文化親緣性」？在伊許的個案，雅希人固然已不復存在，但他們曾經與好幾個鄰近族群（現已被重構爲「部落」）有過歷史和社會淵源。在伊許的時代，「部落」或「民族」之類的社會政治觀念並不存在：加州不像美國其他地方那樣設有印第安保留地，也沒有任何官方承認的「印第安山鄉」。由於伊許說的雅希語是雅那語的一種方言，又由於雷丁和皮特河的印第安人混有若干雅那人血統（但早已失去雅那語好幾個世代），他們大概是最適當的受領人人選。史密森尼學會在聯繫上一些還記得和珍視自己雅那根源（許多根源之一）的雷丁和皮特河社群之後，承認他們有權受領遺體——換言之把「文化親緣性」的關鍵錨定在語言上。

這是一個合乎邏輯且有理可據的決定（Speaker 2003）。但如此一來，史密森尼學會拒絕了邁杜人基於口述傳統提出的關於與雅希族親屬關係的請願：盎格爾多次公開宣稱：「伊許至少是半個邁杜人。」「巴特縣美國原住民文化委員會」所持的另一個理據是物理上的接近性，一個由語言學和考古學證據證實的互相貿易和影響的當地接觸史（包括伊許的邁杜語詞彙）。口述傳統當然是適應性的，經常在現有情況下進行政治上的重新對齊。戴伊在拉明沼澤碰見伊許這件事情是在他把它畫入畫中的六十年前，那時便已是口述傳統的一部分嗎？要如何解釋它那些匪夷所思的成分？爲什麼伊許在被發現前幾週還身體健壯，而被發現時卻已形銷骨立？他那件治療工具何以見所未見？他那位受傷的同伴何以不見於任何文獻記載？某種程度的懷疑是不可避免的，但事實是，口述傳統又常常包含一些不見於尚存檔案記載的歷史眞實（檔案記載不可能全部留傳下來，記事時也必然有選擇性）。伊許從來不談論死去的家人，也很少提及躲藏期間的生活，因此博物館裡的人類學家又憑何得知他的母親是或不是邁杜人？如果她是很年輕便被擄去，那她也許不會向兒子說邁杜語。另外，近期的考古學證據顯示，「雅希人」的成分比原先以為的複雜，而且並非跟四周的人群毫無接觸。把這些都考慮進來，邁杜人的說法（包括他們曾在山中留下食物接濟落難的雅希人和在一九一一年時準備好歡迎伊許）就會顯得可信得多。這些故事不再能被號稱客觀或科學的理由置之不理。

我們有理由認為，整個尋找伊許族人的過程是一種時代錯置或錯誤的具體化。有鑑於地方身分（local identities）的歷史再銜接（historical rearticulation）和身分認同新尺度的興起，返還法令要求的「文化親緣性」根本無法往單一方向追溯。盎格爾為支持自己的主張，有時會訴諸「泛加州人」（或「北加州印第安人」）這個更大的身分範疇，而跨部落的身分認同也確實已經隨著北加州的身分政治而興起。如今，認同於自己印第安人身分的人往往會認屬於兩個或以上的部落。他們很多人雖然與雅那人並無直接關係，仍然感到伊許遺體的返還是一段共享歷史的一部分。但較老舊和較地方性的親族認定標準仍然倔強。面對讓人眼花繚亂和多尺度的跨部落地景，史密森尼學會不願意承認「泛加州人」和最後一位雅希人有著「文化親緣性」。在他們的章程裡，「文化」仍然是被定義爲地方性（與血緣和語言緊密相連），不能是新興、複合和聯合性。在克魯伯時代所做的加州部落劃分（邁杜人、雅那人、溫頓人等）雖然不那麼被印第安人自己接受，卻因爲後來寫入了法律而不容商量。因此，把伊許遺體返還雅希人的北方親族便意味著要排除他們的南方鄰居（兩者曾經是貿易夥伴，甚至可能是家人）。

儘管雷丁和皮特河的印第安人是後來才加入返還運動，但他們仍然感到這事情讓他們與自己的雅那人根源重新發生連結，感到有責任讓一個失散的祖先得到安息。在二〇〇〇年九月舉行於拉森國家公園的紀念典禮上，每個人的發言（發言者有老有少）和強有力的熊舞（一種用於治療的恍神舞蹈）都表達出他們在「把伊許帶回家」一事上深深投入。在那裡，連同邁杜人早前在奧羅維爾四周舉辦的聚會，我都感受到人們強烈感覺自己與一個失散的親戚重新連結，強烈感覺到一個至今讓人疼痛的嚴重錯誤已獲得矯正。

有關伊許的遺體誰屬的爭論難免會引起擦痛，對出力最多但最後卻被排除於葬禮之外的邁杜人尤其如此（盎格爾選擇不出席拉森山的紀念典禮）。但大家也普遍體認到，這不是個鬧內鬨的時候。至少在我出席過的幾次會議上，競爭的雙方都只是各陳主見，沒有反駁對方。他們即便沒有表現出緊密合作，至少也表現出相互尊重。就此而言，原屬於米爾澗和鹿澗一個小群體的伊許已成了一位共同祖先。如果說他一度象徵著加州原住民的死亡，那他的回歸便證明了他們仍然生命力充沛。因此，伊許的返還讓一段再結盟的歷史帶入眼簾：人們被迫離開祖地，再以新／舊的形態（基督教、新傳統主義、遺產製作、博彩業、部落開發計畫）重組。

加州的「部落」成形於廿世紀初。更早前的原住民加州由大量的地方社群構成，也是地球上語言最多樣化的地區之一。克魯伯和同仁深信這種異乎尋常的多樣性正邁向消失，遂不遺餘力把它記錄下來。其結果是一幅加州印第安語言的地圖。這堪稱巨大成就，但就像所有地圖一樣，它投射出一種特定的現實。語言或方言之間是有清楚界線，但卻不代表它們可以與社會文化單位完全對應。實際上，地方社會會因爲貿易、親屬關係、多語使用（multilingualism）和跨部落聚會而互相滲透（Field 2008:75）。此外，即便是那些由語言界定的地域內，一樣有可能存在許多方言，且有些方言幾乎不能彼此互通。在伊許的時代，人們要表明自己屬於哪個社群，會用社群所在地的地名或頭目的名字以資識別，而不是說「我是雅那人」或「我是卡羅克人（Karok）」之類。在語言和文化之間畫上等號會過分簡化複雜的身分依屬現象。前述那幅語言地圖的製作者曉得這個道理，並沒有假定「雅那」意指一個現代意義下（文化／政治意義下）的部落。同樣道理也適用於「邁杜（語）」和「溫頓（語）」。但由於這地圖的出現，本來流動性的分類範疇在強大的壓力下變得僵化並制度化，這些壓力要求在政府強加的「部落」認可政治中運作。

伊許的族人，「米爾澗人」（指的是一個特定的溪床和陡峭的山谷）顯然不是一個部落；「雅希人」則是一個由沙皮爾記錄的方言名稱。哪怕是在躲避白人期間，這群人眞的是那麼與世隔絕而獨立存在嗎？正如我指出過，不管今日和過去，加州的印第安人都互動頻繁，而這意味著他們擁有多元的身分歸屬。考古學家傑拉德・約翰遜和吉姆・約翰遜近期所作的研究顯示，伊許的孤立只是相對性的：他們在米爾澗人的最後一個藏身地點（「灰熊隱地」）挖掘出大量從白人世界偷來的物品。克魯伯和同事記錄下來的雅希語中夾雜著西班牙單字，還有一點溫頓語、阿楚格維語和邁杜語。伯里爾所記錄的口述歷史提供了更多族群互動的線索（Burrill 2001）。因此，不管是出於原住民或學者，許多對伊許故事的新改述皆懷疑，人類學博物館的科學家其實高估了伊許的孤立處境和「石器時代」純粹性。

米爾澗人或雅希人是住在邊界地帶裡一群面目模糊的人群。即便當代論述要求給予他們一個獨立的「部落」身分，仍不代表他們只跟那些一度說著中部和北部雅那語的人有重要關連（目前我暫不討論那些可證明雅希人跟西面溫頓人和東北面阿楚格維人關係匪淺的證據，因爲這些淵源在返還運動中並不構成問題）。伊許在露營之旅期間所畫的那幅草圖（見《兩個世界裡的伊許》的第二一五頁）顯示，雅希地域有一些向外通往北方和南方的常用小徑。

雷丁／皮特河社群和邁杜人兩造的緊張關係當然會因爲返還法令的規定和史密森尼學

會的決定而增加。更早期的競爭關係和地方歷史或許也是這緊張關係的原因之一。然而，這些返還運動的參與者在公開場合都表現出外交上的節制，沒有對競爭者叫陣。伊許的返還是部落團結的契機，是療癒過程擴大參與的契機。就像北美和其他地方持續出現中的遺體返還一樣，伊許的返還具有一種疏洩淨化（cathartic）效果。在我參加過的各種會議和典禮活動上，我都感受到這一點。這些場合都爲非印第安人挪出了空間，讓他們可以成爲返還運動的打氣者或出力者。雖然理由各不相同，許多人都因爲伊許能夠回家而感動。

150

伊許的各種變奏

伊許的故事一直被加州原住民和其他印第安作家及藝術家「取回」和改述。需要重申的是，我呈現的並不是伊許故事發展演化的全貌，我的所知是基於公開表述，而非數量更多的私下交流。修正、對話和競奪持續在加州的糾結歷史中進行著，有些發生在原民之間，有些則發生在非原民之間。伊許的故事繼續是重新省思這些歷史的有益場域。本文最後部分要探討其他作爲時代變遷表徵的改述。我會談到兩部關於伊許的重要電影、西奧朵拉爲小學生而寫的那部小書、加州大學柏克萊分校人類學系的內部爭論，以及談到勒瑰恩的科幻小說／烏托邦。我視這些修訂爲對話過程的一部分，可以重新開啟想像中的過去（imaged past）和投射出一些可能的未來。這些改述都是針對在後殖民社會裡不斷後退的地平線上，所出現的不同讀者和差異的邊界線。

「後殖民」是個有爭議性的用語。我帶著猶豫使用它，因爲沒有更好的用語來指稱對殖民征服遺留下來的未竟事務所採取的公正解決方式。在霍爾了解的意義下，「後」不能解作「之後」（after），不是指殖民主義已經被超越或超克。這個「後」總是處於「新」（neo）的陰影之下。用作一個斷代語詞，它要強調的是一個尚未完成的過渡，是一個涵蓋不均且正在進行的工作，而不是一個終點。只要「後殖民」發展是看似正在顛覆或偏離長期建立的層級結構和二元結構（不管是物質性權力層面還是思想層面），它便有資格被稱爲是「烏托邦的」（utopic）。但正如後文會表明，此一烏托邦應該被視爲一過程而非結果。烏托邦更可能從旁移動，而不是穿越時間向前飛躍。勒瑰恩這樣說：

> 哥白尼指出世界不是中心。達爾文指出人類不是中心。如果我們傾聽人類學家說話，也許會聽見他們以適切的婉轉方式指出，白人西方不是中心。世界的中心是克拉馬斯河（Klamath River）上的一座斷崖，是麥加一塊岩石、是希臘一個地洞，無處可尋又無所不在。

烏托邦主義者最終或許會注意到這個令人忐忑不安的消息。想要更有進展，他們大

151

概應該甩掉計畫，丟掉地圖，從摩托車上下來，戴上非常奇怪的帽子，大叫三聲，小跑步穿過沙漠，又瘦又黃又髒地跑進松樹林。（Le Guin 1989:98）

✵

一九九二年，也就是好萊塢賣座鉅片《與狼共舞》上映的兩年後，伊許在一齣以四百二十萬美元製作的HBO影片中登上電視螢幕。《族人中的最後一人》這齣長片，由《午夜牛郎》的強．沃特扮演克魯伯，由《與狼共舞》的葛拉罕．葛林扮演伊許，由《致命吸引力》的安妮．亞契扮演克魯伯第一任妻子，由《外科醫生》的史戴爾斯扮演波普。主打的宣傳文字是這句話：「偉大戰士的精神永遠不死。」撇開維森諾的諷刺性用法（「一個存活的後印第安戰士」），我們幾乎可以肯定這是伊許第一次被稱爲「戰士」。宣傳看板上畫著一些人在策馬追趕伊許一家，隱隱約約像是在大平原作戰的美國騎兵（這不禁讓人好奇騎兵要怎樣在灌木密布的鹿澗溝壑中衝鋒）。這種廣告包裝當然是爲了讓一位穿著西裝打領帶的安靜加州人故事顯得更「印第安」。

不過，與它的宣傳不同，電影在時代背景和服裝上努力提供逼眞的細節。精通邁杜語的傑出語言學家希普利受聘提供聽起來合理的雅希語句，供克魯伯和伊許交談時使用。劇中有不少情節會讓《兩個世界裡的伊許》的讀者感覺熟悉，其他則是自行創作。劇本由小說家哈林頓執筆，而爲了製造更扣人心弦的劇情，他毫不猶豫地拿已知的事實自由發揮。其結果成了浪漫主義與心理學的融合、科學與感情的對峙、「壓抑」被「疏洩」（catharsis）打敗。也因爲這樣，《克魯伯的療癒》或許是其更恰當的片名。

在這齣HBO電影的各種自由發揮中，最令人側目的大概是它讓克魯伯能說一口流利的雅希語。重要的談話內容一律有字幕翻譯。在伊許第一次與克魯伯夫婦共進晚餐那場戲中，伊許應漢麗埃塔之請，把自己吃過的苦和家人的不幸娓娓道來，句句可理解（眞實中的伊許當然是一直拒談這些事情）。電影中完全沒有任何讓人聽不懂的「木鴨故事」。片中的一切都聚焦在克魯伯與伊許的關係，還有他與妻子的關係。漢麗埃塔因肺結核病危，但克魯伯強烈壓抑自己感情，拒絕面對事實。他用說教的方式勸她不必擔心，但當情況愈來愈不妙時，他退縮了。漢麗埃塔需要丈夫的安慰，但又用諒解的態度（一種女性的寬容）對待丈夫的不通人情。沃特扮演的克魯伯是個善良、自大和感情堵塞的人。面對伊許，他採取的是一種權威和家長的態度。那個野人是他的責任和獎品。他自誇他會讓伊許和家人永遠活著——活在一本書裡。「大酋長」懂得最多。

但他將會學到慘痛一課。漢麗埃塔死後，伊許接手了教化計畫。在葬禮上，伊許注意到沒人唱歌。「你不爲她唱歌的話，她又如何找得到通往死者之地的路？」克魯伯不願意也

152

不會唱歌。當伊許堅持再三，他生氣了。稍後，在鹿澗之旅的一個誇張高潮裡，伊許去到她妹妹被冷血殺死的地點（觀衆從一個倒敘畫面看見令人毛骨悚然的往事）。他因支撐不住而跪倒在地，又拉克魯伯一起跪下。「你感受到她的呼吸嗎？……你聽見她唱歌嗎？……她在唱什麼？……跟著唱！」克魯伯：「我唱不來。」伊許崩潰下來，啜泣著說：「伊許……最後的……雅希人！」

回舊金山之後，伊許有一天無意中逛到醫院的解剖室，看見一些被解剖開來的屍體。他勃然大怒，要求克魯伯制止這種野蠻行爲，指出一個死者必須遺體完整方能找到通往祖先之路。克魯伯不肯答應，頑固地堅持自己的權威地位。接著，在一段逗趣但眞實性可疑的戲碼中，波普找來一名妓女，讓她與這位孤獨的單身漢共度一夜。第二天早上，克魯伯看見伊許一面擦拭展示櫃，一面愉快哼歌。克魯伯得知原因而勃然大怒時，伊許納悶：「白人不做這種事嗎？」當克魯伯改爲對始作俑者興師問罪時，波普譏刺地反駁說：「你要伊許保持純淨是爲了誰？」隨著克魯伯與伊許的關係變差，他們的對話也變得更加生硬。最後，深感困惑的克魯伯問伊許，他爲什麼那麼不開心。印第安人帶著沉重的臉色回答：「你把伊許放在這裡（一面說一面指著克魯伯的筆記本），不是放在這裡（指著克魯伯的心口）。」

劇情的高潮是可預測的。伊許病倒了，人在紐約休假研究的克魯伯從遠方密切注意朋友病情的發展，心焦如焚，但情況愈來愈不妙。有一天，在美國自然史博物館裡發現一箱箱的印第安人頭骨之後，他忽有所悟，跑去發了一通電報：「不要屍檢。叫科學見鬼去吧。」隨後是讓人不舒服至極的畫面：只見一些戴口罩的外科醫生（「本著極虔誠的科學探究精神」），正在解剖葛林扮演的伊許。克魯伯回到舊金山之後悲痛得說不出話來。他一個人待在伊許房間，手上拿著波普製作的死亡面具，良久之後不知不覺用雅希語唱起歌來：開始時輕聲地唱，接著愈來愈大聲，邊唱邊哭泣。

在全片最後一幕，我們看見伊許已經回到故鄉，正輕鬆自在走在通往死者之地的路上。他身穿獸皮，帶著弓箭，看來強壯異常，終於成爲一個英雄般的印第安人。他對著鏡頭說話：「我聽見你唱歌。」然後，我們看見克魯伯就站在伊許後面，神情輕鬆自在。

「你累嗎？」他問。

「沒有，我感到強壯。」

「你的族人正在等你？」

「對。」伊許大踏步往地平線走去。克魯伯：「與他們會合吧。」「每個人都開心嗎？」這是伊許走進一個房間時最喜歡用的打招呼方式。但葛林扮演的伊許從不微笑。如果說沃特和史戴爾斯的演出都誇大了克魯伯和波普的拘謹，那麼葛林則是縮小了伊許的熱情：不管是要表示角色對白人行爲的莞爾、擔心或困惑，他一律是用一撇眼睛或一挑眉毛來表達。這位伊許只會在與他的人類學家好朋友角力時才會流露出自己的神祕／情緒核心。除了爲死去妹妹和族人嚎啕大哭那一幕，電影中的伊許完全符合美國刻板印象中的冷漠印第安人形象。這位伊許強烈依戀自己的族人和價值觀，完全清楚自己是誰。他留著長髮，有著經典五官，寡言少語……穿西裝的樣子很稱頭。

所以，雖然有一些銳利時刻，全劇大部分仍都是以風趣手法表現，《族人中的最後一人》最終還是落入了刻板印象和意料之中的「疏洩」戲碼。電影中的人類學家是個缺乏感受感情能力的白人男性。自然之子的情感豐富，容忍了「大酋長」的過度科學和笨拙的善意，最終教會了他如何感受。這份送給一個知識豐富卻理解力差的白人男性的禮物，被說成是伊許在前往與死去家人快樂團聚前先繞道舊金山一趟的眞正目的。《族人中的最後一人》將「生態英雄」敘事與另一版本的跨文化「友誼」和解故事結合起來，重新包裝爲理性與情感的浪漫爭鬥。至於這一切有多少是眞人實事，當然是值得懷疑的。

作爲一部虛構作品，這電影主打「勇氣」和「療癒」這兩個熟悉主題。根據這電影的觀點，白人（特別是白人男性）往往被誤導，有時顯得愚蠢，但伊許從不愚蠢。克魯伯最終接受了他必須從印第安人學習的一課，這也讓他稍早對種族屠殺倖存者伊許說過的一句稍帶哀傷的評論成爲眞實——「不是所有白人都一個樣」。這電影把種族屠殺之後的和解說成是有可能的，而流亡者的歸來，強壯而完整，與祖先重新團聚，可以被解讀爲當代遺骸返還運動的寓言。

✵

奇想作品（fantasy）在創造一個世界時必須要嚴格貫徹自己的邏輯……奇想作品之所以那麼能被兒童接受，即使是可怕的想像也可能給讀者帶來安慰：在於它是有規則的。它設定的宇宙某個意義下是可理解的。

——勒瑰恩，〈奇想作品的說服力〉載於她的個人網頁

西奧朶拉爲小學生而寫的伊許故事與上述那齣HBO電影（歷史小說）頗有相似之處。兩者都是對《兩個世界裡的伊許》的戲劇化重塑。出版於一九六四年的《伊許：族人中的最後一人》是一部中篇小說，也許最好是歸類爲「說教性奇想故事」。它爲一位孤立的雅希人提供了豐富的傳統生活，爲年輕讀者上了一課民族誌的文化相對主義。大概是爲了讓女性讀者有一個可認同的對象，這個改述還配給了少年伊許一個女性同伴。同時，波普的兒子小薩克斯頓（他是鹿澗之旅的同行者）被寫成伊許生活在舊金山期間最忠誠的同伴，也是故事敘事角度的一個主要來源。這故事的結局快樂得毫無瑕疵：「伊許以博物館人員中的一位博物館人的身分生活了很多個月。他已如他所願的方式死去：在朋友們的環繞下死於博物館的屋子裡」（Kroeber 1964:208）。每個人都爲他的死哀痛，又用隆重的方式將他安葬。

他們都知道他已經跟家人團聚。作者大概是認爲兒童不宜，略去肺結核和屍檢的事情不提。整個故事透著異國風情，微微帶點夢幻的味道。舊金山變成了「世界的邊緣」；透過使用雅希族的名字，強化了這種效果。西奧朵拉透過陌生人在白人世界中的視角，挑戰了她的讀者走出日常現實。

這個小學生版本讀起來頗像如今的青少年奇想作品。（我們很難不在其中感受到勒瑰恩的影子。事實上，我們從她接受的訪談得知，她的母親曾就寫作計畫與她有過廣泛討論，而她自己也是在同一時期開始成爲一位奇想小說作家。）這個改述顯然帶有「成長」（coming of age）故事的特點：少年伊許得到一個異夢，指出他有一天將會走進白人的世界，發現不是所有白人都是壞人，並且他將教導他們。他起初抗拒這個召喚，但後來改變態度，深信那是「郊狼」和死去家人的願望。前面提過，伊許的使命乃是在原民背景下教育甚至拯救白人社會的觀念。史坦認爲，這觀念具有一種批判性、烏托邦性潛力（Starn 2004:250-254）。弗里曼的浪漫化小說《伊許的旅程》中，最後一位雅希人有了非常明確的夢境指示：「你的家人希望你把我們族人學到的教導給白人。我們想要白人知道他們摧毀了些什麼，好讓他們明白，殺死動物和土地就是殺死他們自己」（Freeman 1922:124）。

療癒者、老師、使者……伊許的人生必須有一個一貫的使命。他不能僅僅是漂泊到博物館的一片歷史浮萍。

《伊許：族人中的最後一人》一出版即獲得商業成功，並成爲加州小學幾十年來的指定讀物。據卡爾．克魯伯回憶，他媽媽在寫作過程中絞盡腦汁，又總是對結果感到不滿意（Kroeber 2004:xx）。這書可說是被出版社逼出來的，他們威脅說如果她拒絕，他們就會製作自己的青少年版伊許故事。爲了避免一個拙劣的版本，西奧朵拉付出持續而認真的努力，向小讀者們灌輸民族誌智慧和跨文化身分認同。如果把這書視爲奇想作品，那像我這樣的讀者便能原諒它爲了讓伊許故事更一貫和更有意義所作的自由發揮。但最終來說，這些改述是很難閱讀的：過於感傷，並且所有鮮明、堅硬的邊緣都被磨平了。我推薦別人閱讀《兩個世界裡的伊許》時，常常會遇到他們回答說早已讀過的情形。經我追問，他們才會模糊記起他們是在五年級讀過。

也許值得指出的是，伊許似乎特別容易吸引年輕人，而這一點是見於很多不同版本的伊許故事的基調。這位五十多歲的男子身上似乎有一種不可抗拒的孩童氣質：他表現出來的無助和單純，他的猶豫和熱情。他看來很受參觀博物館的小孩歡迎，常常會在星期天示範工藝時把造好的箭簇送給他們。他也樂於和較年長的孩子一起「扮演印第安人」（Sackman 2010:94-95）。西奧朵拉的書很重視這個「年輕」面向：故事中的伊許從頭到尾都是年輕人，又用小薩克斯頓一角爲年輕白人讀者提供一個認同對象。克魯伯在民族誌露營之旅期間爲這少年拍過一幅讓人難忘的照片：只見小薩克斯頓一面在鹿澗的湍急水流裡游泳，一面伸手抓住伊許的長髮。他在弗里曼的小說裡也是一個關鍵敘事者。顯然，有伊許作爲嚮導，扮演印第安人是一件有趣的事情。一個從廿世紀初流傳至今的故事（收錄在史坦的書裡）分享了這種與伊許一起玩耍的渴望：

> 斯皮科家（the Speegle）的農莊位於鹿澗上游，離最後的印第安人的避難所「灰熊隱地」僅兩英里遠。斯皮科夫妻和六個子女不會侵入下游，特別是在鮭魚季期間，因為印第安人也許會在水邊出沒。至於印第安人這邊，只會偶爾為了基本補給需要才會到斯皮科家的小屋偷取基本物資：他們從不會刻意摔破碗盤或把小屋洗劫一空（他們對其他人家有時會如此）。奇科地區至今還留有斯皮科家的後人，而一個大概是一廂情願的家族傳說甚至說在一九一〇年前後，九歲大的克萊德．斯皮科曾碰到過伊許，與他一起游泳，並從他那裡學會鹿叫。（Starn 2004:144；同時見 Burrill 2011:83-87）

✵

HBO片子播出兩年後，即一九九四年，出現了另一個對伊許完全不同的影像詮釋：《伊許：最後的雅希人》。由賴夫和羅伯茲製作，這部長紀錄片盡可能貼近海澤和西奧朵拉所收集到的歷史事實，又加入一些更後來的歷史與考古研究成果。該片爲一九九〇年代的觀衆重新詮釋了這一敘事。影片的核心主題不是伊許和克魯伯或博物館中其他「朋友」的關係，也不是伊許的生態學智慧和精神訊息。相反地，它要探索的是伊許的韌性和創造性、他對未痊癒創傷的回應，以及他謎樣之旅的意義。這部影片重新掀開了傷口。

賴夫和羅伯茲運用了照片、紀錄片片段、報紙剪報、旁白敘事、歷史人物的語錄、當代的風景地貌、「臉部特寫」（talking heads）和近期對「灰熊隱地」所做的一次重新探索。這部影片總不忘提醒觀衆，要和伊許溝通有多困難：例如指出博物館人類學家與伊許雙方無法流利對話，或指出伊許的錄音文本中部分翻譯或無法翻譯的雅希故事和歌曲。透過一系列對伊許臉部照片所做的近鏡攝影，影片似乎把他拉近了，但觀衆的任何親近感都會很快被他謎樣的凝視所消除。整部影片都努力詮釋伊許的經驗和觀點，要拉近伊許與觀衆的距離，但如此這般的努力又會讓人產生一種「在翻譯中迷失」（lost in translation）的感覺。每個理解上的增加都會引出新的疑問。

影片中最引人注目的手法之一是將伊許模糊沙啞的聲音（取自圓柱形蠟筒）結合於大地、天空和一場火車之旅的粒面影像……火車最後開進了黑暗的隧道。一個聲音唸出伊許一個故事的翻譯，內容出自他比較好懂的一次錄音，內容是有關雅希人死者之地的旅程。「他們爬上了天空。他們往上去了……」但這般讓伊許發聲的做法並沒有讓他更加具象。在這些有點超現實的視覺序列和我們聽到的翻譯話語下，我們依然能聽到蠟筒上那微弱的、沙啞的聲音。這種聲音／視覺的拼貼（collage）隔著間歇反覆出現，讓我們意識到我們在伊許的經驗與文化中迷失了。隨著紀錄片的展開，它的歷史敘事披上了一個神話的維度。伊許的生命似乎是一條穿越破碎的空間和時間的奇異路徑，也許……是一條通向雅希人來世的路。伊許去世時，他因結核病而消瘦不堪，遠非一位英雄形象。不存在快樂結局，也沒有家人團聚或是在道德問題上得到解決。

《伊許：最後的雅希人》讓歷史保持在「懸而未決」（unresolved）的狀態，讓傷口保持敞開。與《兩個世界裡的伊許》形成明顯對比的是，它要到敘事近尾聲才提及一八六〇年代的大屠殺（藉印第安獵人之口說出）。這些讓人頭皮發麻的倒敘畫面讓暴力更難安全地留在過去。切羅基族學者格林（Royna Green）尖銳批評了把伊許看成一件人類學獎品，看成一個未受汙染的印第安人的態度。博物館的參觀者期望看到一位野蠻人，得到的卻是「一個穿著工作罩服且態度和氣的人」。人類學家巴克利說他在伊許對私人問題的早期回應中（即「木鴨故事」中）看到一種「不同的自我和歷史意識」。畢比在「灰熊隱地」的篝火旁講述「灰狼」的故事，猜測這一類故事說不定已事先為伊許生活在舊金山做好準備。對大智若愚的「郊狼」來說，任何事情都可能會發生：在白人的世界裡，人們喝著混濁的液體，會坐在飛機裡飛行……

✵

這部影片的反殖民主義訊息強烈表現在它對「昭昭天命」(Manifest Destiny)*的歷史描繪，並且不讓一個暴力和種族主義的過去有一個閉合(closure)。雅希人的悲慘命運或爲伊許遲遲未能踏上死者之地在影片中懸而未決。它沒賦予伊許特殊使命，也沒賦予他向「現代世界」傳達智慧。《伊許：最後的雅希人》維持一種曖昧態度(例如它對人類學和克魯伯的描繪)，並使觀眾(主要是非印第安人)面對一段難以消化的過去。對於未來，它只有寥寥數語，彷彿是事後追加：那是出現在電影最後的一段字幕，它告訴觀眾加州原住民至今繼續存在。如果是拍攝於今日，這齣一九九〇年代初的作品無疑一定會納入更多當代的印第安聲音(賴夫後來以「返還」和「印第安博彩業」爲主題所拍的紀錄片便是如此)。在中間這數十年間發生的政治與文化運動讓這種納入變得在所難免。

二〇〇〇年五月十二日，假奧羅維爾賓館舉辦的一個會議上放映了《伊許：最後的雅希人》(會議主辦者是盎格魯和他的委員會)。它讓在座很多印第安人身上激起強烈情緒。一個即時反應是指出這電影是「偏一邊的」，指出它包含的語言「會傷人」。一位部落領袖說電影中那些種族主義的歷史引語(它們把印第安人說成幾乎不算是人類)，還有那些歷歷如繪的屠殺畫面和說明，讓她不忍卒睹，走出了會場。另一位女士表示她明白這電影用意何在，但仍然感到難以消受。另一位女士佐證了這段歷史的生硬：「它貼近於我們的心。事情不是發生在太久以前。」她又補充說，巴特縣目前仍然存在反印第安人的氛圍。一位來自皮特河部落的男士表示那些屠殺畫面讓他回想起自己一九三〇年代在寄宿學校就讀的經驗。他描述了毆打、羞辱和被禁止說母語的情況。他補充說，這種事仍然時有所聞。人們說的話對很多印第安孩子造成了傷害。另一位女士對政府持續否定印第安人有權自行決定部落認屬的做法表示憤怒。（遺憾的是，我的筆記無法保證上述發言者的身分絕對無誤。此外，我的引述和轉述都只是個大概。）

這時，一直在拍攝觀眾發言的賴夫放下攝影機，告訴大家他的影片「更多是關於我們盎格魯白人（Anglos）而不是關於伊許」，又補充說拍這影片是一種他用來「捨棄」（unlearn）自小他在德州成長過程中的方式。

隨著討論繼續進行，有些人認爲影片需要平衡它的黯淡訊息，比如加入一些顯示「我們的政府、我們的部落、我們的智慧」已經有所進步的材料。很多人都反對讓伊許的故事以悲劇收場，反對把他的人生刻畫成死胡同。最能概括眾人意見的是一位邁杜族女士的看法（這看法等於是從不同角度附和了西奧朵拉的結論）。她說伊許的故事讓她看見一個療癒

* 譯注：「昭昭天命」是白人殖民主義者的一套托辭，號稱白人殖民新大陸是出於上天所命。

的契機，一個承認「我們所有人都是人」的契機。她說美國原住民有需要了解白人也是人，有他們自己的養成背景和侷限性。仍然有一段路要走。種族歧視仍然持續，傷口仍在。她回憶了自己祖父被迫遷往圓谷保留地（Round Valley Reservation）跋涉中的磨難往事。她談到自己目前在部落歷史方面的工作如何利用在英國學來的系譜工具找到分散的遠親。她爲《伊許：最後的雅希人》喝彩：「只要在結尾加些東西就行——一些可以顯示事情並未結束於此的東西。這個會議的主題說得好：『伊許：現在、過去和未來』。」

在致結束語時，盎格爾將伊許的故事與所有加州印第安人的歷史聯繫起來。他讚揚伊許傑出過人：表現出驚人的耐性和優雅，長於溝通，有能力遊走於兩個極端之間。當我們完成伊許的「重聚」時，療癒的過程便會開啟，他說。伊許當然至少有部分邁杜人血統——盎格爾說這是他是從一些耆老那裡得知。但返還運動的重點不在遺體應該誰屬的問題，不應該讓它引發部落與部落間的裂痕。盎格爾表示他深信雷丁和皮特河的社群一定能給予伊許恰當的安葬。透過伊許的回家，「我們將可在療癒中走在一起。」

奧羅維爾的這個聚會表明，伊許故事裡同時包含著的淌血和療癒將會持續下去——這是一種進步。

✵

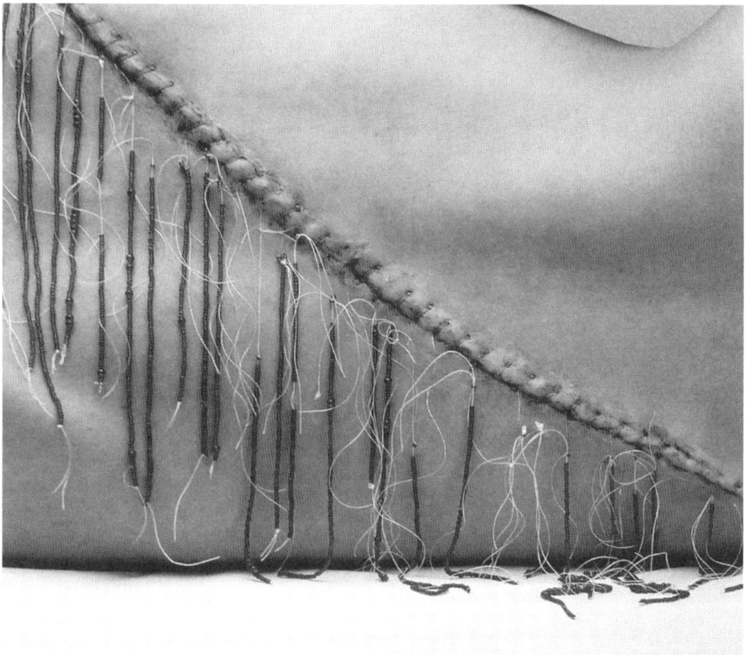

麗貝卡・貝爾莫爾創作的照片／裝置：《流蘇》（局部）。

一個強有力意象表達出這種淌血與療癒。《流蘇》是加拿大第一民族藝術家麗貝卡．貝爾莫爾（Rebecca Belmore）的作品，創作於二〇〇八年。它裝設在蒙特婁克里族總議會辦公室上方的看板上，是一幅八英尺乘二十四英尺的彩色照片。從遠處看，照片內容只是一個半裸的斜躺女體，但走近一些後，你會看見一個草草縫合的傷口斜過女體背部（頁二八五）。傷口正在淌血，但再仔細一看，那些「血」乃是一些串在一條白線上的紅色珠子構成。一道恐怖的傷口被以阿尼什納比（Anishinaabe）傳統串珠工藝和可見的白色線材縫合了起來。

以反諷方式影射歐洲繪畫的「宮女」傳統（odalisque），麗貝卡這幅作品打斷了審美凝視，甚至打斷了任何想要看到完整胴體的欲望。它刻畫的傷口永不可能完全修復。可怕的傷疤將永遠存在。但這種身體毀損如今變成一種暴力美。作品中的躺臥身體（它的斑駁皮膚會讓人聯想起倫納在《人工製品》裡的傷疤）非常具有生命力。正如麗貝卡自己所說的：

> 有些人把這個斜躺的身體看成屍體，但我看到的卻並不是這樣。我看見的是一個正在癒合的傷口。這不是自殘造成的，但無論如何，它卻是可以忍受的。她能承受這個傷口。所以，將會發生什麼事是很容易想像的：她會起身繼續生活，但始終帶著這個傷痕前行。（轉引自Ritter 2008:65）

另一個草草縫合的傷口見於加州大學柏克萊分校的人類學系。一九九九年春天，隨著返還運動聲勢愈來愈浩大，一份草擬的公開聲明引發了人類學系的內部爭論。他們被迫與他們系所創立者「大酋長」留下的資產和負債格鬥。（加州印第安人給別人取外號時常有開玩笑意味，因此「大酋長」這稱號可能兼具尊敬與調侃。）現在，這個大人物業已變成了一個負荷過多的象徵：克魯伯既是領導者與保護者，也是科學家、朋友、時代的代表、背叛者。這個複雜的個體被用來代表自由主義式殖民主義、陷入困境的人類學、後殖民主義和解，以及悲劇性的歷史矛盾。回顧歷史，我們可以看到在原民復振的政治壓力，對克魯伯的批判、辯護和療癒都是發生在一個更大的歷史轉化脈絡。在這個過程中，人類學家和考古學家在探索新的學術願景和倫理／政治參與方式時，面臨並處理著一段深具矛盾的歷史。

人類學與西方殖民主義和顯然不可逆轉的全球資本主義體系擴張的共謀經常被注意和討論。對此，李維史陀一番言論鋒利的話語值得再次引述：

人類學並不像天文學那樣是一門超然的科學，因為它不像前者那樣是源於從遠距離靜觀它的研究對象。人類學誕生於一個歷史過程，在這過程中，人類中的大部分被迫

> 屈從於另一部分，其間千百萬的無辜者被掠奪了資源，他們的信仰和制度被摧毀，隨後本身被野蠻屠殺，或淪為奴役，或是染上他們無法抵抗的疾病。人類學是這個暴力時代的產物。如果說它在認識論層面上有能力更客觀地評估與人類狀況相關事實，那麼它反映了這種情況——即一部分人類將另一部分人類視為物（object）來看待。（Lévi-Strauss 1966:126）

李維史陀指出，至少過去三世紀，歐洲和北美的人類學研究和它對客觀性的理解都是受到一組物質性和認識論結構的決定。這裡的「決定」不是機械意義的，不意味人類學家總是只能把研究對象看成是「物」，或意味他們的工作必然會向著支配者靠攏。「決定」是一種壓力和限制，是一個歷史視域，它讓在它裡面工作和反對它的人只擁有有限度的自由（Williams 1977）。人類學變化中的、有時矛盾的實踐始終是歷史性地對齊和結構性地受限的。克魯伯的矛盾和他的複雜遺產必須從這種唯物主義但卻辯證和保持敞開的方式來加以理解。作爲加州一所新成立的公立大學人類學系創系者，他同時抵抗和維繫了一個支配性的屯墾殖民體制。

在爲丈夫作傳時，西奧朵拉這樣描繪了克魯伯如何開始他的職業生涯：

克魯伯與鮑亞士並肩站在帕納塞斯山（Parnassus）* 山巔，鮑亞士指著下方的大地告訴他，不管是被陰影遮住還是陽光普照的部分，同樣都是民族學家的處女地。未被玷汙但轉瞬即逝——這是鮑亞士訊息的緊迫性和詩意所在。那土地遍布處女語言，它們用不著在莎草紙或石頭上刻上一筆一畫便打磨出具有獨立個性的完美語法與句法。它們都是活的語言，是透過口頭學習和傳承，但即將隨著它們最後一批使用者的死亡而消逝。到處都是有待發現的生活方式，許許多多不同的生活方式。它們有各自的神祇和創世神話，各自的親屬關係、價值觀和理念，全都是與別不同和超乎想像，也全都會在不久之後便永遠消失——這種消亡是人類境遇一部分，是人類美麗又令人心碎的歷史的一部分。時間所剩不多，黑暗的入侵勢力已快要把它無知的滅絕工作完成。所以快到田野去吧！帶著筆記本和鉛筆前去，記錄、記錄再記錄，從歷史的空白中拯救所有仍在使用的語言，所有的文化。（Kroeber 1970:51）

剛毅的男性科學人有責任去照顧瀕危的處女文化——這當然是一種不再被歷史常識所

* 譯注：帕納塞斯山在希臘神話中是阿波羅和文學女神的住所，象徵著詩歌、藝術和學術的高地。在此表示兩人站在了解文化和歷史的高處，俯瞰即將消失的語言和文化。

認可的性別偏見。西奧朶拉微溫和諷刺語調表現出她有意和站在山巔上兩個自命的拯救者拉開若干距離。不過，她還是肯定了鮑亞士和克魯伯認知到的緊急事態是事實，也無可避免。她自己所寫的伊許故事也是同樣帶有「人類那美麗又令人心碎的歷史」的感覺所浸染。

在那個時代，鮑亞士的文化相對主義——相信每種生活方式和人類表達方式都是同樣複雜和有價值的——曾是對抗種族僞科學和進化論階級制度的有力武器。它的「寬容」和「體諒」訊息顯然是反殖民主義的，但同時又是一個自由派、常常是父權主義式理解系統的一部分。在其發展的歷史主義中，它假設小型的「部落」社會注定消失，因此鮑亞士派的方案並未打破屯墾殖民的自我實現預言。雖然看重異文化，但它保留了科學家對於一種位於現代西方的更優越、更具包容性視角的主張。（西奧朶拉的「帕納塞斯山」比喩後來變成了事實，因爲用來收容和觀察伊許的那個研究機構正是座落在舊金山的帕納塞斯高地）。然而，當他反對伊許進行屍體解剖時，克魯伯又寫下過這句知名的話：「告訴他們叫科學見鬼去吧。」所以說，他是知道科學客觀性應該受人道考量限制，知道認知意志（或認知權利）不具有最後發言權。克魯伯的諸種矛盾值得細細玩味。

柏克萊人類學系的內部爭論既是返還運動引發，也是克魯伯把伊許的大腦捐給了「科學」一事被發現所引起。十五名教員簽署了公開聲明，表示伊許的遭遇是「我系歷史裡讓人遺憾的部分」。他們指出，伊許與博物館幾位人類學家的關係「是複雜的，由友誼與學術野心交織而成，其結果是對伊許的個人需要和醫學需要相當不敏感」。克魯伯「失之於未能阻止屍檢」，又「費解地」把大腦捐給了赫爾德利奇卡。公開聲明進而提到伊許更大的象徵意義，即他可以象徵人類學對其與殖民主義關係的理解在不斷變化中：「以科學名義對伊許身體做過的事，是對我們核心人類學價值觀的扭曲……我們慚愧於敝系在背叛伊許一事中（哪怕是無意的）扮演的角色，因為這個人本已在西方殖民者手中失去摯愛的一切。」聲明以呼籲廣泛討論人類學及其與歷史和現實的加州印第安文化的更大問題作結。

這份草案聲明受到人類學系不同成員的抵制（至少有一位最初簽署者對其傾向於只關注「搶救式人類學」和伊許最後幾年的負面成分表示了矛盾態度）。從一九三五年便在系上任教的福斯特領導了一個反對該草案的抗議。他和其他人力主，使用「背叛」一詞是不公道的，是一種時代錯亂。他在一份備忘錄裡指出，以廿世紀初的大環境，伊許可以在人類學博物館裡棲身是相當幸運的。伊許也受到了忠誠支持和最先進的醫療照料。福斯特又引用自己的經驗為「搶救式人類學」辯護：跟他共事過的印第安人都非常高興他們的語言和故事得以被記錄下來。所以，柏克萊人類學系珍視原民文化的創系傳統，與殖民主義相去甚遠。這些是值得驕傲的事情，無需道歉。

在後續的討論中，許多歷史細節受到檢視，很多不同意見被表達了出來。原聲明稿的主要起草人謝普－休斯深信，人類學系應該透過正視一段意義曖昧且令人不安的過去，以公開改善它與加州原住民的關係。只有道歉才能開始澄清問題，並促使實踐上的改變，以達到後殖民的協作和理解。（謝普－休斯曾在南非從事田野工作，對「眞相與和解委員會」彌合深層傷口的效能印象深刻。）隨著討論愈加激烈，學術爭議論壇《通用語》報導了這件事情。卡爾．克魯伯（他是西奧朶拉的兒子，也是英語文學與美洲原民文學的傑出教授）寫信給人類學系主任，激烈抗議拿他父親當代罪羔羊的做法。他還批評人類學系完全放棄美國印第安人的合作研究，卻在這事件中採取道德主義立場，是一種僞君子的表現（有一個顯著例外：與因紐特人〔Inuit〕有長期協作關係的考古學家萊特福特和葛拉本）。在二〇〇〇年十月八日的《洛杉磯時報》，專欄作家科克本隨意地將克魯伯納入對人類學家作爲殖民主義代理人和種族滅絕辯護者的全面譴責之中。於是，在公衆印象中，人類學系的內部爭論是發生在壁壘分明的兩造：一方是以謝普－休斯爲代表的激進批評者，另一方是以福斯特爲代表的死硬保守派。但事實上，系上在辯論這一曖昧遺產的意見光譜是挺寬的。最後經過妥協，一九九九年發表的正式公開聲明把伊許事件形容爲「我系歷史裡令人不安的一章」。伊許和人類學家的關係「複雜且矛盾」。第一個版本的用語有所軟化。最初的版本「克魯伯失之於未能阻止屍檢」一語被刪掉，改爲：「儘管克魯伯一生致力於加州印第安人並與伊許友好相處，但他未能實現伊許不接受屍檢的願望……」聲明表示強烈支持將伊許遺體交還加州印第安人照管，但婉拒爲克魯伯的工作和「搶救式人類學」的假設道歉。

165

謝普－休斯後來在沙加緬度一個會議讀出宣言的最初草稿（在場有些搶搭返還運動風頭的議會人士）。有些人對大學當局的麻木不仁表示憤怒（校方起初看來不願合作，堅稱沒有證據顯示伊許的大腦被另存他處，但史坦未幾即從柏克萊的班克羅夫特圖書館發現證據）。在隨後幾個月中，爭論逐漸平息，而返還運動繼續推進。比斯曼恰如其分地指出：「伊許……具體化了研究利益與人類利益的爭論，並挑戰科學家以超越學院圍牆的方式思考和行為。」換言之，這位倖存者對白人社會肩負的生態使命和精神使命有了新的轉折。「以任何乞靈於其形象的擁護者、社運家、律師、學者或政治家都想像不到的方式……伊許成為了責任感和誠正（integrity）的催化劑」（Biestman 2003:153）。類似觀點也見於謝普－休斯對人類學系內部爭論的縷述（Scheper-Hughes 2003）。

伊許返還的時間點恰巧（或說不巧）與柏克萊人類學系的創系一百週年紀念重疊。慶祝活動包括一個歷時一年的講座（勒瑰恩與史坦都是主講者），最高潮是一個為期兩天的會議：「克魯伯及其遺產：百年紀念會議」（二〇〇二年四月十二、十三日）。此次活動還包括其他在大學內舉辦的展覽：班克羅夫特圖書館的「加州人類學的基礎」、赫斯特圖書館的「一世紀的收藏」、多伊（Doe）圖書館的「在田野中」（展出柏克萊人類學家在異國田野工作中的場景）。這次會議具有回顧和前瞻的雙重性質。開幕演講主題為「人類學系的歷史亮點」，卡爾．克魯伯為人類學的「好奇心」進行了充滿活力的辯護，反擊後現代的犬儒主義，中間穿插著一些可反映他父親博學興趣和幽默感的軼事。馬泰追溯了羅維和馬淩諾斯基在柏克萊的友誼。謝普-休斯回顧了福斯特對醫學人類學這個新興領域的貢獻。會議的基調（恰如其分地）是慶祝性的，伊許這個難處理的議題並未出現。盎格爾在節目單上被稱爲貴賓，他坐在第一排。

次日上午，人類學系的「傑出校友們」或是回憶他們的學生時代（但何時**算是**伯克利的最佳時光？），或是介紹他們當前的工作。這些代表「數十年的卓越」的校友們涵蓋了令人印象深刻的關鍵主題：從中國的宗教運動到後共產俄國的發展政治學，從美國新聞界與權力的關係到與阿拉斯加原住民群體的協作考古學。當天下午，由蘿拉·納德主持的「人類學與世界」會議把眼光從柏克萊人類學看出去，探討了許多政治涉入工作的當前向度。

柏克萊人類學系把它的頭一百年框定爲克魯伯遺產，又選擇了一幅克魯伯攝於一九一二年的威風照片（有人說是印第安納·瓊斯風格照片）作爲宣傳重點。它把它目前的研究描繪成前瞻性和多樣性（儘管有人會抱怨它對人類學的傳統「四大領域」沒有投以同等重視乃是意料中事），指出這種折衷主義精神和不願回顧的態度——據克魯伯的後輩們說——是忠於它的創系之父的精神。無論如何，伊許的矛盾遺產都沒有出現在慶祝活動的節目單中，而赫斯特博物館在其一百年歷史中與加州原住民的關係這個吃緊議題亦只有低度發展。史坦在十二月曾就伊許的返還及此事對去殖民化中的人類學有何影響的主題有過一場演講，他們認爲這就夠了。

其實不怎麼夠。

在星期五的會議上，盎格爾靜靜坐在第一排。隨著會議室變成接待場地，現場一片鬧哄哄。謝普－休斯走到麥克風前面，好不容易才讓大家安靜下來。她向衆人介紹了盎格爾，然後讓他讀出一份準備好的聲明。盎格爾說，伊許並不是野人，而是一個有天份的語言學習者、一個足智多謀的倖存者、半個邁杜人，而他是在要投靠南方親族的半路上被抓到。最後，盎格爾提醒在座的人類學家，有鑑於他們曾經從伊許學到許多，他們對加州印第安人負有持續責任。

盎格爾一說完，會場立刻又恢復成鬧哄哄的狀態。

✵

建系百年慶的幾年前，柏克萊地理學家布瑞欽的《帝國的舊金山》一書由加州大學出版。這部著作以鋒利且令人不安的方式講述了加州這個資本家和屯墾者之州在建州之初的採礦業、種族暴力、水資源爭奪和貪腐現象。布瑞欽的最後一章指出，柏克萊在一九〇〇年前後創校時，其領導階層、資金來源和校園規畫皆透著濃濃的帝國主義味道。它的一位主要金主是赫斯特夫人。她熱愛旅行和蒐集古物，丈夫喬治在採礦業中積累了巨大的財富，兒子威廉日後是傳奇性媒體鉅子，而她支持了大學的戲劇性擴展。赫斯特夫人與克魯伯一起創設了人類學博物館：它是初生的人類學系的核心，也是伊許後來渡過餘年之處。這種贊助關係（patronage）持續至今，但博物館卻是及至近期（此時已遷至柏克萊）才獲得「正名」：爲了從赫斯特基金會獲得新的資助，原稱「羅維」人類學博物館變成了「赫斯特」人類學博物館（系上當然會有人抱怨）。在博物館的主要宣傳海報上，伊許被夾在一張原始面具與一幅古

赫斯特人類學博物館的海報，2012年。作者拍攝。

希臘喪葬畫像之間。

伊許的臉和赫斯特夫人名字的並置打開了對加州制度化人類學的矛盾歷史的另一層次反思。在一九〇〇年之後，現代的人之科學（science of man）開始於搶救並珍視那些被礦業及其社會後果激烈破壞的文化。值得注意的是，礦業財富乃是人類學系早期繁榮的物質性資源。如此說法並不是要斷言人類學與掠奪性資本主義之間有一種必然或功能性的共犯關係，而是要開啟對人類學系奠基者的人文主義工作所面臨的制度性和結構性限制的討論。柏克萊人類學系創系百年紀念的歷史部分並未爲這種討論挪出空間。那樣做無疑地是不合適的：系所百年慶理應是一個歡歡樂樂的時刻。

盎格爾提出那個對加州印第安人持續責任的惱人問題也沒有得到即時回應。至今，柏克萊人類學系仍然無多大意願重新聚焦在加州原住民身上。它已經轉而關注更全球性的問題。在柏克萊，最能以正面方式賡續克魯伯和他的同事們的研究傳統的是語言學系，它的現代形式是由沙皮爾的學生瑪麗．哈斯奠定。以她作爲榜樣，一代又一代的學生致力於記錄瀕危語言。例如，布萊特和希普利都被他們研究和支持多年的部落（分別是克魯克人和邁杜人）尊爲可敬的朋友。更近期，柏克萊語言學家欣頓參與了加州原住民語言保存和復興運動。翻譯伊許錄音的艱鉅工作在她的主持下持續進行中。

長年資金不足和空間擁擠的赫斯特博物館近年來開始與加州的印第安群體發展出協

168

作關係。傑克尼斯詳細討論了博物館如何在文物和照片中展示伊許的歷史（Jacknis 2008）。一九六二年，該博物館展示了一批由調查隊在伊許最後藏身處「收集」的文物，一起展出的還有伊許在博物館工作時製造的許多箭簇、鑽頭和用品；展示配有照片和當代文件。解說文字主要取自西奧朵拉剛出版的著作。《兩個世界裡的伊許》的高度暢銷保證了源源不斷的參觀者，所以在一九七〇和八〇年代，赫斯特博物館極少沒有舉行與伊許有關的展覽。而這些展覽一般都是追隨西奧朵拉的正統詮釋。

一九九〇年初，在名為「伊許和雅希文化中的發明」的展覽中（由新到博物館任職的歷史學家／人類學家傑克尼斯策畫），觀點有所改變。它不再強調伊許是一個消失文化的最後一人，改為強調適應與創新。躲藏時期的伊許已經開始用玻璃瓶來製造箭簇，而在博物館裡，他製作了漂亮、長且最終功能不全的樣本。他還熱衷於在造箭時使用膠水和顏料，以及使用棉線和其他新物料。他的箭簇是模仿鄰近部落的樣式（Shackley 2000）。傑克尼斯的觀點是受到文化「發明」（Wagner 1975）的人類學理論啟迪，另一個靈感來源是盧欣和欣頓對伊許錄音紀錄的詮釋。在二〇〇二年，博物館做出另一個重大變革，建立了一個常設的「加州印第安文化」展廳，將「伊許的特別地位淡化，並把他的物品放入其他加州印第安人的物質文化脈絡中」。這對於那些有時來自國外，尋找重新發現伊許的參觀者來說是令人沮喪的（Jacknis 2008:82）。伊許的標誌性地位對於展覽空間有限的赫斯特博物館來說既是祝福也是負擔。傑克尼斯做了個恰當的比喻：這種困境就像歌手有一首必唱的「熱門」歌曲，觀衆必須聽到，否則便會引起不滿（Jacknis 2008:87）。

及至很近期，赫斯特博物館的展覽（雖然經歷多次變化）都未與印第安群體發展出持續的協作關係。儘管有些館員滿懷善意，但一種猜疑原住民的態度已經形成，其結果是一種孤立態度，同時他們也遲遲未能按一九九〇年《美國原住民墓地保護和返還法》的要求，把館中蒐藏清點完成。現在情況正在改變：新任館長薩爾瓦多積極建立社群連結，又設立了一個「美國原住民族顧問委員會」。當一項重大整修工程完成後，新的伊許展覽將會反映印第安人的觀點和館方與加州社群的持續協作關係。或說希望是這樣。原住民對大學當局的不信任態度持續存在，最近（就在本文要付梓之時）又被一齣在校園上演的戲劇火上加油。一位前衛的舊金山劇作家在作品中濫用伊許的故事，讓觀衆中的印第安人感到深受冒犯。抗議、道歉和解釋在網路上不絕如縷……

在大學和印第安振興的多艱邊界地帶，那個稱爲「伊許」的傷口也許永遠不會完全癒合，也不應該讓它癒合。然而，他的遺體歸葬確實帶來了廣泛的寬慰，有一種受到療癒甚至願意給予寬恕的感受。在拉森山舉行慶祝伊許回家的紀念典禮上，下午的談話圈結束後是一場包括在篝火上烹製鮭魚在內的盛宴，這些鮭魚由來自沿海的尤羅克人提供。隨後，另一個非正式的談話圈在火光中形成。在情緒高亢的談話中，謝普-休斯分享了她認爲人類學系在伊許死後犯了哪些過錯。她以一位柏克萊人類學家的身分表示了歉意，又自喻爲「克魯伯的孫女」以暗示她也擔負一份罪疚。一位年長的女性，皮特河部落的領袖，站起來呼籲尊重先祖，無論是印第安人還是白人，他們「自有他們的理由」。然後，她又代表族人從心坎裡向謝普－休斯的「祖父」遞出寬恕。克魯伯（一個人類學緊張性源源不衰的象徵）的療癒達成了。暫時達成了。

十年後，譴責柏克萊人類學系的聲音再一次在沙加緬度響起：這一次，一個組織良好的運動強力要求將數千具藏在赫斯特體育館地下室的印第安人遺體歸還遷葬，而赫斯特體育館就位在克魯伯大樓和赫斯特博物館隔壁（Platt 2011:171）。*

⁂

克魯伯留給人類學的遺產仍然是一個強烈且持續的矛盾，這在「搶救式人類學」的轉化和目標再訂（repurposing）上表現得特別顯眼。

克魯伯結合了鮑亞士的歷史主義和一種文化演化的元理論（metatheory），一方面認定應該以嚴謹的經驗主義記錄文化並以相對主義理解文化，另一方面又認定文化是循著一條通向愈來愈複雜和大規模「文明」的線性軌跡發展。按照這種觀點，個體的創新和妥協意義不大。基於文化成長的結構過程，舊加州的小型和「簡單」社會最終注定會被結構性文化增長過程所吸收。相對於文化史的整體型構來說，局部的轉變並無多少意義。因此，克魯伯幾乎完全專注於重構「前接觸時期」的原民文化，並且極少意願去研究那些塑造了與他對話的印第安人的暴力，但也具有創造性的文化接觸歷史。它假定了過去的文化傳統裡存在著一種穩定的人類學「客體」（object），因而他在著作裡傾向於把實際和變遷中的印第安人視爲殘跡。

對克魯伯有傑出研究的巴克利指出，我們可以在克魯伯同事沃特曼的作品裡找到一種較不那麼理想主義的歷史，以及一個對同時代印第安社會（一些轉化中的社會）的關注（Buckley 1996）。另一個可作爲對比的是安古洛的狂野且深情的故事《穿工作罩服的印第安人》（一九五〇），這本著作描述了他在皮特河印第安人中間進行的研究，這是伊許的北方鄰居。若克魯伯來評價，他一定不會認爲這部田野工作回憶錄有什麼人類學科學價值，因爲它的主觀性以及安古洛在注腳裡自嘲地提到，「得體的人類學家不會與那些醉鬼一起和薩滿滾在溝渠裡」（de Angulo 1950:53）。在早期紀錄加州印第安語言的工作中，克魯伯曾與形形色色的業餘者共事，但到了一九二〇和三〇年代，他因爲要建立人類學的專業地位，使他

* 譯注：「克魯伯大樓」即是柏克萊人類學系館的建築物名稱。

與安古洛或哈林頓這類有搶救熱情的古怪收藏家保持距離（Leeds-Hurwitz 2005）。

在假定歷史只有單一方向一事上，克魯伯當然並不孤單——按照這種觀點，倖存的加州原住民爲生存所做的適應只是一種垂死掙扎，一種本眞性的降低。一九二五年，克魯伯在他那部巨著《加州印第安人手冊》中，綜合了二十年來的文化–語言調查工作（Long 1998）。此一彙整研究至今仍是一大資料來源，其所根據的第一手語言和風俗資料現今保存在柏克萊的班克羅夫特圖書館。然而，對許多加州印第安群體而言，《加州印第安人手冊》的遺產是負面的：這些族群一度分離四散，現在好不容易才重新連結起來，卻無法得到州政府或聯邦政府的承認。克魯伯在《加州印第安人手冊》裡認定某些群體已經消失，而這個「死刑判決」（今日有時人們會這樣稱之）至今繼續困擾著許多所謂「消失了」的群體的後代，這些後代在變化的政治氣候中努力以被認可的印第安人身分生活（Field 1999）。

《加州印第安人手冊》反映著（某種程度也凍結了）十九世紀晚期和廿世紀初期加州的屯墾者勝利史觀，這對原住民來說是一個特別壓抑的時期。克魯伯被自己二十年的研究工作和機構的建立弄得筋疲力竭，經歷了一場嚴重的中年危機（伊許的去世無疑是其中因素之一）。之後，他轉向新的課題，研究方向離開了加州。很多記載都顯示，他有著一種靜不下來的知性，不喜歡回顧，總是往前走。然而，他沒有拋棄原有的研究人脈。娶了比他年輕的西奧朵拉（一位新寡的寡婦）之後，克魯伯每年夏天都會與妻小在納帕谷（Napa Valley）

的牧場渡過，期間常常接待來訪的印第安朋友。其中兩位常客是多洛雷斯（伊許的舊金山同伴）和尤羅克人史博特（Robert Spott）。後者是克魯伯的長期協作者，兩人合寫的《尤羅克敘事》在一九四二年出版。（另一部合著《尤羅克神話》要等到一九七八年克魯伯去世後才會出版。）退休之後，克魯伯受到年輕同事海澤以及業已改變的時代氛圍所影響，於一九五〇年代中期曾多次在「加州印第安人土地索還委員會」的聽證會上充當印第安人的主要證人，做了詳細的證詞。就此而論，他爲學院人類學家開創了一個新的角色。

較早期的「搶救」方案——克魯伯在聽證會上曾大量使用其成果，這可顯示在他出庭前細細準備的筆記上（這些筆記現存班克羅夫特圖書館）——產生了始料不及的結果。當初，這工作是由一種急迫心情推動。克魯伯相信必須趕快把各種語言和口述材料記錄下來，否則一旦懂得這些語言口傳材料的部落耆老去世，這些知識便會失傳。克魯伯在整個加州進行短期民族誌調查，本質上是調查工作，但卻與尤羅克人發展出一種較深刻和持續的關係。巴克利對克魯伯在尤羅克人的聲望有細緻著墨。他也找到一些證據顯示，克魯伯在研究過程中曾遭遇敵意和抵抗，而這部分是因爲他不肯在作品裡觸及白人暴力征服的後遺症。在這方面，沃特曼與他形成一個鮮明對比：克魯伯稱之爲「可憐事件的小歷史」的事情，沃特曼直接稱之爲「白人侵略」。

巴克利區分「兩種不同的搶救」。克魯伯著意重構純淨的前接觸時期印第安文化暗示著

172

後來的印第安文化已經不純。然而，這些文化成員儘管對他的假設感到憤怒，卻依然採用了他關於本眞性的許多觀點。在當代傳統主義者眼中，原民文化必須「透過主要由克魯伯所引入加州的鮑亞士派事項來定義。這些事項包括語言和音樂、傳統敘事、宗教儀式和物質文化。例如，尤羅克人在建構自己對尤羅克過去的解釋時，長久以來都是用一種客體化的角度理解『文化』……他們持續追求文化上的存續，迄今的成功程度大概會讓克魯伯嚇一跳」（Buckley 1996:293）。在第二個搶救過程（透過翻譯和再銜接搶救），克魯伯和同一代人類學家收集到的材料「爲那些最積極於『拯救』自己文化的尤羅克人提供了一部教科書——不管他們的取材有多麼選擇性」（Buckley 1996:293-294）。要克魯伯來評論，他大概會認爲這種「從現代歷史殘骸中搶救出來的（部分）文化」是沒有未來的。但巴克利尖銳地引用一位尤羅克耆老的話作結（這位耆老對人類學家的觀點與大多數尤羅克人不同）：

> 感謝上帝讓好心的克魯伯博士、沃特曼博士、吉福德博士和其他好心的柏克萊博士前來研究我們。如果他們沒有對我們感興趣，沒有來這裡並記錄下來，我們今日對自己是誰將會一無所知。（Buckley 1996:294）

克魯伯的搶救是要爲人類多樣性留下歷史紀錄和科學紀錄，不是要給廿一世紀的部落充當存活（survivance）的工具包。卡斯坦尼達以帶著尖銳的諷刺描述了「消失中」的搶救式人類學是如何反被原住民主責的檔案庫和博物館給搶救回來（Castañeda 2002）。新類型的收集爲舊文本和舊文物帶來了新生命，有功於地方史和跨部落身分認同的興起。

我們很難知道，那些在世紀初與民族誌學者和語言學家協作的部族耆老是不是希望他們的傳統可以獲得某種「第二生命」。在經歷了巨大的破壞之後，保存於白人筆記本中的知識可能如瓶中信般，一紙捎向未知未來（unknown future）的訊息。也許人類學家的興趣是一種受歡迎的肯定——在先前對其生活方式缺乏理解的跨文化背景下提供了尊重。至於那些排斥人類學家「侵入」的原住民，則無疑是在面對暴力和鋪天蓋地的潛在壓力時，希望保有一定程度的自主權。我們無法知道所有幫助或阻礙過「搶救」的人的動機。一如往常，個人信任關係是非常重要的。有些東西需要保密，有些東西則可以在適當的情況下傳遞。配合者的心情必然是複雜而矛盾的。正如珍妮佛．克雷默最近主張的，敞開和保留兩者（即表演文化和把它祕而不宣兩者）對北美原住民的連續性、關係性生活都攸關重大（Kramer 2006）。

當伊許用緊急的聲音把幾百個圓柱形蠟筒塡滿時（Jacknis 2003），他想說給誰聽？他保留一些事情不說，又是爲了不想讓誰知道？在在看來，他至少覺得用雅希語說一些他熟悉的老故事是一種享受，儘管受眾大多聽不懂，但至少他們認眞對待這些故事。在近乎一世紀之後，語言學家盧欣和欣頓研究了伊許告訴沙皮爾的幾個相對記錄詳盡且翻譯良好的故事，發現了一些非常耐人尋味的線索。在「郊狼強姦妹妹」故事中，伊許很不尋常地插入了大量雅希人日常生活的細節（這是將巴威用北部雅那語講的同一則故事比較後得知）。講述這個「郊狼」故事時，他把一半時間花在描述雅希人如何準備烹煮橡實，幾乎可以說「故事本身」成爲一個附屬部分，背景變得廣泛而詳盡——這是一種體驗性的、記憶的「世界」。兩位語言學家主張，對日常活動的長篇細微描述堪稱是伊許的標記，因爲類似情形在其他美國原住民的經典錄音中前所未見。事實上，伊許提供的細節甚至或許遠超過人類學家對記錄細節的需要而產生的任何內容。

爲什麼他要以這種方式說故事？我們應該謹慎，不要遽下結論以爲他是爲印第安人的「後代」而說。當時已經沒有任何年輕印第安人聽得懂他的雅希語，而伊許也幾乎不可能想像，他的話有朝一日會像如今這般被珍視爲一份「復得的遺產」。所以，他也許只是想讓他知道和珍視的一些事情在變遷中的時代持續下去和受到承認。盧欣和欣頓主張，伊許會那麼看重那些日常活動，是因爲人數愈來愈少的雅希人正是靠著它們而多存活幾十年。他會回到那些故事是出於一種情感豐富且非貶義的懷舊。他愛用一種親密、有共鳴性的語言回憶那些活動。因此，看待伊許回憶的最佳方式不是視之爲一種保存或傳遞行爲，而是視之爲一種此時此地的表演。近期的批判性研究聚焦在民族誌和語言學收集作爲一種表演性

174

社會過程（Sarris 1993; Dinwoodie 1999; Cruikshank 1998）。從這個角度看，伊許會熱心充當報導人，不那麼是爲了搶救「記錄」而保存傳統，更多是在新的社會背景下重新演繹它們——在一種新的參與模式中重新聚集自我。

對這位難民來說，「過去」有著什麼樣的意義？他是用「過去」、「現在」、「未來」這些範疇來思考時間嗎？他是否具有歷史思維，也像克魯伯那樣感覺到一個終點已經逼近，感覺到自己的過去人生已經結束了嗎？也許他在時間中以不同的方式移動，懷著謹慎和好奇心邁入新的現在，同時又從舊的工藝和舊的故事裡汲取力量和自信。他把他的文化身體從鹿澗帶到了舊金山，由此可以把舊金山稱爲他的「家」。

那時的伊許也許沒有未來，但他正往別處去。

烏托邦

> 過去和未來就像我們看不見臉的小孩，躺在沉默的懷抱裡。我們所擁有的只有此時此刻。
>
> ——勒瑰恩，《總是在回家》

175

勒瑰恩出生於一九二九年，從未見過伊許。直到一九五〇年代中期她的母親要寫一部傳記的計畫浮出檯面之前，她也從未聽過伊許的名字。母女兩人差不多是同一時間投身寫作，是（用女兒的話說）「藝術上同齡人」。勒瑰恩在《兩個世界裡的伊許》寫作期間聽過大量伊許的事，也是母親在構思學童版伊許傳時的重要意見提供者。我們在她的全部作品裡都聽得見伊許故事的隱隱回聲，但卻從沒有一個一望而知的伊許角色——除非是把短篇小說〈五月的獅子〉裡那隻爬到納帕谷一戶人家後院等死的野山獅算是一個。

勒瑰恩的作品充滿加州原住民的故事和聲音，那是她從個別印第安人聽來或從民族誌作品讀來。她翻譯和轉化（transmute）北加州的地景、生物和歷史。這些當然並不是她的唯一靈感來源。身為克魯伯和西奧朵拉的女兒，她自小生長在一個世界主義環境，生活中充滿知性談話、書本和外國訪客。其作品的靈感汲取自民謠、大眾文化、道家思想、後六〇年代女性主義和環保主義。把一個想像力豐富的作家化約為她的「靈感來源」當然是愚蠢的。並且毫無疑問地，不應將她的作品解讀一種「眞人眞事小說」（*romans à clef*）*——例如，認爲她小說中出現的大量人類學家和跨文化詮釋者是她父親的化身。然而，在一個廣義的寓言、分析和沉思層次上，勒瑰恩常常會回到對伊許的世界來說具有核心性的癥結和主題：殖民統治和誤解、跨文化理解的困難和眞實可能性、在危險前沿的共謀和友誼、傳統的保持與變遷的動力、與他者平衡共處和與環境相適應的共同生活藝術。

勒瑰恩在二〇〇一年柏克萊人類學系建系百年紀念活動中發表了一場演講，其內容（據她自言）是她允許自己最接近於寫作「回憶錄」的事情。她想要幫父親澄清，駁斥「情感閉鎖的科學家利用高貴野蠻人」之說——毫無疑問指的是那齣ＨＢＯ電影和返還運動加給克魯伯的形象。她強調克魯伯珍視他的印第安人朋友，而這些友誼是以互相尊重和節制為基礎。他不信任那些自稱與印第安人有著特殊精神聯繫的白人。如果說克魯伯在伊許死後很少談他，那是因為太過悲痛而找不到合適的語言。據勒瑰恩回憶，她父親一度因為中年危機而投入對佛洛伊德精神分析學的鑽研（但她認為，他並沒有從中找到他需要的語言）。

她也深情地談到多洛雷斯和史博特這兩位「印第安叔叔」，指出他們是克魯伯家納帕谷避暑居所的常客。多洛雷斯的好脾氣讓他受盡克魯伯幾個孩子的「欺負」，反觀拘謹得多的史博特則讓他們不敢造次。傍晚時圍著篝火講故事是常有的事，屋子裡有人用尤羅克語交談也一點不奇怪。納帕谷自由的氛圍和豐富的社交生活讓勒瑰恩對那片土地產生深厚感情，

＊　譯注：「*Romans à clef*」是一個法語詞語，直譯為「鑰匙小說」（novel with a key），指的是一種小說中的人物、情節和事件都是基於現實生活中的人和事，只是稍作改變或掩飾。換句話說，這類小說的角色和故事在現實生活中有對應的原型，讀者如果知道這些背景，可以將小說中的虛構元素對應到現實中的人和事件。

有一種住在「世界的中心」的感覺。因此，她爲人口過多和農業綜合企業（「那些被毒害的葡萄園」）近幾十年來對納帕谷造成的破壞感到痛心，又把這種個人鄉愁傳化爲批判性烏托邦：在一九八五年充滿民族誌願景的出色之作《總是在回家》裡，她想像了一個未來的納帕谷，其居民是一群轉化過和再生根的加州原住民（「一群配住在該地的人」），稱爲凱緒人（Kesh）。

勒瑰恩的科幻小說創造出一些富於想像力的思想實驗，而它們都是一些文化批判的形式。《黑暗的左手》是第二波女性主義運動的早期經典，其中的世界是一個我們認得的人類世界，但不存在男性女性的分別。雖然不直接提及當代或歷史情境，但勒瑰恩許多作品都強烈觸及殖民入侵、原民轉化和人類學在其中困境角色的敏銳意識。在她的「瀚星」（Hainish）系列中，準民族誌學者往返於一些相隔遙遠但互有關聯的世界，努力應對跨文化交流的風險和必要性。在這些「人類學」小說中，《世界的名字是森林》（一九七六）或許最直接地對伊許故事中的關鍵問題進行了冥想。它也是全球賣座鉅片《阿凡達》的直接靈感來源，該片導演卡麥隆承認了這一點。不過，雖然都是講述原住民戰勝入侵者的故事，兩者仍然有一些顯著不同。最突出的不同在於《世界的名字是森林》版本要較爲幽暗，也沒有一個獲救贖的白人英雄。

《世界的名字是森林》寫於反越戰運動的高峰點，這部中篇小說表現出憤怒和明顯的政治動機，這在作者的作品中並不常見。它描寫兩個世界的致命碰撞，讓人聯想起伊許所誕生的那個世界：在一個入侵的情境下，種族滅絕被視為只是擁有優越科技的外來侵略者帶來的「進步」的一部分。就像淘金熱之後的加州，沒有一個運作正常、合理的政府可以指望來扮演調解角色。在《世界的名字是森林》中，雖然有一個剛形成不久的星際聯盟，但它唯一能做的只是認可血腥衝突的最後結果。勒瑰恩反轉一般的征服故事，想像出一場成功的反抗戰爭。但誠如我們將會看見的，這個圓滿結局是帶有陰影和矛盾的。居於故事核心的是兩個跨文化的翻譯者（一位是原住民領袖，一位是人類學家），兩人發展出一段友誼。他們的友情眞摯、可敬而又致命。

《世界的名字是森林》講述森林密布的阿什星球（Asche）遭到兩千名地球人的入侵（地球人很久以前便把自己星球的環境破壞殆盡、樹木砍光）。最先到達的是伐木工和士兵，他們開採木材，並用機械人太空船載回家。故事剛開始時，一批婦女正從太空船上被「卸下」：她們的用途是繁衍人口，好讓「新大溪地」[*]從一個開採性殖民地轉化爲屯墾性殖民地。三百萬名原住民阿什人，他們就基因上來說是人類，但經過長時期演化後變成只有三英尺高、長著綠色毛皮，並發展出一種能完全適應森林世界的文化。這些小人物在面對更

* 譯注：「新大溪地」是地球人給阿什星球取的名稱。

先進、重武裝的社會時，被認爲注定會滅絕。入侵者稱他們爲「小猴」(Creechies)——這個種族歧視術語讓人聯想起加州白人曾經因爲印第安人其貌不揚和貼近地面而稱他們爲「挖地人」。被動且夢幻的阿什人，混合了孩子和毛茸茸動物的特質，對入侵者完全不構成威脅，後者配備炸彈、機關槍和火焰噴射器，坐著最先進的越戰式直升機隨心所欲飛來飛去。地球人大肆砍伐森林的同時又把一大批「小猴」關在猴圈裡以供勞役，聲稱他們是自願勞工，以此規避本國政府一些高尚但無效的規定。這是一種古典的採掘殖民操作，讓人聯想起比利時國王利奧波德（Leopold）統治下的剛果和許多其他例子。地球人全都有著典型的帝國主義者模樣：性別歧視、掠奪性，妄自尊大；或充其量只是些「奉命行事」的人。這裡，勒瑰恩用的是毫不掩飾的嘲諷筆觸。但遠征軍的隨軍人類學家柳博夫卻複雜得多。他想要了解森林居民。

阿什人生活在一個清醒與夢境之間的界線模糊且可以操控的世界。夢不只出現在睡眠，還會出現在一天的任何時間。男人一般不是獵人便是知識分子（專門的「夢者」）；女人則獵取獵物並擔任政治領袖。老婦人對重要議題擁有最後決定權，而她們的決定受到男性夢者的視野啟發。就像前接觸時期的加州一般，阿什人中間不存在有組織的部落或大型政府。人們散居在不同島嶼的不同村落，由女頭目領導。生活的各方面都貼近土地（包括住在半地下的房子），不存在階級或戰爭，人與社會或人與環境都能保持和諧。人口數量受到控制，發展出可以讓爭執和暴力不會升高爲殺害的行爲機制。

阿什人看來是把澳洲原住民「夢境時間」（Dream Time）* 和特恩布爾《森林人》裡的姆布蒂俾格米人（Mbuti Pygmies）綜合而成（《森林人》比《世界的名字是森林》早幾年出版）。其他的靈感來源可能包括美拉尼西亞奉行平等主義的「禮物社會」（gift society）、女尊男卑的新幾內亞高地文化（這文化因米德的介紹而廣爲人知），當然還包括傳統的加州印第安社會。但是這種推測只能帶我們走到這一步。勒瑰恩從來都是把她從廣泛閱讀得來的點點滴滴重新編織爲一個獨一無二的綜合體——一個無法化約爲它各種原材料的整體。

阿什文化雖然體現著「和諧」（這是勒瑰恩的道家倫理想像力的中心概念），但卻不是靜態的或一成不變的。《世界的名字是森林》裡的文化衝突故事是要描繪兩個動態社會的鬥爭與協同。柳博夫發現自己身處一場轉化戰爭之中，但中立不是選項。這位人類學家被夾在邪惡的帝國主義和阿什人的抵抗運動之間，既爲前者提供了一種自由派托辭，又對後者愈加同情。作爲一名「專家」（技術員或科學家），他負責研究和報告當地習俗，但不得參與政治或軍事行動。隨著衝突愈來愈白熱化，他顯得在「中立」上左右爲難，情形彷彿是

* 譯注：「夢境時間」（Dream Time）原是澳洲原住民的神話內容，指涉超越時間性地與祖先靈體相連結因而獲得某種精神永續不滅之象徵體系。

一九七〇年代初期（《世界的名字是森林》寫成的時期）人們對人類學與帝國的共謀關係的辯論。

如同她許多科幻小說中的情節，《世界的名字是森林》聚焦在一段跨文化友誼。我們也許可以學《黑暗之心》裡的馬洛那樣，把小說裡的另一個主角——阿什人席維爾（Selver）——稱爲「一個改良過的樣本」。雖然是個「小猴」，但他卻學會殖民者的語言，成了他們看不起又少不了的僕人。柳博夫欣賞席維爾的跨文化才能，把他聘爲助手，兩人一起密集研究阿什人的語言和文化，就衝突的價值觀和存有論交換意見。這位人類學家甚至在朋友的指導下開始學會有意識地做夢。席維爾看來安於當個文化掮客，直到自己妻子被侵略者一員的戴維森上尉姦殺之前。事發後，他撲向戴維森上尉——這行爲形同自殺，因爲對方是個孔武有力的戰士。戴維森上尉是典型的殖民主義者，毫不含糊主張「消滅所有野蠻人」，計畫透過砍掉和燒光阿什人的整個世界而把「光明」帶入「黑暗」森林——他的世界末日願景（apocalyptic vision）堪比一九五〇年代冷戰期間的赫爾曼．卡恩關於核子大戰後的生活規畫（「設想不可想像的事」*）。就在矮小的席維爾眼見就要被戴維森上尉殺死之際，柳博夫設法救了他，讓他逃到森林去。這行爲固然鞏固了兩人的友誼，但在殖民者眼中被視爲背叛。他原本來就因爲秉持相對主義而備受猜疑，至此更是被牢牢地歸類爲「小猴支持者」（這讓我們想起「印第安人愛好者」、「黑人愛好者」……）。

本來就是做夢高手的席維爾透過夢境消化恐怖的現在和探索可能的未來，了解想要讓阿什人的世界存續下去需要一些非常新的東西。寇寇・曼納（Coco Mena）——一位耆老和偉大夢者——體認到席維爾已經成爲了「神」：

> 目前是世界的一個新時分：壞的時分。你已經走到了最遠。而在最遠之處，在黑色道路的盡頭，長著一棵樹。樹上的果實已成熟。現在，席維爾，你伸手把它摘下來。那樹的根扎得比森林更深，而當一個人手上握有它的果實，整個世界便會改變。（Le Guin 1976:48）

席維爾從曼納的夢中樹摘來的果子是戰爭。他未幾將會領導人數具有壓倒性優勢的阿什男女展開一連串突襲，殺死數以百計的地球人（包括爲繁衍目的剛被輸入的女性）。

在阿什人突襲殖民者大本營的兩天前，柳博夫在附近森林村莊從事調查工作時遇到了

---

* 譯注：原文爲「Thinking the unthinkable」，語出赫爾曼・卡恩（Herman Kahn）同名著作（一九六二）。卡恩是美國冷戰時期著名的戰略理論家和未來學家，以其在核戰爭和戰略規畫方面的著作《論熱核戰爭》（*On Thermonuclear War*）以及提出「設想不可想像的事」理念而聞名。

席維爾。他們重敘舊友誼，但意識到一股新的力量在他們之間產生了分歧。他們的友誼是真實的：席維爾不惜冒奇襲會失敗的風險，警告他朋友在某一天晚上必須離開基地。柳博夫在呈給上級的報告中沒有提及這項情報，也沒提到他遇見席維爾的事。在這樣誤導了自己人和掩護了反抗軍之後，這位人類學家無處可去。他無法自救也不打算自救。不理會席維爾的警告，他繼續留在基地，而當阿什人蜂擁而至時，他的吃驚程度看來不亞於其他地球人，最終被倒塌的橫樑壓死在燃燒的房子裡。席維爾爲人類學家的死哀痛，小心保存好兩人一起收集到的民族誌資料，稍後交給新成立的星際聯盟的代表保管。在小說的結尾，所有倖存的地球人被撤離，聯盟的正式決定確認將「第四十一號世界」永久禁入。只有在五代之後，才允許進行小規模的科學調查來接觸阿什人。席維爾得知，在星際聯盟的這個決定上，人類學家的民族學報告在證明其森林世界不應被干擾的決定中發揮了關鍵作用。

在《世界的名字是森林》裡，一種看似不可遏止的歷史推進力被徹底阻止。數量龐大且具備遠見卓識的領導戰勝了入侵者的技術和軍事優勢（這次缺少了征服美洲最強大的盟友——疾病）。但擊退敵人並不意味返回「前接觸」的世界。某些重要的改變已經發生。正如席維爾對即將離開的一個星際聯盟代表所說的：「現在假裝我們不知道如何互相殺戮已經沒有意義了」（Le Guin 1976:168）。勒瑰恩讓讀者自己去猜想阿什人是不是能維持原有的和平與和諧生活方式。非常隱晦的是，讓一個曾經歷仇恨的原住民「主權」保持隔絕究竟是不

180

是一個好的結果，這一點也不明朗。這個故事裡沒有任何純眞成分。

在《世界的名字是森林》裡，勒瑰恩對歷史互動和歷史變遷的理解異常複雜。暴力並沒有被描寫只是一種外來物，只是一種汙染源。阿什文化裡的「神」被描寫爲「一個改變者——不同現實（reality）之間的一座橋樑」（Guin 1976:35）。當柳博夫第一次聽到席維爾被稱爲「神」之後，他查考了兩人合編的民族誌詞典，發現「神」的其中一個定義是「翻譯者」。作爲阿什人一系列「神」中最新一位，席維爾從夢境時間（dream time）把一種新的現實帶入世界時間（world time）。正如耆老寇寇・曼納所說的，活的傳統總是動態的：「世界總是新的，不管它的根有多老……」（1976:33）。席維爾認爲夢境和物質世界同樣眞實。但兩者的關聯是模糊不清的。一位翻譯之神可以把一者帶入另一者，帶來語言和行爲的徹底改變。柳博夫納悶，席維爾在翻譯出一個新的現實時（這一次是處心積慮的殺戮），用的究竟是自己的語言還是戴維森上尉的語言。他無法確定。我們也無法。

這裡，我們很自然會想要把阿什人的翻譯之神和印第安先知相提並論，因爲後者在美國西部接觸史上同樣扮演過重要角色。他們之間最知名的一位是派尤特族（Paiute）的偉大夢者沃夫卡（Wovoka）——大平原的日舞運動（sundance movement）的發軔者。在十九世紀晚期和廿世紀，先知／夢者宗教在所有加州原住民中間也扮演了重要角色。事實上，「世界會定期更新」（world renewal）是個歷史久遠的印第安觀念，它在一八五〇年之後重新被基督教影響的彌賽亞主義（messianism）所闡述。沃夫卡的追隨者在加州到處「傳教」，而夢者成爲改變傳統的重要翻譯者（例如廿世紀凱夏雅潑莫族〔Kashaya Pomo〕的領導人安妮．賈維斯〔Annie Jarvis〕和埃絲．帕里什〔Essie Parrish〕）（Field 2008; Sarris 1993）。當然，這些地方史各有其獨特性，把它們類比於席維爾肯定會過當。但無論如何，聚焦在由夢和預言加持的動態性傳統，會比「最後一位野人」敘事或「涵化」意識形態更能讓我們體認到何謂轉化中的本眞性。不應該再把「變遷」（哪怕是暴力造成的變遷）與文化的死亡混爲一談。人們不禁想知道，在五代之後重返阿什的科學考察隊會發現什麼。五代，大約就是伊許的族人遭屠殺到《世界的名字是森林》創作的時間跨度。

在加州建州大屠殺的五個世代之後，加州原住民仍然活著，但已經變得不同。

伊許不是盡頭。他過去乃至今日都是個翻譯者。他將某些物事從一個世界帶入另一個世界，而他對新鮮事物帶有一種選擇性的好奇心。我們在前面已經看到，他的故事繼續爲大相逕庭的人帶來魅惑、療癒和新的意義。至少，勒瑰恩有關殖民主義、接觸和變遷的寓言確認了這種歷史的開放性。它同時也對她母親在《兩個世界裡的伊許》裡想像的療癒結局蒙上陰影，但並未對人類流露的「和解渴望」嗤之以鼻。《世界的名字是森林》裡的人類學家不是克魯伯，而是一個被困在致命交火中的獻祭角色。伊許的幾位「朋友」是在歷史勝利者的安全空間裡工作，從不用如此暴露在危險之下。他們無須在不可調和的敵對兩造之間選擇立場。「搶救式人類學」自視爲一個歷史轉捩點，但它卻出現在致命的暴力已經造成最糟的局面之後。正因如此，人類學家的科學理解才可以與他們對倖存者伊許的忠誠快樂地並存不悖。跨文化友誼願景是《兩個世界裡的伊許》中的人文主義療癒之所賴。

創作於《兩個世界裡的伊許》出版二十年之後，《世界的名字是森林》寫成於一個知識和權力的矛盾被反殖民運動、女性主義和越戰（又特別是後者）尖銳暴露出來的時刻。在《世界的名字是森林》裡，原住民席維爾和人類學家柳博夫的相互忠誠和尊重雖然是真實的，但這段關係仍然問題重重。在全書最後，席維爾明白了像柳博夫一類的人「善於理解別人但本身卻是完全超越理解。這是因爲，仁慈與殘酷是同樣疏遠而無法觸及的」（Le Guin 1976:166）。這是一個嚴厲的總結。伊許對他的醫生和箭術同好「卜皮」以及「大酋長」是否曾有過這樣的感覺也是可以理解的。但已經形鑄的連結是無從切斷的，這是爲什麼「存在於席維爾心中的柳博夫一直讓他感到痛苦」（同上引）。不會有脫離，也不會有明確的了結。自此以後，席維爾他那個親密但無法接近的朋友永遠留在他的夢中，正如——在一個反向的歷史結果中——耐心而神祕的伊許始終縈繞著克魯伯。

《世界的名字是森林》以間接和富於想像力的方式評論了《兩個世界裡的伊許》。勒瑰恩透過不帶感情地、慷慨地探索暴力和友誼之間的關係做到這一點。正如前面看到過的，在這個寓言故事裡，人類學的人文主義在殖民／反殖民的敵對情境中顯得既重要又無能。

柳博夫無力調和友誼、政治信念和科學研究之間的衝動，注定無法帶著他的跨文化理解全身而退。《世界的名字是森林》顯示出，跨文化友誼無論多堅實，都會被更大力量（結構的不對稱和衝突）所壓垮。雖然柳博夫不是克魯伯，但他的經驗卻也許可以部分解釋克魯伯何以不願多談伊許：他缺乏足夠的語言。

勒瑰恩將我們帶到佛斯特在《印度之旅》最後段落鮮明喚起的歷史決定論（Forster 1952:322）。小說中的菲丁同情大英帝國統治下的印度人，嘗試要恢復他和年輕穆斯林醫生艾斯的舊誼（艾斯曾被誣告性侵一位英國女性）。在全書最後一幕，他們友好地並肩騎行，似乎終於能夠和解。他們可以重新開始……但突然間，兩匹馬分道揚鑣，而四周的一切——廟宇、監獄、宮殿和飛鳥——看似眾口同聲地喊道：「不，還不是時候！」大英帝國的統治還在。

同樣地，在屯墾殖民時期的加州，一位種族屠殺的受害者在愛他的朋友的環繞下死去：「你們留下，我走了。」接著，一個後繼的社會不受它的邪惡過去所阻礙，繼續向前邁進……不，還不是時候。

另一方面，和解的願景又是充滿於勒瑰恩的作品（哪怕這些願景總是有瑕疵和處於過程中）。許多她筆下的跨世界旅人都是人類學家，或至少是態度認真和持相對主義態度的參與觀察者。他們不會置身事外，又往往是致力於追求最理想的目標。在勒瑰恩近期一部小說《訴說》裡，「搶救性」收集（這一次是以電腦掃描與儲存輔助）的正當性獲得辯護：文化紀錄不再被描述爲死後存檔，而是社區對抗國家強制同質化鬥爭的核心。這些故事雖然設置在遙遠的時間和地點，卻講述了地球上的此時此地。口述檔案作爲活生生且面向未來的願景，與當代印第安活躍人士、說故事者、歷史學家和藝術家對搶救式人類學紀錄的再利用相呼應。《世界的名字是森林》雖然是一則反殖民勝利的故事，但它清楚表明了要返回「前接觸」的生活方式是不可能的。擁有免於被侵略的自由是好事，但絕對的隔離，永遠被單獨遺棄，從不是解決之道。在勒瑰恩溫和但嚴格的無政府主義裡，可永續的社會總是地方性，但卻不是與世隔絕，自外於歷史。在《黑暗的左手》裡，她以最恢弘的規模想像出一個諸世界間的寬鬆、互利網絡（而非一個中央政府）的星際「共體」。在這一類敘事裡，賴以打開以沙文主義爲特徵的國族主義邊界的，正是與外面世界的接觸。那是一種深深根植於本土卻又具有世界主義的原民生活……

⁂

勒瑰恩提供的不是政治方案，而是思想實驗——更精確的說法大概是「希望實驗」（hope experiment）。它們不現實，但卻必要。如果人類有一絲可能臻於一種稱爲「後殖民社會關係」

的境界，我們必須有能力去想像一個和解的、平等主義的未來。詹明信雖然是勒瑰恩的批判性讀者，但一樣反覆強調，在一個資本主義的物化世界裡，烏托邦想像有其存在的必要（Jameson 2005）。另類願景乃是超越既予（the given）的思考和感受工具，可以讓人走出看似不可避免和天經地義的「現實」。烏托邦可以有不同的形式：它既不必是位於遙遠的未來，也不必是每個人的必然下一步。伊許故事近年的重新打開有賴於一些實際存在和浮現中的「原民」空間：這些空間本身就是一些烏托邦式現實，或說（藉傅柯的用語）是一些異托邦式（heterotopic）現實（Foucault 1984）。一些原被以爲注定滅亡的民族和歷史還活著，而且活得愈來愈顯眼，它們向前、向兩邊和向後移動，僭越了線性的進步概念（見第一、二章）。原住民的新興空間（同時既古老又新穎）是由糾葛的、妥協的和意料之外的歷史所構成。若是沒有加州印第安人的艱難延續和能動性，伊許的故事便不可能會重新打開，而他分散的遺體也不可能團聚。這種「存活術」（survivance）包括了印第安蒸汽浴室（sweat lodge）和熊舞、裝置藝術和賭場、傳統的編籃工藝和小說寫作、部落階層制和嘻哈——有裹著纏腰布的伊許、穿著工作罩服的伊許；也有戴著羽毛的伊許，和穿著西裝打領帶的伊許。

伊許的故事從來不僅僅是關於他個人的。從他廣爲人知那一刻開始，伊許就變成了一則神話。他引人入勝和謎樣的「人性」（這是他設法想告知別人的和別人設法想從他身上發現的）從一開始便是寓言性的——一則政治性和預言性寓言。但讓他的故事得以滋蔓的那個決定性視域（determining horizon）已經變換。巴赫金的「特定時空」（chronotope）觀念在此也許可以派上用場。一套敘事要能一貫展開，則它必然要是「發生」在某處。這種空間框架是一種包含、對齊時間流動的方式。伊許故事最初是被放在「博物館特定時空」（chronotope of the museum）裡講述，其歷史「現實」是博物館的時空，一個終點。這裡的「博物館」不僅僅是他在舊金山的公共生活所在地的人類學博物館，還是指所有珍視和收藏遺物之處（如「檔案庫」和「紀念碑」等），聚集了有價值的記憶和物品，從那個未向後回顧的線性進步中拯救出來。博物館是值得收藏物事的永遠家園和最後歸宿，因此總是會讓人聯想到「靜止」和「死亡」。博物館或檔案庫裡的東西是由歷史沉積而成，它們安歇下來，不再變化——或者至少看起來如此。

倫納出色地諷刺了這種博物館——一個可以站起來走出去的標本。今日，「博物館特定時空」再也包含不住伊許的故事。確實，在文化財產權聲索、返還要求、行銷和商業化的壓力下，各地的博物館都正在發生變化，成了不穩定且富有創造性的「接觸區」（Clifford 1997b; Phillips 2012）。正如前面看到過的，伊許的故事如今與其說是有關一個被搶救的過去，不如說是有關原住民的未來。事實上，過去與未來的全然對立正在部落復興（tribal renaissance）的脈絡中搖晃。如今，時間被經驗爲循環式、系譜式和螺旋式，是無盡回家途中的特定時空（chronotope of endless homecoming）。

✵

在殖民化之後成爲「原住民」，在一個被轉化了的地方打造一個傳統的未來（traditional future）——這過程體現在勒瑰恩的非線性烏托邦裡。她在一部充滿幻想現實主義（visionary realism）的作品中組裝這個烏托邦，這是她對一個熟悉地景中未來社會的民族誌描寫。《總是在回家》這部對重新原住民化的加州的複雜描繪，與勒瑰恩寫過的任何作品都大異其趣。凱緒人（「他們也許會在一個距今很遠很遠的未來生活於北加州」）住在一個叫「納」（Na）的山谷（即勒瑰恩從小便熟悉和熱愛的納帕谷）。其時，現代工業社會與國家治理（state governance）的大部分元素已經消失。書中並未解釋工業文明爲何崩潰，但卻暗示那不是出於什麼改天變地的大災難，而是一連串小危機所造成（人類在期間不斷做出重新適應）。書中對凱緒人世界的詳盡記錄類似於十九世紀的民族誌，包含著雜亂無章的多樣化、多是文本數據的集合——這種形式的民族誌在馬凌諾斯基那世代之前是一種規範。勒瑰恩彙整了很多不同的來源和聲音。除了未經加工的文本（記錄下來的神話、故事、語言、詩歌等），《總是在回家》還對凱緒人的儀式、技術、生活空間、家庭結構和性活動有著詳盡描述。書中對北加州的地景、動物群和植物群的描寫歷歷如繪，讓任何熟悉這地區的人一望而知它描寫的是哪裡。（所以說這時／空離今有多遠呢？）書中還收錄了一些個人生活史、一篇精

185

心設計的凱緒人小說的其中一章，以及一位名叫潘朵拉的女性民族誌作者（有時又被稱作「編者」）與他人的談話內容。這個民族學作者／編者不時會跟一些認識論或方法論上的難題角力（這些短段落總是以「潘朵拉擔憂……」這樣說法開始）。在一個稱爲「書後」的部分（約一百頁篇幅），潘朵拉對於凱緒文化提供了延伸性的民族學詮釋。「書後」還包含一份基本的凱緒辭彙表（其中的單字散見全書各處）。凱緒語的各種成分都是勒瑰恩自行想像編造，而她也與一位作曲家合作，創作出一些凱緒歌曲和音樂（最初是以錄音帶的方式隨書附送，現在改爲ＣＤ）。

讀者被邀請探索這個巧思的大雜燴，但能充當嚮導的只有讀者自己的好奇心和潘朵拉的偶爾闡釋。一篇長篇的自傳性敘事是全書唯一有明顯連續性的成分，它由一位名爲「史東・圖寧」（Stone Telling）的女性自述，在書中分三部分刊完。據圖寧回憶，她自小在納谷長大，然後她離開納谷，去到一個讓人反感的軍事主義社會與父親同住，事隔多年再與年幼女兒一起返回家鄉（她爲此滿心感激）。這裡不是個適合充分輟要《總是在回家》的地方，何況它也不可能被充分輟要（這讓人連想起潘朵拉的一個方法論上擔憂：我要如何方能說明這叢胭脂櫟的所有枝條和陰影？）。作爲一篇多元文本，《總是在回家》要求讀者細慢咀嚼，不能像閱讀勒瑰恩其他由懸疑驅動的小說那樣快速翻頁。此書密度過高，文風怪異、抒情、感人，和讓人眼花繚亂。它常讓人失去閱讀動力，擱置一旁……然後重新拾起，從

186

別的段落讀起。

大概正因爲這小說的形式太過獨特而因此讓她的讀者吃不消，勒瑰恩才會很不尋常地另寫了一篇「理論性文章」來解釋她的創新。在這篇〈作爲寒冷之地的非歐基里德式加州觀〉中，她先是回顧了未來主義烏托邦傳統的幾個經典作品後，然後用一句克里人（Cree）格言引介一種非常不同的時間意識：「我像豪豬那般——向前走，再回望。」這句話會讓人腦海中浮現一個情節畫面：豪豬跑回岩石縫隙，警惕地望向敵人或未來。它告誡人們應該冷靜下來，慢慢走（讓人想到李維史陀著名的冷社會／熱社會的歷史方式對比）。「向後走。轉身並回來。」

> 我不是要提倡重返石器時代。我的動機沒有反動成分，甚至沒有保守主義成分，而是意在顛覆。就像資本主義或工業主義或人口那樣，烏托邦想像看來一直困在一個只包含成長的單程未來（one-way future）裡。我的一切努力都是要想通如何把一頭豬放回正軌。（Le Guin 1989:85）
>
> 烏托邦一直以來都是歐基里德式、歐洲式和男性的。我設法以一種閃爍其辭、不值得信賴和盡可能模糊的方式指出，對光芒四射的沙堡（sandcastle）的最終失去信仰也許可以讓我們的眼睛適應一道較朦朧的光線，從而可以看見另一種烏托邦……它也許會

像「郊狼」和自己糞便談過話之後會創造的那種地方。（1989:89）

一個「陰」的烏托邦（這裡的「陰」出自道家的陰／陽概念）將會是「暗的、溼的、朦朧的、柔弱的、柔順的、被動的、參與的、圓形的、循環的、和平的、有滋養性的、後退的、收縮的和寒冷的」（Le Guin 1989:90）。

勒瑰恩的非歐基里德式烏托邦會「側行，然後往回走」（1989:95），是一個「互動、有節奏和不穩定的過程」（1989:91）。在一些重要方面，它也許業已存在於一個日益失能的科技－資本主義巨獸的腹中。勒瑰恩的主要靈感來自道家、女性主義和一個隨著伊許（Ishi）的消逝而並未滅亡的加州原住民文化。凱緒人與他們的環境和諧共處，建立了性別平等、人口穩定和一個以分享財富爲原則的經濟體。他們的社會以技能、年紀、性別、「家族」依屬、個性來進行區分，但沒有種族或經濟階級之分。動物被看成人類對待，各種儀式緊扣自然週期同步，一切都用口頭傳遞減少了對檔案的需求。人們會在不同生命階段和轉化經驗下有著不同的名字。一切都貼近土地（例如凱緒人的社區禮堂就像加州印第安人那樣，是採半地下化風格）。爭執不會升高爲致命暴力；「進步」被想像成「旋迴」（gyres）。關係總是首要的；所有事情都已「鉸接」（hinged）。個別的凱緒人有時會個性古怪且難相處，但整個社會卻可以在沒有正式政府的情況下或多或少處理各種問題。但我們又發現，凱緒人一直在應對一個在他們社區內部生根的軍國主義教派。

勒瑰恩的烏托邦不是平順、完美和已完成的。「總是在回家」這書名本身便暗示著一個無了期的原民化過程：一個爲了向前走或側行而放慢速度、回望過去的方法。自十九世紀以來，這與原住民的存續有著明顯的相似之處：一種警覺的等待，堅持在或接近舊地；傳統和傳統未來的重塑。在伊許的時代，誰會料得到加州印第安人的人口日後會恢復至「前接觸時期」的水準？料得到印第安人會來勢洶洶地要求大學博物館歸還祖先遺骸？料得到原民博彩業會蓬勃發展，印第安人會成爲該州的政治勢力？料得在山上草坡舉行的跨部落大聚會、在學校體育館裡舉行的帕瓦集會慶典和「臉書」都會對部落主義的發展做出貢獻？料得到籃編、舞蹈和說故事會在遺產工作、表演、溝通和行銷上找到第二生命？

但烏托邦不會來得太快……我們離烏托邦仍然尙遠。一如美國許多其他地方一樣，加州大部分的印第安人貧窮如故。他們仍然缺乏足夠的醫療照顧、良好教育和生活機會。例外的少數人（受惠於博彩的利潤）畢竟是少數。加州原住民經歷過一個多世紀的社會創傷（起因於毀滅性流行病、不休的土地掠奪、種族偏見、文化歧視，以及用傳教和寄宿學校等手段強迫同化），而這段歷史至今持續是一股決定性力量（倫納說過他父親「繼承了酗酒的傳統……」）。許多四散的部落想方設法要獲得「正名」和索回家園（哪怕只是一小部分）卻不成功。在眞實的納谷，工業規模的葡萄園繼續翻山越嶺推進，連根拔起櫟樹林和擾亂著動物棲地。

這些都是事實，並且不僅止於此。要駁倒激進的烏托邦從來都不難。當我們把焦點轉向當代「現實」時，《總是在回家》讀起來就像一種一廂情願思維方式的精密發揮。詹明信指出過，烏托邦小說喜歡採取一種「化約世界」（world reduction）的策略來迴避當前常識的方法：讓我們試著去掉資本主義、民族國家、工業生產、汽車和飛機，看看生活會是什麼樣子（Jameson 1975）。勒瑰恩的做法與此有點類似，即把大量的「現代性」（modernity）移除（儘管她仍然願意保留網際網路）。「化約世界」在澄清事物的同時也簡化了它。又因為它是採取單一觀點，因此具有排他性。凱緒人的世界輕易就可以變成一個白人屯墾者的烏托邦：一個新時代（New Age）的原住民傳統歸屬地。過分強調「回歸原始本眞性」和「更貼近大自然」的諷刺在於，今日大部分印第安人都是住在城鎭裡。

我聽過有人用不屑語氣這樣評論《總是在回家》：一個沒有印第安人的原住民加州世界。但隨即我想到維森諾的「後印第安人」。我也想到「郊狼」老是會跨越種族與文化界線變換身分。那麼倫納的四色宇宙論呢？這是一種此時此地的和諧共存的願景？在勒瑰恩的小說裡，有著拉杰・柳博夫之類姓名的角色把所有可辨識的族群、種族和國籍之分盡皆打碎。

勒瑰恩筆下是一個後種族（post-race）烏托邦嗎？絕對是的。不過，在當前多元文化主

188

義的經營脈絡下，我們難免會疑心，那會不會只是一種過於早熟和解的意識形態，其下隱藏著暴力對抗和結構性不平等的事實？毫無疑問，是的。那它是超越種族的嗎？不，還不是時候。

但現實主義有時會把我們困在「當下」，讓我們看不見其他業已存在的古老和新興的世界。我們至少應該設法摸索一些思考和行動的方式，讓《世界的名字是森林》的「尚未」（**not yet**）和《總是在回家》裡的「況且」（**and yet**）保持張力。這有助於我們接受一種不同的現實主義：不斷邁向（又尚未到達）後殖民的方案和困境。有哪些眞實的（卽眞可想像的）世界和聯盟是可以通向新形式的互惠和和諧共處形式？

伊許的故事是一個悲劇與盼望的源頭、一個恐怖與療癒的源頭，一個意義與沉默的源頭。

在廿一世紀的加州，以新的方式成爲原住民乃是一個緊急的印第安方案。有大量東西需要去維持、重振和復興，也有許多錯誤有待糾正，有許多正義有待落實。但最終來說，正在運作的歷史諸過程——不管它們看起來是往前、向側邊還是往後發展——將會比加州任一群體的願景和方案更廣闊和更具包容性。這個州的許多族群並不打算「回家」——無論是新英格蘭、奧克拉荷馬州、墨西哥、中國、越南、柬埔寨或是伊朗。

「總是在回家」的烏托邦是一個互動過程，不是一個到達了的目的地。要在加州的土地

（串連於全球其他很多地方）一起成爲原住民將必然是一段漫長而矛盾的歷史。

這絕不可能是以某種方式模仿凱緒人那一套。各種烏托邦（特別是「陰性」類型）並不是祕方，而夢也從來不是淸白無邪的力量。但重新學習如何以一種對土地、對非人類生物和對共享資源負責任的態度生活，這絕不是一個新殖民主義的支配計畫——哪怕資本主義一定會把「綠色」產品商品化。多方向學習、回憶和翻譯所建立的穩定關係，或許能夠在相對平等與彼此尊重的條件下找到前進的道路。印第安人與其他人之間的諸種差異，不必然會在一個配稱爲「後殖民」的未來消失。不過，這些差異有可能會變得不那麼絕對，不那麼重要。讓我們如此憧憬……就像凱緒人那樣，屆時人們也許會隨人生不同階段的展開和轉折而更換姓名。

其中一個伊許故事說他曾在一個名叫胡安（Juan）的世界主義帕帕塢人陪伴下探索舊金山的新世界。故事中的野人樂意穿著白人衣服，睡在他們的床上，吃著他們的（某些）食物……

他的iPod裡正播著什麼樣的歌曲？

＊

對伊許故事的各種改述質疑了全有或全無的結果，挑戰了對西方化、現代化或美國歷史勝利必然性的思考。

伊許所說「你們留下，我走了」變成了「我們留下，你們挪出空間」。

伊許的分離身體後來怎樣了？他放在史密森尼學會的腦部和放在舊金山奧立佛山墓園的骨灰被歸在一處，放在一只籃子（由一個有部分雅那血緣的雷丁女子編織），埋葬於一個祕密地點。司其事的是一小群雷丁／皮特河的耆老和年輕人。沒有邁杜人在場。只有一位非印第安人被邀觀禮：史密森尼學會的代表基利昂。

西奧朵拉的經典之作《兩個世界裡的伊許》沒有成爲定論。就像所有故事一樣，它是時代的產物，但至今讀之仍能讓人感動和共鳴。加州原住民有自己各種講述和理解伊許人生及其意義的方式——它們出入於變遷的傳統、部落機構和所有身分的配合演出之中。伊希故事和形象的變化是這個新興未來的一部分。

不管我們多麼仔細聆聽他的錄音、他部分翻譯出來的故事和他的歌曲，伊許其人仍然顯得遙遠。儘管索回他的遺產對原住民事關重大，但他的故事不是任何人所專有。伊許的故事依然充滿豐富的神祕和富有成效的矛盾不是任何人裝載得了。然而，如果加州非印第安人社群認爲伊許的回家意味著他已經永遠離開白人世界，意味著只有他的族人可以了解他，那就是在推卸歷史責任。如果歸還伊許的目的是擺脫他，擺脫他那些困擾的問題，這

190

191

是錯誤的和解方式。「伊許」仍然是個挑釁，一種強有力的沉默。圍繞這個名字的是白人和原住民記憶、殖民和其遺產、歷史傷口和療癒方法的影像和回聲。

經過漫長歲月以後，「奧羅維爾野人」終於被認他爲親的人迎回故土。但伊許的故事不會就此安息。

第三部分

阿魯提克人划著皮舟前往阿拉斯加州荷馬市，準備參加塔孟塔卡圖魯塔文化節。
（本書作者攝於2002年8月31日）

第五章　浩鷗法的盼望

在以下這篇重刊的演講稿裡，我探討了原民－世界主義（indigenous-cosmopolitan）願景家浩鷗法思維中的烏托邦成分和現實主義成分的緊張關係——這種緊張關係遍布在本書所有地方。浩鷗法逝世於二〇〇九年，他出生在新幾內亞一個傳教士家庭，父母親是東加人。在新幾內亞完成中學學業後，他負笈加拿大就讀大學，又在澳洲國立大學取得人類學博士學位。* 此後他定居斐濟，任教於南太平洋大學多年，並創立了大洋洲藝術及文化中心。浩鷗法除了是一名備受尊敬的社會科學家，他也是一位傑出的諷刺小說作家。他最廣為人知的論文也許是發表於一九九三年的〈我們的眾島之洋〉（Our Sea of Islands）：這篇論文極富挑釁性，影響了一整個世代的大洋洲學者、藝術家以及其

* 譯注：浩鷗法在澳洲的新英格蘭大學完成大學部教育，之後就讀於加拿大的麥吉爾大學和前往西印度群島從事調查。他於一九八一年在澳洲國立大學獲得社會人類學的博士學位。見《維基百科》及其他網路資料。

他想跳脫「地方」／「全球」這種陳腐二元思考方式的人——如我本人。〈我們的眾島之洋〉和幾篇深入的後續論文，將浩瀚的大洋洲重構為一個無論過去或現在都有著密集交錯和相互聯繫的動態場所。在歐洲中心的視觀裡，大洋洲只是「一個偏遠大海裡的一批（小）島嶼」，但浩鷗法卻把它重構思為一個活力十足的所在，其中充滿交流和相互關連的歷史。這種擴展的區域主義（expansive regionalism），即一種「原民世界」的打造，根植於多種多樣的太平洋地方與文化。這些大洋可能性（Oceanic possibility）與全球化的資本主義及現代世界體系有著何種關係（正是本文所要探討的），是浩鷗法及其學術同仁的爭論議題。這議題迄未消失。在文章最後，我會回到阿拉斯加，為本書的最後兩章提供一個濃縮性導論。

✻

我感謝大洋洲社會人類學協會邀請我來此擔任傑出講者，特別是因爲太平洋不算我的 195
專業領域，或說我對它只有時斷時續的關注。在這個領域，我喜歡自視爲一個法文意義下
的「業餘者」（*amateur*）：即一位愛好者，換言之是一個出於興趣而非職業要求而從事某種研 196
究或藝術創作的人（至於「業餘者」一詞在英語裡更常見的意義——「一個從事某事但並不

精通的人」——我就不多說了）。因此，我是以一個非專家的身分，以一名太平洋業餘研究者的身分，大概也是以那片浩瀚海洋的一位同道旅人的身分向各位演講。

雖然我對「島嶼太平洋」的諸社會或諸歷史也許提不出多少新見解，但或許能夠提出一些方法，說明這個地區及其獨特的問題，還有理論家如何為思考廣泛的議題提供了豐富的資源：「原民性」在今日的性質和多樣性，「正在全球化之下」不同社會文化過程中的規模打造（scale making），「傳統」的創造性活力；以及或許可以稱之為有差異的歷史性（differential historicities）的問題。我用「有差異的歷史性」一語指稱我們用來講述大尺度故事的方法，這些故事是關於「我們」（這是一個總是具爭議性的代名詞）是從何處來，正要分開或一同往何處去。準備這場演講的過程讓我意識到，對於當前的烏托邦／反烏托邦歷史時刻的思考中，許多我覺得最有用的觀點皆是來自太平洋：來自它對民族誌與歷史無比豐富的學術融合，來自它那些充滿啟發性的學者、作家、活躍人士和學生（我在今晚將會提到一些，但無法提到全部）。

當初接到演講邀約，我表示就嚴格的學術標準來說，我想不出任何與太平洋直接有關的講題，所以打算談談我目前對阿拉斯加原民遺產政治（indigenous-heritage politics）的研究。這兩者在更大的議題上毫無疑問是相互共鳴的。

隨後，受到「大洋洲社會人類學協會」這名稱中「大洋洲」一詞的流動性和開闊性的誘惑，我開始感覺我目前在阿拉斯加進行的研究就是一個太平洋範圍內的研究。它聚焦在阿拉斯加灣（它的開口向南朝向夏威夷）科迪亞克島一帶的住民與歷史。既然新幾內亞高地可以算作大洋洲的一部分，那科迪亞克島爲什麼不可以？畢竟，它的居民已經跟太平洋和來自大洋洲的洋流、風暴、漂流生物和游動生物一起生活了非常久的時間。

我回想起科迪亞克島在廿世紀發生過的毀滅性火山爆發和地震，從而回想起該島地處環太平洋火山帶。因此，不管它的位置有多麼偏北，科迪亞克島從地質學來說都是一個非常「太平洋」的地方。

一直以來便有人質疑「太平洋」或「大洋洲」是如何被化約爲**南**太平洋（首開其例的遠早於米契納的《南太平洋**故事**》），一個只能算是溫暖水域爲什麼會被歸類爲「熱帶」地區。

當然，海洋既寒冷又溫暖。唯其如此，許多鳥類才會尾隨夏天長途從北往南遷徙，然後再折返。各位也許還記得，在丹寧的太平洋史詩《穿越海灘》裡，金斑鴴（golden plover）的季節遷徙是如何把阿拉斯加與夏威夷及馬克薩斯群島（Marquesas）連接在一起（Dening 2004）。

談到歷史，阿拉斯加當然也是庫克船長史詩的一部分。它的沿岸部落曾是北太平洋與中國的跨文化政治經濟學（political economy）的重要參與者——這段大洋歷史被精彩記錄在薩林斯一九八八年的〈資本主義的宇宙觀〉一文裡（Sahlins 2000）。

有多少大洋洲島民曾在十九世紀以捕鯨船或商船船員的身分到達阿拉斯加？更早之前，又有多少太平洋航海者到過阿留申群島？各位之中一定有人可以幫我填補這方面的知識空白。我對這段歷史和相關風向及洋流的了解並不充分。

說到洋流，有充分的檔案紀錄顯示，那些沿著阿拉斯加河流流入大海的大樹最遠可以一路漂浮到南方島嶼，有些被用來製作夏威夷最大的戰爭獨木舟。一九九〇年，當「波里尼西亞航行學會」決定要完全使用傳統材料建造一艘新的獨木舟《夏威魯亞號》（*Hawai'iloa*）時，它得向阿拉斯加的原民盟友求助才取得到足夠大的木材，因為夏威夷本身的相思木樹林已經無法提供大樹。

這裡也是第二次世界大戰的太平洋舞台：別忘了被遺忘的阿留申群島戰役也是這劇碼的一部分。西南阿拉斯加、科迪亞克島和阿留申群島當時想必都駐紮重兵，而這一點所帶來的改變性後果想必也和發生在索羅門群島、萬那杜或新喀里多尼亞的情況相似。今日的科迪亞克島有著美國海岸防衛隊最大的基地，負責巡邏夏威夷以北的廣大水域。

科迪亞克島南面的半島上還設有一個飛彈發射場。它原是用來將民間人造衛星送上太空，但如今成了「星戰」導彈防禦計畫的一部分——這計畫把馬歇爾群島、夏威夷、阿拉斯加和位於聖塔克魯茲（我們今日的聚會地點）外海不遠處的范登堡（Vandenberg）空軍基地納入防禦範圍。

今日，聽到安克拉治住著薩摩亞社群、科迪亞克島住著菲律賓人，或聽到阿拉斯加和中美洲、南美洲之間（沿著太平洋海岸）有大量南來北往，應該沒有人會感到驚訝：這些人在此從事漁業、服務業和軍事工作。這個北海岸在「衆島之洋」裡其實並不算偏遠。

衆島之洋。各位八成會奇怪我怎麼會知道浩鷗法其人。我原本計畫用他的「新大洋洲」願景來佐證我在大洋洲社會人類學協會的演講中討論科迪亞克島和阿拉斯加的正當性。但他不久前的過世卻讓我重讀了他的幾篇開創性著作，而在重讀夏威夷大學二〇〇八年出版的《大洋一家》（*We Are the Ocean*）的過程中，我愈發覺得浩鷗法在我的演講中變得尤爲重要，這是我原本沒計畫到的。但願此舉會是對我們時代一位大願景家的恰當致敬。（需要補充的是，我將要說的話是完全以他的作品爲所本。不像在座許多人，我與浩鷗法素未謀面。所以，希望以下的內容還不致曲解他的原意。）

之後，我會轉入阿拉斯加。在那裡，我們會遇到與產生出〈我們的衆島之洋〉的同一批張力——結構與轉化之間的張力、決定論與新興（emergence）之間的張力、悲觀主義與樂觀主義之間的張力。

但且容我把話題在自己身上多停一會兒。浩鷗法是指導和挑戰我思考的三大「島嶼太平洋」影響力之一。另一股影響力來自吉巴烏（Jean-Marie Tjibaou）——我在一九七〇年代晚期認識他，當時我正在撰寫有關林哈特與新喀里多尼亞的文章（Clifford 1982）。吉巴烏的文

198

章、訪談和演講由本薩和魏特森結集成書，業已在二〇〇五年出版（Tjibaou 2005）。沃德爾爲他寫的思想傳記也剛剛面世（Waddell 2008）。

吉巴烏和浩鷗法分享著同一種開闊的區域主義願景，同一種修改過的全球化。兩人各以自己的方式在新環境裡重塑「太平洋道路」（Pacific Way）。在後獨立時代的狂喜已經消退的情況下，他們面臨了新殖民主義和全球化的結構性現實，也同時面臨了它們的種種可能性。兩人都致力於復振和轉化地方傳統，致力於強化「原民性」空間。兩人都拒絕接受排他主義者的族群政治或民族政治，提倡一種「原民世界主義」（indigenous-cosmopolitan）（假如這種矛盾修辭法是被允許的話）的前瞻願景。

如果有時間，吉巴烏和浩鷗法都有大量值得談論之處，包括新喀里多尼亞和斐濟的政治處境和歷史，兩人的思考和行動主義是如何受其制約，以及他們開闊區域主義中的基督教成分——更好的說法也許是他們的內在普世主義（immanent universalism）。就目前，我們只能希望他們的思想（體現在散文、詩歌、小說、演講和訪談裡，現正集結出版中），日後會在「島嶼太平洋」之外的脈絡引起共鳴。對於小國家和小社會要如何在全球的權力場域中以自己的方式生活和尋找空間，他們提供了許多寶貴意見。

第三股讓我受惠最多的太平洋影響力不是一個個人而是一個網絡。它始自我的一位學生迪亞茲，他是關島人，在夏威夷大學念書時聽過霍爾一場講演後大受鼓舞，相信談論理

199

論不必然會淪爲空談，所以便申請入讀加州大學聖塔克魯茲分校的博士班。緊隨其後的是蒂瓦，接著是考亞魯伊、艾普莉．韓德森、基多和考普阿。我至今還在消化這些學生教給我的東西。迪亞茲和考亞魯伊在聖塔克魯茲策畫過一個名爲「邊緣上的原民太平洋文化研究」的會議，聚集了一群已經在太平洋各地會議上見過面的年輕學者（Diaz and Kauanui 2001）。在這次非凡的聚會中，我突然領悟到，我們的博士班（我是其中一位「指導老師」）已經受到一個充滿活力的社會網絡的有效召喚，同時如我在致詞時所說的，我已爲其所「移轉和徵召」（Clifford 2001:484）。

我就是從蒂瓦那裡拿到浩鷗法談論「衆島之洋」的文章[*]，當時此文才發表不久。事實上，對學術界來說眞正重要的，**與其說是推進不如說是流通**。書本與觀念是怎樣流動的？傳播的管道又會在哪裡被黏住和阻滯？卡薩諾瓦的《文學世界共和國》讓我們知道，書本的出版、翻譯和傳播有其制度性網絡，而這個網絡又是具侷限性的。我們也知道有哪些全球性的後殖民／新殖民管道可以把年輕學者從邊緣地帶傳輸到權力中心。但這些翻譯、旅行和召喚（interpellation）的物質結構並不是唯一的迴路。

因此，我們必須投以關注的不只是規範性的全球系統，而是還有偶然出現的人際聯繫和新興的影響力網絡。聖塔克魯茲分校會成爲形成中的島嶼太平洋文化研究網絡中的一個節點，並沒有結構性的原因。它的形成是有賴個人與個人的連結：一個遠距離年輕知識分子社群的友誼、交流、聯盟和打造世界方案。蒂瓦在前面提到的會議的顯著貢獻中，明確提到了這些旅行、翻譯和聚會的過程（Teaiwa 2001a）。

我的主要觀點是，根據我的學術和智識聯繫、期望和能被允許的無知領域，我沒有理由在一九九四年會知道《一個新大洋洲：重新發現我們的諸島之洋》在蘇瓦的出版（Waddell, Naidu and Hau'ofa 1993）。這部爲紀念南太平洋大學創校二十五週年而出版的集體創作列出二十位作者和三位編者，內容除了〈我們的衆島之洋〉一文和對此文的一批評論文章，尚收有不同太平洋作者（包括吉巴烏）的詩作和語錄。《一個新大洋洲》的發行量不大，甚至裝訂得不牢固（我自己那本就已經散了）。作爲一件純粹地方性作品，它必須靠「人手」親自遞送。

它抵達聖塔克魯茲的過程是一個學界上非正式輸入輸出的例子，情形與浩鷗法提到的一位東加朋友所做的事很像，後者常常帶著一個裝滿卡瓦胡椒（kava）、T恤和海鮮的冰盒往返柏克萊和斐濟之間。

繼一九九三年的〈我們的衆島之洋〉之後，浩鷗法寫了三篇同性質的論文：一九九七

＊ 譯注：〈我們的衆島之洋〉一文原發表在南太平洋大學出版的《一個新大洋洲：重新發現我們的諸島之洋》。後文提到蘇瓦（Suva）爲斐濟首都。

年的〈海洋長在我心〉（The Ocean in Us）、二〇〇〇年的〈謹記過去〉（Pasts to Remember）和二〇〇三年的〈我們的內在之地〉（Our Place Within）——四篇文章皆被收錄在夏威夷大學二〇〇八年出版的《大洋一家》裡。這一系列互相關連的沉思有助於我們看見和正確權衡所有種類（兼含新的舊的、崇高的世俗的）的關連和交錯：出於工作、宗教、冒險、探親、商業和藝術等不同目的所進行的各種旅行。浩鷗法描繪了那些同時在空間和時間裡打造更大空間和動態聯繫的移動。這些打造世界的方案都是發生在強有力和大規模的網路（運輸、勞工遷徙、傳教活動和教育）之內。不過，在結合於和受限於這些殖民與新殖民結構的同時，它們也利用這些結構進行不同的目的——作爲影響、超越、穿過等目的。

這一切加起來具有某種的烏托邦性質——一種我們其中許多人都與浩鷗法分享的嚮往。但在分享這種嚮往之餘，我們當然也會帶有不同程度的懷疑、矛盾和（用薩依德的話來說）悲樂觀情緒（pessoptimism）。例如，馬格莉特·喬利在她複雜和同情的批判中既肯定這種願景的重要性，又指出它與不同太平洋居民的相關性並不平均，因爲殖民壓力、新殖民壓力和國家壓力的強度各不相同。但不管浩鷗法的盼望可以包容多少的張力，它都斷然對立於一種我們全都熟悉的「現實主義」：這種「現實主義」認定資本主義的世界體系會決定和整合一切——至少是在「最終而言」這句話的意義下。浩鷗法會擁護的是另一類的現實主義——一種更具開放性的現實主義（而且正如馬克思本人顯示過，現實主義和願景並不是不相容的）。

浩鷗法此一著作斷言有某些符合現實的替代方案正在浮現，正在發生中，正在朝某個方向而去——一個不容易被現代化、全球資本或後現代之類的結構性力量收編但又不是與這些力量斷開的方向。浩鷗法的故事以環形路線展開，漫遊於平行的探索路徑，爲不同規模的打造世界方案創造出想像性空間（Connery and Wilson 2007）。我把這些視爲是「大小恰好」的歷史，可以解釋很多事情但不是解釋得了一切，也沒有政治美德（political virtue）的保證。例如，我們也許可以把浩鷗法的「大洋洲」方案對比於當代一系列的「原民」運動，或對比於伊斯蘭教和基督教的擴大化和區域化形式，或對比於國際女性主義網絡和婦女組織，或對比於集結在由非政府組織領導的環保運動或「世界社會論壇」（World Social Forum）旗幟下的鬆散聯盟。

201

我們也許可以把「大洋洲藝術及文化中心」看成是這些知名的打造世界方案的其中一個。該中心位於南太平洋大學蘇瓦校區一個角落，專門收集、連結和輻射出大洋洲的創造性和影響力。作爲當代原住民藝術增殖中迴路的一個節點，「大洋洲藝術及文化中心」堅決保持地方規模和區域性規模，不設置網站。它的精神流暢地表達在浩鷗法的〈我們的內在之地〉一文（Hau'ofa 2008）。懷特爲《大洋一家》所寫的序言也讓人鮮明感受到該中心持續創新和毫不造作的極端在地風格。

浩鷗法的「新大洋洲」願景把土地的根結合於海洋的航道，把地方歷史結合在超越一切約束形式的擴展社會軌跡。他並非在逃避或超越國家、族群和資本主義世界體系，而是設法找路繞過或穿過它們的途徑，指向舊／新／其他方向的能量。這個願景是（且仍然是）深刻的盼望。但值得強調的是，它不是一種創造新紀元的烏托邦主義，即不是一個把現下一切分歧拋諸背後和帶來「全新」未來的革命。浩鷗法的可能性意識是奠基於歷史的多元線索，這些線索在反覆的社會實踐中被重新編織而轉化。浩鷗法的願景是抽繹自人們已經在做的事情：翻譯、銜接和表演（這些事情以前就做過無數次，而如今改爲透過新的科技、新的溝通方式和新的社會規模進行）。它要求一種深厚的歷史依繫（historical attachments），卽要求一種「長時段性」（*longue durée*）意識，但不是要回歸起源或回到一種發展目的論。這種歷史觀是一種混合的循環和直線，回歸和前進，正如浩鷗法在〈謹記過去〉中所描述的那樣，這是一種螺旋（spiral）（Hau'ofa 2000）。這種歷史觀會讓人連想起布拉思韋特（Kamau Brathwaite）憧憬於加勒比海的「潮汐辯證」（tidalectics）（DeLoughrey 2007），而這一類構思歷史的方式是不能被「神話」／「歷史」、文化／經濟、詩／科學的二元對立困住。

這一切都是值得思索，或者說值得盼望。

✵

但正如馬克思會說的，我們是在一些由不得自己選擇的環境下盼望。

現在我想要轉而談論浩鷗法的願景賴以產生的構成性（constitutive）張力——這是一種鑲嵌在一個特殊時空環境裡的張力。引起浩鷗法反彈的那種特定形式的政治經濟「現實主義」當然不會因爲他的反彈而失去相關性和力量。即使在爲他的願景找到和發出聲音之後，他仍不只一次提醒我們，有這種另一觀點的存在和抑制其勢力的需要。他並沒有企圖駁斥或摒棄它。

在一九八〇年代的南太平洋大學，被用來解釋太平洋島國政經僵固性的是依賴理論（dependency theory）：根據這理論，各島國受困於「MIRAB」結構（「MIRAB」指的是移民〔Migration〕、電匯〔Remittances〕、經援〔Aid〕和官僚體系〔Bureaucracy〕）。他們看似無法逃脫的命運是被貶視的。我們全都熟悉他提出的替代方案：用「我們的衆島之洋」代替了那些在歐洲中心主義世界體系中必然顯得渺小的「遙遠海洋中的小島」。在任何底層社會運動或新的原民方案裡，即使這種對貶視的批判僅僅被理解爲全球或國家結構的附帶現象，仍然極爲重要。浩鷗法幫助我們看見有更多事情正在發生：一些動態和充滿矛盾的過程正在上演（稍待我會用阿拉斯加爲例加以說明）。

夏威夷大學出版的《大洋一家》讓浩鷗法的關鍵干預和它的後續論文第一次可以廣爲人知。但我對這個新版本的感激不能不有所保留，因爲它很容易讓人忘掉十五年前用人力從蘇瓦親手送至聖塔克魯茲的那部小書。我猜在座很多人都看過《一個新大洋洲》，它把詩歌、引語和一批回應文章共冶一爐，最後還有一篇浩鷗法寫的後記（可惜夏威夷大學的版本並未重印）。這個雜燴的混合體讓人鮮明感受到南太平洋大學前二十五年的催化劑角色：一個新的區域性身分認同和區域性論辯（polemics）的所在。

原版對〈我們的衆島之洋〉的各種反應顯示出浩鷗法備受他的學術同仁敬愛，但是，整體上不免讓人覺得，或許浩鷗法有些過於柔和，甚至有些脫離現實……

這些回應大多是採取「沒錯……但是」的態度：沒錯，你提出了一個很好的矯正，但是太平洋島嶼國家注定只能是一些小型、依賴和受到無情力量箝制的社會。茲舉數例：

米什拉：

> 我勉強贊成浩鷗法的論點。我被他對大洋洲的熱情與禮讚感動。但不管大洋洲人民有多能適應或多有流動性，從大都會中心放射出的真實力量都不會退散。說我們對自己命運有著比理論性掌控更大的掌控，實在太過簡單了……（Waddell, Naidu and Hau'ofa 1993:21-22）

這些反對意見從溫和的異議到正面的攻擊不等。

203

韋塔雅基指出，浩鷗法多年來一直主張太平洋國家正逐漸整合至澳紐主導的單一區域經濟體，但「現在，爲了取悅他的學生，……他又提出了這個新的觀點。在我看來，它大部分都膚淺而不切實際，完全罔顧太平洋的實際處境」（Waddell, Naidu and Hau'ofa 1993: 116）。韋塔雅基認爲，太平洋島國的前進之道需要雙管齊下，一方面透過強化國家主權來掌握自己命運，另一方面透過既有國際機構的幫助發展經濟。

凡妮莎．格里芬承認樂觀願景有其存在價值，但又堅持不能對灰暗的當下視而不見。她結合自己與太平洋婦女組織共事得到的知識，把以下的畫面並置於浩鷗法那些大洋上的交錯故事：

> 閱讀笹部麻里對在索羅門群島日本裝罐工廠上班的婦女研究指出：她們清晨四點便得出門，坐一趟船之後在寒風中等待巴士，再坐一小時巴士才到達工作地點。接著她們一整天為日本人擁有的工廠處理魚貨，到傍晚再循原路返家。她們都是不折不扣的島民，因為她們是住在離工廠兩個島外的島上，往返得坐船又坐巴士。因為別無其他選擇且需要現金，她們不得不爾。（Waddell, Naidu and Hau'ofa 1993:63）

浩鷗法其他許多同仁也參與討論，語氣各異，充滿矛盾。

浩鷗法的〈後記〉(題爲「一個開始」)預示了他的後續論文走向，也對南太平洋大學在斐濟政變後的處境和整個區域的處境有比較充分的勾勒。據浩鷗法的描繪，一九八〇年代的校園氣氛一片陰沉。問題不只出在「沮喪理論」*(語出薩林斯，他那時候和浩鷗法有過交談)的大行其道。

> 一九七五年我剛到的時候，校園因為「太平洋道路」(Pacific Way)觀念的出現而生氣勃勃，充滿創意和廣泛討論……但到了一九八〇年代初期，隨著我們的經濟與政治所受到的新殖民箝制愈來愈明顯，隨著第三世界解放鬥爭的紛紛出現，隨著由雷根領導的冷戰對抗「邪惡帝國」運動的白熱化，人們的關注改變了。第三世界品種的新馬克思主義(一個比「太平洋道路」更大的觀念)闖進了校園，要求人們加入對土生土長意識形態的戰鬥。這些爭論最後受到種族主義和不容忍相左觀點的態度汙染，淪為互指對方代表「虛假意識」(false consciousness)的指控，淪為肆無忌憚的人身攻擊。甚至有人因此接到死亡威脅。**這實在遺憾，因為這場口角底下本來存在一些真正有潛力的替代性願景**。(Waddell, Naidu and Hau'ofa 1993:127；我的強調)

204

「真正有潛力的替代性願景……」爲此，浩鷗法在南太平樣大學策畫了一系列研討會，試圖將不同觀點進行建設性的對話。他回憶道，討論會剛開始進行得很好，但幾乎隨即被一九八七年五月的軍事政變噤聲。隨後是一個「靜止不動」（Calm immobility）時期：例行公事化、安全卻令人沮喪。

但浩鷗法業已開始孕育一個不同願景。這願景要等到一九九三年他應邀前往夏威夷科納（Kona）的卡美哈梅哈國王飯店擔任大洋洲社會人類學協會的傑出講者才告開花結果。事實上，他當天的講題相當普通（有關東加的貴族政治和民主化）。不過，驅車前往希洛（Hilo）發表另一場演講途中（他稱之爲他的「通往大馬士革之路」），在大島（Big Island）壯觀火山地景的觸發下，他有關太平洋規模和活力的願景噴發了。在一片酷熱中，他匆匆構思出一個新的演講——「新大洋洲」願景就此誕生。這個基督教／原民重生過程，在威爾森的《轉變與改造》（二〇〇九）一書中被充分發展，讓人過目難忘地記述在〈我們的衆島之洋〉一文。該文首先是在希洛島宣讀，繼而在檀香山又宣讀了一次，並幾乎馬上被收入南太平洋大學紀念創校二十五週年的對話文集裡。

我接著想要轉換焦點，暫時將注意力放在這個靈感賴以浮現的脈絡。與其說它是一種雄渾的大自然或精神頓悟，不如說是根植於意識形態的衝突。這衝突被浩鷗法記錄在〈後

* 譯注：「沮喪理論」（despondeny theory）是取笑「依賴理論」（dependency theory）的說法。

記〉裡：那些「眞正有潛力的替代性願景」之間的衝突，也可能同時是一種潛在的對話。爲反對斐濟的激烈本土主義，浩鷗法回頭喚起原已存在「和而不同」和「好客」實踐——一種「自己生活並讓他人生活」(live and let live) 的實踐。他藉助自己的人生經驗（作爲一位多語者和在「大洋洲」內四海爲家的人），勾勒出反歷史、對民族排他性和經濟發展主義的強制規範的替代方案。他把果斷地「文化」和「傳統」納入畫面：他明白，它們有著一些強有力的構成性力量，同時具備統一和分裂的潛力。但如果沒有這些力量便不可能有前進的道路。他寫道：「任何有關我們自己的新觀點，很大程度上都必須奠基於我們的根源。尋求觀念與啟迪時，我們除了望向我們的諸歷史和諸傳統，也應該望向其他文化」(Waddell, Naidu and Hau'ofa 1993:128)。

在南太平洋大學，一些學生故意突出自身族群文化傳統的做法在很多「進步派人士」眼裡是一種倒退、危險、具分裂性的身分政治 (identity politics) 形式（這是一種我們現已很熟悉的批判）。但在浩鷗法看來，這種態度會壓抑一個可以讓人建立自信和改變當前現實（這現實「主要是帝國主義的產物」）的重要資源：

> 透過蓄意把我們變遷中的傳統從我們的嚴肅論述中剔除（這情形尤其常見於社會及經濟發展學院），我們傾向於忽視一個事實：很多人仍然是使用和改造傳統作為求生

> 工具。更嚴重的問題是，這種態度會讓我們失去了迅速且早期識別一些領導者如何微妙操縱這些傳統的能力——他們這樣做過以後又會匆匆跑往別處爭取微弱的支持。我相信，我們應該對自己的諸文化投以更多思想上的關注，並且承擔更大責任，否則我們輕易就會變成奈波爾筆下的模仿男（mimic men）和模仿女（mimic women）。（Waddell, Naidu, and Hau'ofa 1993:129）

最後一語會讓人記起浩鷗法在加拿大念人類學之時曾到千里達進行田野工作。在那裡，他從奈波爾早期小說的幽默和辛辣諷刺中獲得啟迪。在加勒比地區，他又接觸到另一形式的非大陸的區域創建（noncontinental region making）——如格利桑所稱的「群島」（archipelagic）意識。我記得，當浩鷗法的「衆島之洋」觀念在一九九〇年代中葉抵達聖塔克魯茲之時，我正在研究葛洛義爲「黑色大西洋」所勾勒的地圖／歷史：它以鮮明的反族群絕對主義立場，爲現代性（modernity）的資本主義、民族國家系譜提供了一部反歷史（counterhistory）（Gilroy 1993）。不管北大西洋和太平洋的後殖民和新殖民歷史有多少差異，這兩個批判性的區域打造和規模打造方案都強烈互相共鳴（迪洛克雷對兩者的協同和緊張關係有極細膩的分析〔Deloughrey 2007〕）。

一九八〇和九〇年代當然都是新自由主義霸權的高峰時刻：柴契爾夫人的名言

「TINA：沒有別的選項」和福山的「歷史的終結」分別體現著它們的洋洋得意情緒。在在看來，有彈性的後福特資本主義終必會重組、召喚和商品化幾乎一切物事、一切地方。有二十年時間，左派陣營士氣大衰。依賴理論（它早期曾是第三世界反抗運動的意識形態）亦已演化爲不能再有所作爲的形態，對眞正民主轉化的可能性一片悲觀。

因此，由底層一針一線縫製出來的「衆島之洋」又憑什麼可以號稱擁有現實基礎，號稱是一個業已展開中的方案？《一個新大洋洲》裡的二十位回應者既受到浩鷗法願景的魅惑，又帶著矛盾的心情。浩鷗法顯然只是在新自由主義之風中吹口哨[*]……更何況，在全書最後，他才剛引用過「庫拉圈」和馬凌諾斯基的《西太平洋的航海者》作爲「新大洋洲」的擴展模型，浩鷗法就又發表了他的獨立宣言：「浪漫主義的無稽之談——是就是吧」。

我們該怎樣理解「是就是吧」？這是一種蓄意（甚至是不計後果地）懸置懷疑（suspension of disbelief）嗎？[†] 浩鷗法早期的著作已經經歷過並處理了嚴肅的政治－經濟現實主義。[‡] 但如今，浩鷗法在諷刺小說《帝岡人的故事》和《下端之吻》[§] 開啟的富有想像力和諷刺的自由，正引導他走向別處。無論如何，他確信悲觀主義有著足夠的市場。從此，他幾乎全職從事樂觀的一面。

「浪漫主義的無稽之談」？浪漫主義向來就是資本主義現代性的一個基本部分（但常常是一個雜音部分），而無稽之談也一向是狡獪求生者的利器。透過「新大洋洲」願景，浩鷗法也許是把他原有的批判性悲觀主義轉化爲某種諷刺——一種無與倫比的輕鬆感和可以把一切變得無足輕重的荒謬感（如果允許我有一個本質主義時刻的話——這當然是一種道地的「太平洋」風格）。

他的後續論文所揭示的前進之路（一個和而不同的大洋洲）對那些苦苦思考如何才能跳脫資本主義後現代性的人充滿啟迪性。但貫穿《一個新大洋洲》的構成性張力始終沒有消散，反而有增無已。當我重讀此書時，更引起我注意的不是浩鷗法驅車前往希洛路上的領悟經驗，而是南太平洋大學的辯論在一九八七年嘎然終止的時刻。浩鷗法顯然非常遺憾於失去跟「一些眞正有潛力的替代性願景」共同努力探討的機會——一個專注棲居於不同歷史動力的矛盾中的機會。一種不具超越性（transcendence）的辯證現實主義。

207

* 譯注：英語有「在風中吹口哨」的諺語，指借「吹口哨壯膽」或「白費心機」。

† 譯注：「懸置懷疑」是英國詩人柯立芝提出的觀念。他認爲讀者必須暫時放下對一篇虛構作品不可信成分的懷疑，方得充分領略作品的趣味。

‡ 譯注：這句話使用了一種俚語表達方式「been there, done that」，意指「已經經歷過、已經完成」，用來表示對某種經歷已經頗爲熟悉。因此，這句話在此處的含義是浩鷗法在其早期作品中已經深入探討並處理過政治－經濟現實主義的議題。

§ 譯注：書名中「Nederends」是一個虛構的地名，同時寓含一個雙關語，結合了「nether」（下部、低處）和「ends」（末端），暗指身體的臀部或肛門區域，以作爲幽默和諷刺的手法。

我逐漸把《一個新大洋洲》看成是對我們時代一些根本和無可迴避的二律背反（antinomies）的表述。我們與這些二律背反生活在一起，設法穿過它們和繞過它們，卻始終無法擺脫它們。它們一再擾亂我們把不同時空規模和方案結合在一起的努力——把結構結合於過程，把決定論結合於「新興」，把系統結合於「過度」（excess），把宏觀經濟學結合於微觀民族誌，把大寫的歷史（History）結合於小寫的諸歷史（histories）。正如霍爾一再提醒我們的，我們乃是運作於一片不斷變化和充滿矛盾的地形。又正如安清堅決主張的，我們乃是運作於多元和彼此不協調的規模之中（Hall 1996; Tsing 2000）。

✷

在構思這個演講之初，我原計畫利用科迪亞克島原民遺產方案的張力與矛盾來證明這個困境。但對浩鷗法的思考讓我改採另一條取徑。那些大洋洲的洋流……

時間有限，所以以下只會大略談論科迪亞克島呈現的是何種的二律背反，何種的再現難題（problems of representation）。我會從一九七〇年的《阿拉斯加原住民土地聲索解決法》（以下簡稱《解決法》）講起，這事件對原住民歷史進程造成深遠影響。各位也許還記得，《解決法》提供了阿拉斯加原住民近十億美元（當時是天文數字）和大量土地，條件是他們同意讓一條輸油管從普拉德霍灣（Prudhoe Bay）新發現的油田通至威廉王子灣（Prince William Sound）的瓦爾迪茲（Valdez）。在那之前的十年間，原住民的土地聲索運動日益壯大，乃至締結成一個泛阿拉斯加的聯盟：阿拉斯加原住民同盟（Alaska Federation of Natives）。這種團結一致最終推動了當局放棄見步行步的疏通方式，轉而採取全盤解決辦法。原住民取得這個成功看似巨大，但卻是要付出代價：自此以後，他們不得再有任何土地聲索（但被允許在非其所有的土地範圍內進行自給性漁獵）；政府撥出的土地與基金是交由**原民開發公司**管理。參與調解的個人必須確立部落依屬（以擁有至少四分之一原民血統爲前提），並在各自依屬的區域和地方開發公司註冊成爲股東。《解決法》的立意是讓阿拉斯加原住民在現代經濟中獲得眞正的利益，可以在現代經濟中自給自足（也是藉此省去州政府的福利負擔）。儘管如此，人們對這個偉大「社會實驗」的評價卻是好壞參半。另外，對《解決法》這一巨大的「社會實驗」來說，雖然得到如史蒂芬（Ted Stevens）* 等有力盟友的紓困奧援，各原民開發公司的表現仍然參差不齊，而它們與其他原有原民授權形式的關係也是問題重重。《解決法》一再受到修補，在將來毫無疑問還會再次修補。但不管怎樣，原民開發公司現已成了阿拉斯加一個生活現實，影響力甚至超出阿拉斯加之外——這是因爲它們的經營愈來愈多

208

* 譯注：史蒂芬當時爲阿拉斯加州聯邦參議員，曾任參議院撥款委員會主席。

角化，除從事伐木與採礦的本業外，還跨足例如全球性電信事業。它們每年所得除分配給股東以外，還能資助健保和社會服務，以及資助各種文化遺產復振計畫（一個受惠者是科迪亞克島的阿魯提克博物館）。這確實帶來了不同，但那是以何種和多少代價換來的？

一個對《解決法》的觀點是把它視之爲一紙與資本主義魔鬼簽訂的合約，最終只會導致主權的喪失，讓阿拉斯加原住民注定從屬於他們所控制不了的關係之中。另一種觀點則是把公司結構視爲一種爲推進公共福祉所作的策略性適應，可讓原住民從曖昧不明的新處境中獲得最大利益和站在一個新高度發揮力量。從太平洋的眼光看，我們是應該視之爲一種「發展」（development）還是（用薩林斯的洋涇濱英語來表達的話〔Sahlins 2000:419〕）一種「發展者」（develop-man）？《解決法》是原住民在一個新的層次（州的層次）展現實力的結果嗎？還是說它是一種把紛紜地方性原住民收編進自由主義管治結構（一種受管控的多元文化主義）的彈性方法？

科迪亞克島及其四周的原住民一度被俄國入侵者稱爲阿留申人（Aleut）或康尼亞人（Koniags），後來又被人類學家稱爲「太平洋愛斯基摩人」。他們有些人有時會以俄國人自居。現在，他們大部分自稱爲阿魯提克人。* 他們近年來能夠獲得公開承認的阿拉斯加原住民，是拜《解決法》和拜「身分政治」在阿拉斯加的增生繁殖之賜嗎？這種政治會有選擇性重振傳統和在一些新的和範圍受限的公共舞台表演「遺產」。還是說它是一種轉化性復振，是透過把尚存的語言、親屬關係、宗教、生計、地方意識和藝術形式加以重新編織而獲得？情況如果是後者，那我們便有必要對表演、溝通和翻譯賴以進行的新環境和舊環境投以關注，以及對「認同」（identification）和「離散」（diaspora）的新尺度投以關注。

在《解決法》達成之前，什麼樣的歷史敘事解釋得了阿魯提克人的宗教（即俄國東正教）？那顯然不是一則「被同化」的故事或一則前後分明的「轉皈」故事，而是一則涉及銜接、適應和部分翻譯的故事——因爲時間關係，恕我無法深入這故事的迷人細節。正如許多學術研究已經指出，俄國東正教在阿拉斯加受到了激烈的「原民化」，變成了一個社會地位和相對權力的來源（Fienup-Riordan 1990; Oleksa 1992; Black 2004）。各位不難想像，當俄國人在一八七六年撤走繼而來了更咄咄逼人的美國人之後，一種在地化的「俄羅斯」宗教是如何可以作爲一個與新帝國霸權「解除銜接」（disarticulation）的樞紐。

不過，本土化的東正教並不是一則分離主義故事，而是一則在改變了的物質壓力下採取有限行動的故事。俄國的帝國策略鼓勵通婚，由此創造出一個在經濟、政治和宗教層面都扮演重要角色的所謂「克里奧爾」（Creole）菁英階層。我們必須要追問的是，克里奧爾階層是如何轉化了阿留申群島和科迪亞克島原有的社會階層形構，而這種適應後來又如何受

* 譯注：此處原文爲「Alitiiq」，應是誤植。此維持「阿魯提克人」（Alutiiq）的翻譯。

到原民開發公司（它們的資本家「階級」地位要更顯著〔Mason 2002〕）的轉化？整個故事會就此結束嗎？在這個轉化過程中是誰利用了誰？新的菁英階層的行爲模式是否類似於其他地方的資本家？原民開發公司履行了哪些社群責任？有鑑於它們好壞參半的表現（它們的許多成功和許多失敗顯示出它們的學習曲線尚未完成），我們很難對這些問題做出定論。

我們尚未到達一個可以用後見之明理清這些參差故事，得此賦予它們一個統一的功能結構的階段。那是一個充滿糾結和未完成的歷史眞實，而我發現自己無法以無縫的方式將它再現。

在極端的一方，我們遇到的是熟悉的世界體系的功能主義（functionalism）。它形同這樣說：「如果存在**改變不了**體系的替代社會或文化力量存在，那麼它們必然是體系的一**部分**。」所有差異莫不受到權力的收編或是有賴權力的召喚而得以存在（例如後一九六〇年代的「身分政治」實質上是一種受控的多元文化主義，是靠著後現代政府結構的允許而得以存在，甚至是由其生產出來）。這種以體系爲中心的觀點當然部分解釋了近來主張原住民文化社會多樣性中做了哪些銜接與表演。但它抹殺了所有社會協商與社會鬥爭的地方歷史，抹殺了轉化連續性（transformative continuity）和以地方爲基礎的生活方式，否定了它們在當代運動中任何有意義的歷史動力（historical momentum）。我發現自己更寧願想像一個諸歷史的糾結（a tangle of histories）而不是諸歷史與共同歷史（History）的愈來愈齊步——不管這齊步被說成多麼「攜手和不平均」。

在另一個極端上，我們熟悉的是一些正面的（經常頗爲自以爲是的）故事，它們講述在地和原民文化是如何堅持不墜、從灰燼裡重生，憑著回溯過去的資源而形塑出一些真正有別於「西方」及其現代化使命的替代性方案。我們當中很多人當然有時也會講述或多或少與此類似內容的故事。它們把創造性、不一致的社會形式帶入畫面。它們講述了一些糾結的歷史，性質有時是極端的在地主義，有時則是關於在國家、區域或跨國層面上演的更大範圍的「主權」政治。顯然，在「全球化」的大名目下有很多不同的事情正在同時發生。但不管在地文化在後現代性（postmodernity）裡的互動性存續能激起多少的希望（與憂慮），都沒有人能爲唯物主義懷疑論者所提出的以下問題提供一個明確且具說服力的答案：在一個日漸全球化的資本主義世界裡，這一切加起來算得了什麼嗎？它們會不會基本上只是在一個「共同差異的全球性系統」（global system of common differences）（Wilk 1995）裡表現差異的方式？如果每個人都有自己的文化、身分認同和追求承認的表演方式，那還有什麼是新的？

我的解決方法（毫無疑問是一種低度理論化的解決方法）是一逕把各種歷史並置在一起，總是同時處理多個歷史。

論到原民的遺產工作（一個例子是科迪亞克島的阿魯提克博物館，它是由「艾克森瓦德茲號」漏油事件的賠償基金成立，現主要是靠原民開發公司資助），我無法最終說明自己是在描述一個銜接（articulation）過程還是召喚（interpellation）過程。理解遺產工作的最好方式是視爲既有元素在一個新的歷史力場裡的實效性政治重組嗎？還是視爲身分認同的「配合演出」？在最糟糕的情況下，它會是一種迎合有權有勢他者所做的自我刻板印象化；在最理想的情況下，它會是一種對多元受眾（兼含原民與非原民受眾）進行的策略性表演，可讓傳統在翻譯的過程中同時失去和浮現。說它總是兼有這兩方面的效果並沒有多大幫助，因爲那很容易會讓人落入可預期的二元性範疇：好消息／壞消息、支配／抵抗、體系／顛覆……

但那正是我們常常最終陷入的立場，即並置不同的故事與分析。我看不出由此可以綜合出些什麼——這裡的「什麼」是指一個歷史總體（historical totality），一個可在**任何**分析層次或社會空間尺度的無方向性時間再現（undirectional temporal representation）。不完整、並置、末端未織成且邊緣粗糙——這是一種比功能整合（無論多有彈性和動態化的功能整合）更符合現實主義的再現方式。我們如何在寫作和言說中、在展示和敘述中表達這種現實感？我發現自己能提供的只有實驗與失敗，不是模型與成功。問題中的二律背反並非可以透過辯證加以揚棄：它們是既受侷限又受過度的歷史力場裡的構成性張力。

理解這種受侷限的開放性時，我藉助雷蒙．威廉斯在《馬克思主義與文學》一書中對「決定論」的解釋——「決定」只意謂壓力和限制，不意謂機械性的因果關係或前後分明的「劃時代」歷史（Williams 1977）。基於此，我們有需要留出大量空間供威廉斯所稱爲「殘餘」、「支配」和「新興」進行錯綜複雜的銜接。此外，每當「殘餘」和「新興」變得難以區分時（班雅明和當代的原民新傳統主義都體現著這種精神），上述三個詞語所暗示的方向性就會動搖。

我仍然相信資本主義世界體系的巨大力量，但又相信它是一個非功能主義的體系（這或許是一種矛盾修辭），不管在描述或解釋的層面都無法號稱擁有全球能力。我在尋找一個「大小恰好」的資本主義故事，但不是把資本主義理解爲受其「經濟」引擎驅策的歷史動力結構，而是理解爲總是已經在社會、政治、文化和經濟各方面表現出多樣化的多樣化形構。我同時想像一個不再受空間化（spatialize），而成爲穩定核心／邊緣的世界體系，發生深重危機和重新配置的可能。

在新世紀之初的今天，基於我們都知之甚深的理由，新自由主義的信心和帝國地緣政治的動量皆已被動搖。左派陣營再次可能想像資本主義的消失，至少是想像它的變形。這種時代風向的一個表徵是華勒斯坦二〇〇三年出版的《美國權力的衰頹》。他在書中力主，過去五百年來支撐著現代世界體系的政治經濟結構再也維持不下去。它再也無法自我複製。我們現正進入一個關鍵（大概也是漫長）的「過渡時期」，在這過程中，那些一度被視爲結構性的政治／經濟元素會逐漸失去重要性，而一些偶然發生的「政治」鬥爭將會決定新的政治經濟結構（但並不保證最後會由左派、右派或是他派勝出）。因爲時間關係，我無法深談他這個大有爭議的診斷細節。我僅僅指出，如果就連首次把世界體系概念化和加以描述的那個人都準備關閉它，或至少想像它有可能徹底改形換貌，那世界已改變至何種程度可想而知。

我相信我們全都體認到全球的權力安排正在我們腳底下發生變化。這也許只是反應過度，因爲也許時間會證明，正在發生的事只是另一次系統性危機（不管其幅度有多深）。但無論如何，站在現在看，「未來」都確實比二次大戰之後的任何時期都更具開放性，更加結局未定。在這個「未來」中，另類的發展模式、區域主義、文化特殊性、多樣化主權和原民世界主義連接眞有前景可言嗎？歷史正往一個以上的方向移動嗎？在這個結局未定的交匯點，怎樣才算是「現實主義」？究竟怎樣的故事才算夠大的故事？今日的危機（甚至「混亂」）有理由讓我們感到恐懼還是懷抱希望？顯然兩者皆是……

如今，浩鷗法的烏托邦——奠基於過去和現在的聯繫行爲，一些不符合由中心／邊緣、傳統／現代、地方／全球二分法定義的支配軌跡的行爲——看來更像是一段本來可以找到空間生長的歷史。它既是一個盼望，但又是一個必然會跟其他更具矛盾的可能情境和反烏托邦糾纏在一起的盼望。「是就是吧。」

第六章　望向多邊

那個文化人類學家能毫無矛盾地呈現「在地觀點」的時代已經一去不回了，考古學家和體質人類學家可以未經當地允許便挖掘部落遺骸的日子也已成過去，而語言學家在收集原民語言資料時也感受到要以可取得的形式回饋結果的壓力。如今，學術外部者（scholarly outsider）發現自己被拒之於研究地點之外，面對的是不見於從前（或從前未被公開）的猜疑。事實上，「人類學家」——廣義且有時刻板地定義——已經成爲當代原民論述裡的負面角色，被刻畫爲傲慢和侵入性殖民權威的縮影。最著名的砲火當然是來自狄洛瑞的《卡斯特死於你的罪》（Deloria 1969）。這種去殖民批判得到琳達．史密斯的深化（Smith 1999），又被韋斯特曼的歌曲（「人類學家來了」）和休特的漫畫用諷刺的形式表達出來（Hughte 1994）。

人類學家與當地社群的關係史中包括許多不顧及對方感受的資料和文物收集案例。這些例子與科學權威的一般假設結合在一起，被視爲是不平衡權力結構中一方施於另一方的殖民統治表現。諸如湯馬斯內容詳盡的《頭骨戰爭》（二〇〇〇）在內的許多歷史著作都顯示，這種怨恨往往是有根據的。與此同時，原住民對人類學家的全面譴責（或取笑）常常與對那些基於互惠、尊重和協作的個人的讚揚之詞並存（例如見Deloria 1997:210; Hereniko 2000:90）。另外，人類學文本被原民論述挪用於傳統復振的例子亦屢見不鮮。事實上，在殖民情境中進行的科學研究遺產是模糊且未完成的。例如，迪亞康一九二〇年代在萬那杜馬拉庫拉島（Malekula）取得的研究成果便受到了當代的**傳統**（*Kastom*）論述重新再利用（Larcom 1982; Curtis 2003）。在加州，由克魯伯和哈斯在柏克萊開創的「搶救式人類學」和「搶救式語言學」傳統也是部落遺產活動（heritage activities）的無價資源。如果說克魯伯應該爲他把伊許的大腦送給史密森尼學會一事或爲他在《加州印第安人手冊》中宣判一些部落「死刑」一事受到譴責，那我們也不應忘了尤羅克族耆老對他的忠實友誼和珍貴記錄工作心存感念。克魯伯在一九五〇年代於土地索還訴訟中挺身爲原住民作證之舉亦爲今日人類學家的維權角色開了先河（Buckley 1996:294-295; Field 1999）。

這筆遺產對當代的研究者（兼含原民、非原民、「內部者」、「外部者」、「內外參半者」和「離散者」）同時構成了障礙和機會。菲爾德看出人類學的「共謀與協作」歷史尚未結束（Field 1999）。受到原民社群政治動員的根本改變，研究再也不能僅憑自由科學訪問和人際關係來證明其正當性。明確的合約協議和協商的互惠愈來愈成爲一種規範。例如在後獨立時期的萬那杜，人類學和考古學研究被明文禁止了十年。現在，研究得先經過當地社群的同

214

意，而且必須與一位爲萬那杜文化中心工作的在地田野工作者協同進行（Bolton 1999; Curtis 2003）。在某些情境中，人類學家被土地聲索訴訟所徵召，考古學參與在地遺產工作，語言學家進行語言重振（language reclamation）。在其他情況下，田野工作遭到禁止，不然就是受到讓人近乎難以施展的重重限制。面對這些嶄新且政治化的關係，學者也許會爲他們失去「科學自由」而感到懊惱，但他們忘記了，從前是相對安全的結構性權力讓他們可以訪問研究場域，還有不用理會一直以來存在於田野研究中的許多隱性限制和妥協。（許多科學家過去都覺得他們有權未經原民社群同意從原民社群的墓地中取走遺骸。如果說此舉現已被認爲是職業道德的底線，這是由於對科學自由的道德和政治約束所致。）隨著原住民知識分子和活躍人士挑戰學院的權威，雙方有時會壁壘分明：當前的「肯納威克人」（Kennewick Man）／「祖先」之爭*便是一個惡名昭彰的例子，在其中，「原住民」和「科學」的立場因爲互不相讓而落得對薄公堂（Thomas 2000）。即使在關係不那麼對立的情況下，有一件事情仍然變得愈來愈清楚：地方社群需要有說「不」的權力，方可談判出較平等和較互相尊重的協作關係。在現實中，人類學和原民社群之間複雜和未結束的殖民糾結正在解體和重新編織，

* 譯注：肯納威克人是出土於華盛頓州肯納威克的一具史前人類遺骸，當地的印第安社群認定他是祖先，要求返還和予以安葬。

215

而即便是對人類學最嚴厲的原民批評者亦是承認，基於共享資源、重新定位的原住民和學術權威以及眞正的尊重關係時，仍然存在結盟的潛力（Deloria 2000:xvi; Smith 1999:15, 17; Field 1999）。

本文旨在探討協作式合作的潛力和侷限性，其焦點放在西南阿拉斯加近年的一個原民遺產展覽：「望向兩邊」（*Looking Both Ways*）。我會討論這專案的貢獻者、生產條件和接受場合，主要藉助於這部非同一般的展覽手冊《望向兩邊：阿魯提克人的遺產與身分》（Crowell, Steffian and Pullar eds 2001）。我在其中一個阿拉斯加場館參觀了展覽，當天（二〇〇二年八月三十一日）適逢一個阿魯提克人文化節上場——塔孟塔卡圖魯塔節。同時，我會扼要地討論範納普－里歐丹在尤皮克人中間進行的協作性工作（這是同類型工作中的先驅），以及最近在安克拉治設立的「阿拉斯加原住民遺產中心」（Alaska Native Heritage Center）。本文的目的並非全面考察地區內的遺產活動，而是要爲轉變中的阿拉斯加原住民身分政治（identity politics）繪像，顯示它在文化復振、翻譯和結盟實踐上的諸種表現。「遺產」是一種自覺的傳統，是爲抗拒失去（loss）的歷史經驗而在舊與新的公衆脈絡所作的表演——範納普－里歐丹稱之爲「自覺文化」（conscious culture）（Fienup-Riordan 2000:167）。它是對一些同時源自原民社群內部和外部需求的回應，用以調和新的權力和新的依繫關係：包括與土地的關係、各地方族群之間的關係、與州的關係，以及與跨國勢力的關係。在今日的阿拉斯加，「原住民」

的身分認同受到了全球性和區域性文化振興和政治運動的加持。它們同時也受州政府政策的導引和強化，特別是一九七一年的《阿拉斯加原住民土地聲索解決法》以及後續的效應上。

身分的政治經濟學

《阿拉斯加原住民土地聲索解決法》（簡稱《解決法》）是政治妥協的產物，是三股不同議程的銜接：一是「阿拉斯加原住民同盟」推動的土地索還要求，二是跨國石油公司想要興建一條在詹姆斯灣附近橫跨阿拉斯加輸油管（通往普拉德霍灣新發現的油田）的企圖，三是州政府和聯邦政府在一九五〇和六〇年代「終結」原住民的政策失敗後亟思改弦易轍的結果。《解決法》把四千四百萬畝土地和近十億美元撥給十三家區域性原民公司和二〇五家鄉村公司。個人要能成爲股東，必須證明至少具有四分之一原住民血統，且是出生於《解決法》通過實施之前。《解決法》在美國政府的原住民政策中絕無僅見，反映的是阿拉斯加獨特的原住民／政府關係史：阿拉斯加並不存在見於「下四十八州」* 的保留地制度和政府

* 譯注：指阿拉斯加下方的四十八個美國本土州。

託管權制度。《解決法》後來成了魁北克因紐特人「自決」(self-determination)的範本，也引起了類似於其在阿拉斯加的曖昧結果，包括產生出一個由原民公司管理階層構成的菁英階級(Mitchell 1996; Skinner 1997; Dombrowski 2002)。

阿拉斯加原住民亟需要一個解決方案，這是因爲自一九五八年阿拉斯加建州來後，聯邦政府便以愈來愈快的速度將土地轉移給州政府。在這之前，這些土地一直被視爲公共財產，長期以來對原住民自給自足的生計活動極其重要。原住民領袖非常擔心，珍貴的資源會永遠脫離他們的掌控(在過去，至少地權歸屬模糊且存在爭議)。於是，土地聲索運動在一九六〇年代逐漸壯大，而油田的發現(一九六八年)則提供了一個系統性解決問題的契機。原住民領袖評估，只要全部土地中有十分之一能獲得明確所有權，便值得放棄對其餘土地的權利要求。如果不接受《解決法》，阿拉斯加原住民說不定會落得和美國其他部落一樣命運，最終只能在一些資源貧瘠的地區持有少許土地，苟延殘喘。「阿拉斯加原住民同盟」立場堅定，而在美國國會內部經過多次爭論後，雙方終於達成協議。多少拿到一點總勝過一無所有：《解決法》看來是一個異常慷慨的結果，保證了阿拉斯加一些重要的土地和資源歸入原住民名下。

石油公司唯恐油管鋪設計畫會被法庭纏訟耽擱多年，因此支持「阿拉斯加原住民同盟」的訴求。這個有力的盟友讓原住民取得了單靠一己施壓無法取得的成果。華府方面也愈來愈清楚，若是無法把阿拉斯加大部分土地的地權歸屬釐清，經濟發展和資源開採將無法順利進行。不過，與阿拉斯加原住民的談判引起了政府結構的問題。部落機構、「政府對政府」關係、州政府與聯邦政府的託管責任都存在於「下四十八州」的設計，而這是當局竭力想要避免的。此外，許多阿拉斯加原住民都不喜歡美國其他地方的「保留地」制度。《解決法》的公司結構提供了一個別出心裁的解決方法。由民主黨參議員傑克遜提出《解決法》的自由主義願景（如今則可稱爲新自由主義願景），尋求以公司的形式，將原住民的土地私有化。此舉可避免重蹈「新政」時期由科利爾提出的《印第安人重組法》（Indian Reorganization Act）的覆轍，不讓「部落」政府有壯大或獲得承認的機會，又讓阿拉斯加原住民可以以投資者和創業家的身分參與經濟發展。* 事實上，當時已經有超過一百個阿拉斯加原住民村落獲得聯邦政府的承認。不過，這些潛在的「主權體」並不控有多少土地。《解決法》想要繞過它們，加速它們的消亡。然而，部落機構與原民公司一直並存至今，兩者既衝突又合

* 譯注：《印第安人重組法》於一九三四年通過，旨在促進美國原住民部落自治和經濟復甦，然而由於憲政體系和聯邦政府的批准權，實際上卻是限制了部落的自主權。此外，由於侷限的資金及缺乏持續性支持，亦未能實現預期的經濟振興。因此，一九七一年的《解決法》試圖以公司結構取代部落政府，讓原住民族成爲投資者和企業家直接參與市場經濟，同時避免了聯邦政府對印第安事務的直接管理和潛在的文化衝突。關於《解決法》的後續問題，見後文的討論。

作，形成了一種模糊的政治經濟關係。

《解決法》事實上留下了許多未解決的問題，而它本身很快便成爲一個新的鬥爭場域。但在一九七一年的時候，它卻符合原住民、政府和石油企業家的共同利益。對石油公司來說，《解決法》是一大成功：它讓阿拉斯加輸油管得以建成，原油開始滾滾流動。日後雖會發生「艾克森瓦德茲號」（*Exxon Valdez*）漏油事件和需要補償的問題，但阿拉斯加的石油和天然氣經濟已經建立，很快地州內每個人（兼含原住民和非原住民）便發現自己依賴石油。但奠基於開採資源（石油、天然氣、礦物和木材）的經濟發展並不如許多人預期的是一帖萬靈藥。政府原先打算創造一批經濟獨立和企業化的原住民社群的希望轉眼成空。把分散在偏遠地區的原住民村莊轉化爲某種商業體，從而擴大就業和減少政府社會福利支出只是不切實際的理想。正如加拿大法官伯格一九八五年發表對於《解決法》第一個十年的綜合評估中指出的，村落層次的原民生活總是要仰賴漁獵和採集的自給自足經濟（Berger 1995）。任何能夠支持城鎮和城市以外原民生活的加拿大土地問題解決方案都需要承認人們一直在維持的混合經濟，這是一系列以生計爲核心的傳統和新活動。政府的政策應該是致力加強自給自足，而不是試圖用資本主義企業的抽象願景取而代之。伯格將許多聲音匯集到他那部雄辯和批判性的維權調查報告之中。阿拉斯加各地的村民一再告訴他，依繫土地維生對他們的生活具有核心重要性。《解決法》分配給村落層次開發公司的土地並不夠。村落生活可以存活的前提是村民必須有權進入他們從前被容許自由進入的大片土地和海洋。事實上，一條在一九七一年後訂定的法律曾保證鄉居和採行自給自足生計的原住民擁有這一類權利，但後來被阿拉斯加最高法院基於非法偏袒而將其駁回。狩獵、捕魚、環境和資源管理等不同利益之間的訪問和管理問題仍未解決，爭議不休。在《解決法》通過實施四十年後的今日，傳統村落的經濟可存活性仍然岌岌可危。

在區域的層次上，《解決法》所建立的大型開發公司掌控了大部分的土地和基金。它們的首要任務是賺錢以及把收入分配給股東。不過，原民公司被認定不只是一般的資本主義企業。它們的主要使命是爲股東謀福利，而這些股東盡可能是按族群畫分的群體成員。原則上，它們只能雇用阿拉斯加原住民（實際上施行情況參差不齊）。它們還有責任資助醫療保健、教育和文化復興計畫。所以，「發展」意味的不只是經濟層面的發展。原民公司不同於一般公司的另一關鍵處在於股東資格和持股規定。根據原有規定，持股在二十年內不得出售，在那之後方可自由轉讓。這條款讓把土地永遠保持在原住民手中的目的和自由主義的私有化議程陷入致命矛盾。當伯格進行調查之時，一九九一年正在逼近，而他發現，原住民之間普遍擔心交由開發公司託管的珍貴資源不久便會有失去之虞。這是一個真實而且被廣泛體認到的危險。要是土地真的允許自由轉移，那持續存在的貧窮將會逼得原住民股東把他們的股分賣給非原住民，而原民生活的物質／精神基礎將會消失。這時，《解決法》

看起來不像是一場勝利，一種對原住民土地的穩定化，而更像是一種假借市場過程終結原住民的新自由主義手段。當初在華府制定《解決法》的那批人視之爲一種讓原住民參與國家經濟的方式，也因此成爲一種長程同化手段。不過他們很少人會料到，也才不過二十年，土地便迅速流失。所謂的「一九九一年修正案」就是應這種流弊而生：它延長了禁止將股分賣給非原住民的時限，又部分改變了一九七一年之後出生者除透過繼承以外不得擁有股票的限制（這限制造成了內部對立）。

《解決法》一直極其複雜，而它的各種破綻、漏洞和始料未及的後果導致了持續的調整和政治交易。一九九一年的修正條款是對原始法案最嚴重缺陷的臨時修補，讓原民社會有生存的喘息空間，也讓原民開發公司的管理階層有多些時間可以學習如何在州、國家和跨國的層次取得最大利基。大部分開發公司在頭二十年都表現平平，有時甚至慘不忍睹。原住民領袖缺乏從商經驗。開發公司的內部衝突和彼此衝突引發了一些破壞性和漫長訴訟。搖搖欲墜的公司必須靠有權勢的政治人物——如阿拉斯加州聯邦參議員史蒂芬——提出的紓困案奧援。爲原住民創造的新工作機會相對不多，而股東可分到的股利亦遠低於預期。自九〇年代起，即自修正案通過實施開始，一些區域性開發公司的表現開始好轉。然而，經濟狀況仍然參差不齊，許多成功是基於將投資轉移出阿拉斯加，並進入電信或通過優待少數族群企業的政策獲得的政府合約。這通常意味著與大企業利益合作——批評者會說是爲這些利益做掩護——計畫範圍從有生態破壞之虞的伐木到伊拉克的戰後重建。不過，有些開發公司付給股東的股利已經變得豐厚，而它們也全都繼續認眞資助以社群爲基礎的社會和文化計畫。《解決法》至今仍是高度利弊互見，對它的觀感是好是壞因人而異。支持者認爲這是一個不完美的、正在進行的社會實驗，但它是阿拉斯加原住民參與和影響州內外事務的重要途徑。批評者則認爲《解決法》是一個外加的結構，並沒有以原住民樂見的方式帶來經濟發展：那是一個不平等和造成分裂的系統，創造出一個新的特權階級，又削弱了原住民生活長久以來賴以存在的價值觀和機構制度。

一九七一年解決方案的基本預設一直充滿爭議，而《解決法》也不是爲原住民社會帶來變遷的唯一力量。人們從未能對一個問題達成共識：原住民的前進之路究竟是透過開發公司（即經濟方法）還是透過「部落」機構（即政治方法）才是最佳之道。事實上，這兩個議程同樣活躍。許多人現在認爲，有必要強化部落政府，如此方能讓村落層次的生活方式永續下去（例如見 Fienup-Riordan 1990:ch.9）。「發展」的語言受到了「主權」語言的挑戰。這表示，奠基於親屬關係、傳統和村落生活的地方治理結構必須受到承認，而這是《解決法》大半迴避的。這最終可能導致對《解決法》的修正會取消區域性開發公司對土地的持有權，改爲由部落集體持有。目前，這一舉措受到《解決法》中的原民公司領導階層和那些受惠於現行制度的人的抵制。此外，任何自治或半自治部落政府控制土地的願景都得面對一個難題：有愈來愈多原住民集中到大鎮或城市（特別是安克拉治）。《解決法》要解決的問題仍然未定。

過去四十年來，《解決法》是一項至關重要的結構性因素，但以爲它一定會決定阿拉斯加原住民的未來卻是一種謬見（Anders 1999）。這部法令產生出紛紜後果，既運作於地方治理傳統的範圍內又衝撞這些傳統，形塑出新與舊的部落倡議。有人似是而非地把《解決法》類比於另一個假進步同化之名私有化部落生活的更早期嘗試：一八八七年的《道斯計畫》（Dawes Plan）。後者出現在大平原印第安戰爭結束之後，它強行劃分部落土地，改爲個人持有（Anders 1990）。大部分印第安人對此毫無心理準備，也不情願太快改當農夫，而生活壓力未幾便逼得他們不得不出售分到的土地。作爲一項由政府推動的社會工程，《解決法》和《道斯計畫》有不少共通處。但見於這兩個歷史交匯點的實力對比卻大不相同。在一八九〇年代，印第安人在軍事上被打敗，人口大幅衰退。當時他們也沒有「阿拉斯加原住民同盟」之類的組織（該同盟是《解決法》的重要推手）。反觀在一九六〇和七〇年代，阿拉斯加原住民固然貧窮和備受忽略，但也是處於一個土地聲索和振興的階段。不管是在州、國家、近極地圈（circumpolar）還是全球的層次，「原住民」的普遍復興都帶來了新的主權願景。這既不像一八九〇年代那般是一個戰敗時刻，也不是一個解放時刻。在一九七〇年代之後的二十年，市場和媒體對社會抱負和文化變遷的影響力量逐日增強。因此，《解決法》反映的是一種混亂、妥協，難以限制，更像是一個新的角力場（field of forces）和一種銜接政治（politics of articulation），而非宰制。《道斯計畫》削弱了部落生活但未能使其窒息。如今，在一個部落振興的時代，輔以公司的身分認同和多元文化主義的寬容，新自由主義形式的治理術（governmentality）有可能會比較成功嗎？（本書第一章對這個關鍵和開放性問題有更脈絡寬廣的討論。）

不管它的未來會是如何，《解決法》都形塑了當代的阿拉斯加身分政治。它明言的動機是促進經濟「發展」和「自力更生」（self-reliance），但華府和原住民社群對這兩個名詞卻有著不同定義。狹隘的進步願景（光著眼於經濟的個人主義進步願景）難免會與由擴大親屬關係、社群守望相助和自給自足維生方式構成的傳統發生衝突。因此，遺產工作（即保存和復興原住民價值觀和傳統的工作）對原住民是不是能夠爭取到按照自己樂見的方式參與資本主義的現代性攸關要緊，但這爭取的結果遠未得到保證。《解決法》創立的公司是那些在一九八〇和九〇年代蓬勃發展的遺產專案（本文會談到其中一些）的關鍵金主。區域和鄉村層次的原民公司的董事會成員則是將文化重振視爲與健康和教育同等重要的優先事項。作爲廣泛的企業任務的一部分，這被普遍認爲是對困擾原住民社區的絕望和自毀行爲的重要回應。與其他地方一樣，這裡也存在分歧。批評者認爲遺產工作是一種舒緩（palliative），消耗資源並分散注意力，讓更緊急的經濟和政治議程備受忽略。另外，一種被復振的傳統文化有時會出於公司的目的而被標準化（有時也被稱爲「商標化」）（Dombrowski 2002; Manson 2002）。這當然是對遺產的一種重要意識形態竊占。但誠如以下將會看到的，由原民開發公司資助的遺產工作有著多元的受衆和結果，而它們並不總是那麼明顯地跟資本主義霸權和規範化的自由主義主體站在同一陣線。

一九七〇年代見證了原住民身分在一個更大規模上再結盟，反映的是二次大戰後其他追求自決的原民運動的動向。隨著《解決法》的通過實施，成爲原住民第一次變成是有利可圖的事。六〇年代的土地聲索運動和「阿拉斯加原住民同盟」的締結讓一種以泛阿拉斯加聯盟爲基礎的原民政治（Native politics）變得可能。受到不斷強化的「近極地圈」和「第四世界」聯繫的滋養，更大規模的族群認同（或說「部落」認同）得以出現，讓較地方性或以親屬爲基礎的依屬關係被取而代之。遺產保存和遺產表演是這些變遷中的原民銜接的重要組成部分。其結果就是新的身分認同、對「文化」或「傳統」等概念更形式化的表述，以及一些切合於變遷中原民經驗而不侷限於鄉村環境的表演形式。

一個特別明顯的例子是那些如今自稱爲「阿魯提克人」的人群——他們有時也會自稱爲蘇格皮亞克人（Sugpiaq）。阿魯提克人散居於科迪亞克島的城鎮和鄉村、阿拉斯加半島南岸、基奈半島（Kenai Peninsula）、威廉王子灣和安克拉治市。一九七一年，《解決法》把他們分配到三家不同的區域性開發公司，表明了他們作爲一個融貫實體的不確定地位。許多阿魯提克人在這個「歸入」過程中重新發現或重新恢復了他們的「原住民」身分意識。他們的集體歷史是一部歷經激烈擾亂和充滿創傷的歷史：先是俄國人在十八世紀晚期的到達（帶來了勞動剝削、屠殺和疫病）；繼而是一八六七年之後的美國殖民（伴隨著傳教士、寄宿學校和二次大戰期間的重兵駐紮）；再來是一系列地震災害和「艾克森瓦德茲號」漏油事件所造成的破壞（許多人因此被迫放棄家園）。在這個過程中，大量的地方傳統消失或是被埋葬。儘管如此，一些自給自足社群、一些親屬關係網絡和一種根深蒂固的在地宗教（本土化的東正教）仍舊存活，而能說薩茨頓語（Sugt’stun）的人亦仍然不少（儘管數量不斷下滑）。然後，隨著身分政治的浪潮席捲阿拉斯加，受《解決法》部分恢復的原民意識大舉復興，人們踴躍於研究、重振和傳承他們的「阿魯提克人」遺產（見Pullar 1992; Mason 2010a）。

在整個阿拉斯加原住民地區，創新形式的文化／藝術生產被設計了出來，伴隨而來的是原住民利益和非原住民利益的新聯盟，以及表演和消費的新場域。它們表現爲以下各種形式：區域性耆老會議、仲冬舞蹈的揉合性復振、語言學習班、雕刻與造船工作坊、部落藝術館、「原民觀光」（native tour）和供觀光遊輪乘客參觀的模範村。由族群界定的企業家、社群領袖與文化掮客大軍紛紛出現。舊的社會、政治和宗教權威同時受到承認和轉化，並在不斷變化的情況下進行選擇性銜接。這些實踐落實在地方脈絡的方式大異其趣，端視人口與生態、殖民與新殖民擾亂的時間點與力量、資源開採的機會與壓力，以及持續進行中的漁獵採集權鬥爭。

用一種非化約的觀點來看，遺產既不是純正傳統的復原或重生，也不是自由主義霸權形式裡的文化舒緩運作。「望向兩邊」和其他以下會討論到的遺產專案必然只能是一些妥協性活動，其中糾結著相互競爭的利益。我們應該把它們視爲既支配又賦予了原民生活的一個複雜社會／經濟／文化交匯點的特定聯合製作（coproduction）。廣義言之，遺產工作包括口述歷史研究、文化召喚和解釋（展覽、文化節、出版、電影和觀光景點）、語言描述與教學、以社群爲本的考古挖掘，以及藝術的生產、行銷與評論。當然，這些活動只是當今原民自決政治（politics of self-determination）的一個面向。遺產工作無法取代土地聲索、漁獵生計權的鬥爭、經濟開發、教育及醫療方案、聖址保衛和爭取被盜遺體與文物返還的運動，但它與這些鬥爭全都密切相關。被當成「傳統」的東西從來都不是政治中立的（Jolly 1992; Briggs 1996; Clifford 2000; Phillips and Schocher 2004），而文化的恢復、展現與表演也總是在爭取身分與承認的運動中扮演著必要的角色。我們應該密切注意遺產工作的多元生產者和多元消費者，強調政治性**銜接**、偶發性**表演**和部分性**翻譯**的構成作用。

遺產計畫參與了一系列的公共領域，在原民社群的內部和彼此之間充當動員和自豪的場域，是跨世代抱負和教育的泉源，可以讓人重連接於過去和對別人說出：「我們存在」、「我們深深扎根在這裡」、「我們與你們不同」。這一類的文化政治並非沒有曖昧或危險（見

Hewison 1987; Harvey 1990; Walsh 1992）。遺產工作有時會流爲一種自我行銷的形式，是爲回應多元文化政治經濟（它裝載和管理著不平等）的需要而產生。永續地方傳統並不能保證經濟和社會正義，儘管它可以加強社群的韌性或是打造有效聯盟。在後工業的脈絡，遺產被批評是一種去政治化和商品化的懷舊，換言之是一種僞傳統。如薩繆爾指出過的，這類批評雖常有過度簡化之嫌，但當代的遺產工作確實面臨文化物品化（objectionification）和商品化的壓力（Samuel 1994）。另一方面，一昧以「物品化」和「商品化」作爲理由，也會抹煞遺產工作所激發的大量地方、區域、國家和國際意義。

我在第一章主張過，今日的「身分政治」和「遺產工作」都是同時受到更彈性化的資本主義行銷、溝通和政府形式的侷限與賦權。雖然承認這些壓力的存在，但我們必須區分不同時間性和規模（Tsing 2000）的政治銜接（地方性的、區域性的、國家的和國際的）、表演（語言性的、家庭性的、宗教性的、教育性的和觀光性的）和翻譯（跨代的、跨文化的、保育性的、創新性的）。全球性的文化和經濟力量透過這些過程而被在地化（localized）和某種程度被關鍵性調整（inflected）。確實，原住民遺產工作所確認的聯繫——與土地的聯繫、與耆老的聯繫、與宗教信仰的聯繫、與不均勻變遷中古老習尚的聯繫——有時可以是實質的，不是「被發明出來」或只是擬像性（simulacral）的。對原住民來說，在經過長期被邊緣化或被迫消失，無論是字面意義的「消失」還是比喻意義的「消失」，能透過表演和出版品說出

224

「我們存在」乃是一種強有力的政治行爲。過去幾十年來，無論是區域和跨國層次，都可以在屯墾殖民脈絡和國家脈絡感受到愈來愈強的原住民身影。如同更早期的反殖民動員那樣，今日的原民運動質疑「文化」與「政治」或「文化」與「經濟」二分法（我們有理由認爲那是一種歐洲中心的二分法）。卡納克獨立運動的領袖吉巴烏便曾強調，遺產工作和反殖民自決鬥爭兩者有著現實關連性（Tjibaou 1996）。一如霍爾指出過的，想要進行政治行動（to act politically），人們必須先對自己是誰來自何方有著強烈的認識（Hall 1988）。本著同樣體認，朱迪斯．巴特勒質疑最近將遺產工作描繪爲「純然是文化」運動，是否脫離了結構轉化的「現實政治」（Butler 1998）。

當然，今日可供「自決」或「主權」運作的環境大不同於二戰後的民族解放運動浪潮。在全球化的大環境下，「自決」並非關於追求獨立，更多是關於創造相互依賴、調整不平衡的權力關係和找出可供操作的空間（Clifford 2001）。今日的從屬策略（subaltern strategies）富於彈性，懂得機巧地適應於全球性的相互連接脈絡。這不是一種全新困境；原民運動本就一直只能如此地致力於在惡劣政經環境中爭取最佳結果。即便是當代阿拉斯加這麼一個新自由主義的屯墾殖民環境（原住民群體掌控可觀土地和資源，構成一股政治力量），權力不平衡的現象照樣持續。爲原民擴張和原民倡議打開的空間是有極限的，而《解決法》看似慷慨的內容已被證明最終仍是爲支配者的利益服務（Dombrowski 2002）。與此同時，如今與州和企業多元文化主義銜接的社會和文化動員，卻是早於並且可能多過現行的政府結構。透過選擇性地保存和更新文化傳統，遺產工作是有可能成爲強化原住民土地、資源和自治要求的社會過程的一部分，讓原住民獲得一種不只是另一個少數群體或利益群體的地位。我對「望向兩邊」的討論做出了這種謹慎的正面評估。阿魯提克文化動員的長程政治與經濟效果仍有待觀察，但其結果必然會是妥協性和不平均分布。

在下一節，我會介紹「望向兩邊」專案，並把它並置於其他回應變遷中阿拉斯加原住民處境的遺產展覽與出版品。呈現過一系列經驗後，我會回到先前提過的複雜問題：後《解決法》階段的原民現身（Native presence）是否應該理解爲新自由主義形式政府與原住民固有的適用韌性的一種銜接？然後我會討論阿魯提克人浮現中的複調身分（multiaccented identity），以及評估人類學家、考古學家和語言學家，與原住民社區建立新關係的協作遺產工作的侷限和可能性。

望向兩邊

汲取了二十年來原住民文化復振，以及其與學術研究者關係的成果。兩次考古協商對這個過程攸關重要。一九八四年，在新任會長同時也是原民活躍人士和教育家普拉的領導下，「科迪亞克地區原住民協會」（Kodiak Area Native Association）與考古學家喬丹達成合作協議：前者同意讓後者在卡魯克村（Karluk）進行挖掘，後者則同意讓地方年輕人與耆老參與挖掘工作。看到出土的木雕面具、石器和雲杉樹根籃子時，當地人大受感動。一位女士的臉「同時顯現出困惑與愁容，過了許久終於開口：『這麼說我們眞的是原住民。過去我們總是被告知自己是俄國人』」（Pullar 1992:183）。「俄國人」的身分認同（根植於帝俄殖民時代的「克里奧爾」社會結構和東正教）在一八六七年之後持續存在了一個世紀，被當作維持社會階層制度和抵抗美國人同化的手段。在一個新的意識形態角力場中，這種複雜的身分認同將會被重新銜接爲「阿魯提克人」。卡魯克村的考古挖掘憑藉著在地參與和成果共享，成爲其他後續挖掘的範本（Knecht 1994, 2001）。一九八七年，科迪亞克島的拉森灣（Larsen Bay）社群開始要求史密森尼學會返還體質人類學家赫爾德利奇卡在一九三〇年代拿走的祖先遺骨和文物。經過四年的鬥爭（有時頗爲激烈），文物終於歸還，遺骸亦得到安葬（Bray and Killion 1994）。這事件改寫了美國印第安社群和科學機構不對等的談判地位，並直接催生出一九九〇年的《美國原住民墓地保護和返還法》。在此一啟發之下，散居於科迪亞克地區各處的原住民開始集結，並且開始認識到自己是獨特「阿魯提克」歷史和文化的守護者。

一九九〇年代期間，史密森尼學會——特別是其由費茲領導的北極研究中心——明確朝向與原民社群協作的方向發展。在這之前，成立於一九六六年土地聲索運動期間的「科迪亞克地區原住民協會」便已增加了一個由考古學家克內克特倡議的文化遺產方案。這倡議在一九九〇年代發展爲阿魯提克博物館暨考古資源庫——它最初由克內克特領導，如今則是由阿魯提克人類學家和文化活躍人士哈坎森主持。一九九〇年代晚期，博物館遷進了由「艾克森瓦德茲號」漏油事件賠償基金撥款興建的新館址。它的業務範圍迅速擴大，現已支持全面的教育、社群考古學、藝術和館藏等各方面的計畫。博物館的董事會成員包括了「科迪亞克地區原住民協會」和八家阿拉斯加村落公司的代表，而它資助的計畫遍布科迪亞克地區各處（第七章有基於後續研究的更詳盡說明）。

董事會在同意共同主辦「望向兩邊」展覽之前曾有所猶豫。拉森灣遺體返還鬥爭的不快往事記憶猶新，人們對史密森尼學會的猜疑依然強烈。對努力建立形象的阿魯提克博物館而言，是不是能在展覽中獲得充分的夥伴地位事關重大。經過北極研究中心阿拉斯加辦公室主任克羅威爾的大力周旋，提供資金和位於華府的科迪亞克藏品的使用權。在博物館員工的支持下，最終獲得了董事會成員的同意，這些成員認爲舉辦一個資金充足的阿魯提克遺產巡迴展可能是將阿魯提克「推上地圖」的好方法。在史密森尼學會看來，阿魯提克博物館是不是願意合作攸關展覽的成敗。兩個由耆老組成的籌備會議決定了展覽的形貌，而阿魯提克博物館則負責提供適當的原住民展出場地。展覽在二〇〇一年揭幕，由一個四代同堂的阿魯提克家庭主持剪綵。有一支受過良好訓練的年輕導覽隊伍負責接待遠道而來的參觀者，每人對各自負責講解的部分習有專門知識。就像《阿魯提克博物館通訊》指出的，開幕儀式結合了儀式與慶祝活動，流程包括了演講、東正教祝福禮、傳統舞蹈表演和酒會。

展覽以史密森尼學會出借的文物爲主，其中大多數是由德國出生的博物學家和毛皮商人費雪在十九世紀最後二十年收集而來。面具、衣服、日常日品和儀式用品一應俱全，此外尚有博物館暨考古資源庫收藏的部分史前和歷史文物。展覽雖然歷史取向強烈，但仍準備了一些當代原住民（有在曬鮭魚的，有採摘莓果的）彩色放大照片、影片和現代村莊影像，提醒參觀者展出的這些是屬於誰的遺產。展覽的五大主題——「我們的祖先」、「我們的歷史」、「我們的生活方式」、「我們的信仰」、「我們的家庭」——保持了對社區的關注。這些經過一個世紀後方才回歸的老物品，仍然與特定的地方和人物相關，引發了情感上的反應——悲傷、認同、感激、親情。文物旁邊的文字有些是學者的脈絡化解說，有些則是耆老在籌備會議上的發言。

新與舊的傳統藝術品在展覽上並置展示。一頂薩滿和捕鯨者戴過的皮帽（一八八三年從阿拉斯加半島收集而來）讓參觀者屏息，它是由「北美馴鹿毛、紗線和細長的著色薄皮（可能是食道皮）條紋刺繡，又進一步裝飾以白鼬和海獺皮毛的滾邊」（Crowell and Lak- tonen 2001:169）。人類與動物關係的重要性在許多展品中巧妙而感性地表現出來。最讓人動容的展品包括一件地松鼠皮風雪大衣，那是一九九九年由科迪亞克島的蘇珊・馬魯丁和葛麗絲・哈洛德研究了華府的費雪於一八八三年蒐藏的樣本後所縫製的。「它是以地松鼠毛皮製作，接縫處飾有白鼬毛條紋。胸口和衣袖部分以貂皮和白色的北美馴鹿皮爲材料。流蘇由染色皮膚、海獺毛和紅布與鼬毛絨球組成」（Crowell and Luhrmann 2001:47）。仿照舊傳統製作新作品是本眞性建構過程的重要一環。展覽還包括一個裝飾性的東正教聖誕星，這是科迪亞克聖英特森學院（St. Innocent Academy）的學生特地爲展覽製作的，在冬季儀式期間挨家挨戶巡遊並交換禮物。（一幅彩色照片顯示這群長相非常「俄國」的年輕人笑臉燦爛地站在三英尺高的聖誕星旁邊。）展品中還有一個勒克頓爲了紀念「艾克森瓦德茲號」漏油事件所雕刻的面具——這次災難迫使他放棄商業捕魚轉而從事雕刻。

這個物件、文本和圖像的混合體展示出一種複雜的阿魯提克人遺產和身分，它透過並置古代、近代和當代文物，顯示出貫穿於變遷的文化連續性。展覽要傳達的訊息直接分明——歷史描述性、引人共鳴和慶祝性。其結果是對「阿魯提克人」身分的一個融貫的表演和理想化。批評者指出，「望向兩邊」大大抹煞了阿魯提克人與北邊的尤皮克人、西邊的阿留申人和南邊的特里吉特人（Tlingit）所共有的文化特徵（Lee and Graburn 2003）。就此而言，這展覽是一個毫不含糊的族群宣示行爲和標界（boundary marking）行爲（Barth 1969）。不過，它的展覽手冊提供的卻是一幅複雜得多的歷史畫面，其中包含著多樣性的觀點，同時銜接了一個獨特的、活生生的遺產。《望向兩邊》製作精美而內容廣泛，包含數百幅歷史與當代插圖，並有詳細章節介紹文化、語言和歷史、考古挖掘成果與協作式研究、當代身分認同和生計實踐、精神生活和宗教傳統、耆老的回憶與盼望。卷首題詞是引自科迪亞克島耆老瑪莉・彼特森（Mary Peterson）的話：「獻給所有新的世代。他們會從中學到東西並把它們傳承下去。」

展覽手冊（如此稱謂實難道盡它的包羅）探索了一系列新與舊的地點、工藝和社會實踐。遺產是一條通向未來的路徑。展覽的取名是受老港村（Old Harbor）已故的老哈坎森所啟發，因爲他在一九九七的籌備會議上說過：「你必須往回望和找出過去，然後方能往前走。」在那次會議，來自阿魯提克文化區的男女齊聚一堂，回憶一九二〇年代的兒時往事：談了他們的父母和祖父母、漁獵的生計方式、宗教和社會價值觀、被轉化了的成分，以及轉化中的生活方式。展覽手冊收錄了許多這個會議的談話內容，以及阿魯提克活躍人士、社群領袖和學者的證言。原住民的聲音和非原住民學者的文章兩相並置。

《望向兩邊》最讓人印象深刻的特徵大概是它的眾聲屬性（multi-vocality）。它的最初幾頁列出了五十一位耆老的名字：他們或是曾參與展覽的籌備，或是說過的話在展覽手冊裡被引用。最後一章由九條很長的聲明構成。其餘部分是那些跟地方社群有密切共事關係的學者所撰寫／彙編。展覽手冊三位編者之一的普拉書寫了一篇擲地有聲的文字（構成其中一章），題爲〈當代的阿魯提克人身分〉（Pullar 2001）。展覽手冊的每一頁都是把引語、意象和短文並置。文章部分共有約四十個「作者」（兼含原住民與非原住民），引自各耆老的話遍布全書各處。沒有一個人可以占據版面太久，讓人讀起來感覺焦點不停轉換。讀者會遇到各種不同的修辭、影像、聲音和故事，不停穿梭於考古學挖出的過去、個人記憶和現在的方案之間。

在題爲〈我們的生活方式〉一章有這麼一段話：「捕魚爲自給生計的年代定下步調。每逢夏天，有五種不同品種的鮭魚會聚在海灣裡或溯河而上產卵。」下一頁有這樣的話：「我記得，夏天時爸爸會早早把我和妹妹叫醒，前去捕魚。」前一頁文字告訴我們有哪些種類的魚，以及如何把牠們曬乾、煙燻和裝罐。後一頁描述了在蒼蠅紛飛中整理漁獲的雜務（Crowell and Lakonen 2001:176-178）。穿插其間的插圖讓我們看見：（一）一些正在捕鮭魚的當代商業漁夫；（二）一個年代約爲一八九九年的比目魚魚鉤；（三）一枚魚形的象牙誘餌（年代介於西元六百年至一千年之間，出土於科迪亞克島一處遺址）。克羅威爾寫道：「《望向兩邊》要展現的是多樣的觀點、深度的探索，以及學者、耆老與社群之間的眞正協作」（Crowell, Steffian and Pullar, eds 2001:13）。篇幅長達五頁的「致謝詞」（其中提到許多機構和大量個人的名字）正是它傳達此一訊息的重要部分。但如果說《望向兩邊》的基本策略是包羅廣泛，它卻沒有進行綜合統整。不同觀點被並置在讀者眼前。展覽手冊三位主編的背景差異見證著參與其事者的背景幅度。

首先，克羅威爾是史密森尼學會北極研究中心阿拉斯加辦公室主任，在投入「望向兩邊」計畫前一直是在研究阿拉斯加考古學和後接觸史（postcontact history）（例如Crowell 1997），目前是在基奈半島與當地的阿魯提克社群進行協作性考古挖掘。作爲展覽的專案主任，他安排了文物租借和募款事宜，又是展覽內容和展覽手冊的主要策畫者／調和者。展覽手冊有四章是由他執筆或共同執筆。因爲既是史密森尼學會的內部人員又與阿拉斯加原住民有長期協作關係，讓他有能力融合各方不同的利益。

另一位主編普拉自一九八〇年早期開始便是阿魯提克遺產工作的領導者之一。將阿魯提克古老文物帶回阿拉斯加展覽的計畫正是源自普拉與北極研究中心主任費茲的早期會談，以及克羅威爾一九八八年在科迪亞克島會議上展示的文物照片，促成了將古老的阿魯提克物品帶回阿拉斯加的具體計畫。普拉同時擔任「望向兩邊」顧問委員會主席，負責與不同的團體和機構聯繫。他和其他阿魯提克耆老及活躍人士不是在展覽定調後才被召募來充當「原住民顧問」，而是從一開始就對展覽的方向大有影響力。

第三位主編艾咪．史蒂芬恩目前是阿魯提克博物館副館長，專門與科迪亞克島社群合作進行考古挖掘。在拉森灣返還運動之後，史蒂芬恩請求恢復對拉森灣遺址的研究並獲得允許。她的經驗顯示，即使是強烈不信任考古學和人類學的地方，仍可透過建立互信讓協作性研究成為可能。此外，阿魯提克博物館同時也是一個「考古資源庫」的事實，讓出土文物可以在原住民控制之下提供研究的理念得以制度化。史蒂芬恩連同其他的博物館人員與社群的支持者一起確保了「望向兩邊」可以同時匯集到夠多的參觀者和豐富得讓人動容的展品。

這展覽的成功有賴於原住民當局、專業策展人和贊助機構的通力合作——而所有這些人在推廣「阿魯提克人遺產」一事上都各有自己的利害關係。展覽經費的主要金主包括史密森尼學會、國家人文基金會、康尼亞公司、阿魯提克遺產基金會、安克拉治歷史暨藝術博物館和阿拉斯加菲利浦公司。額外資助來自不同的阿拉斯加公私機構，還有近二十家區域性和村落性原民開發公司，涵蓋幅度之廣讓人動容。

正如我主張過的，「望向兩邊」反映的是一個文化復興的時刻，它把長達超過二十年的討論、奮鬥和妥協編織在一起。這二十年間發生了很大的變化。首先是意義曖昧的《解決法》的落地生根，它為原民動員同時帶來了結構性限制和新的機會。其次是拉森灣的返還運動，它呼應了更廣泛的反殖民抗爭，重新平衡了原住民對學術專門知識的協作性依賴，而這種依賴對進行中的阿魯提克身分的再認同是不可或缺的。因此，「望向兩邊」所處的交匯點既具有獨豎一幟的地方色彩，又反映著更大的趨勢。在更深入探討阿魯提克人的處境以前，我們不妨先看看另外幾個之前對比鮮明的遺產方案：它們既是「望向兩邊」展覽的前驅又與之形成反差，各自反映著自己的時代變遷。

前驅

在一九八八年，費茲和克羅威爾合編了一部由俄國、美國和加拿大跨國合作的展覽手冊《兩個大陸的十字路口：西伯利亞與阿拉斯加的文化》。該展覽手冊匯集史前史、歷史學、人類學、考古學和藝術評論，以豐富的資料和插圖展現了白令吉亞（Beringia）的跨民族世界。該作品讓我們知道，西伯利亞和阿拉斯加的小型部落原來是一個更大、更動態的原住民區域的一部分，彼此之間有著相互連接與相互交錯的長遠歷史，但這段歷史後來被國家方案和冷戰區隔所掩蓋。「兩個大陸的十字路口」專案首次將許多十八和十九世紀收集並分別保存在華府、聖彼得堡、紐約和渥太華的重要文物集中在一起。此舉不但對研究文化流動的學生深有啟發，對阿拉斯加原住民亦然，他們重新發現了自己部落歷史中遺失的部分，以及在一個新的「原住民」協作中深刻的跨國背景。「阿魯提克遺產基金會」主委羅絲·道森在《望向兩邊》裡回憶了「兩個大陸的十字路口」展覽帶來的震撼：

> 我們第一次看到了用鳥皮製作和用海鸚鳥喙裝飾的「雪降」風雪大衣。我們看到了儀式面具、服飾、籃子、嘎響器（rattle）、圖畫和素描。對我來說，這是一個壓倒性的衝擊。這展覽催生出科迪雅克多年來的第一個原住民舞群。我們不穿歐洲人的印花布

衣服，而是穿「雪降」大衣、搖著海鸚鳥喙嘎響器，戴著串珠頭飾。那場展覽是一個啟示。（Dawson 2001:89）

《兩個大陸的十字路口》和《望向兩邊》最顯著的不同，大概是它沒有如道森之類的原住民聲音。前者所有撰文者都是非原住民的學院人士，而當代科里亞克人（Koryak）、楚科奇人（Chukchi）、尤皮克人、阿留申人和特里吉特人的生活僅見於全書最後兩篇談論俄國和阿拉斯加現代史的文字之中。全書只有在最後一節提了十八位原住民藝術家的名字。就像《望向兩邊》那樣，《兩個大陸的十字路口》包含大量歷史照片和許多季哈諾夫在十九世紀早期所畫的著名肖像畫，但沒有現代人的照片；而這類照片在《望向兩邊》中到處可見。「兩個大陸的十字路口」展覽結束七年後，費茲和北極研究中心的瓦萊麗．夏松尼特意識到原本展覽的侷限性，設計了一個較小型、更便於移動的展覽，在白令海峽兩邊的原住民社群巡迴展出（Chaussonnet 1995）。這一次看得見當代原住民的照片，也包括耆老的文字和引語。

一九九六年，另一個名爲「我們的祈禱方式」（*Agayuliyararput*）的大型展覽在尤皮克聚居地中心——納爾遜島（Nelson Island）的托克蘇克貝灣（Toksook Bay）——開幕。這個尤皮克人面具展接著移師至阿拉斯加的區域中心伯特利（Bethel）和安克拉治，然後是紐約、華府和西雅圖，循的是一條跟「十字路口」方向相反的路線，即先是在原住民聚居的地點（「邊陲」）舉行，最後才移往愈來愈遠的大都市（「中心」）。十九世紀晚期，「搶救式收集」（salvage collecting）熱潮期間被美國和歐洲博物館購去的面具，如今回到了它們的發源地。主其事的人類學家範納普－里歐丹長期在納爾遜島從事由尤皮克人最高當局資助的口述歷史研究，事前曾就展覽的方針與耆老們進行對話。地方的支持，還有華府、紐約、西雅圖和柏林方面的博物館專業人士的協作，是展覽得以成功的關鍵。該展覽的手冊《尤皮克面具的活傳統：我們的祈禱方式》（Fienup-Riordan 1996）是一部研究典範，結合了豐富的協作性學術研究成果和出色的視覺呈現。雖然作者看似只有人類學家，但有一大部文字呈現出強烈的眾聲屬性，是環繞眾耆老對面具的回憶與詮釋而寫成。

在《一個變遷中世界的狩獵傳統》中，範納普－里歐丹回顧了她與尤皮克社群多年來的關係變化：她最初是以一位「獨立」的學者自居，但後來卻愈來愈朝協作人類學和文本協作的方向走去（Fienup-Riordan 2000）。《一個變遷中世界的狩獵傳統》本身便是這種協作性的展現：它除了系統性地引用耆老話語之外，還在各篇文章之間穿插了七篇尤皮克人所撰寫的獨立文本。層層剖析尤皮克人的基督教和都市－鄉村網絡的擴展之外，範納普－里歐丹又精闢地闡明了面具展的緣起和它在不同地點展出代表的意義（Fienup-Riordan 2000:209-251）。由耆老選定的展覽名稱——「我們的祈禱方式」（*Agayuliyararput*）——融合著新與舊的意義。在前基督教時代，「agayu」一詞原指向提供食物的人或動物表示敬意的表演，後來則變成基督教意義下的「祈禱」。因此，「我們的祈禱方式」銜接了一個歷史翻譯（historical translation）的過程。（我們不知道地方社群的基督教神職人員和保守教徒會不會贊成面具製作和面具舞的復興，但事實證明，他們不只贊成，還熱烈歡迎。）範納普－里歐丹也描述了面具展移至尤皮克社群之外的地區展出時，就不再特別突顯「我們的祈禱方式」這個富於地方意義的名稱，將其變成了副標題。

在托克蘇克貝灣和伯特利，人們最關心的是面具由誰製作、在哪裡製作。因此，在地籌委會決定以地點（而非主題或風格）作爲策展原則。它又要求必須以尤皮克語呈現展覽的名稱與耆老的詮釋，並請一位尤皮克語專家、老師和傳統舞者瑪莉・米德精心抄錄和翻譯。這些本土語料被放進一部特別印刷的雙語展覽手冊，在插圖豐富的英語版本之前推出。這本只在托克蘇克貝灣和伯特利買得到的「尤皮克語展覽手冊」很快銷售一空，並被當地學校作爲本土歷史文化課程的教材。展覽開幕恰逢一個行之有年的舞蹈節，數以百計的人乘坐輕型飛機從遙遠村莊前來參與盛會，變成了一個仲冬聚會傳統的一部分。

對一部在地語言展覽手冊的堅持反映出尤皮克語的相對活力，並與阿魯提克人形成鮮明對比——後者只能以英語作爲通用語。根據範納普－里歐丹的詳細歷史描述，尤皮克人在俄美的入侵和資源掠奪中受創較輕（Fienup-Riordan 1990）。因此，他們一直能夠維持較強健的本土主義和文化連續性。有時候，這會讓他們的南方鄰居產生了複雜的挫折感。不過，文化本眞性（clutural authenticity）的比較判斷相當複雜，總是要視乎歷史環境而定。無論如何，我們都不能光靠尤皮克人堅持要透過一部在地語言出版品來傳遞耆老知識這一點便推論說其文化較爲純正。對此，克魯克香克提供了我們一個有點說明作用的對比：阿達巴斯肯人（Athabaskan）的耆老堅持，他們被記錄下來的故事和回憶必須要翻譯成英文出版。在在看來，阿達巴斯肯耆老們「強烈堅持要用任何可能的形式（書面語只是其中之一）擴大溝通。另外，他們的要求還是源自（大概是操多語的歷史帶來的自信致之）相信英語只是另一種在地語言，而且是一種在世紀末具有支配性的在地語言」（Cruikshank 1998:16；相似觀點見Partnow 2001b:2）。尤皮克人和阿達巴斯肯人的語言處境和跨文化處境不同，故他們的傳統知識的傳遞／翻譯也有著不同的侷限性與潛力。

在安克拉治（這是阿拉斯加最大的城市並且住著爲數可觀的原住民），「我們的祈禱方式」展出的面具被視爲是泛阿拉斯加原住民遺產的一部分。反觀在紐約的「美國印第安人國家博物館」，這批面具更多是被了解爲偉大的美國原住民藝術而非阿拉斯加遺產。在華府和西雅圖，尤皮克面具更被強調的是它們形式主義和「高級藝術」的一面。範納普－里歐丹認爲這些不同的脈絡化與其說是一些扭曲，不如說是表現出尤皮克文化在廿世紀晚期的多方面潛力。把托克蘇克貝灣定爲策展和首展地點，反映了復興原住民本眞性政治的一個關鍵優先事項。但那不是它唯一的優先次序，因爲它也致力於透過一系列不同的「外部」和歸屬規模去積極界定和重新界定地方性（the local）。範納普－里歐丹引人深思地表示，一個尤皮克人親屬關係與文化的「世界網絡」使我們有義務去考慮一系列重疊的表演脈絡、策略性銜接，以及翻譯：鄉村／都市、口語／文字、家庭／公司、阿拉斯加／國際（Fienup-Riordan 2000:151-182）。

範納普－里歐丹在《狩獵傳統》提到一群尤皮克耆老近期一次參訪柏林民族學博物館的經過（Fienup-Riordan 2000, 2005）。這參訪是由尤皮克人的禮節和議程主導，其目的不是要追回保存在德國的傳統文物。參觀者對館方表達了感謝之意，因爲在舊時，人們習慣在面具使用過後便加以損毀。他們主要感興趣的是透過接觸古老的面具、矛和弓而更新的重要故事和知識的回歸。重點不在文物本身，而在它們可爲尤皮克人帶來的未來。因爲以這樣的歷史架構理解問題，耆老約翰（Paul John）才會說「（博物館是）上帝計畫的一部分」。

《尤皮克面具的活傳統》望向兩邊：既望向一個被收集回來的「過去」，又望向一個正在變成「未來」的動態「現在」。這展覽手冊描繪了尤皮克人的文化生產與不同的接觸史的關係：從前是俄美殖民的接觸史，如今則是後殖民／新殖民（原民振興）的接觸史。對面具的意義與用途的翻譯性詮釋並不只是放在（甚至不主要是放在）傳統的脈絡（即一九〇〇年前的脈絡）。展覽手冊強調收集的接觸史（包括超現實主義者的美學竊占）、傳教活動的鎮壓階段，以及天主教、東正教和摩拉維亞社群近期的復振運動。不同世代對靈性潮流和美學潮流的再銜接所持的觀點都得到了關注。面具展覽的協作性起源和在地重要性從一開始就在題爲「我們的展覽方式」的章節中加以強調。這個協作性專案後來衍生出兩部相關出版品（Fienup-Riordan 2004a, 2004b），配有本地使用的雙語版本。

這裡值得把《尤皮克面具的活傳統》和另一個較早期且性質範圍相似的展覽／出版品做一比較。一九八二年，史密森尼學會的費茲和蘇珊．卡普蘭共同策畫了「因努阿：白令海愛斯基摩人的神話世界」。就像後來的尤皮克面具展那樣，它把保存在華府博物館的文物送回阿拉斯加的場館（但不是原住民的館址）展出。展品焦點是納爾遜一八七〇年代晚期在阿拉斯加西部收集到的一批文物。這個狹窄的時間座落讓展覽表現出時空／社會特殊性，使之有別於更一般的「文化」或「原始藝術」方式。展覽手冊的最後一部分「轉化中的藝術」讓人可以一瞥後來的發展：代表性象牙雕刻的發現和個體「愛斯基摩藝術家」的興起，爲一個擴大中的藝術市場開發出新的畫圖風格與雕刻傳統。然而，除了這寥寥幾頁，當代的阿拉斯加原住民縱影全無。全書只有一個「愛斯基摩」聲音——未注明來源的神話引文——以一種合唱般的形式出現。

如果說「因努阿」展覽今日已顯得過時，那麼理由並非展覽內容的不足（這內容以現今的標準衡量照樣可觀），而是因爲時代、身分認同和權力關係的快速變遷所致。尤皮克人和因紐皮特人（Inupiat）在展覽籌備過程中明顯缺席，這與克羅威爾或範納普-里歐丹描述的那種積極協作關係形成鮮明對比。另外，它用「白令海愛斯基摩人」一語來涵蓋尤皮克人和因紐皮克人（Inupiaq）的做法如今已不可行，因爲一九八〇和九〇年代阿拉斯加和加拿大原住民的身分政治已經把「愛斯基摩人」瓦解爲因紐特人、因紐皮特人、尤皮特人（Yupiit）和阿魯特克人。這瓦解過程的一大推力（非唯一推力）是環繞《解決法》引起的鬥爭，而在「因努阿」展覽上場的時候，《解決法》對原住民的重組正進行得如火如荼。在接下來的幾十年，我們將會目睹範納普-里歐丹「自覺文化」的許多銜接。一九七一年之後成立的原民開發公司爲文化/遺產方案（如阿魯提克博物館、其他文化中心和各種教育及語言倡議）提供了新的領導角色和資金來源。以下這些事項全都大大增加了原住民在阿拉斯加公眾文化的能見度：地方性、區域性和國際性的舞蹈節/文化節/故事節；大學裡的原民研究課程（有時會由一些「駐校耆老」主講）；原住民參與資源管理；教師培訓課程；原民藝術市場的成長和文化觀光的興旺等。

受篇幅所限，本文無法全面從政治、社會、經濟和文化各方面，解釋阿拉斯加原住民的能見度和遺產活動何以在一九七〇年代之後大量增加。不過，再多談一下這些運動與《解決法》所創造的社會和經濟脈絡的關係也許會有幫助。這些關係親密、局部而過度決定（overdetermined）。史金納在《廿世紀的阿拉斯加原民政策》（一九九七）一書中顯示，《解決法》的原意是促進原住民的自決，但到頭來卻成爲一個「終結」原住民的方法，這是因爲它把「原住民」身分限定在那些出生於一九七一年之前的人，並且容許部落資產最終可以買賣。後來針對這條法令所做的種種修正雖然避免了最糟糕的情況，但未能充分解決其根本缺陷。從這個角度看，《解決法》乃是一紙與企業資本主義簽訂的魔鬼合約。透過讓原住民資產變得無異於其他私人財產，《解決法》大大擴大了原住民對阿拉斯加經濟和國際經濟的參與。但這個「發展」是要付出代價的：它讓原住民無法再提出土地要求、創造出一個原民資本家的菁英階級，又鼓勵了在資源管理上短視近利的決策。對這些流弊（特別是見於木材資源豐富的南部），東布羅夫斯基近期的著作提供了特別有啟發的見解（Dombrowski 2001, 2002）。

《解決法》在不同的原民脈絡以不同方式影響著新的身分政治，端視資源的豐富程度、來自原民公司的開採壓力的大小和都市化及涵化程度而各有不同。顯然，有必要區分以社群爲基礎的遺產教育，和阿魯提克博物館之類機構實際的復振；區分仲冬的東正教「星星」典禮，和在托克蘇克貝灣舉行的尤皮克舞蹈節；區分「阿拉斯加原住民遺產中心」之類的泛阿拉斯加人機構，和沿「阿拉斯加內灣」興建的觀光性印第安村落。我們都必須追問，在每一種情況下，有哪些新舊的文化和社會元素被銜接起來、它們面對的是哪些觀眾，以及其翻譯的社會／語言關係與交易爲何。只有回答了這些問題之後，我們才有辦法對一個複雜的交匯點獲得現實主義的理解。

阿拉斯加的原民振興運動是在一個同時具有後六〇年代新原民（neoindigenous）運動和公司法人的多元文化特徵的力量構成中運作。遺產計畫對社會與文化依屬的重新編織既是發生在此種角力場的結構之中，又是超出這結構之外。多元歷史方案和可能的未來正在積極進行中。這意味著在面對更具結論性的現代資本主義漸進性整合的觀點時會更加猶豫。東部羅夫司基民族誌細節詳盡的分析透露出阿拉斯加半島的公司部落主義對文化訴求的濫用（Dombrowski 2001）。梅森對科迪亞克菁英階級的分析可與東布羅夫斯基互補，它採取的是更長程的歷史觀點，但焦點卻更加集中在觀察舊的層級制度如何被轉化爲當代的階級分野（Mason 2002）。在這兩個分析中，文化復興主要成爲政府技術的功能問題，是商品化的部落象徵、旅遊景觀或阿拉斯加「身分工業」的一部分。在這種觀點下，一切交由州政府和企業資本主義主導，重點在於本土菁英和階級差異。我的見解則稍有不同。我的觀點是，資本主義和州的權力不「生產」原住民身分（至少不是全面意義或最終意義的「生產」），而是設定了限制和施加壓力（Williams 1977:83-89）。正如東布羅夫斯基正確指出的，原民實踐的鬥爭在西方機構和霸權思想如「身分」和「文化」的「內部和對抗」中發生。

上述所討論的所有遺產工作全都各以不同的形構關係（依賴、召喚、支配、抵抗）關聯於資本主義。正如馬克思的名言所指出的，人可以創造歷史，但只能在不是由他們選擇

238

的環境裡創造。這種觀察總是和原住民對征服、抵抗和倖存的經驗血淋淋相關。但馬克思亦等於承認，人們在不是由他們選擇的環境裡的確可以創造歷史。原住民、第一民族，和在地社會近幾十年來出人意表地振興印證了這種觀點。另外，雖然遺產工作和身分運動是在公司資本主義近年的全盛期間顯著擴張，這個交匯點還沒有耗盡它們的歷史性。原民文化政治建造的連結既延伸至當前的運動之前，也有潛力延伸至其之後。我傾向於用葛蘭西式（Gramscian）觀點看待這種「原民主義的實踐」（praxis of indigenism）（Dombrowski 2002）：一種陣地性（positional）鬥爭、銜接和結盟的偶發性（contingent）工作。我們可以在離科迪亞克一小時飛行航程的地點找到這種實踐的一個例子。

互動：阿拉斯加原住民遺產中心

在阿拉斯加最大的城市安克拉治，一個不斷增長的「原民存在」在阿拉斯加原住民遺產中心找到了表達的場所。阿拉斯加原住民遺產中心揭幕於一九九九年，作爲所有阿拉斯加原住民群體的「聚會地」，這裡是文化交流、歡慶和教育的場所。它的經營完全交給原住民，不依賴於學院專家，資金來源相當廣泛，包括企業（兼含原住民和非原住民企業）、慈善機構捐贈和旅遊業收入。遺產中心的所有活動都要經過一群由幾個主要原住民區域派出的耆老組成的委員會批准。它致力促進原住民群體之間的對話，以不失原住民本色的方式與參觀者進行溝通視爲首要之務之一。該中心有時也會與非原住民學者達成協議，促進協作性專案。例如該中心工作人員曾經與史密森尼學會合作，爲「望向兩邊」展覽製作了一卷教學影片和一個網站。阿拉斯加原住民遺產中心座落在安克拉治郊區一棟新建的複合式建築，既與地方性和區域性原住民當局保持聯繫，又積極與廣泛贊助者維持「夥伴關係」。

遺產中心不是一家以蒐藏爲要務的博物館，反而更像一間著重面對面交流的表演空間。它的一切都是爲了促進阿拉斯加不同原住民族群的對話，以及促進原住民與非原住民的對話而設計。在中心入口處，每個參觀著都會受到專人歡迎接待。其核心空間是一個舞台，每小時都有舞蹈表演或說故事活動。在「文化廳」裡，參觀者會被鼓勵與原住民藝術家和「傳統肩負者」(tradition bearer)談論他們的工作。「傳統肩負者」此一角色是北美原住民遺產脈絡裡的一個新近發展，泛指具有著深厚文化經驗但不是(尚未成爲)耆老的人，藝術家、博物館主管、翻譯者和觀光導遊等新的社會角色都是產生自這個脈絡。「耆老」此一稱號則取決於傳統習俗與地方共識，當然也包括意見分歧的可能。「傳統肩負者」有時也可以是若干混雜程度背景的人，他們過去二十年來都在學習和採行原住民的生活方式，過程中活化了舊有的雕刻工藝、故事、語言和自給自足生計。被賦予這頭銜的人有責任傳遞社群的價值和知識，充當見多識廣的耆老與相對無知的年輕人之間的調停人。這些文化活躍人士將傳統帶入變遷中的世界，爲新的和紛紜的受衆表演。用龐德耳熟能詳的說法，這些翻譯者帶有「革新」（make it new）的使命。

遺產中心的所有展品都是新製作的傳統作品：面具、鼓、皮舟（kayak）、風雪大衣、靴子、扣毯（button blanket）和頭飾等。館外，在一個人工湖的四周，五棟房子再現了阿拉斯加五大原民地區的傳統生活方式。到處都有年輕的原住民男女充當地主和翻譯，積極爲參觀者講解。夏季參觀者大量湧入，其中包括由巴士載來的一批批觀光郵輪乘客，這是遺產中心一直積極經營的豐厚收入來源。工作坊和聚會支持了遺產中心的年度主題（例如造船、健康和原住民醫學課程）。冬天則會有學校組織的參訪、藝術展覽和工作坊，一個例子是「艾克森美孚師傅級藝術家課程」，學員可以從中學會製作欽西安（Tsimshian）手鼓、阿魯提克串珠頭飾、阿留申皮舟和其他有代表性的原住民工藝品。中心還安排了由富國銀行資助的「文化認識工作坊」，內容會因應不同客戶（如女童軍、聯邦調查局、美國陸空軍、「聖約之家」和各種不同的政府機構）的需要加以調整。

如同大多數的原住民遺產方案那樣，「阿拉斯加原住民遺產中心」讓自己朝向不同的受衆：地方層次的、區域層次的、州層次的、國際層次的。其表演、聯盟和翻譯會依脈絡的不同而有所不同。對遊客和其他時間有限的參觀者，遺產中心可以讓他們對阿拉斯加原住民的形貌和多樣性有一清晰輪廓。掛著的地圖用不同顏色和標籤顯示阿拉斯加的五大原住民文化／區域：阿達巴斯肯人、尤皮克人／丘皮克人（Cup'ik）、因紐皮克人／聖盧倫斯島尤皮克人、埃亞克人（Eyak）／特里吉特人／海達人（Haida）／欽西安人、阿留申人／阿魯提克人。每個文化／區域都以一個風格化圖案作爲標誌。人工湖邊的五棟傳統房屋強化了這個分類法。「原住民仍然活力充沛」的訊息是透過面對面交流的方式（特別是透過年輕人）來傳達。對不同背景的阿拉斯加人而言，特殊的表演和教育節目提供了他們與原住民藝術家和「傳統肩負者」更實質的交流。工作坊的課程和討論則會針對來自阿拉斯加多個地區的不同年齡層原住民來加以設計，這些人有些是受雇於中心，有些是參與特定節目的學員。因此，中心的工作有助於強化一個鬆散銜接的阿拉斯加原住民認同，這種認同是來自於普遍的後六〇年代原住民復振（revival）運動以及所組織的聯盟，其中針對《解決法》中的土地爭議雖然困難重重，但大體而言是成功的。

原民振興（Native resurgence）——一個寓連續性於轉化中的複雜過程——牽涉到銜接（文化和政治上的結盟）、表演（爲不同的「大眾」而設的呈現形式）和翻譯（跨過文化分歧性和世代分歧的部分溝通和對話）。這一切全清楚見於遺產中心爲記錄和紀念其年度主題和夏季工作坊所出版的《皮舟與獨木舟：原民的知曉之道》中（Steinbright and Mishler 2001）。這工作坊讓不同的「師傅級造船師」和「學徒」組成團隊，以五個月時間製作出八艘傳統船隻：兩艘阿達巴斯肯人的樺樹皮獨木舟、四艘不同風格（阿留申人風格、阿魯提克人風格和兩種中部尤皮克人風格）的皮舟、一艘西北海岸的挖空獨木舟和一艘白令海峽的無篷皮船（open skin boat）。只有最後一種在實際上還有人製造和使用，其餘皆可歸入一個較新的範疇——也許可稱之爲「遺產物件」，即特別有助於記取過去的物質文物和溝通場所。（只要新造品對舊品的模仿有可識別的「本眞性」，這些傳統物品當然可以是最近製作的——如上述提過那件見於「望向兩邊」展覽的松鼠皮風雪大衣便是其中一例。）《皮舟與獨木舟》主要是以第一人稱的方式呈現耆老、遺產活躍人士、年輕人和其他參與造船工作坊的學員的感想。

《皮舟與獨木舟》匯集了一系列「原民的知曉之道」：有經驗耆老的口授親傳、原住民和非原住民造船者在圖書館和博物館裡進行的研究、更年輕學徒對認同的熱望。團隊背景極其多樣：較年輕的家庭成員向較年長的造船師傅學習；男性學習如何縫紉海豹皮（傳統上本是女性工作）；女性參與皮舟的造框（過去則是男性的工作）；一位有混雜遺產的阿留申活躍人士（他是阿拉斯加警察，透過皮舟的研究和製造重新發現自己的原住民過去）把技藝教授給一群有著因紐皮克背景的年輕人和一位來自科迪亞克島的年輕阿魯特克女性；一位八十八歲的阿達巴斯肯耆老和一位來自北塔科州的人類學系博士生密切配合以記錄傳統的造船工具與技術；一位阿魯提克活躍人士暨「傳統肩負者」向一位年輕的新英格蘭人（他是透過自學成爲專家）學習造皮舟的技術，而兩人同時向一位住在科迪亞克島和有丘皮克人血統的女性學習防水縫紉技巧；阿留申和阿魯提克人團隊觀察尤皮克團隊如何由更知多識廣的耆老所指導；更廣大的網絡活化了起來（「我老爸從奇格尼克打來電話，說他有一記給毛皮脫毛的妙招。」）

參與者回憶了他們聽過的旅行老故事和不同阿拉斯加原住民之間接觸的老故事，並將他們在中心的跨族群互動視爲對這一傳統的復興。參與者反覆提到一種擴大的原民依屬，連結不同且新近相關的傳統。阿魯提克參與者回憶起聽到尤皮克語並大致理解其意思的情景。耆老們找到方法將植根於特定地方狩獵和採集實踐的知識翻譯給在更都市環境中長大的年輕學徒。不管是在艱辛造船活動結束後的成果公開展示，還是在卡徹馬克灣（Kachemak Bay）舉行的盛大下水禮（傳統舞蹈、東正教祈禱和正式演講），當代遺產專案的表演性質都昭然若揭。

不同的表演脈絡（例如工作坊中的技術示範和交談、跨部落交流、公共展示與歡慶活動、一部精美插圖書的流通等）活化了不同的受衆和翻譯處境。在他們的評論中，學員體認到傳統正在被重新導入一個新的處境。年輕女性對於能夠參與男性的工作表示滿意。耆老們判定哪些實踐必須嚴格遵守舊規，而哪些可以容許合乎實際的更動。在嚴肅又歡快的氛圍中，人們在推動傳統界限的同時，也在傳統範圍內工作。教導阿魯提克學員防水縫紉法的哈洛德提供了一則有趣的軼事：

我打電話給住在梅科尤克（Mekoryuk）的媽媽。我說：「媽媽，我準備縫一艘皮舟。」電話另一頭只傳來她的大喊：「可妳不會方法啊。」所以，我爸爸彼得．史密斯便接過電話。「爸，我準備縫一艘皮舟。」「船會沉的。」他用愛斯基摩語說，接著笑了起來。

我說：「老爸，那是展示用的。船造好之後會被放在博物館裡。」

他說：「那就縫吧。反正它在博物館裡沉不了。」（Crowell, Steffian and Pullar, eds 2001:87）

也許有人會把這皮舟詮釋爲一種懷舊的後現代文化中的「傳統」事物，卽一種分離於歷史變遷潮流而只具有樣品和藝術品意義的物件（這正是它「沉不了」的理由）。然而，這種見解乃是把物件「本眞性」的重要性凌駕於傳遞與轉化傳統與關係的社會過程。它會看不見皮舟複製是一件複調、跨世代的工作，看不見它裡面包含的故事，以及其中的銜接、表演與翻譯。同樣複雜和開放性的社會過程活躍於那些近年來以阿魯提克人自稱的人群。

浮現與銜接

「阿魯提克人」一名並不見於「兩個大陸的十字路口」（它主要是把住在尤皮克人以南的

人群統稱爲「太平洋愛斯基摩人」），也不見於範納普－里歐丹最近的著作之中，該書談論一個「因紐特文化大家庭，其分布範圍起至阿拉斯加太平洋海岸的威廉王子灣……一直延伸至拉布拉多和格陵蘭」（Fienup-Riordan 2000:9）。科迪亞克四周的傳統生活與位於以北的社會確實表現出重要的文化相似性，但兩者之間亦存在著重大差異。例如尤皮克人是採取平等主義社會結構，反觀阿魯提克人卻是實行階層制（這一點意味著阿魯提克人和位於以南的海岸地帶社會有著一層淵源）。「太平洋愛斯基摩人」的稱呼更多是以語言爲出發點而無視社會結構、維生方式、歷史和環境差異。近期的「阿魯提克人」（或「蘇格皮亞克人」）自我認同是一個切割於因紐特人／因紐皮克人／尤皮克人文化「大家庭」的獨立宣言。另一個存在已久的稱呼是「阿留申人」。在廿世紀的大部分時期，這個稱呼都是科迪亞克島和阿拉斯加半島上的原住民／俄國「克里奧爾」階層的自我稱呼之詞。（「阿魯提克」事實上是薩茨頓語音系統對俄語「阿留申」一詞的同化。）作爲俄國人對阿留申群島島民的誤稱（他們現在一般喜歡自稱爲烏倫根人〔Unangan〕），「阿留申人」一詞的擴大應用反映的是共同的歷史經驗（俄國殖民、剝削、屠殺、宗教改皈、通婚和克里奧爾社會地位），以及共有的海上狩獵經濟和海岸維生活動。不過，從語言學來說，阿留申群島島民與科迪亞克島居民有著顯著不同，而雖然他們的文化與親屬紐帶至今仍然顯著，但近年來普遍有一種要把「阿魯提克人」與「阿留申人」區分開來的趨勢。（近期對「蘇格皮亞克人」的偏愛加強了這種趨

243

勢。）戰術性名稱的改變反映了抵抗、分離、社群依屬和部落治理新的銜接方式，是去殖民化原民政治中熟悉且確實必要的方面。強加的名字被剝除，舊名稱被重新啟用。

「望向兩邊」展覽（又特別是它那部眾聲屬性的展覽手冊）極力避免透過客體化阿魯提克民族性（Alutiiqness）而凍結這些過程。它對考古學和歷史學的強調讓許多錯綜複雜的歷史進入眼簾。例如早期的探險家把科迪亞克島島民關連於格陵蘭的「愛斯基摩人」，或是關連於西伯利亞人、阿留申群島島民，或是「印第安人」（阿達巴斯肯人和特林吉特人）。不過，克羅威爾和索尼婭．呂爾曼在他們對「阿魯提克文化」的考古學、人類學和歷史學調查中提供的證據表明，在不同時刻這些聯繫都是有意義的（Crowell, Steffian and Pullar, eds 2001）。後來，隨著俄國的影響力變強，東正教深深根植於本土（Oleksa 1992）。混血的「克里奧爾」菁英階級既支持又原民化（indigenize）了殖民方案。在十九世紀晚期，移入的斯堪地諾維亞漁民影響了在地實踐，並被親屬網絡吸收（Misher and Mason 1996）。《望向兩邊》的歷史章節對一個本質上充滿互動性的傳統提供了一個多聲音和非本質主義的解釋。克羅威爾、呂爾曼、史蒂芬恩和里爾努力說出一個完整的阿魯提克故事（這是歷來第一次有人這樣做），但又沒有設法把過去和現在融合爲一個無縫的「文化」。藉克羅威爾和呂爾曼的話來說，他們用書面紀錄和阿魯提克口述傳說編織出來的東西「充其量是部分和不完美的」（Crowell, Steffian and Pullar, eds 2001:30）。

帕特麗夏・帕特若是《望向兩邊》的撰文者之一，著有《創造歷史：阿拉斯加半島上的阿魯提克／蘇格皮亞克生活》（二〇〇一），她是唯一一位非原民籍的文化人類學家，作品偏重考古學。（語言學家里爾同樣貢獻良多，他先前曾爲阿魯提克博物館編過詞典、文法書和地名手冊。）帕特若把已故的科斯布魯克（Ignatius Kosbruk）奉爲「導師」，而許多阿魯提克人則是她的「老師」。她在「阿拉斯加原住民遺產中心」擔任教育部副主任，開發出若干阿魯提克遺產課程供公立學校使用。這些活動表明了讓人類學研究在一個地區成爲可能的承諾，正如普拉回憶的那樣，「僅在十年前，人類學家們就已經開始失去歡迎」（Partnow 2001:78）。帕特若在展覽手冊中告訴我們，阿魯提克人並不關心自己的確切起源和明確族群邊界，又指出他們的自我身分認同乃是「刻意抬高自己基因和文化背景的一部分而淡化他們的阿達巴斯肯人、俄國人、斯堪地諾維亞人、愛爾蘭人和尤皮克人的部分」（Partnow 2001a:69）。阿魯提克人身分是一種多樣連接的選擇性銜接，是一種在耆老的傳統故事中表達的連續感，包括「神話」和「歷史」兩種類型。（帕特若此說看來佐證了克魯克香克的一個銳利觀察〔Cruikshank 1998〕：阿達巴斯肯耆老的敘事不僅僅是過去的記錄，而是重新連接碎片化的現實並重新框定當前問題。）帕特若確認了阿魯提克人身分認同的五大要素：（一）與土地的聯繫；（二）分享著共同歷史和連續性；（三）阿魯提克語（或稱薩茨頓語）；（四）自給自足的生計方式；（五）親屬關係。在今日充滿社會流動性和空間流動性的環境，很少有人能夠「同等地展示這五點。相反地，人們會在不同的時間和地點強調他們阿魯提克身分的不同部分」（Partnow 2001a:69）。「阿魯提克人」是一個施工中的過程，一種管理多樣性和變遷的方法。自俄國人在十八世紀晚期到達和美國人在一百年後建立了殖民支配後，帕特若所提的五個元素都一直在經歷轉化。魚罐頭工廠在本地區的崛起與衰落、卡特邁（Katmai）火山在一九一二年的蹂躪性爆發、第二次世界大戰期間的軍事化——這些因素全都帶給村落社群的擾亂和削弱。後來，因爲一九六〇年代的原民運動、七〇年代的土地「解決」和八〇年代的企業重組，「阿魯提克人」又經歷了新的轉化。

在普拉討論當代阿魯提克人身分的章節中，我們可以看見沒有任何阿魯提克民族性（Alutiiqness）是現成的。他首先談到自己的母親：她堅決以俄國人自居，儘管她與眞正擁有俄國血統的上一位祖先已相隔有八個世代之遠。但普拉自己卻是成長於一九五〇年代的冷戰歲月，拒絕接受俄國人這種歷史身分，但又沒有一個清楚的替代方案。他又提到，在一九七〇年代《解決法》實施的早期，許多人都抵制阿魯提克人的身分。他們有些是害怕原住民身分會減損他們努力贏得的「美國身分」（Americanness），另一些則是有著和普拉祖母同樣的擔心（她說過：「他們是打算在你身上弄出個阿留申人來嗎？」）（Crowell, Steffian and Pullar, eds 2001:74）。

普拉和他引用的耆老們都明確表示，「阿魯提克人」認同不是回歸至一個本質性、連續性的傳統。相反地，那是一個「形鑄新統一體」的過程，涉及大量的斷連（disconnecting）與重連（reconnecting）。要釐清與近鄰之間的模糊的邊界涉及了具體的重新結盟以及相當多的混亂。普拉引用了耆老馬格麗特・諾爾斯（Margaret Knowles）以下在一九七七年展覽籌備會議的發言：

> 我意識到我們不是真正的原住民，甚至至今還不知道自己是誰。這讓我很困擾。我感到生氣，因為我……我們到底是誰？……每當有別的族群在旁邊，我就會侷促不安。尤皮克人斷然知道自己是誰和來自哪裡。但我卻不知道，至今仍不知道。他們說：「你問問人類學家不就得了。」我過去一直相信自己是阿留申人，但後來卻聽到不同說法：「不，你其實是康尼亞人（Koniag）。」「不，你其實是太平洋愛斯基摩人。」「不，你是蘇格皮亞克人。」「不，你和尤皮克人有著更深淵源。」（Crowell, Steffian and Pullar, eds 2001:81）

經過追溯，普拉發現「阿魯提克人」是一系列再認同（reindentification）而浮現於一個特殊的歷史交匯點：《解決法》的混亂性／創造性的後果。

共構性政治銜接（constitutive political articulation）本就（以不同程度）活躍於所有阿拉斯

加原住民身分與傳統的光譜上，《望向兩邊》以異乎尋常的清晰（大概也是以極致的方式）表現出這種政治銜接。耆老麥德生（Roy Madsen）回憶了一長串俄語和斯堪地諾維亞語名稱，又把阿魯提克傳統比作在大洋與溪流交會處翻滾的一團海草枝葉「碎屑」。他寫道：「從我們最早祖先的時代直到今天，這文化一直受到推擠、碰撞和拉扯。」麥德森小時候聽過多種語言（包括教堂裡的斯拉夫語），而他父親同時懂英語、丹麥語、德語和七種愛斯基摩方言。在歷史變遷的「潮與流」中，「我們祖先的同質文化被轉化成我們今日所經驗到的異質文化，它被混合、攙和與結合於其他很多種文化。每種異文化成分都有一部分保留了下來，但我們阿魯提克祖先的文化仍然昭然可見」（Crowell, Steffian and Pullar, eds 2001:75）。這種把文化本眞性視爲有選擇性混合過程的意識，反映了一種獨特的「克里奧爾」自我意識——這種意識在俄國人撤離阿拉斯加之後的一個世紀裡界定了科迪亞克地區的「阿留申人」。在這兒，阿魯提克人的祖先在一個原住民身分政治的脈絡中受到了強調。

麥德生爲一個不停變化的文化提供了生動描述，不把文化視爲包含一個抗拒變遷的傳統「核心」，而是認爲祖先文化是與外來文化的一系列重新組合，因而有助於原住民的適應性生存。俄國東正教的「原民化」大概是最正面的例子（Oleksa 1992）。人類學家羅維對文化有一著名形容：「一種補補綴綴的東西。」許多《望向兩邊》的撰文者爲這種看法提供了在地歷史佐證。例如他們指出，阿魯提克人之所以篤信東正教，是因爲在殖民剝削的野蠻早期，宗教改皈可以帶來某種程度的安全（改信者可獲得俄國公民權）。隨著「克里奧爾」取代且重新組合了傳統的社會階層制度，「阿留申人」得以有可能成爲重要領袖和高級神職人員。如果說阿魯提克語（或薩茨頓語）正在瀕危，那是因爲它受到激烈擾亂和寄宿學校的禁制。如果說有些人對擁抱原住民身分感到猶豫，那是因爲他們依戀「俄國人」／克里奧爾的習慣和抗拒美國在一八七〇年之後帶來的宗教和種族／社會分類方式。還有的是因爲對一些悲慘事件（例如舍利霍夫在避難岩〔Refuge Rock〕所進行的屠殺，這是一個構成性的創傷，普拉強調了這一點）的回憶所導致的心理壓抑和「幾十年來依賴於外來人所帶來的絕望感」（Pullar 2001:76）。戰敗、受奴役和強迫勞動、強迫遷徙、天災和持續遭到邊緣化——這些因素足以讓一個文化成爲「補補綴綴的東西」。但如果想要與黑暗的歷史達成妥協，想要清出一條通向較光明未來的道路，那原民記憶（indigenous memory）就有需要講述和改述（一如透過「望向兩邊」展覽）恐怖的故事。衆耆老在籌備會議上堅持要求展覽要傳達這個訊息。普拉和參與其事的其他許多人都準備好要講述一則掙扎和復興的故事。

耆老們回憶了赫爾德利奇卡在一九三一年來到科迪亞克島挖掘遺骸，以供其在史密森尼學會的研究收藏品時，所引起的困惑和憤怒。「望向兩邊」展覽有一幅拍於一九九一年歸葬典禮的照片：由阿魯提克耆老和東正教神父共同主禮，一共有幾百個裝著骨骸的箱子等待重新安葬。普拉指出，拉森灣返還運動是「發生在科迪亞克島，當時對於身分認同和文化自豪感的尋找正如火如荼的時候。它成了部落自決的一個象徵」(2001:95)。就像對其他原民社群那樣，遺骸返還是讓阿魯提克人得到療癒和得以向前走不可或缺的一環。「楚加奇遺產基金會」主委約翰遜撰寫了一篇關於威廉王子灣面具與其他文物返還過程的文章，他指出：「一場文化復興(cultural renaissance)如今像一場冬季風暴那般地席捲阿拉斯加。原民文化中心和供年輕人參加的精神訓練營在這片大地如雨後春筍出現，多得前所未有」(2001:93)。「返還」是這些遺產運動的關鍵部分。它讓原住民對文化文物握有控制權，從而有可能在某種程度上以平起平坐的身分參與對這些文物的科學研究。約翰遜強調，「返還」不是「對求知欲的終結，而是建立信任與協作關係的一個新起點……如果我們想要了解人類歷史的全貌，與科學建立協作與夥伴關係是非常重要的」(2001:92)。

道森談到阿魯提克博物館暨考古資源庫的成立過程，描述了當前包括青少年實習、耆老的參與，以及將所有發現物歸還社區的考古挖掘計畫。「科迪亞克學校的學生如今可以到博物館來接觸我們的過去和學習與我們族人有關的事情。博物館幫助了翻轉地方對原住民的偏見。研究者現在必須到科迪亞克來研究蒐藏，不再像從前那樣，是我們求他們才來」(Dawson 2001:90)。誠如史蒂芬恩所指出的，考古學對阿魯提克人之所以特別重要，是因爲他們保存的「傳統」文化(出於在十八世紀被迅速征服、屢遭疾疫侵襲和被捲入資本主義世界體系長達幾個世紀)要比其他阿拉斯加族群少得多(Steffian 2001:130)。基於此，那些關心本族遺產的阿魯提克人有必要（同時在比喻和字面意義上）「挖掘」過去以發現自己是誰。

雖然歷史原因部分解釋了何以許多阿魯提克人對正在進行的考古挖掘工作的開放態度，但同樣重要的原因是權威關係與權力關係已經發生改變。史蒂芬恩在〈考古學中的夥伴關係〉（Steffian 2001:129-134）的討論中暗示了這一點。拉森灣返還運動贏得的自決改變了原住民與一些本來高高在上的機構（如史密森尼學會和阿拉斯加大學）的關係。與此同時，原民運營的開發公司、博物館和遺產計畫的蓬勃發展也提供了組織研究和傳播成果的新場域。最後，同樣關鍵的是，個別學者在過去二十年已經與在地社群建立起實質的互惠關係。克內克特在回憶具有開創性卡魯克村考古挖掘時指出：「身爲考古學家，我們到科迪亞克是爲了研究阿魯提克文化，但在這個過程中，我們無意中成爲了我們試圖理解的文化歷史中不可或缺的一部分」（Knecht 2001:134）。克內克特漫長的活躍人士生涯（先是在科迪亞克島然後在阿留申群島）是新的協作關係的一個範例。他在「科迪亞克地區原住民協會」與普拉攜手合作，擔任阿魯提克博物館第一任館長，也是從「艾克森瓦德茲號」漏油賠償基金爭取到興建新館址經費的關鍵者之一。等阿魯提克學者哈坎森成爲新館館長之後，他轉往阿留申群島工作。史蒂芬恩和索頓斯托爾——他們就像克內克特那樣同樣是卡魯克村考古挖掘的老兵——繼續留在館裡工作並擔任要角。受過學院訓練的專家一直是阿魯提克遺產復振計畫的重要部分（Mason 2008）。他們與館方的關係複雜各自不同。但總的而言，不應該將館方與他們的關係視爲一種依賴關係（至少不應視之爲一種父權式／殖民式的依賴關係）。也不應將這些專家視爲自由主義政府的代理人，以幫助原住民接受多元化管理計畫的支持，這種看法相當地片面。糾結與協調於彼此相互依賴關係中（但此一新結構仍尚未完成）會是一幅較爲精確的畫面。在當前的氛圍下，即克羅威爾所稱的「參與條款」（terms of engagement）（Crowell 2004），「望向兩邊」之類的協作性計畫意味著相互依賴和策略性結盟。對學者來說，合作和倡導常常是他們爲得以進入原民社會進行研究必須付出的代價。對原住民來說，想要取得資助機構和博物館界建立信譽與權威則需要有認證的專家的幫助。不過，這種互相依賴關係也不是靜態的。克內克特、克羅威爾、史蒂芬恩這些學者是在不斷變化的環境中工作，是工作於一個浮現中的新角力場中。他們以各自不同的方式疏導了學術和政治的緊張關係和協同作用，疏通了他們對機構和資源的實用主義依繫。我們在第七章將會看到，就像很多其他原民文化機構那樣，阿魯提克博物館正愈來愈能掌控它的必要參與。因此，「望向兩邊」的協作反映的是一個過渡時刻。

遺產關係：變遷中的氣候

這些協作關係並非全無張力。道森在爲考古學辯護時也承認：「許多人反對考古研究，認爲把東西留在原地會更好。對一些人來說，這樣也許是適當的。但在我看來，考古學打開了一個新世界。關鍵在於原住民必須要能夠控制研究工作。不然那只會是另一次掠奪：科學家拿到東西之後便走人，不做分享」(Crowell, Steffian and Pullar, eds 2001:89-90)。在新的研究夥伴關係中，權力和權威是一個公開爭論的議題。例如，普拉便對克羅威爾和呂爾曼所呈現的阿魯提克人人類學、考古學和歷史學觀點保持某種距離：

> 學術研究結果對於阿魯提克人怎樣看待自己當然很重要。但同時，讀者必須自行決定有關阿魯提克人文化和身分的不同觀點是如何契合在一起。傾聽阿魯提克人如何看待他們的歷史同樣重要。有些時候，原民觀點會截然不同於西方學術的觀點。遇到這種情況，「何謂真實？」這個老掉牙的問題也許會派得上用場。「真實有時不只一個」是個常常受到忽略的命題。(Crowell, Steffian and Pullar, eds 2001:78)

普拉並不是反對克羅威爾和呂爾曼的某些特定見解(它們把學術研究成果與耆老的回憶編織在一起)，而是要站在更一般性的層面主張，如果想讓新的關係得以浮現，那就必須將原住民的立場和學術的立場區分開來。如同許多今日的原住民知識分子一樣，普拉認定傳統起源神話必須被賦予與考古發現平起平坐的地位。重點是堅持互相尊重多於一致性。

他追溯了指導科學研究的「倫理守則」(codes of ethics)(即事先得到社群同意、直接參與和分享成果)在科迪亞克島的興起過程。當然，有些學者不願接受這一類限制，因而轉進至較少爭議的研究脈絡，並在私底下(有時則是公開地)抗議宗教式蒙昧和政治性審查。原住民活躍人士(出於過去的科學收集所表現出的「驕矜」或「剝削性」)同樣對學院人士有所猜疑。就目前，有鑑於相互猜疑的歷史和權力的持續不平衡(口述傳說在土地聲索訴訟中總是屈居書面證據下風便是一例)，普拉對原住民「神話」與西方「科學」平起平坐的呼籲無疑是一種烏托邦願景。面對這些敵對的遺產，《望向兩邊》提供了一個空間，讓讀者(用普拉的話來說)可以「自行決定有關阿魯提克人文化和身分的不同觀點是如何契合在一起」。克羅威爾在展覽手冊的序章中追溯了學術實踐的變遷，並主張「所有觀看文化的方式——無論是從外部還是內部——都是具體的並且因此是部分的」(2001:8)。《望向兩邊》部分是誠摯的結盟，部分是尊重的休戰，它羅列出各種觀點供讀者去調整、權衡和組合。所有撰文者所倡議的不是「科學真實」與「原住民真實」只能二選一的立場，而是一種實用主義關係：在意見相左之處和而不同，在意見大致相合之處儘量整合。

這是一種對遺產與身分採取立場但不僵化立場的態度。阿魯提克博物館的現任館長哈坎森(剛從哈佛大學人類學系取得博士學位)對「原民人類學家」的困境提供了深刻的反思。他沒有給予「內部者」知識絕對優位性(他自己的學術田野對象是西伯利亞的馴鹿牧人），又質疑爲什麼原民人類學家幾乎總是被要求從「主位」（emic）而非「客位」（etic）的位置說話。「難道研究的根本目的不是爲了學習，包括探索認知的不同方法（詮釋學）嗎？如果原住民無法**同時**從在地者和科學的角度書寫，那麼從事人類學工作的意義何在？」（2001:79；原作者的強調）。以拉斯穆森（Knud Rasmussen，格陵蘭因紐特人）、卡沃里（Oscar Kawagley，尤皮克人）和奧爾蒂斯（Alfonzo Ortiz，特瓦人〔Tewa〕）這幾位原民人類學家爲例子，哈坎森力主「原住民的田野方法」雖不必然更佳，但卻是「跟任何其他觀點同樣有效」。就像《望向兩邊》的許多其他撰文者那樣，他在承認不同權威的同時，又盡可能維持（在可能做到之時）交流和翻譯的脈絡。

見於展覽中的阿魯提克遺產並不是一件有著明確「內部」和「外部」之分的單一物事。用普拉的話來說，這遺產是「由一系列歷史事件和重疊標準構成的馬賽克」（2001:95）。實際上，如《解決法》規定的血緣比例這樣的僵化標準，會把很多不確定自己祖先是誰的人排除在外。《望向兩邊》所強調的「親屬關係」兼指聯盟關係和血緣關係（2001:95-96）。這種作爲阿魯提克人的關係方式依賴於原住民生活的參與：居住在村莊、信奉東正教、語言使用、採取自給自足生計、參於遺產的復振與傳遞。因此，阿魯提克民族性是一種在變遷中不斷重新銜接，是一種與親戚及外部者的權力關係（power-charged relation）。事實上，《望向兩邊》會讓人產生一種印象：「阿魯提克人」這個政治標籤雖然已經（透過「望向兩邊」之類計畫的助成）確立不搖，但它無法是一個界定性的「部落」或「民族」名稱。在一些社群，「阿留申人」的稱呼仍然受到青睞，而「阿魯提克人」則暗示了普拉的「歷史馬賽克」，另一個「蘇格皮亞」名稱則喚起了與更古老、前俄國傳統的聯繫。因此，人們常常會使用一個以上的自稱，而使用哪一個名稱則端視受眾與場合而定。

在《望向兩邊》裡，對傳統生活形式的描繪（透過考古和民族誌文物的呈現，散置予眾耆老的話語）喚起了一種獨樹一格的「阿魯提克」生活方式，復次又鞏固和標示出一種獨立身分。對於類似的社會分化過程，學者或理解爲「族群性」的邊界行爲（Barth 1969），或理解爲漸進性的文化「發明」（invention）（Wagner 1975），或理解爲「民族生成」（ethnogenesis）（Roosen 1989; Hill 1996）。這些不同的理解方法各自捕捉到了一些正在發生的事情。它們全都假定選擇性、創造性的文化記憶、邊界警務（border policing）和逾越（transgression）是集體能動性的基本面向。文化是在特定的關係處境所作的銜接、表演與翻譯，它們能發揮的權力依處境的不同而不同。經濟壓力和變遷中的政府政策都是這過程的重要動力，而同樣重要的還有變遷中的意識形態脈絡（例如後一九六〇年代的文化運動和全球性「原民」政治的發展）。「傳統」的組成部分——口述傳說、書面文本和物質文物——被重新發現並重新編織。對地方的依繫，對變化中的生計實踐、遷移和家庭探訪的連接得以確認。這一切並不意味著一種全新的生成、一種編造的身分、一種後現代的「擬像」（simulacra），或是意義頗爲狹窄和政治性的「傳統發明」（invention of tradition）（Hobsbawm and Ranger 1983）。如果「本眞性」一詞在此有任何意義，那它就是意指「純正地重塑」。

我提出了銜接、表演和翻譯作爲理解新舊原民形態的分析工具的一部分。由於沒有單一語彙解釋得了所有的依繫、移轉和變遷，我們需要策略性和組合性地運用概念。還有另一個向度是受到一種「離散」的（解）連接語言（a language of "diasporic"〔dis〕connections）所暗示。在《望向兩邊》裡，瑪莉·尼爾森和馬琳·尚尼根提到一些出於經濟壓力和地震災難而被遺棄的村莊，表達出想回歸的渴望。這種離散認同（diasporic identification）在那些生活在範納普-里歐丹所稱爲部落「世界網絡」的城市居民中間非常顯著（見第三章）。「望向兩邊」網站的點閱數高得異乎尋常。這些訪客是誰？他們人在哪裡？他們與網站裡顯著提到的傳統阿魯提克村莊的關係爲何？可惜的是，該網站沒有聊天室或意見回饋功能可供我們猜測答案。（原民網站過去十年來增加得非常快，同時具備了資料保存、形成人際網絡和宣傳的「內在」和「外在」功能。）

在《望向兩邊》裡運作的多元連接提供了一個刺激性脈絡，可讓人以非絕對主義的方式思考遺產。阿魯提克人的歷史是一則激烈擾亂、互動存續和以互動、有彈性策略在惡劣環境裡爭取最有利結果的故事。這些實用主義回應（它們既在變遷中殖民霸權的界限內運作又衝撞這些界限）有時會被抽象以及全有或全無（all-or-nothing）的「主權」語言所遮蔽。

理解阿魯提克人遺產和身分的最佳方式不是視之爲一個過往或被恢復的「傳統」，而是進行中的「歷史實踐」（參見本書第一部分）。當然，歷史性的（historical）是一個需要翻譯的字眼，而在這個脈絡，我發現自己仍試圖理解阿魯提克耆老芭芭拉．尚金（Barbara Shangin）底下這一番話（見第一章，以及Clifford 1997a）：

> 我們的族人幾千年來挺過無數的風暴和災難。俄國人帶來的種種困難有如一段漫長的惡劣天氣。然而，就像所有其他風暴，這場風暴有朝一日總會過去。（轉引自Chaussonnet 1995:15）

在這裡，尚金也許是要肯定阿魯提克人始終有著一個未受歷史破壞性風暴損毀的古老文化傳統。事實上，感受到這種與一個「史前」過去的深遠連續性總是原住民「長時段」意識的一部分。但「天氣」這個比喻顯然還有其他所指。一如米什勒在他爲《望向兩邊》所撰的〈科迪亞克阿魯提克人的天氣智慧〉一文清楚指出的，在科迪亞克島這樣的地方，天氣從來不是一種發生在你身上的事情：風暴發生了，而你是這風暴的一部分。那些暴露在風和潮之中的人，他們的日常生計依賴於此，對於變化的天氣有著詳細和精確的了解。人們知道將會發生什麼事，並按此行事。因此當尚金說俄國人的來到在十八世紀揭開了綿長的惡咒時，她並不是說出一件外在於阿魯提克人生活的事情。歷史的天氣（不管是風暴或晴空）既非一種「自然」秩序也非一種「文化」秩序，而是純然是一種既定的存在事實。慘痛事件會以循環模式反覆發生，每次都是既熟悉又不可控制，既是好辨認又各自不同。從這個角度看，「俄國的壞天氣」（它帶來了疫病、強迫勞動、「克里奧爾」階級和東正教）和「美國的壞天氣」（它帶來了傳教士、寄宿學校、第二次世界大戰、土地聲索、《解決法》和身分運動）只是一部未完結的原住民史的一部分。

協作視域

「望向兩邊」展覽在科迪亞克開幕時，借鑑了阿魯提克博物館以社群爲基礎的遺產工作。來自史密森尼學會的傳統文物雖然只是借展，卻提供了一個與過去強有力的象徵性連接。當展覽移師至基奈半島的荷馬市時，適逢兩年一度的塔孟塔卡圖魯塔節——這是一個在南瓦雷克（Nanwalek）、格雷厄姆港（Port Graham）和塞爾多維亞（Seldovia）各阿魯提克村落受到歡慶的文化節。在荷馬市，剛在南瓦雷克建造好的皮舟抵達沙灘時，便受到科迪亞克島舞者的歡迎，在場還有一位東正教神父爲皮舟舉行了祝福祈禱。隨後人們在普瑞特博物館（Pratt Museum）享用了一場聚餐／誇富宴（potluck/potlatch）盛會，主菜是鮭魚和海豹肉烹製的美味佳肴。同時舉行的還有植物展覽、「愛斯基摩奧運會」(包括平衡技巧、拔河、腿摔跤比賽)和海豹取樣(供生計監測的科學解剖與數據紀錄)。群眾(包括原住民耆老、活躍人士和年輕人、荷馬市市民、博物館捐款者和人員、觀光客、一個來自南瓦雷克的穿長袍神父)在展覽會場進進出出。這個展覽參觀者眾多,但並非所有人都能前來參加。許多住在南瓦雷克的人並沒有參加:有些是因爲負擔不起飛越海灣的機票,其他人則是忙著捕撈、燻製和晾曬鮭魚。鮭魚回流的復甦是拜部落在當地河流和上游湖泊策畫的產卵專案所賜。這大概是另一個向度的「遺產工作」。無論如何,準備和執行文化表演需要一定的閒暇時間,卽不必爲生計奔波的時間。從前,在傳統的北方社會,漫長的冬季月份人們從事社交聚會、交流和熱鬧儀式生活的時機。在南瓦雷克,環繞東正教新年(一月底)前後那個月是一個相似的社群歡慶時期。較新形式的遺產表演則是見於博物館、文化中心和文化節,它們遵循不同的日曆,對象同時兼顧社群和「外部」觀眾。

在海灣另一頭的塔孟塔卡圖魯塔節慶上,繼下午大餐之後上場的是假荷馬中學禮堂舉行的晚會。阿魯提克傳統以多種方式進行表演。先是文化節主要創辦人之一的坦那普向普瑞特博物館的蓋兒·帕森斯致贈禮物,以表彰她對當地阿魯提克社群的貢獻。兩支舞蹈團隊以各自的舞蹈風格演繹了「望向兩邊」這個主題。「科迪亞克阿魯提克舞群」由一群學齡兒童組成,他們身穿傳統的「雪降」風雪大衣,頭戴串珠頭飾,合著鼓聲表演彩排有素的傳統舞蹈，態度認眞並充滿敬意。「南瓦雷克蘇格皮亞克舞群」（由一群十來歲至二十來歲不等的舞者組成，人人生氣勃勃）負責壓軸表演。他們的新舞蹈在舊有模式上即興創作，舞蹈改編自每逢東正教新年表演的面具舞（*maskalataq*），既有所本又有很大程度是自由發揮。正如里爾指出的，這些南瓦雷克舞者「有意透過……他們（對面具舞）的知識創造出新的舞蹈，藉以揣摩過某些舞步原來所代表的意思（比方說海豹浮出水面或一隻家禽飛起的樣子）再加以修飾。因此，他們的舞蹈雖然是新創的，卻是奠基於阿魯提克傳統文化的點點滴滴，是新一代從村莊中的『傳統肩負者』身上挖掘出來」（Crowell, Steffian and Pullar, eds 2001:219）。在一把電吉他的撥弦伴奏中，舞者（有些戴著高高的羽毛頭飾）混合了原住民傳統舞蹈和當代流行或嘻哈的動作和節奏，效果既歡快、嚴肅又滑稽。表演結束後，大部分觀眾都跑到舞台上旋轉身體。「望向兩邊」展覽的下一站是安克拉治，而在它的揭幕式上，南瓦雷克舞者再一次贏得滿堂喝彩。

「望向兩邊」之類的展覽活動和出版品本質上是歡慶性質。在其中，好消息（族群的存續和獲得承認）蓋過了壞消息（殖民和屠殺的歷史、持續的經濟邊緣化和文化失落）。天花、強制勞動、當代的酗酒問題、貧窮和高自殺率等現實並不適合融入這種救贖性的願景。「阿拉斯加原住民遺產中心」各種提振士氣的教育呈現明顯是有選擇性和經過淨化。因此有些人批評「望向兩邊」是「一種把阿魯提克文化理想化的觀點」（Lee and Graburn 2003:619）。

《望向兩邊》呈現的則是一部較爲複雜的歷史，陰影籠罩著俄羅斯的大屠殺和勞動制度。耆老們遺憾於傳統技藝的消逝，又回憶了他們在美國寄宿學校被禁止說母語的日子。但整體而言，這個展覽和它的展覽手冊所要傳達的訊息是帶來希望的：我們（此一代名詞在此毫無問題）仍然存在，在回望之中向前走。克羅威爾告訴我們，這是耆老們在籌備會議上要求展覽傳達的訊息（Crowell 2004）。積極的語調由許多微笑的肖像和精美的文物及地點彩照所強化。參觀者在在有一種感覺：分散了的阿魯提克文化已經重新凝聚，成爲活的遺產。即使是避難石的屠殺遺址也成爲了如詩如畫的阿拉斯加風景。

「望向兩邊」同樣爲它的非原住民觀衆帶來好消息。如我們所見，它展示了在學術研究中互惠的積極願景——主要是考古學，還有人類學和語言學。它的主要經費同時來自原民開發公司和全國性組織（文化組織、商業組織和慈善組織）。因此，它的形狀（乃至它的物質可能性）是奠基於協作性工作和一個寬廣的參與基礎。那麼它提供哪一類的後殖民研究實踐模式？有關這個問題，我們也許可以透過羅絲·菲利普的一篇重要論文加以釐清（Phillips 2003）。藉助她領導英屬哥倫比亞大學人類學博物館的經驗（該博物館是協作性研究的先驅），菲利普斯針對原民博物館專案提出了一些關鍵議題。

菲利普斯區分兩種基本模式：一是在「以社群爲本」（community-based）的展覽中，展品的選擇和詮釋都是由原住民方來決定。博物館策展方只是負責執行，而展覽的目的是呈現一個統一的原住民觀點。這類展覽主要是某一社群爲其自身展示的展覽，有時會導致展示內容對於一般觀衆來說缺乏足夠的背景資訊。第二種展覽模式是「衆聲」模式，它把原住民和非原住民的觀點兩相並置，允許對同一批物品、文本和歷史有不同的詮釋。這分享的論述空間反映出一種特殊的權威協商。然而，當觀點差異過大時，期望獲得一致解釋的觀衆可能會感到困惑。菲利普斯把這兩種模式視作理想型（ideal type），因爲在實踐上，它們往往不同程度地混合在一起。但菲利普斯認爲仍有必要把它們區分開來，因爲若不知道個中差別，參與其事者有時會因爲期望衝突而引起誤解和緊張（Phillips 2003:163-167）。

「望向兩邊」反映著一種獨特的議程協商。誠如前面指出的，它的展覽手冊傾向於衆聲屬性，並不追求單一、融貫的觀點（不管是「阿魯提克人」觀點或是「科學」觀點）。但展覽本身卻傾向於另一種模式：整體而言，它反映的是社群的自我形象，不著痕跡地將學院知識（考古學知識和歷史知識）和耆老的回憶與願景整合在一起。（同樣情形也見於「望向兩邊」的網站），因爲它採取的是一種內部修辭——「我們的歷史」、「我們的家庭」、「我們的信仰」等，特點是家庭和當地村莊的照片，與考古文物並置。）當展覽與原住民主導的文化遺產活動和機構結合時，即在科迪亞克舉行的揭幕儀式和在荷馬市舉行的塔孟塔卡圖魯塔文化節，這可能是最「以社群爲本」的時刻。觀諸其表演向度的涵蓋全面性，「望向兩邊」專案乃是菲利普所說的兩種議程的一種獨特協商。

《望向兩邊》（它是爲同時充當文化內部者和外部者的歷史參考書和啟發而設計）也許已經（不管是好是壞）取得了一種典範的地位。作爲一項協作性成果，它對具有潛在分歧性議程的成功調和，反映著一段阿魯提克人浮現（或說重新浮現）的歷史，以及個別學者、活躍人士和文化掮客維持互惠性的努力。整體來說，這像計畫讓口述傳統和科學證據站在同一陣線，淡化彼此間的不一致。在每一個不可能做到之處，便存在著普拉所說的「不同眞實」的和平共存。

「望向兩邊」一類的結盟需要參與各方的妥協、耐心傾聽、協商，以及（這是關鍵字）互相平等對待和尊重。顯然，在持續壓迫和劇烈政治對立的情況下，這樣的解決方案看似烏托邦式的，而在當前的阿魯提克脈絡，它們確實就是烏托邦性質，或者至少也是策略性的。我們或許會疑惑，有誰沒有被包含到《望向兩邊》的衆聲之中。某些活躍人士和代言人（特別是耆老和「傳統肩負者」）是特別受到厚待的嗎？我們偶爾可以瞥見這種衆聲屬性的侷限性。例如那些反對考古挖掘的原住民聲音受到了回答，卻沒有被引用（反對意見往往來自非常年長的人，他們認爲應該讓遺骸安靜地留在原地，並認爲埋葬的物品可能受到薩滿的汙染）。許多參觀過展覽的原住民都反應熱烈，但在這方面，我們得到的僅是一些軼事式的報導。由於前往展出場地的旅費有時會很昂貴，所以很多住在偏遠村落和經濟不佳的阿魯提克人顯然無法參加，而他們也許對以這種公共規模表演的遺產或傳統不太感興趣。

因此，在肯定這項計畫異乎尋常的包容性和觀點多樣性的同時，我們也不應無視於其成就的局部性和偶發性（contigency）。透過它的衆聲方式，部落權威和學術權威的新位置受到正視；傳統被文本化以供大衆消費，而地方爭論和敏感話題無可避免被淡化。

梅森引領我們去注意外部專家在原民動員中扮演的角色（Mason 2008）。藉助於安德森的民族建構（nation making）模型，梅森指出人類學家、考古學家和語言學家可以爲原民薰陶（indigenous edification）提供文化形式。地圖、人口普查和博物館等專門技術可以創造出一些供新興中阿魯提克人想像共同體塡滿的空間。依據這種觀點，阿魯提克博物館的遺產工作和《解決法》的族群地圖繪製都是自由派政府的現代化功能。與此相反，本文推薦的方法則強調重疊的議程和協商性權威。一九七〇和八〇年代的考古發現讓「阿魯提克人」對自己的歷史興趣大增。在拉森灣的遺體返還運動成功後，協作性的社群考古學成爲了可行之道。對歷史與遺產的專業興趣和地方興趣找到了共存共榮的方法。阿魯提克文化的復興確實一直大大倚重於學術的專業技術——在遺產復振的頭二十年尤其如此。自那之後，新的文化權威開始出現。普拉和哈坎森都受過學術訓練，可他們並不是來自外部的專家。他們代表的也不是一種內部者的觀點（Haakanson 2001）。作爲文化活躍人士，他們繼續與大學保持互動，但這種互動是局部的，而且是站在一個重新銜接的原民距離之外進行。其他的活躍人士、「傳統肩負者」和原民「藝術家」也從職業和公司場所把人脈關係和專業技術帶進遺產議程。

在把「望向兩邊」和「我們的祈禱方式」放在更廣闊的政治脈絡理解之時，博物館策展人喬奈提斯和英格利斯的提醒之言值得我們引用。他們指出協作性博物館工作的侷限性：

> 今日，博物館在再現原住民文化時讓原住民擔任顧問、諮詢者或共同策展人的做法蔚為時髦。這當然是一大進步，因為在過去，一個展覽的主題和內容都是白人策展人獨自決定。然而，此舉本身並不能解決原住民在當代世界所面臨的困境。博物館與強勢者（即那些能夠獲取和收藏藝術品和文物的人）的相關性總是大於與弱勢者的關係。此外，並不存在單一的「原住民聲音」這回事，即沒有誰是可以代表整個社群說話。有的只是許多不同的聲音，它們有些著眼於維持文化傳統，有些著眼於部落政治，還有一些是關心社會議題……這些不同價值觀和優先順序的碰撞常常會產生出不那麼總是可以解決的問題。（Jonaitis and Inglis 1994:159）

儘管部落機構如阿魯提克博物館的興旺使這種「將博物館與主導力量等同」的觀點變得複雜，但上述一番話語仍足以提醒我們，協作性研究只能將持續存在的不平等和利益衝突部分沖淡。出於同一考量，菲利普在探討「博物館於社會變遷過程中所扮演的角色」這個問題時指出：「簡而言之，協作式展覽的日益流行是否標誌著博物館的社會能動性（social agency）的新紀元嗎？還是說它只是讓博物館成爲一個對殖民時代不公義做出象徵性補償的空間，以此頂替更具體的社會、經濟和政治補救？」（Phillips 2003:158）。

這些顧慮並不是要小覷協作性遺產工作和部落博物館的積極作爲，而是要提醒我們，我們的期望必須符合現實，並且結果是沒有保證的。就此而論，它們呼應了狄洛瑞之類的原民學者的觀點：儘管他們看到了協作方案的新潛力，但從未忽視持續的結構性不平等。對於「望向兩邊」這一類眞正讓人動容的作品，我們應該欣賞爲一種具成果和偶發性結盟，而不是對後殖民美德的表演。

菲利普斯對「文化慶典在多大程度取代了其他形式的政治」提出疑問，但這並沒有簡單的答案。正如我一直主張的，很大程度取決於特定的政治脈絡和可能性。對遺產工作的徵候批判（symptomatic critique）也許會視之爲在後現代的「多元文化」霸權中占據了一個舒適的位置：在這種霸權中，每種身分都有各自的展覽、網站、咖啡桌休閒讀物（coffee-table book）或電影。

我曾指出，這種觀點雖然部分正確，卻忽略了很大部分的原民文化過程與政治。身分的新／舊銜接、表演和翻譯雖然不足以帶來結構性的社會經濟變遷，但它們仍然反映著（某種程度也創造出）可供原民團結、活躍主義和參與不同公共領域的新條件。當遺產工作被理解爲更廣闊的自決政治（politics of self-determination）的一部分，它的潛力就不容小覷。將「阿拉斯加原住民遺產中心」化約爲文化主題公園和觀光郵輪目的地，便會罔顧它的跨部族和公眾教育議程、它的年輕原民參與（Native youth participation）和它的藝術課程。

同樣地，從它們的不同生產與接受脈絡觀之，《望向兩邊》和《尤皮克面具的活傳統》遠遠不只是咖啡桌上的悠閒讀物（哪怕它們最終眞的會被擺在咖啡桌上）。阿魯提克博物館雖然接待觀光客，但它主要仍是在地文化中心，其口述歷史、社群考古學、語言和教育專案匯集並傳遞了一個新動態的阿魯提克人（蘇格皮亞克人）身分。我一直主張對傳統政治（politics of tradition）進行複雜的研究。原民遺產計畫以有選擇性的方式挖掘過去，以此打開通向未確定的未來（undetermined future）的途徑。它們既在新的國家和跨國權力結構的範圍內活動，又衝撞這些結構。儘管要斷言這些處理方式的最終意義仍然爲時過早，但清楚的是，歷史氣候過去幾十年來已發生了變化，而原民文化運動是這新氣候的本質部分。我也肯定學者（兼含原住民與非原住民學者）在永續遺產運動中的角色。本文回顧的計畫都是一些重要的和讓人看見希望的聯盟。儘管它們沒有超越長年累月的不平等或解決文化權威的鬥爭，它們至少證明了原住民和人類學家（透過公開承認一段充滿緊張的共同歷史）沒有必要畫地爲牢。

第七章　第二生命：面具的復返

安克拉治沿著庫克灣（Cook Inlet）展開，座落在壯麗的楚加奇山脈（Chugach range）白雪覆蓋的山峰之下。哪怕沿路遍布樹木、貨卡車和泥濘，連綿不斷、筆直的多車道林蔭大道讓我有置身洛杉磯的錯覺。作爲阿拉斯加的唯一大城市，全州六十八萬人口有近一半集中於此。其居民同時包含舊移民和新移民，有些是淘金熱時代遷入，另一些則是被近幾十年的石油與天然氣大開採所吸引，再加上源源不斷從過度文明的「下四十八州」更換環境的美國人。除此以外還有菲律賓人、大洋洲人、拉丁美洲人來此尋找工作——他們或住在露營車營地，或住在破敗的低階社區，「山景」社區即是其中一個。

阿拉斯加原住民是其中一支人數不斷成長的新移民。他們來自全州各處，有些是爲了尋找在村落和小鎮缺乏的工作機會，有些是想獲得教育和新形態的自由。很多人是追隨親戚的腳步前來，其餘的則因無處可去而落腳於此。有些人最終會回到他們的原鄉，但愈來愈高比例的原住民選擇定居下來，爲都市原民生活發展出新的城市原住民生活方式。這些

261

通常涉及季節性返回家鄉、探望親友、共享來自狩獵、捕魚、採集的食物和其他象徵性的「原住民」標誌。預計到了二〇二〇年，將會有多達半數的阿拉斯加原住民是全時間或大部分時間住在安克拉治。

廿世紀初期，靠著一條連接黃金鄉（Gold Country）的鐵路築成之賜，年輕的安克拉治快速成長。第二次世界大戰是下一個經濟膨脹時期，繼之以近幾十年來天然資源開採帶來的繁榮。在地原住民（阿達巴斯肯人）被迫遷出他們的捕魚營地、接受俄國東正教並退到更內陸地區聚居。今日，阿拉斯加原住民身影最顯眼之處是根據《解決法》所成立地區性原民公司那些閃閃發光的總部大樓，現代化辦公室裡裝飾著當代的部落藝術品。「庫克灣有限公司」——一家專爲那些與原生地失去聯繫的原住民所設立的多部落公司——每年會爲股東舉辦一次「友誼誇富宴」。這個歡慶聚會回應了原民生活的新位址和新尺度，功能逐漸類似於「下四十八州」的印第安帕瓦集會慶典。較不顯眼的聚會則發生在教堂內、廚房餐桌四周或家庭成員前往「阿拉斯加原住民醫學中心」途中。該中心爲一家現代化醫院，專爲原住民需要而設計，由《解決法》成立的公司和已故參議員泰德．史蒂芬促成的聯邦基金資助。在新擴建的醫院大廳，除「耆老諮議會」成員的照片，最近又多了一幅人人稱之爲「泰德叔叔」的微笑肖像。醫院牆上到處裝飾著新製作的傳統文物，禮品商店則以販售高品質的阿拉斯加原住民藝術品馳名。

262

有些人可能會或可能不會，或可能只有在某些時候認同自己是「原住民」，他們生活在薩摩亞人、拉丁裔和其他來自太平洋沿岸的流離失所的人之中。小型的基督教教堂隨處可見。我懷疑這些人中可能從未有人走進過商業中心區的企業總部或是安克拉治歷史與藝術博物館。後者常有原住民傳統文物的展覽，也舉辦過我曾參與揭幕式的阿魯提克／蘇格皮亞克面具展。

從安克拉治出發，搭五十分鐘飛機到阿拉斯加灣，便可抵達科迪亞克島。只要天氣允許，一天有許多航班，很多人來回通

科迪亞克一景。作者拍攝。

勤：有些是出差，有些是探望親友，有些是去打獵或捕魚。科迪亞克鎮人口六千三百人，是阿拉斯加的第六大「城市」和最大的漁港。世界最大型的肉食動物（著名的科迪亞克熊）出沒在這個美國第二大島嶼上（僅次於夏威夷）。這裡幾乎沒有公路。山脈縱橫，海灣深入，科迪亞克大部分地區是國家野生動物保護區。目前，該島上有六個有人居住的原民村莊，只能靠船隻和小型飛機前往。

科迪亞克島自治區（包含本島、鄰近小島和毗鄰海岸帶）人口約一萬四千人。其中百分之六〇是白人，百分之十六是亞洲人、百分之十五是阿拉斯加原住民，百分之九是大洋洲島民、其他種族和自認是不同種族的混血者。

科迪亞克鎮外有一個非常大的美國海岸防衛隊基地，連眷屬在內共有約三千人生活其中，大部分是住在基地內。正如當地人樂於指出的，這個鎮本身非常具有多元文化。鎮上白人和原住民主要靠商業捕魚和帶遊客打獵釣魚維生。至於亞洲人、大洋洲人、拉丁美洲人和歐洲人則多是在魚類加工廠工作或是從事服務業。一如美麗的山脈與小灣，運動休旅車與小船在科迪亞克鎮上舉目皆見。商業中心位於港口上方的坡地，佇立著東正教的聖復活主教堂，其鮮藍色的饅頭形尖頂在日光中閃閃生輝。幾步之遙便是聖賀曼神學院和一間由俄美公司第一任總經理巴拉諾夫舊居翻修而成的博物館。一群白色的燃料儲存罐爲山坡增添了一絲現代氣息。過馬路之後，迎面而來一棟不那麼風景如畫但著重功能性的新建築，稱爲「阿魯提克中心」，這是阿福格納克原民公司（Afognak Native Corporation）和科迪亞克原民公司（Natives of Kodiak, Inc）的辦公大樓。其地下室是我的目的地：阿魯提克博物館暨考古資源庫。

我曾經造訪過阿魯提克博物館兩次。第一次是二〇〇七年，爲期一週，目的是了解博物館的各項活動；第二次是二〇〇八年五月爲參加展覽「面具：像一張臉」（*Giinaquq: Like a Face*）的揭幕式而停留了數天——正是這個阿魯提克人古面具展爲本文提供了一個反省

科迪亞克的東正教聖復活主教堂。作者拍攝。

文化復興和「遺產第二生命」的契機。

在阿魯提克博物館略爲擁擠的展覽空間內，地圖、文件、繪畫、歷史照片和出土文物敘述了科迪亞克島的原民歷史。儀式生活、宇宙觀、季節性的生計活動和東正教新年的社群交換活動等原民傳統也被逐一說明。一艘新造的皮舟橫過一面牆的大部分，牆上掛著由蘇格皮亞克藝術家阿馬森（Alvin Amason）創作的色彩鮮豔大畫作。有文字、照片和影片介紹博物館所策畫的語言復興課程和社群考古學計畫。角落站著一隻科迪亞克熊的標本。小小間的禮品店主打蘇格皮亞克藝術家製作的工藝品和珠寶，此外還販售書籍、型錄、T恤、265 帽子、包包和其他有印有博物館標誌的紀念品。主展廳旁邊有一個臨時展覽區。在一條狹窄辦公室排成的走廊盡頭，有一扇門開向一個大面積的工作空間，裡頭滿是考古實驗儀器、桌子和電腦工作站；一個角落堆放著一些便於把展品用小飛機運至遙遠村落展出的展覽箱。

博物館揭幕於一九九五年，主要資金來自「艾克森瓦德茲號」漏油事件的賠償基金。該油輪在一九八九年擱淺，汙染了科迪亞克島的海域，對原住民經濟造成重大打擊。清理油汙的工作又對沿岸的考古遺址造成二度破壞。透過把漏油災難與文化保存計畫拉上關係，阿魯提克博物館得以獲得賠償基金的支持。當時，「科迪亞克地區原住民協會」（見第六章）266 業已致力於遺產保存，其領導者是會長普拉和考古學家／文化活躍人士克內克特。在科迪亞克，人們普遍感到有需要一家由原住民管理的機構來促進文化知識和文化自豪感。另外，

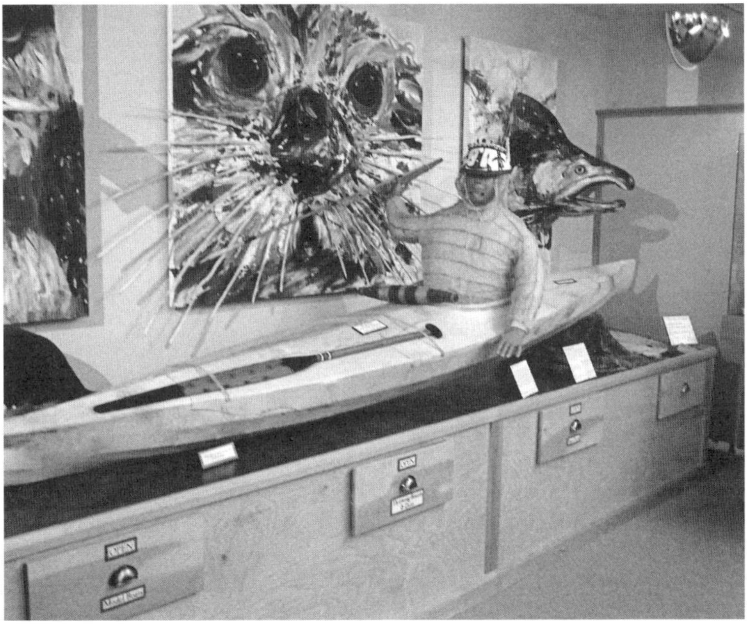

阿魯提克博物館館內（之一）。題爲《恰米》的海獺畫作是當代阿魯提克藝術家阿馬森創作。皮舟是由羅澤爾、葛麗絲·哈洛德和史賓塞造框和縫製，船槳由藝術家勒圖頓製作。作者拍攝。

阿魯提克博物館館內（之二）。電視螢幕放映著考古挖掘工作，禮品店專售當代阿魯提克藝術品和雕刻。作者拍攝。

地松鼠風雪大衣，由蘇珊・馬魯丁和哈洛德根據1883年在尤加希克（Ugashik）收集到的一件風雪大衣仿製。作者拍攝。

考古挖掘在重新發現阿魯提克歷史一事上扮演核心角色已有一段時間，愈來愈多的出土文物和遭到破壞的海岸遺址亟待有人管理。最後，一百四十萬美元的「修復」資助加上來自區域性和村落性原民公司的捐款，構成了阿魯提克博物館暨考古資源庫的建築經費與最初營運資金。

此一新機構起初由克內克特領導，其副手是在拉森灣有多年社群考古挖掘經驗的史蒂芬恩，最終管理權則是操在由出資原民公司代表所構成的董事會。幾年後，精力充沛的蘇格皮亞克學者／活躍人士小哈坎森（Sven Haakanson Jr.）接任館長，而他把工作做得有聲有色。在我造訪科迪亞克期間，哈坎森是我的主要對話者，再來是史蒂芬恩和館內的其他幹部，全部的人對我都充滿耐性。而且當然，他們無須爲我的詮釋負責。

267

復返之路

除了博物館館長既有的職責——募款、設計展覽、協商貸款、購買和管理蒐藏品、組織館內和館外的教育計畫——哈坎森還是一位藝術家，創作面具、籃子和皮舟之類的傳統物件。面具（稍後會談到更多）在他的工作間裡占有一顯著地位。下頁的照片是我路過他的工作室時所拍攝，經其允許發表於此。仔細觀察，這幅照片透露出處於複合過程中的原

268

民遺產的許多元素。

照片右前方的木工工具組對於業餘愛好者來說應該相當熟悉。它意味著傳承的工藝。傳統事物被以新的技術（電鑽和銑床）依明確的模型（如掛在牆上的照片和鉛筆畫）加以製作，並按照新的文化範疇（「藝術」、「文化」、「身分」）加以理解。桌上的面具都是傳統造型，其意義在於以十九世紀的模型爲本。背景處我們可以看到法國阿魯提克面具展海報的一部分，這是新開館的布朗利碼頭博物館的首次製作（Désveaux 2002）。出於歷史的偶然，幾乎所有現存的舊阿魯提克面具都保存在法國。因此，想要與

哈坎森的工作間。作者拍攝。

這一批遺產重新發生連結，除了需要在時間中旅行，還要在空間中旅行。這需要進行研究，包括生產／再生產實踐的仔細觀察、摹描、登錄、拍照和標準化。照片右方的線稿畫體現出此項工作的一部分。

俄國東正教在這個遺產組合中的存在可見於釘在左上方的一幅小小聖母像。我們也可從展覽海報前方一張被遮住大半的明信片中，隱約看到一個東正教十字架。圖像中聖母像下方夾在一起的木條是哈坎森爲女兒製作的聖誕裝飾品的木製框架。這個形狀來自於島嶼西部偏遠地區的岩畫（petroglyphs）設計，哈坎森在那裡執行一個多年期的研究計畫。岩畫的各種圖案已成了未與西方文明接觸前的蘇格皮亞克人的象徵，是當代原住民藝術的常見基調，也被用作企業商標和印在博物館的T恤、包包和帽子上。

法國展覽海報的左邊令人驚訝地重疊著一位十九世紀毛利人酋長的肖像。該酋長的孫子前不久才從奧特亞羅瓦／紐西蘭前來科迪亞克停留了一段時間，在阿魯提克博物館內傳授毛利人雕刻石頭的技術。這張精心紋身的面孔如同工作室牆上的另一個面具，成爲今日跨國「原民性」迴路的一個指標。

在展覽海報右邊，有兩張相片插在一些裝飾性小雕刻的後面。兩張都是哈坎森的外甥和妹夫打獵捕魚的情景。在阿拉斯加乃至整個美國西部和加拿大，原住民都聲稱「自給自足生計權」（打獵、捕魚、採集）是他們傳統生活的核心元素。當然，這些也是與州政府、非原住民漁獵者，以及有時與環保主義者之間的緊張和談判的場所——這一切全是環繞土地使用和主權持續政治鬥爭的一部分。

再看一次整幅圖像，我們會在左邊邊緣處看見一幅南極的地圖。南極？地球「臉孔」上的另一個環極區？從另一頭看到的整個世界？至於圖片中央那塊大纖維板，其用意是擋住我們的視線嗎？我們也許可以視之爲一個有益的提醒：提醒我們從這個視角看能看到什麼，不能看到什麼。隨之而來的一個推論便是，訪客的觀察是有侷限性的：他看到的都是別人準備讓他看見的，他聽見的都是別人準備好讓他聽見的。

哈坎森生長於科迪亞克島其中一個偏遠村莊「老港」（Old Harbor）。這聚落在十八世紀末期是俄國人在科迪亞克的第一個前哨站。哈坎森告訴我，他父親雖是個受尊敬的耆老和村莊領袖，但哈坎森自己在少年時代對自身的原民歷史知之甚少。念中學期間，哈坎森就像大部分同學一樣，預料自己日後將會過上一種半受雇的生活，即從事商業捕魚和爲打獵團充當嚮導。他的一些朋友都很年輕就過世了，或是溺水或是自殺。一九八一年，還在當漁夫的時候，他參加了一個在丹麥舉行的會議，聽了俄屬北美史首屈一指專家莉迪婭·布雷克的一場演講。他不禁想，自己何以需要繞過大半個地球去學習家鄉的歷史。

他隨後考入了阿拉斯加大學的費爾班克斯分校（Fairbanks）（這裡是布雷克任教之處）。阿拉斯加大學除了是個可以研究原住民文化的地方，還鼓勵原住民的身分認同。哈坎森學會了俄語，畢業後拿著一筆原住民學者獎學金進入哈佛大學就讀，並在西伯利亞馴鹿牧人之間從事田野工作，又在書寫博士論文期間被科迪亞克新博物館網羅爲館長。我於二〇〇七年前往造訪之時，他向我介紹了博物館的各種計畫，而它們全都指向同一個目標：讓未來的阿魯提克年輕人（不管是在村落、科迪亞克還是安克拉治長大）可以對自己的歷史和文化感到自豪。

哈坎森走上遺產活躍主義之路不同於上一世代的地方領袖，他們在《解決法》推動的參與過程中鼓勵「阿魯提克人」身分認同，也因此與新的原民公司關係密切。就像博物館的其他年輕一輩支持者那樣，哈坎森的原民身分認同是形成於後一九六〇年代的原民身分政治（indigenous identity politics）的世界。這個泛阿拉斯加、環極區乃至全球性原民振興的歷史脈絡，讓人更加意識到殖民化的破壞性／轉化性效果，並深深渴望復返至前接觸時期的文化根源。就這樣，在一個變遷中的現在（changing present）裡，一種「深度歷史」（deep history）獲得了復興，隨之而來是各種各樣的活動：土地聲索運動、對自給自足生計權的爭權、復振傳統舞蹈和創新部落「藝術」等。近期，人們更偏好自稱爲「蘇格皮亞克人」而非「阿魯提克人」，而這趨勢反映著「深度歷史」意識的深化。當初，俄國人把本地居民誤稱爲「阿留申人」，而這個詞的本地語發音爲「阿魯提克人」，因此，「阿魯提克人」一詞反映著一段特殊的殖民歷史。科迪亞克島的克里奧爾社會結構和東正教保留了文化元素，這些文化元素在一九七〇年代被分離出來，並在新的「阿魯提克人」的身分標誌下被重新評估。反觀「蘇格皮亞克人」則是薩茨頓語（Sugt'stun）中的舊用語（意指「眞正的人」或「就像個人」），反映的是「原民性」意識的強化。作爲前接觸時期的遺產，這稱謂被認爲更可以爲原住民預示一個後殖民未來。因此，「阿魯提克」和「蘇格皮亞克」這兩個名字代表了歷史重構過程中的不同遺產。今日，兩個名稱和它們的歷史意涵都常常被援用，端視脈絡的不同，我在本文時而使用其一，時而使用另一稱謂。

哈坎森的父親曾參與把「俄國人」或「阿留申人」認同轉化爲「阿魯提克人」認同的過程——先是透過土地聲索運動，後來是透過第六章所述的《解決法》過程。老哈坎森身爲「老港」部落機構裡一位大有影響力的領袖人物，他也是「科迪亞克地區原住民協會」的創建者之一。一九七一年以來，整個阿拉斯加的原住民運動受到了《解決法》公司結構的大力屈折，但它們同時也從一些較古老的集體生活資源（如自給自足生計方式、親屬關係、本土化的東正教和「克里奧爾」社會結構等）吸取養分。就我們所知，阿留申／阿魯提克／蘇格皮亞克社會本來就一直存在著建制性的領導階層和經濟不平等。這種傳統在《解決法》發展原民機構的企業領導中找到了新的表達方式。但其他來自過去更具社群性的元素也在非營利社會項目中找到了新的出路，並在視遺產爲包容性人民身分來源的願景中體現出來。在一個後《解決法》的環境裡運作，這些倡議抵制了《解決法》所設想的私有化願景。

在阿魯提克文化復興運動之前的科迪亞克，遺產的公共展覽傾向於以懷舊的方式回顧俄屬時期的歷史。其時，街道大多以俄國的歷史人物命名。巴拉諾夫博物館是歷史記憶的主要場域，而一齣每年上演一次的露天歷史劇——「為野公羊呼喊」（Cry for the Wild Ram）——廣受歡迎。不過，隨著美國人的大量湧入，以俄國人自居的「克里奧爾」階級的特殊地位受到了動搖。到了一九七〇年之後，他們僅存的特權受到進一步剝奪。包括麥德生（Roy Madsen）在內（他是第一位出任高等法院法官的阿拉斯加原住民），許多舊菁英階級的成員都歡迎新興的原住民運動，積極鼓吹人們在《解決法》架構下接受「阿魯提克人」身分認同。遺產恢復（heritage retrieval）位居於這個再銜接過程的核心，其性質迥異於俄屬時期的紀念活動。原民活躍主義的出發點是復振（revival）而非懷舊，恢復一個可為當前各種計畫賦予權威的過去（Pullar 1992）。用老哈坎森的話來說便是：「你必須往回望和找出過去，然後方能往前走」（引用自Crowell, Steffian and Pullar eds, 2001:3）。

《解決法》實施的頭十年帶來了紊亂與不和諧，而到了一九八〇年代初期，新成立的原民機構一片狼藉。一連串為爭奪地方性原民公司控制權而發起的訴訟幾乎使其中幾家公司陷於破產。「科迪亞克地區原住民協會」亦因為派系對立而處於癱瘓狀態，並在最終把它的會長職位交給了一位未受本地政治汙染的外來者普拉。原先，普拉回到科迪亞克是為了從舅舅阿姆斯壯（Karl Armstrong）手中接過《科迪亞克時報》的總編輯之職。阿姆斯壯是老一輩菁英的重要成員之一。據普拉憶述，他媽媽出生於科迪亞克，後來被送到西北太平洋海岸的基督教學校念書，自此定居下來。他媽媽否認自己的原住民背景，堅決以「俄國人」自居。母親早逝後，普拉變得與舅舅親近，後者常常會在爲康尼亞公司出差前往華府的半路上往訪外甥。阿姆斯壯力促外甥搬回科迪亞克，投入土地聲索運動。舅甥的多次談話喚起了普拉的阿魯提克人身分意識，而這意識復受到他在大學修讀的幾門文化人類學課程強化。一九八三年，在舅舅臨終前，普拉返回科迪亞克定居。不到一年，他便成爲了「科迪亞克地區原住民協會」會長（Pullar 1992）。

當時，「阿魯提克人」分別歸屬於《解決法》創立的三家地區性公司，而他們並沒有把彼此視爲一體。在普拉的領導下，「科迪亞克地區原住民協會」將遺產紀錄和遺產復興納入它的議程，資助各種考古挖掘、口述歷史和跨代傳授計畫。把割裂的原住民歷史重新縫合爲一種對抗兩個帝國負面遺產的方法——俄國的剝削、疾疫和酗酒以及美國的種族歧視、軍事主義與漠視。普拉希望，文化自豪感和強化的身分認同感可以成爲肆虐許多阿拉斯加鄉村社群的絕望心態和自毀行爲的解方。這是「科迪亞克地區原住民協會」在一九八〇和九〇年代的遺產議程。後來，普拉繼續在鄉村阿拉斯加學院（College of Rural Alaska）將遺產意識和歷史研究結合於社會發展工作。他也成爲由聯合國贊助的原住民大會的阿魯提克人發言人。普拉的個人道路因此代表著從老一輩（他舅舅那一世代）的地方主義轉向一種基礎更廣闊的原民性：一個能夠在阿拉斯加及其他地區進行互動的社會運動。

哈坎森通向遺產活躍主義（heritage activism）之路雖然根植於鄉村生活，但卻是新一代的遺產活躍主義，同時以地方依繫（local attachments）和一種世界主義的「原民性」爲原動力。他的工作把他帶至歐洲和俄國，讓他成爲多個阿拉斯加文化機構管理委員會的委員，並得到麥克阿瑟基金會的表揚。在他的領導下（加上副館長史蒂芬恩的行政支援），阿魯提克博物館普遍被認爲是同類型機構中的楷模。就像其他由原住民主持的「博物館」那樣，阿魯提克博物館更多是一個「文化中心」，致力於範圍多樣的計畫。每年夏天舉辦和開放給所有人參加的社群考古挖掘繼續是重點活動，主其事的是資深幹部索頓斯托爾。文物的收集、研究與管理持續進行。其他活動包括組團參觀全島的許多考古遺址，以及維持一個照片資料庫和一間圖書館。在阿拉斯加大學費爾班克斯分校語言學家里爾的支援下，阿普麗爾．康塞勒主持了一個語言計畫，其內容包括薩茨頓語的耆老、組織工作坊、製作教學材料和維持一個網站的經營。博物館既把蒐藏帶到偏遠的村莊展出，也策畫各種主題的「阿魯提克週」活動，由藝術家教導學員編草籃、雕刻、縫紉獸皮、彎曲木頭和製作模型皮舟。爲公立學校製作文化教材亦是其工作的一部分。一個對科迪亞克島西西端岩石畫的長期研究正在進行中，以祈多了解這個島的「深度歷史」。館內還舉行特殊藝術展覽與銷售會、工作坊、季節性慶典和其他社交聚會。短期的藝術展、工藝展、歷史展和攝影展持續進行。

273

其禮品店銷售蘇格皮亞克藝術家製作的雕刻與首飾，是遺產復振運動不可或缺的一環。

就像其他原住民博物館和文化中心那樣，阿魯提克博物館面對的是紛紜的利害關係。它必須回應範圍多樣且有時是互相矛盾的期待與消費模式。以下，我們會扼要回顧一下它的主要「表演」脈絡、政治銜接與文化翻譯之場域。

博物館的本質是跨代性，提供環境讓傳統知識被認識和聆聽。耆老們對習俗、語言和歷史的專門知識被記錄下來且受到珍視。在籌備「望向兩邊」和「面具」之類的展覽時，他們會受到諮詢。但博物館的目的不只是創造一個歷史檔案庫，也是以新的方式傳遞集體智慧。當然，沒有人確切知道在未來的幾十年內，成爲蘇格皮亞克人將意味著什麼。博物館的首要任務是透過學校、實習和暑假課程帶領年輕人，但這完全不能保證些什麼。畢竟，歷史知識和原住民自豪感是一種離不開當代的文化混合體：人們不只需要學習製作模型皮舟還需要學習製作網站，也不可能在表演傳統舞蹈之外的場合照樣穿戴風雪大衣和彎木帽檐（bentwood visor），但平時則穿著牛仔褲和運動鞋。

不同背景的蘇格皮亞克人以不同態度對待阿魯提克博物館。他們有些固定前來參加展覽開幕禮和慶典。其他人則樂見博物館的存在，但極少參與其活動。有些人只偶爾自視爲原住民。其他人的原住民身分認同則主要是透過《解決法》的原民公司、部落政府、家族關係或生計方式維持，而不是透過文化中心的文物收集、雕刻或活動。當鄉村居民到鎮上來的時候，阿魯提克博物館並不是他們的必然去處。因此，館方會把展覽（利用便於小飛機載運的模組化展覽箱）帶到他們的住居地。電台廣播與網站同樣是重要資源。這一類擴大服務的目的是打造蘇格皮亞克人身分意識，同時也展示了博物館有能力「回報」原民公司每年度的資助，這種支持不能被視為理所當然。博物館的想像社群是分散的，居住在村莊的人們一樣是重要受眾。至於對住在安克拉治及其他地方的人來說，它提供了一個象徵性的中心和目的地，是原民文化的一個聚會地點。正如第三章分析過的，對原鄉的離散復返（diasporic return）可以透過飛機、媒體和網路達成。

在科迪亞克的遺產方案除了阿魯提克博物館，還有俄國遺產（巴拉諾夫的故居和博物館）、海事遺產（捕魚產業的各種慶典）和軍事遺產（阿伯克龍比堡和第二次世界大戰）。因此，想要成為遊客和公立學校戶外教學的目的地，它必須易於理解並且有要吸引力。在阿拉斯加中南部，博物館還參與了藝術文化交流，還有與安克拉治機構及阿拉斯加非營利機構的合作；它也與華府、法國、俄國和芬蘭的博物館持續保持關係。

學術界是阿魯提克博物館必須面對的另一組受眾、資源和壓力。文化專家（人類學家、考古學家、語言學家和歷史學家）在廣泛見於阿拉斯加的遺產復振運動中一直扮演重要角色，而他們與阿魯提克運動的關係尤其顯著。重要的例子包括考古學家喬丹、克內克特、史蒂芬恩、索頓斯托爾和克羅威爾，語言學家里爾和歷史學家布雷克。這些關係大大決定

274

了各種阿魯提克／蘇格皮亞克文化專案的形貌（Mason 2008），但多是出之以兼顧地方議程的方式。這種權力平衡（或說是「參與條款」〔Crowell 2004〕）最近發生了變化。隨著原住民管理的機構獲得更大的自主權，原來的父權式監護關係也被協商關係所取代。在取得技術協助、研究認證和企業資金來源方面，地方性文化中心仍須依賴學術界的專家。有時，他們的目標會有許多重疊，雙方有時會有衝突，有時則會彼此協作，並以這種方式一起合作但保持相互尊重——這是一種生存之道（a modus vivendi）。

最後，阿魯提克博物館還需要對其資金來源負責。總共有八家科迪亞克的阿魯提克人組織爲它提供治理架構和核心運作資金：阿福格納克原民公司、阿克希奧克－卡古亞克公司（Akhiok-Kaguyak Inc.）、科迪亞克地區原住民協會、康尼亞公司、萊斯奈公司（Leisnoi Inc.）、科迪亞克原民公司、老港原民公司和尤津基原民公司（Ouzinkie Native Corporation）。目前，康尼亞公司的總裁安德森擔任博物館董事會主席，其餘十位成員分別來自「科迪亞克地區原住民協會」和《解決法》下的各家原民公司，加上一名全體代表普拉，組成了全部爲蘇格皮亞克人的管理組織。

阿魯提克博物館從原民企業支持者那裡獲得固定的撥款資金。預算必須每年重新協商，是多是少端視各原民公司的經營表現、優先順序更迭和人事變動。所以，博物館有必要以醒目的專案重新點燃熱忱。館方必須想辦法說服企業領導人及其股東，它將能持續提供有價值的服務。特殊的專案則有賴支持「文化」努力的基金會、機構和公司行號——例如康菲公司阿拉斯加分公司、阿拉斯加第一機構和阿拉斯加州藝術委員會等提供贊助。募款是週而復始的工作，於是，阿魯提克博物館參與了所有非營利組織熟悉的競爭：建立聲望，以資助機構看得見的方式作出「創新」、獲取配套資助、鼓舞支持者和對那些不樂於支持的人施壓。偶爾也會有意外之財，一個例子是拉斯馬森基金會近期無條件捐贈的一百萬美元（該基金會是一家阿拉斯加慈善機構，支持從藝術蒐藏到挖井的各種活動）。

藝術館需要平衡其所有受眾的需要——耆老、年輕人、住在傳統村落和大城市的蘇格皮亞克社群；藝術家、遊客、文化愛好者和學者；各家博物館、非營利組織、基金會的代表。所有這些受眾需要在不同的表演環境中以某種方式平衡和應對，與此同時又能維持自身作為一個原住民社群中心的核心使命與社會關係。在這種平衡動作中所做的表演並不是一種抽象的獨立，而是一種（我在第三章所說的）相對的、「實用主義的主權」。這意味著在不和諧的期望、資源和盟友之間靈活行事。我們將在促成「面具：像一張臉」展覽的協商過程中看到這種靈活性的範例。

第二生命（準理論插曲）

遺產復興和再連接的工作是對殖民和資本主義擴張帶來的暴力歷史的回應。對小型的部落社會而言，軍事侵略、商業侵略、疾疫和被趕出原居地所造成的斷裂是毀滅性的。那些從最初衝擊倖存下來的人，不得不面對持續的強迫文化涵化和轉化壓力。因此，我們必須在理解中保留一個顯著的位置，來總結現代性或資本主義這類強大而趨勢性的發展。但應該給予這些「結構性」、「世界體系」力量多大的權重？它們如何阻礙、協調和賦權文化行動？根據雷蒙・威廉斯對「決定論」的經典討論（Williams 1977:83-90），這些力量應該被視爲壓力和界限而非不動如山的定律，是被侷限的可能性而非不可避免的結果。總的而言，遺產既非一種重新獲得的「身分」資源，也非一種商品客體化的產物。它毋寧是一種更有趣的東西：意義兩可而難於限定。

來自阿拉斯加以外地區進行的研究都建議我們採取一種適當的語言和歷史的態度。第一個例子是蒂利的〈在地球村表演文化〉（Tilley 1997）。此文以萬那杜馬拉庫拉島爲遊客進行的表演爲例，探討了泛見於今日第三世界部落復振的「文化商品化和客體化」問題。蒂利告訴我們，傳統舞蹈在馬拉庫拉島長期受到傳教士打壓，但近年來卻開始復振，專門提供來自附近一個渡假勝地的訪客觀賞。跳舞的男子戴著護陽套和豬牙臂套，嚴格遵循傳統，排除所有「現代」的成分。一個精心布置的表演場地（由一間大型祖先屋、幾棟較小建築、裂縫鑼、雕刻和祖石構成）蓋在一個遊客易於到達的地點。蒂利指出，這表演反映的是主其事的酋長的企業精神和他對儀式的自覺性解釋。值得一提的還有婦女參演的矛盾性、跳舞者全是基督徒（平日都是穿著短褲和T恤），以及島上其他人認爲整個表演是一種爲吸引遊客而發明的活動。

爲反駁這一類對「非本眞性」（inauthenticity）的假定，蒂利提出了一系列論證。他力主，在美拉尼西亞，「發明」傳統乃是文化生活的一部分，而文化生活是一個「持續創造、傳播和變遷」的過程，常常會把取自族群外部的不同元素結合在一起，以新的形式加以結合和重新發明，由此創造出文化獨特性（Tilley 1997:83）。根據這種觀點，遊客（和人類學家）是族群的自我定義和地方「發展」不可缺少的一環。文化的客體化、交換和反思都是社會生活和文化生活未完成關係中的正常時刻（Miller 1987; Kramer 2006）。有關權力的結論不能先於民族誌／歷史的細節而斷言。看似是剝削或迎合的現象也許包含著別的事物的種籽。蒂利在復振的儀式中看出女性新地位的打開。事實上，在萬那杜，遺產收集和重新評價（「傳統」〔*kastom*〕創新工作）一直在爲女性的發展提供新機會（Bolton 2003）。馬拉庫拉島一旦開始對遊客表演舞蹈，它的「文化發明」便會源源不斷：

島民展現的文化徹底是以它對遊客的表演為中介。它的源頭確實是遊客，但卻全然不是由這批觀眾的期望來決定。它包含著一個「想像共同體」的經紗和緯紗，而一旦這個共同體被編織起來，就有可能以不同的方式重新編織一遍，而在這過程中，共同體會獲得賦權（empowerment）。透過建構過去，他們會更能與自己對話，並在全球化的未來站穩一席之地。（Tilley 1997:85）

蒂利鼓勵我們不應把遺產表演看成是目的，而是視之爲一個歷史過程的片片刻刻——值得重申的是，這個過程並沒有保證的結果。

在第六章，我們在範納普－里歐丹的「自覺文化」的概念裡看見過類似想法。這個用語比「遺產」更好，因爲它不帶有回顧性偏見，意味著一種策略性和反思性的文化表演形式與自覺形式（Fienup-Riordan 2000:167）。芭芭拉．科申布拉特－吉姆利特則在她討論觀光與遺產的深刻著作《目的地文化：觀光、博物館與遺產》中提供了另一種深具啟發性的表述：「遺產的第二生命」。這種第二生命或說後繼生命是一種什麼樣的生命？作者打開了一個概念性（甚至政治性）的空間：「遺產不是失而復得，不是被偷走之後物歸原主……遺產是透過求助於過去而在當前創造出某種新東西」（Kirshenblatt-Gimblett 1998:149）。她的觀點將價值判斷和本眞性要求擱置一旁，讓我們可以聚焦在特定的轉遞過程：過去的元素是如何在特殊的關係脈絡被創造和重新創造出來。

桑德勒的《意第緒園歷險記》對這種「第二生命」進行了非常深入的探索，提出了「後母語（postvernacular）語言與文化」的觀念。當然，作爲德系猶太人的通用語，東歐的意第緒語業已被納粹消滅，而在以色列，意第緒語也因爲官方鼓勵希伯來語而受到壓抑。在其他地方（若干東正教社群除外），它亦不再是人們用於日常互動的語言。儘管如此，意第緒語卻享有一種廣泛的第二生命，活躍於表演和機構之中，活躍於新媒體與新社會環境，並且是離散猶太性（diasporic Jewishness）的一種自覺表述。桑德勒主張，後母語語言乃是表演性質（performative），它們的意義不僅在於其表達的內容，而且在於它們被使用的事實。此外，對桑德勒來說，「後」（post）並不意味著次要地位。相反地，它可以創造一種新的文化繁榮：

> 後母語性（postvernacularity）可以是一個解放的觀念，可以促進語言使用的可能性，指出並非充分流利的母語才堪稱原住民的母語。所以，「後母語性」對於語言、文化、身分這些相互關連的概念有著重要意涵，事實上還對於何謂一個「語言社群」的問題有著重要意涵。（Shandler 2006:23）

278

當我們望向在阿魯提克博物館之類地方進行的語言保存和復振計畫時，桑德勒的觀點有助於釐清疑慮。在缺乏單語或強有力雙語的日常使用脈絡中，遺產語言被記錄、存檔和作爲第二語言而學習。桑德勒的觀點能夠幫助我們欣賞的與其說是「在地母語」（native language），不如說是「母語性語言」（language of nativeness）。這方法擱置文化整全性（cultural wholeness）或有機語言社群（organic speech communities）的規範性觀念，改爲強調選擇性再銜接文化和語言形式的重要性，以及爲適應變遷中互動處境而發明的表演。（例如，爲系譜與地方所用心擬定的祈求語言，如今已日常性被引入到加拿大、美國、奧特亞羅瓦／紐西蘭，和澳洲的原民活動之中。）「母語性語言」有其自己的象徵功能與溝通功能。把它們與幾十年前被廣泛使用而今日只有少數耆老還懂得的語言加以比較並無意義。後母語語言在一個複雜多語的世界找到第二生命，也在原民復興和遺產活動中擴大的公共領域裡找到第二生命。這至少是它們的潛力。能不能發揮這種潛力，相當程度倚賴於文化復興的整體活力，以及新語言使用（作爲一種文化表演藝術）是如何被整合到有效的公共儀式和政治動員。同一種基本觀點也可見於麥克洛斯基論「愛爾蘭語作爲一種世界語」的著作（McCloskey 2008）和芭芭拉．米克爲一個阿達巴斯肯社群所寫的民族誌（Meek 2012）。

今日的原住民社群全位於一個語言光譜之內，這光譜的兩端分別是在地語言和後母語，中間是兩者不同程度的混合。例如，尤皮克語便繼續在日常生活中爲人所流利使用（常常是結合著英語）。阿魯提克語／薩茨頓語不太可能恢復到這種日常交流語言的功能，而蘇格皮亞克文化也更接近於光譜的後母語端。這種情況在今日的原住民社群中並不少見，因爲他們只能透過包括網路檔案與社交網絡等紛紜且往往是破碎的資源。「第二生命」的獲得是沒有保證的。它受制於各種強大壓力，處於結局未定的過程中。但某種眞眞實實的事情（一種對新與舊的重新編織）正在發生，而它是我們那些如文化、身分和歷史發展等全貌觀所無法充分認知到的。

面具回返

我們在哈坎森工作室看過的面具就是這種傳統重新銜接的例子。過去幾十年，面具雕刻在阿拉斯加原住民中間獲得了新的活力。在向南一直延伸至加拿大的整個海岸地帶，藝術家和雕刻師將製作面具作爲氏族或部落連續性和權力的象徵。他們的作品被用於儀式生活、用於南方部落的誇富宴，在更北部用於仲冬聚會。這些新文物也放在藝廊販售，供博物館和文化中心展示，以及作爲社會交換和送禮的物品。以傳統設計爲藍本，這些面具（也許可稱之爲「遺產物件」）有多重功能：用於傳統儀式、用於節慶的舞蹈表演，也可以用於小孩或大人的雕刻課程。爲儀式用途製作面具的人有時也會同時爲市場雕刻「部落藝術」——如果作品優秀而雕刻師又具知名度，面具價格可能會很高。

以人或動物爲造型的面具便於掛在牆上，是很受歡迎的藝術品。因此，作爲藝術品，它們能夠在既定的收藏與估價系統中流通。它們也代表著社群傳統的復甦，因爲諸如誇富宴之類的儀式一度受到政府打壓，面具舞被迫轉入地下，有時甚至完全匿跡了好幾代。一九七〇年代之後，隨著原民文化生活復振和獲得公開承認，這種情況發生了劇烈改變。誇富宴如今在阿拉斯加南部再次變得常見且場面盛大，其特徵是新的面具、舞蹈表演、演講和禮物交換。

在阿魯提克人以北的克斯科溫三角洲（Kuskokwim Delta）和育空三角洲（Yukon Delta），尤皮克人的遺產也正在積極發揮作用。歷史悠久的仲冬聚會（家庭探訪、禮物交換和講述故事）再一次以面具和舞蹈爲特色。它們一度受到教會的禁止，如今享有秉持不同基督教文化多元主義的神父和牧師的祝福（Fienup-Riordan 1996）。在一九二〇和三〇年代，超現實主義者從所謂的原始藝術傑作裡獲得了靈感來源，自此以後，尤皮克面具（連同南阿拉斯加「西北岸部落」那些可一眼認出出處的雕刻品）備受歐洲藝術收藏者和民族文物收藏者的珍視。但阿魯提克人並不享有同樣的知名度，而他們有時與鄰近部落比較，也會對自己的身分認同感到困惑，並爲自己的文化感到挫折。事實上，他們經歷過的擾亂和失去相當嚴峻。首先是入侵的俄國人以暴力鎮壓頑強抵抗，並在取得毛皮的過程中實施嚴苛的強制勞動。爲求生存，阿留申群島和科迪亞克群島的居民不得不作出重大妥協，包括改說俄語、信奉俄國宗教和採納俄國社會形式。在整個十九世紀，在地社群備受疾疫蹂躪。一八六七年以後，新的帝國統治者美國帶來了新的傳教士、寄宿學校和龐大駐軍（尤以二次大戰期間爲然）。廿世紀的自然災難（幾次火山爆發和一次大海嘯）破壞了許多傳統社群的原居地。「艾克森瓦德茲號」漏油災難的殺傷力不遑多讓。哪怕到了後一九六〇年代的原民復振運動抬頭之後，科迪亞克的許多原住民仍然不確定他們是應該自視爲俄國人、美國人、阿留申人還是愛斯基摩人（Pullar 2001）。然而，隨著新的「阿魯提克人」身分認同在七〇年代站穩腳跟，需要一個廣爲人知的原住民遺產變得更形迫切。傳統習俗在地方和家庭的層次固然有持續的社會連續性，但幾乎沒有一樣可作爲像阿魯提克文化或藝術的壯觀象徵。

戴面具的舞蹈（Masked dancing）一度是傳統生活的核心部分。但到了十九世紀晚期，在瘟疫肆虐、失去原居地和遭東正教禁止的情況下，這種習俗基本上消失了（只剩科迪亞克島和基奈半島的村莊會在東正教新年繼續表演面具舞）。另外，因爲人們習慣把用過的面具燒毀或藏在祕密山洞裡任其自行朽壞，以致於到了一九〇〇年代，這些壯觀的舊面具已不復存在。

在一九八〇和九〇年代，傳統舞蹈隨著文化復振運動而復甦（在年輕人之間尤其如此）。人們並且積極學習造皮舟、編籃、縫紉毛皮風雪大衣、製作彎木帽子和串珠頭飾。當時，一些蘇格皮亞克藝術家開始雕刻面具：或是供販售的原創作品，或是以傳統設計為藍本的遺產物品。但缺乏夠好的藍本構成一大障礙。因為僅剩的傳統面具品質低劣又寥寥無幾，藝術家無由深入研究古老的雕刻技術。並且，為數不多的十九世紀面具都是藏在遙遠的博物館（華府和聖彼得堡的博物館），不然就是傳聞中的歐洲某處。

伊頓是這批藝術家其中一位。他在科迪亞克長大，原是成功的企業人士，任職於安克拉治的原民公司。據他回憶，他對《解決法》的一項規定——原住民身分的標準是擁有百分之二十五的原住民血統——非常不滿。難道這就足以窮盡「原住民」的意義？他嚮往一種更實質的歸屬，某種更族裔性和文化性的身分標的。於是，本是高明攝影者的他轉向了藝術，最終成為一名大師級雕刻家和雕刻老師。一九七〇年代早期，在一次前往華府洽商時，伊頓參觀了史密森尼學會所收藏的科迪亞克面具（一八七二年由多爾收集而來）。雖然在如此威望的機構找到自己文化的文物讓他備受鼓舞，但他看到的東西卻「遠遠談不上激動人心：一共只是兩尊八英寸乘五英寸的小小鳥形雕刻，羽毛和附屬物還都是破的。我的內心希望找到的是『**我們的藝術！**』般某種重要的東西、某種壯觀的東西，某些可以匹敵海岸印第安人藝術的東西，某種可以界定我和科迪亞克島的東西」（Eaton 2009:284）。

與此同時，一名研究生朵明格．德森從她的老師布雷克那裡得知，有一批鮮為人知的科迪亞克文物收藏在英倫海峽一個法國小城市濱海布洛涅（Boulogne-sur-Mer）的市立博物館裡。她對這批文物產生興趣，以之作爲論文主題。一九九五年，德森完成博士論文並把成果發表在科迪亞克，引起巨大矚目。原來，論豐富性，法國所蒐藏的十九世紀阿魯提克面具乃是世界之最。哈坎森和其他懷有抱負的雕刻家受到這些出現的戲劇性圖像的啟發。現在，一條通向科迪亞克失落歷史的重要線索可望迂迴透過一家遙遠的博物館尋獲。

出席論文發表會的其中一人是海倫．西蒙諾夫。她原任職於安克拉治警察部門，但因不滿意這份工作，前不久辭職後改爲設法靠畫風景畫和野生動物畫維生。看過德森所展示的一些照片後，她大受衝擊，此後存了六年的錢，親赴濱海布洛涅去看那裡的面具蒐藏——這是一個世紀多以來第一次有蘇格皮亞克人親眼看過這批面具。在參觀過程中，她發現有一頂串珠頭飾和許多面具是來自她母親的家鄉阿福格納克（Afognak）。回科迪亞克之後，她把她的照片與素描展示給有興趣的人觀看，而伊頓看過之後大受鼓舞，隨之也從事了一趟個人朝聖之旅。自此，哈坎森每次往返歐洲參加會議，必定會在同樣也是漁村小城的濱海布洛涅稍事停留。當時在巴黎，興建中的布朗利碼頭博物館正籌辦一個名爲「阿拉斯加的科迪亞克」的展覽，展品包括上述的面具蒐藏（Désveaux 2002）。這批異乎尋常的科迪亞克文物自此不再沒沒無聞。哈坎森下定決心，或遲或早，這些面具必須帶回科迪亞克展示。

這些面具怎麼會大老遠跑到法國去呢？一八七一年，出生於富有商人家庭的十九歲法國人皮納爾花了一年時間在阿留申群島、白令海峽海岸和科迪亞克群島探險。作爲歷史語言學學生，他想要找到證據，證明史前人類曾經從亞洲遷徙至美洲。皮納爾主要是靠皮舟作爲交通工具，在阿魯提克嚮導的帶路下航行於兇險的海洋。他的科學好奇心相當廣泛，沿途寫下大量與語言學和民族誌課題相關的筆記。他還收集到一大批文物和相關的文字資料。在可能的情況下，他記錄了他所收集到的七十件面具相關的歌曲和舞蹈。皮納爾在科迪亞克過冬，造訪了該地區一些村落。他是如何取得他的蒐藏，確切的方法我們不得而知。那些最古老和最大的面具似乎原是被丟棄於一個山洞裡任其朽壞，皮納爾聽說後將它們重新取出。至於較小的面具（它們的顏料或多或少完好如初）則可能是皮納爾委託雕刻師按照他原先收集到的歌曲或傳說製作。有些面具的背面沒有雕刻，似乎是被雕刻師或皮納爾作爲模型使用。

皮納爾從事探險之時，阿拉斯加並不存在正式的殖民政府（俄國人正在離開而美國人正在抵達）。身爲一位法國年輕人，皮納爾沒有強制方法可供其使用，只能依賴在地人的幫助。當時的原住民社會正因爲人口大量死亡、社會激烈被擾亂和宗教變遷而驚魂未定。舊有的生活方式看似注定滅亡，所以人們願意割捨傳統文物（特別是有人願意付出合理報酬的情況下）。各種證據都顯示，作爲年輕的學者／探險家，皮納爾對他遇到的個人和文化都表現出尊重和珍視，而他也相信，他理解自己的「搶救」計畫是由歷史上必然的消失所授權的。

「皮納爾面具蒐藏」之一：「第一位」(*Chumliiq*)。現藏城堡博物館。

回到法國後，皮納爾在巴黎展覽了他的蒐藏，並且捐贈給濱海布洛涅（他的家鄉城市）的城堡博物館。這些藏品在兩次世界大戰中倖存下來，但專家們大多已經忘記了它們。儘管這些藏品沒有被充分理解，卻讓濱海布洛涅引以自豪。因此，當哈坎森開始試著將文物借到阿魯提克博物館時，他碰了一鼻子灰。將面具送到遙遠的阿拉斯加原住民管理的博物館是不可想像的。城堡博物館的人對他有禮但心存疑慮。他們認爲這些屬於城市和國家的科學**遺產**必須受到保護。美國和加拿大日益增長的返還運動以及新的法律，都讓他們心存戒備。如果讓這批重新變得寶貴的蒐藏離開法國，它們會不會一去不回？光是有哈坎森的保證和魅力遊說並不足夠。一個當代蘇格皮亞克人生活的教育展覽和伊頓送給城堡博物館的一件面具禮物亦不足以讓館方放下心防。城堡博物館館長一度表示願意出借一件面具。哈坎森保持耐心而堅持初衷，盼望最終可以打破偏見和建立互信關係。

哈坎森在這過程中爭取到兩位盟友。一位是莎拉．弗羅寧，她是住在法國的美國人，寫過一篇有關博物館議題的論文，了解事情的癥結所在。在比利時一個會議上聽過哈坎森演說後，她成了他一位不支薪的策略顧問，協作翻譯和起草文件。二〇〇五年，城堡博物館世代更替，隨著克萊兒．拉龍德接任城堡博物館的館長，事情有了轉機。拉龍德認爲，博物館應該少些防備心理，更積極投入更廣闊的網絡關係和趨勢。她把哈坎森的要求視爲

「皮納爾面具蒐藏」之一：「大臉」(*Giinasinaq*)。現藏城堡博物館。

契機而非威脅。隨著她更深入了解古老面具對科迪亞克的當代意義，分享蒐藏看來是唯一合乎倫理的政策。不過，濱海布洛涅的政治領袖仍有待說服。博物館和它的藏品都是市政府的財產。

　　哈坎森構思的一次法國行決定性地改變了輿論氛圍。二〇〇六年，他帶著九位蘇格皮亞克藝術家造訪博物館，花了幾天密集研究皮納爾的蒐藏。每位藝術家都答應雕刻一件「可跳舞的面具」供阿魯提克博物館收藏以作爲回報，並參加其村莊外展計畫的教學活動。在他們造訪期間，濱海布洛涅市民對阿拉斯加原住民曾經有過的偏見全都快速消

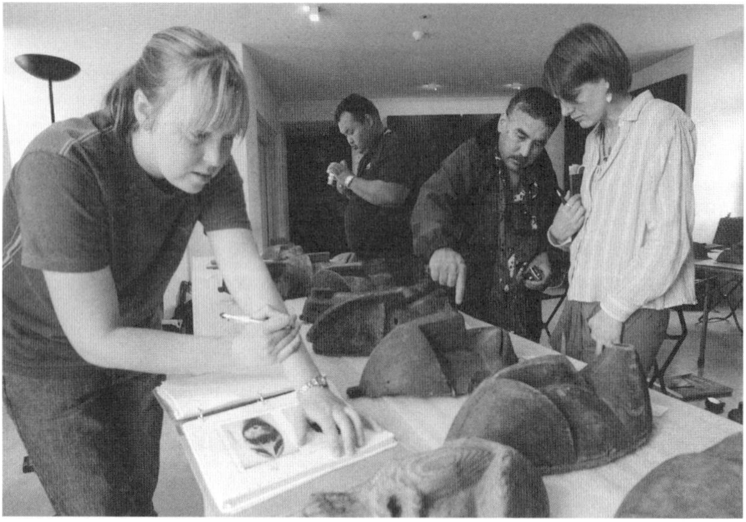

在城堡博物館的蘇格皮亞克藝術家（從左至右）：琳娜・阿馬森－伯恩斯、西蒙諾夫、瑞莫夫，以及譯者／促成者莎拉・弗羅寧。安德森拍攝。

散。造訪者與地方領袖互動，配備著照相機和筆記本，他們都是極其認眞的研究者。他們其中幾位（包括伊頓和攝影師安德森在內）的風度舉止就像是企業高層人士（他們也確實是企業高層）。其他人雖然年紀與風格各異，但同樣不讓人覺得怪異或具威脅性。

這批訪客看到面具時如此激動，無言以對並淚流滿面時，無疑也讓東道主大爲動容。最古老的一批面具尺寸巨大、設計大膽而雕刻有力，讓人歎爲觀止，這是照片無法捕捉的規模和存在感。九位藝術家當時的感想，後來被收錄在《兩趟旅程》中，既是技術性的——對面具製作的細緻觀察——也是情感性的（Koniag Inc. 2008）。以下是一些例子：

> 切爾諾夫：讓我震撼最深的是技藝的精湛，他們只有原始工具可用，仍能雕刻出這等美麗的面具。另一點是面具的巨大尺寸：比我能想像的大得多。它們尺寸驚人，而當你臨近細看，雕刻的精湛、每件面具的細節和工藝都讓人讚歎不已。它們太美了。我以前看過的阿魯提克雕刻從未到達過高度藝術水準。它們至今仍讓我說不出話來。（Koniag Inc. 2008:40）
>
> 納根：我沒預期到會有那樣的感受。它們就像是有生命的。它們完全讓我震驚。我毫無心理準備。一陣寒意讓我脊背發涼。有什麼在它們裡面。我無法解釋。（Koniag Inc. 2008:71）

琳娜・阿馬森-伯恩斯：當我們走進那個展廳，看見許多科迪亞克舞蹈面具鋪開在桌子上，我的感覺是敬畏、歡樂和若有所失。我們受到的衝擊是那麼鋪天蓋地，以致全都哭了起來。（Koniag Inc. 2008:70）

英加：我走上博物館的樓梯。每個人都很莊嚴肅穆。我非常興奮，開始喊叫和歡呼。但走到展覽室的門口時，我卻走不進去。因對我來說，身處那種氛圍……這很困難，因爲我知道我們的族人以前用手觸摸過它們讓我難以舉步……當我終於走了進去，我感覺像回家了。（Koniag Inc. 2008:68）

瑞莫夫：我從它們學到許多設計和形狀方面的知識。看到那個圓錐形的面具之後，我花了好幾個月時間雕刻出一件面具。通常，雕刻前我會在腦海中描繪出成品的樣子。但這一次它卻有點像是自然成形……如果你親眼看過那些雕刻，那你再用雙手把它們雕刻出來之前就不會停下來。（Koniag Inc. 2008:74）

這次造訪後，城堡博物館和市政府迅速同意出借一半「皮納爾面具蒐藏」。展覽的資金有待籌募，進一步的技術障礙也猶待克服，特別是用什麼具體方法向法方保證不會有任何阿魯提克人的公司或村莊提出永久返還要求。在不存在有組織性「阿魯提克」部落的情況下，阿魯提克博物館不可能提供一份具有法律效力的合約。不過，主要的權威人士都提供了誠信保證，而由哈坎森經過多年努力所建立，再經造訪藝術家鞏固的私人信用也終於發揮作用。在整個過程中，蘇格皮亞克人一方從不忘一再對皮納爾和城堡博物館表示感激之意。這些造訪者得悉，在第二次世界大戰期間，要不是城堡博物館付出極大努力，多次把面具蒐藏轉移至安全地點，它們早已被濱海布洛涅遭受的密集轟炸摧毀。哈坎森與隨行的藝術家明白，要不是有皮納爾和城堡博物館，阿魯提克重大雕刻傳統的樣本將所剩無幾。他們也相信，這批面具正是阿魯提克文化復興缺少的最重要一環：一個文化基線和一個標誌性的藝術形式。

二〇〇七年四月，一半的「皮納

在城堡博物館的蘇格皮亞克雕刻師英加。安德森拍攝。

爾面具蒐藏」抵達科迪亞克。一群耆老聚集在阿魯提克博物館的工作室，見證開箱作業。當這些承載著重新獲得精神力量的祖先面具出現時，參與者回憶起那是一個極度強烈的時刻——笑聲、淚水、如釋重負和不安。

公開揭幕式在六週後舉行，恰逢科迪亞克一年一度的「蟹節」（Crab Feat）週末。街上擠滿了人，氣氛歡慶。正式開幕前一晚，我參加了在麋鹿俱樂部（Elks Club）巨穴形禮堂舉行的酒會。在老港服務多年的東正教神父奧萊克莎進行了祝禱。他同時也寫過一部論阿拉斯加東正教的傑作（Oleksa 1992）。不同的來賓分別以薩茨頓語、英語和斯拉夫語合唱歌曲。由老港一批年輕舞者表演過之後，分別由哈坎森、博物館管理委員會主委安德森和城堡博物館館長拉龍德致詞。桌子上一張卡片對展覽贊助者致上感謝，它們包括不同的原民公司、博物館、阿拉斯加慈善機構、地方房屋委員會、商業機構、國民警衛隊，外加許多個別捐贈者。

「海之民」（*Imamsuat*）舞群在「面具：像一張臉」揭幕式上的表演。作者拍攝。

288

第二天早上，大群人聚集在博物館外頭，觀看更多的舞群（包括來自安克拉治的「海之民」舞群）穿戴著風雪大衣、串珠頭飾和彎木帽的演出。一件以「皮納爾面具蒐藏」爲藍本的面具參與了舞蹈。（見右頁照片）

剪綵過後，大家開始參觀展覽。三十五件來自法國的面具擠滿小小的臨時展覽空間。當我遇到博物館和阿拉斯加其他文化機構的熟人時，不禁好奇：其餘的參觀群眾是由哪些人組成的？他們會有什麼樣的反應？哪些人對面具的復返而深受感動；誰只是好奇？是否有不在意而沒有參加的原住民？那些負擔不起機票前來科迪亞克的人又如何？但當時這並不是一個適合進行系統性提問的場合。哈坎森在公開致詞時稱「皮納爾面具蒐藏」是一條「基線」，是復興的文化賴以奠基的基礎。西蒙諾夫則表示這些面具「把我們放在了地圖上」。在出席展覽的許多人之中，有兩位讓我印象特別深刻。一位是年長女士，當安克拉治電台的記者訪問她，問她在面具開箱當時的第一反應是什麼時，她回答：「恐懼。」然後她解釋，小時候大人都叫她別碰考古學家挖出的面具，因爲這些面具仍然具有力量，充滿危險。「那也是個讓人非常激動的時刻。」她補充說。稍後，我和一位長髮青年聊天時，他從背包拿出一塊笨重的木頭給我看。「我的第一個面具。」他看來引以爲傲，又帶著一點羞怯告訴我他已經雕刻這東西兩年了，但迄未完成。

參觀展覽時，我一再回頭去看那件名爲「夜行者」（*Unnyayuk*）的面具。它由兩片近半圓

290　*289*

「皮納爾面具蒐藏」之一：「夜行者」(*Unnuyauk*)。現藏城堡博物館。

形的木塊釘在一起構成，半邊漆成黑色，半邊漆成紅色，中間是一條棱線（右頁）。紅色那半邊有著以淺浮雕手法雕成的眼耳口鼻。以筋腱和纖維紮成的環（本來用來黏附羽毛）環繞整個面具外圍。它會吸引人，也許是因爲透著一種「現代主義」的抽象風味，一種近乎激烈的、結構性的二元性。與它相伴的文字是剛從皮納爾的筆記翻譯出來的，充滿神祕感且令人縈懷。

歌曲

夜行者
為什麼我的幫助者之靈（helper spirit），為什麼你會害怕站在海豹岩的我？
我將會帶給你獵物捕捉。
我穿過宇宙的內部；我的幫助者，那地方叫我害怕。
我向下穿過他們移動的地方。

傳說

據說，這面具在一次旅行途中看見了惡魔，這一望讓它的臉有一半燒成焦黑。

舞蹈

他走進祭典屋（qasgiq），去到左屋角，背對觀眾，在歌曲的前半部分時以膝點地跳舞。歌曲下半部分開始時，他繼續背對聽眾，去到屋子中央彈跳，然後消失。

我離開博物館後漫步到了下方海港，正值「蟹節」盛大開幕。這是第五十屆的「蟹節」，源起於一九五〇和六〇年代的帝王蟹大豐收，只是現已風光不再。早期，靠著爲全

291

世界的餐廳提供帝王蟹，科迪亞克的漁夫可以賺到眞正的錢。參加節慶的人熙熙攘攘，各種年齡層的人穿梭於食物攤位之間：有聖瑪麗堂區販售的漢堡，有「福音教會」販售的玉米粉蒸餅和玉米餡餅，有「生命河基督徒團契」販售的肉串，有美國退伍軍人協會販售的玉米狗和乳酪棒，此外還有來自「北京二樓餐廳」、「壽司屋」和「老媽貼心烤肉串」的食品……到處都有環保組織和政府機構張貼的宣傳海報，以及「美國全國步槍協會」的槍枝展。購買一張摸彩卷便有機會贏得一輛翻新過的一九五八年雪佛蘭轎車。

山坡上的巴拉諾夫博物館原是俄屬北美第一任總督的官邸，參觀者在這可以看見一些歷史工具與文物、一個經修復的十九世紀起居室、一艘古老皮舟和一頭製成標本的科迪亞克熊。這裡還有當代蘇格皮亞克藝術家的作品和一系列精緻編織的原住民草編籃子。

292

一面牆被用來紀念「班尼」班森（"Benny" Benson）：他出生於阿拉斯加半島的奇格尼克村

（Chignik），母親是「阿留申人」而父親是瑞典人。班森在一九二七年設計出阿拉斯加地區的區旗（也是後來的州旗）。附近一幅照片見證著小羅斯福總統一九四四年訪問軍事重地科迪亞克島。當我漫步於博物館時，我感受到俄國人、原住民和美國人的歷史緊密交織。禮品店有俄羅斯套娃販售，樣貌多是微笑的阿拉斯加原住民婦女。

三本展覽目錄

蘇格皮亞克面具回到的是一個改變了的世界，也因此有了新的用途和獲得了新的詮釋。三本出版於新千禧年的書籍提供了意義脈絡。第一本回顧了前接觸時期的面具傳統，焦點主要放在十九世紀。第二本把它們看成了殖民世界和後殖民世界的旅人。第三本採取了當代蘇格皮亞克文化復興的觀點。它們都包含一些更複雜的元素，我所指出的只是它們的主要側重點。《阿拉斯加之科迪亞克》是二〇〇二年布朗利碼頭博物館面具展的展覽目錄，篇幅非常厚實，除包含「皮納爾面具蒐藏」的漂亮彩色照片外，還有一些從歷史學、民族學和博物館學角度探討問題的學術論文（Désveaux 2002）。《兩趟旅程》是爲「面具：像一張臉」展覽開幕式製作的一部「攝影伴讀」，它回顧了皮納爾一八七一年在科迪亞克的冒險，也講述了蘇格皮亞克藝術家在二〇〇六年拜訪濱海布洛涅的逆向旅程（Koniag Inc.

2008）。第三本出版於一年後的二〇〇九年，是一本充分完整的展覽目錄，名爲《面具：像一張臉：科迪亞克群島的蘇格皮亞克面具》，由哈坎森與史蒂芬恩合編。它從不同角度呈現當初展出的面具，特別強調它們在當代藝術實踐與文化實踐所扮演的角色（Haakanson and Steffian 2009a）。

《阿拉斯加之科迪亞克》敘述了「皮納爾面具收藏」的來歷，提供了一個描述性的分類目錄。它也從歷史學和人類學兩方面審視了面具在較早期蘇格皮亞克的意義，以及它們在阿拉斯加原住民面具製作傳統的位置。整體而言，其觀點抽離而具回顧性。唯一例外是哈坎森所撰的一篇短文，其中談到了蘇格皮亞克文化的興起，談到了耆老們的回憶和考古研究是如何帶來了傳統舞蹈與雕刻的復振。文中，哈坎森回憶了自己生活在「老港」的童年：隱約意識到面具的存在，但又被大人告誡，那是薩滿教物事少碰爲妙。直到他自己開始雕刻面具，才明白面具有著活生生存在的力量。

民族史學家托雷斯扼要敘述了皮納爾的事業和科迪亞克社會於一八七一年所經歷的歷史「轉捩點」（由俄屬轉爲美屬），也清晰分析了過去十年來的「重構身分」（阿留申人、蘇格皮亞克人、楚加奇人和阿魯提克人）。在整部《阿拉斯加之科迪亞克》裡，「蘇格皮亞克」都被用來指稱一個有著前俄屬時代文化根源的文化傳統。依托雷斯的看法，「阿魯提克人」是一種相對晚近的身分。哈坎森則是兩個稱謂皆用，有時還會在同一句子裡同時使用兩者。

「皮納爾面具蒐藏」之一：「狐疑者」（*Temciyusqaq*）。現藏城堡博物館，安德森拍攝。

雖然對科迪亞克當前的文化變遷有所語及，但《阿拉斯加之科迪亞克》的焦點主要是停留在過去。哈坎森提供了一張自己戴著複製的皮納爾面具在跳舞的照片：在整部圖文並茂的展覽目錄裡，這是唯一與當代科迪亞克人、文物或場景有關的圖像。

德森和來自聖彼得堡人類學博物館的羅莎．利亞普諾夫撰寫的文章提供了來自皮納爾的筆記和十九世紀俄國旅行家觀察的寶貴細節。原來，蘇格皮亞克面具舞就像更知名的尤皮克傳統那樣，具有祈求功能，鼓勵陸地和海中生物把生命「送給」獵人。但面具舞還能尊榮祖先、用於初始儀式（initiations），並且具有諷刺形式（其中男女兩性皆被編派以角色）。面具舞與其他文化形式不同，可以在夏季以及冬季進行。十九世紀的俄國旅人提到一項戲劇性「表演」——德沃稱之爲「一種眞實的世界劇院」，其特徵是「一種異乎尋常的創作自由」（Désveaux 2002:106-107）。

德沃身爲策展人爲這本展覽目錄提供了一篇核心文章，藉由一項複雜論證來解釋阿魯提克藝術傳統何以會獨樹一幟。爲什麼這些面具不同於尤皮克人或西北海岸的部落？德沃援引李維史陀在《神話學》（Lévi-Strauss 1971）和《面具之道》（1999）提出的見解，把這種文化差異解釋爲地區系列內的倒置（inversions）與變形（transformations）。科迪亞克地區是一個更大的關係性母體的獨特交會處。這種對前接觸時期跨文化地景的巧妙重構並未解釋這些結構是如何與各種歷史影響力（如俄國東正教、資本主義或原民復振運動）發生互動。但該文描繪出一個動態傳統，提出了這個問題：有哪些新的轉化可以透過具生產力的形式語言（language of forms）來加以表達？德沃把祕密的捕鯨活動（一種薩滿形式）與較公開的面具舞活動（一種「劇院」）加以區分（Désveaux 2002:116）。這種區分有助於解釋後者非凡的自由和創造性，也解釋了何以面具習慣用過便毀壞。德沃的詮釋大概失諸於將神聖功能和世俗功能過度二分。不過，他對表演彈性的強調卻無疑與進行中的遺產過程和面具的第二生命密切相關。舊的蘇格皮亞克面有著新的話要說。

《兩趟旅程：「面具：像一張臉」展覽指南》出版於二〇〇八年，署名作者是「康尼亞公司」。該公司的總裁安德森（他也是城堡博物館參觀團一員）撰寫了一篇序。前言由兩家協作博物館的館長（哈坎森和拉龍德）共同執筆。不過，嚴格來說，這書的「作者」是那十位造訪城堡博物館的藝術家，因爲他們的經驗定錨了本書。書中收入了那三十五件被借至科迪亞克的面具照片（由安德森拍攝）。還有些大幅和動人的照片（也是安德森拍攝），顯示蘇格皮亞克藝術家在城堡博物館工作的情景。只見他們細細端詳那些面具，捧著並加以討論。他們對當時思想感受的回憶語錄散見全書各處（本章前一節引錄其中一些）。書中還簡要介紹了皮納爾的旅程和兩家博物館的協作經過。但《兩趟旅程》主要是重新連接原先失去的文化遺產所帶來的強烈衝擊。其獨具一格之處在於視覺與主體的親近性，企圖將濃烈情緒帶給讀者。

該書的另一主要訊息是肯定跨國合作的必要性。哈坎森和拉龍德在共同執筆的前言中指出，面具展「說明了分處世界幾乎兩端的兩個小漁村……其居民如何攜手合作，互相燭照彼此的過去，開創出一個更光明的未來」。他們又補充說，對法國人而言，皮納爾的努力是一件科學上的英雄事績，他將一筆瀕危的遺產保存下來，讓「法國人可以將它作爲禮物分享予阿魯提克人」。而對阿魯提克人而言，「皮納爾面具收藏代表了祖先的知識……研究這批面具就像是親炙一位阿魯提克雕刻大師的學徒」（Koniag Inc. 2008:3）。皮納爾面具因此見證著兩地人民的精神和堅韌。面具得以留存至今，有賴於法國人對保存這一遺產的「堅定承諾」，而阿魯提克人能藉助這批新發現的蒐藏進行文化復興，足以證明他們面對無情的殖民化時充滿原民韌性。兩家小博物館都爲它們擁有的共同歷史和互惠合作感到自豪。這合作令人感到滿意，儼如一種另類全球化，無須依賴如布朗利碼頭博物館或史密森尼學會之類大型文化機構所控制的網絡，單靠兩家博物館之力就得以完成。

《面具：像一張臉》（二〇〇九）出版於面具展在科迪亞克揭幕的一年後。全書採取雙語對照，加上拉龍德執筆談論皮納爾的一章，皆顯示出它想強調面具展對法國和阿拉斯加的歷史同樣重要。不過，這書的主要目的卻是促進蘇格皮亞克文化的復興。編輯工作展開前，耆老們和文化活躍人士先進行了一場籌備會議，確立了展覽目錄的方向和宗旨。全書核心部分（照片紀錄）是由伊頓、哈坎森和安德森這三位活躍藝術家和面具雕刻師共同構思，其目標是爲新的文化工作提供實用資源。

讓人印象深刻的是，全書一律使用「蘇格皮亞克」一詞。這釐清了一些名稱和身分認同上的混淆。「阿魯提克」一詞源於俄語的「阿留申」，後來又在《解決法》的股東身分登記過程中被制度化。現在，人們更喜歡自稱爲「蘇格皮亞克人」，以強調他們的文化有著一個先於殖民與資本主義的根源，也有潛力存活至殖民與資本主義之後。不過，傾向使用「蘇格皮亞克」並不代表《面具：像一張臉》就像《阿拉斯加之科迪亞克》那般，想要緬懷一個前接觸期的文化。它設定的受衆和自詡的功能都相當不同於那本法國展覽目錄。它明明白白是要「望向兩邊」，即同時放眼於過去和未來。此外，偏向「蘇格皮亞克」也不是要在意識形態上淨化科迪亞克地區的原住民傳統，將後加的俄國成分分離於一個純正和古老的根源。

在這出版目錄最長的文章裡，普拉還原了皮納爾在一八七一年所遇到的那個世界。先從美國取代俄國統治所引發的文化危機和政治轉換談起，這文章考察了歷時一世紀的蘇格皮亞克／俄國／美國的接觸、適應和災難，並且頻繁引用當時的資料。普拉描繪了「一個處於壓力下的社會」（Pullar 2009:59），即一個脆弱的平衡且本土化的「俄國」社會結構，是如何被美國的統治所動搖。當時面具雕刻正邁向消失，也正是這個失序時刻讓皮納爾可以收集到一批——大概也是最後一批——傳統面具樣本。普拉總結道：「要是皮納爾沒到過科迪亞克島，今日的蘇格皮亞克人恐怕很難根據這段時期的資料重建他們的文化和歷史。但清楚的是，科迪亞克島的蘇格皮亞克人將會繼續感激那個在一百三十五年前造訪他們家園的十九歲法國遠見家」（Pullar 2009:60）。就此而論，原住民的未來是依賴於並重新運用了殖民過去。

在《面具》一書的用法裡，「蘇格皮亞克」是指一個恢復（restored）的傳統。這傳統歷經連續不斷的危機轉化，是從殘存的碎片收集而成，並在今日正往某個方向走去。在第一章中，我稱這個連接過去和未來的過程爲一種「歷史實踐」。這裡它由當前的創造性力量推動，並反映在《面具》的核心部分：收藏在法國所持有的七十七件面具的照片紀錄（含布朗利碼頭博物館收藏的七幅）。其目的是「蓄意的專技性」（Haakanson and Steffian 2009b:84），換言之是作爲一種實用工具。與《兩趟旅程》不同，《面具》的照片不是採取美學取向，不是只呈現正面觀察面具的形式特性。哈坎森與他的雕刻家同仁決定要讓每個面具都有多角度的呈現，包括從背面呈現。這批蘇格皮亞克面具的特徵是尺寸巨大，雕刻生動。最厚的面具厚達六英寸，而這一點只有側面照可以表現出來。而對那些想了解技術細節的人來說，面具的背面照同樣重要。所以，每個面具在展覽目錄裡各有好幾張照片，而且有人示範拿著或戴著，以對比出實際大小。這些面具仍然具有美學上的震撼力，但避免了早期卷宗的特寫形式主義。七十七頁的照片篇幅是由經驗老到的雕刻師所編排，用以提供有用的範本。

297

面具展才從科迪亞克移師至安克拉治展出不久，一個名爲「未來大師」的密集雕刻工作坊卽在阿魯提克博物館舉行。

在翻譯中迷失與尋獲

《面具》收錄的文字資料一樣是意在促進遺產復興，是要把片片段段的古老材料變成可讀，以供當代的面具雕刻和舞蹈創作參考。在阿洛克列（Nick Alokli）、瑪麗．哈坎森（Mary Haakanson）和弗羅倫絲．佩斯特里科夫（Florence Pestrikoff）三位能說著流利薩茨頓語耆老的協助下，哈坎森和語言學家里爾修訂了皮納爾對自己手寫筆記的翻譯（這些翻譯裡兼用了法語、英語、俄語、拉丁語和薩茨頓語）。新譯文釐淸了一些本來意義不明的用語（有些用語因爲已經失傳而無法釐淸），加入了標點符號和換行。如果說歌曲「夜行者」讀起來像詩，那把新譯文和皮納爾自己的法語逐字翻譯加以對比將會大有說明作用；他的譯文是譯自他的田野筆記，而這些筆記本身當然也是一種翻譯（Désveaux 2002:56）。《面具：像一張臉》裡的譯文都是經過多次修正，務求讓三位原母語者、一位原民人類學家和薩茨頓語的最佳專家都感到滿意。這些被重新發現的「原義」和今日的意義互相共鳴。例如，如《面具》兩位編者所指出的，對阿魯提克單字「*ikayuq*」的新譯法「大大改變了它在歌曲裡的意義和今日對該歌曲的詮釋」(Haakanson and Steffian 2009a:179)。皮納爾在田野筆記裡是用俄文單字「*d'yavol*」(惡魔)來翻譯「*ikayuq*」,而在他逐字的法文翻譯裡,他選用的法文單字是「*esprit*」(靈)。新譯文則採取了較精確和較符合今日習慣的譯法:幫助者之靈(helper spirit)。不過,隨著「惡魔」的消失,某種力量強大感、某種可怕嚇人感大抵亦消失了。

「惡魔」當然不是個好的翻譯。而在「靈」字前面加上「幫助者」一詞,「靈」的意義會變得沒那麼抽象,暗示著兩位當事人(一個是人類,一個是非人類)之間有著特殊的行爲者關係。不過,不管「幫助者」或是「靈」字都無法傳達出某種危險性。在美洲印第安人的傳說裡,靈體並不總是友善,有需要小心與之周旋。新譯文是一個更接近「原文」的直譯嗎?是又不是。新譯文不理會皮納爾的俄文和法文翻譯,直接翻譯自薩茨頓語。幾位新譯者對薩茨頓語的了解當然勝於皮納爾。但當初是誰爲他翻譯的?又爲什麼他要選用俄文的「惡魔」一詞?無論如何,誰都不知道在俄國東正教傳入之前,人們是怎樣理解「*ikayuq*」的,也不知道更之前這個詞受過什麼樣的歷史擾亂。當代的耆老不可能知道,因爲他們對蘇格皮亞克傳統的知識是以這些轉化和再銜接作爲中介;語言學家和人類學家不可能知道,因爲他們的詮釋是根據局部的資料來源;考古學家也不可能知道,因爲他們受限於同樣破碎的物質證據。

因此,「幫助者之靈」不是「*ikayuq*」的原義。它是在一段被擾亂和動態的原民歷史裡對該原義的轉化。因為與東正教意義的「惡魔」拉開了距離，它遂對一種阿魯提克／蘇格皮亞克遺產變得有意義。回返的面具在一個改變了的世界裡找到了嶄新的意義，「*ikayuq*」一詞亦復如是。

這種說法並不是要本著批判精神指出新譯文只具有「政治性」。阿魯提克博物館修訂譯文的審慎態度（同時尊重學者專家和原住民耆老的知識）讓人動容。但這工作的目標不是嚴格忠於一個（破碎的）過去。翻譯是一種更動。所有在科迪亞克展出和收錄在展覽目錄裡的面具都有各自的名字。有些名字（如「夜行者」）見於皮納爾的筆記，但他筆記中沒寫的則是由當代的蘇格皮亞克耆老所取。正如哈坎森和史蒂芬恩指出的，為面具取一個新名字「有助於把它們重新連結於科迪亞克的蘇格皮亞克社群，也有助於把新的生命氣息吹入這些沉睡了超過一世紀的有靈性物事」（Haakanson and Steffian 2009b:83）。有人說過：「翻譯即背叛。」又有人說過，翻譯是一種「革新」（make it new）。這兩句話都適用於遺產的第二生命。

在展覽目錄的題獻頁，紀念了兩位重要耆老和一名俄美歷史學家：「懷念馬特菲（一九〇七～一九九八）、老哈坎森（一九三四～二〇〇二）和布雷克博士（一九二五～二〇〇七）。感謝你們幫助維護蘇格皮亞克文化的生命。」他們的名字下方是一張彩色照片，圖說裡寫道：「菲莉斯·克拉夫（Phyllis Clough）戴著伊頓所雕刻的追思面具，以紀念她已故的父親老哈坎森。」照片中的面具很大，彩繪精美，裝飾著羽毛，與皮納爾蒐藏的面具相似。

299

菲莉斯穿著紅色的厚夾克和牛仔褲，用雙膝跳舞，雙臂展開。

追思面具舞在十九世紀是蘇格皮亞克傳統的一個活躍部分。它明顯還有未來。人們不禁要問，從前生活方式還有哪些部分也將會在進行中的「有選擇性傳統」（selective tradition）獲得復興（William 1977:117）。捕鯨和薩滿活動應該不大可能恢復，至少不會像面具舞那般以直接的方式復興。反觀面具的傳統狩獵功能（鼓勵動物獻出生命）則是有可能接棒於當代的自給自足生計和生態學願景而獲得復興。蘇格皮亞克舞蹈的「戲劇性」、幽默和諷刺的面向從未完全消失，一直持續見於一些村落的仲冬俄國新年節慶。這些實踐直接將養分帶給了當代的遺產表演（如第六章提過的南瓦雷克舞者）。還有哪些傳統功能會被已復振的蘇格皮亞克傳統重新演繹，並與新的表演風格、觀眾和市場相互作用，則仍有待時間揭曉。

隨著失而復得的皮納爾面具返回科迪亞克（實質和虛擬意義下的「返回」），它們同時發揮著多層功能：作爲歷史知識與人類學知識的對象，作爲供博物館展覽或尊榮祖先的物品，以及作爲實用的工具以爲今日所用。

「召喚」和／或「銜接」（理論插曲）

蘇格皮亞克面具在許多重疊的脈絡中找到「第二生命」。這些脈絡包括在原民身分政治

300

的世界中，如阿魯提克／蘇格皮亞特這樣的群體靠著標誌性文化象徵而有別於其他群體；正在滋蔓的「部落藝術」的世界中，古老面具爲新的創作提供了模型，而這些創作可以販售給收藏家或被博物館收購；在重視源自傳統形式的「遺產物件」的社群和個人脈絡中；在學校和博物館工作坊中教授的原住民工藝中；在公共和私人儀式中，新的面具伴隨著故事和歌曲舞動；在旅遊景點中，舊的圖案形式成爲簡化表演或珠寶、服裝和其他紀念品的風格化圖案賣給遊客。這些不同的文化生產與消費領域要如何保持平衡（以及什麼構成此一恰當的平衡），是一件需要由社群討論、辯論、實驗與協商的事宜。

阿魯提克博物館和它各種進行中的計畫回應了一段獨特的文化破壞、變遷和復興史。在一些重要方面，科迪亞克群島的歷史非常不同於北方的尤皮克人或南方的特里吉特人。它先是受到俄國人鋪天蓋地的衝擊，後來又被美國人重兵駐紮——類似的慘痛經驗在阿拉斯加原住民社群中只有烏倫根人（阿留申群島島民）經歷過。然而，正因爲蘇格皮亞克社群受到過激烈的歷史擾亂，他們的遺產復興特別能夠反映今日的原民存續與轉化所普遍遇到的重要問題。探討這些問題將會讓我們回到本書一開始提出過的一些比較性和理論性議題：例如一種「現實主義」觀點要如何才能同時處理結構決定論（structural determination）、政治偶發性（political contingency）、文化轉化和新興（emergence）？

在不斷演變的資本主義「世界體系」（Wallerstein 1976, 2003）或「文化支配」（Jameson 1984）

的大圖像裡，原民歷史創造和遺產重振有多重要？以這種方式設定議題會招來一些艱難問題，例如在阿拉斯加這樣的脈絡中，原民振興（甚至「主權」）難道不是在管控多樣性和地方行銷的更大系統中的舒適區（comfort zone）裡，維持細微差異的方法嗎（Harvey 1990）？文化當然可以是一種無異於石油、天然氣或木材的商品。最終，像「面具：像一張臉」這類鼓舞人心的計畫會不會只是讓人們可以在多元文化市場或身分表演的空間裡，成爲充實的主體（fulfilled subject）？更讓人困擾的問題是，這些文化活動在多大程度上眞正改變了持續存在的經濟不平等和社會歧視（Dombrowski 2001, 2002）？這些疑問困擾著所有關於遺產工作和以身分爲基礎的政治聲索所進行的討論。它們都不容易回答，而我們也不應遽下結論。經濟和政治侷限不斷地賦予和限制我們見於科迪亞克及其周邊的社會與文化倡議。

但儘管這些政治經濟學的「唯物主義式」問題顯得如此現實，卻錯過了許多眞實生活的現實。要知道，結構性權力只是一種權力形式，對其決定力量的主張常常掩蓋了一種對全體性的渴望。最終的目標可能是將多層次、不均衡且未完成的歷史過程納入單一的發展性解釋系統中。但目前沒有這樣的總體性系統（totalizing system）存在，也不曾有過這般的系統存在過。我在第一章主張過，這一類「西方」願景只是一片廣大地域的民族中心主義計畫，而這片地域雖然許多世紀以來坐擁著巨大權力，但從未眞正成爲全球性霸權。如果把全球地景假定爲較錯綜複雜、較不那麼決定性，那麼我們便可以看出，原民活躍主義的甦醒和前瞻實踐固然是隱含在殖民和新殖民（資本主義）的結構裡，最終卻不是由這些結構決定。這是一種由那些被歷史的目的論視野長期宣判死亡的原民創造性生存所支持的現實主義主張。但它同時也是對未來的一種賭注。相對自主的原民生活方式的繁榮是沒有保證的，我們並無法預言這些陷入困境的例外場所（原住民的「主權」）能在一個相互連接的世界中會產生什麼樣的影響。

在科迪亞克乃至整個阿拉斯加，身分政治和資源開採經濟是分不開的。舉兩個例子：一、「阿魯提克」的身分認同在一九七一年之後受到《解決法》的強有力鼓勵，而該法案是由建造一條輸油管的需要所驅使；二、阿魯提克博物館暨考古資源庫的主要建築經費也是來自「艾克森瓦德茲號」漏油事件的賠償基金。以理論術語來理解這些關聯的方式是，強大的州政府和資本主義結構「召喚」（interpellated）出新的身分認同和遺產動員形式。阿圖塞對「召喚」概念有一著名比喻，一個人被一位警察叫住：「喂，你站住。」那人轉過身，並在同一刻被構成了一個法律的主體（Althusser 1972）。在這個模型心理學面向更複雜的版本裡，渴望（desire）亦扮演著一個角色：當一個社會角色被「叫住」時，他會感到完整、被承認和獲得賦權（empowered），感到自己是個負責任的公民、受過教育的人、有創意的藝術家和擁有各種「權利」的人。所以「召喚」並不單純是強制性：它也可以激勵人心並使人感到充實的。它使得多種形式的歸屬在文化、社會和經濟系統中得以實現和組織。從這個角度看，成爲「原住民」是一種參與、找到充實感的方式，這種參與存在於一個規範的多樣性中。

「召喚」概念提醒我們，會讓我們渴望的，還有會讓我們感覺純正和完整的，都是一些強烈受權力所架構的社會性表演。我們接受了現成角色，在一些不是出於我們自己選擇的場合對它們做出回應。例如，成爲原住民「藝術家」意味著什麼？哪些形式的美學創作、交流和商品化是不可避免的？又或者像阿魯提克博物館這樣的非營利組織應其資金來源所作的那些「配合演出」。這些權力是如何助成和限制能達到的成就？這些問題固然重要，但它們總是傾向於發現它們已經知道的事情：權力的效力是事先給定的。將人們視爲被召喚的「主體」將會簡化了能動性，因爲他們的配合可以是矛盾和策略性的。

當主體轉向叫住他的警察時，他有將整個自我顯現出來？他顯露了哪些部分，保留了哪些部分？他會不會是「口是心非」？* 在與權力打交道時，他是不是戴著面具，用的是一個特別名字或一張「面孔」？受殖民者總是保持著多元主體性以應對不同場合，去對應不同歸類和控制他們的企圖（會這樣做的其實不只是受殖民者）。在《解決法》召喚阿魯提克人的情況裡，身分認同和重新認同的過程從來都不僅僅是由權力的召喚所達成。人們會選擇當個「阿魯提克人」是因爲州政府讓此舉變得有利可圖嗎？會不會還有其他成分在其中發揮作用，如恢復的記憶、家族傳統、歷史動力和政治策略考量？事實上，早在《解決法》

通過實施以前，爭取原住民地權的運動業已在科迪亞克地區乃至整個阿拉斯加如火如荼開展。而一九六〇年代也見證著一場有燎原之勢的原民文化復振運動的伊始。因此，阿魯提克／蘇格皮亞克身分認同雖然是受到《解決法》的鼓勵，但它的苗頭要早於《解決法》，而它的軌跡也總是逸出於該法條的收編目的之外。

想掌握這種歷史複雜性，我們需要一個同時容得下各種文化和政治力量相衝撞和相結合的概念空間。在我看來，讓另一個理論性比喻——「銜接」（articulation）——與「召喚」來維持張力會是有用的。如果說「召喚」可以解釋權力是如何招攬、召集、呼喚出社會存在（existence），「銜接」則可以讓我們注意到「連結」與「解連結」的歷史過程，爲表演政治（performative politics）挪出空間。後者強調的是策略性、關係性的能動形式（forms of agency）。正如第二章曾指出，「銜接」是一種強有力但偶發性的社會、文化與經濟的結盟與協商。從這個角度看，《解決法》乃是多元的利害關係人、社會方案、經濟利益與歷史動量的接合性連結。在一個轉化過程中，一些有利於原民身分認同與原民組織的企業性結構被

＊　譯注：這裡的原文是「crossed fingers behind the back」，意思是此人在說話或承諾時實際上並不是眞心的，甚至暗地裡希望或計畫著相反的結果。此處意味著當一個人對權威或權力作出某種表態或承諾時，可能實際上並沒有完全坦誠或眞心，而是保留了一些未表露的意圖或想法。後文提及「解銜接」時，也是這種說法，兩處皆翻譯爲「口是心非」。

建立了起來。這些結構接著在「後六〇年代」的原民振興運動中扮演著重要角色，但仍然只是其中一個角色。變遷持續至今。不管是《解決法》還是新自由主義都一直未能達到它們的最終目的。原民模式的「發展」（一種不只重視經濟並且重視社會與文化的發展）一樣在發揮作用中，而且並不總是與市場的邏輯一致。

「銜接」意指眞實且有重要性的連結，但它締造的關係是部分的，並非不可避免或最終「被決定」的。「銜接」總是潛藏著「解除銜接」（disarticulation）的可能性（帶著「口是心非」的方式，與支配性權力保持分開的生活面向），也總是潛藏著「再銜接」（rearticulation）的可能性（一個例子是當前鼓吹從《解決法》的公司主義轉向「主權」形式部落管治的運動）。從這個觀點看，從「阿魯提克人」向「蘇格皮亞克人」的稱謂轉換並非意味著已完成的身分認同，而是意味著持續進行中的重新認同（reidentification）過程。「銜接」概念提供了一種思考物質依賴性和物質糾纏性的方式，但沒有假定文化同質化（cultural homogenization）或假定資本主義最終會吞噬一切。「銜接」是世俗性的歷史實踐，總是與「召喚」的各種力量相對抗。

這種理論部署可幫助我們掌握一系列爲蘇格皮亞克／阿魯提克所獨有經驗下的複雜歷史轉化。貫穿其中的是一條社會階層的鏈索：前接觸時期的原住民族、俄治時期的「克里奧爾」階層和當代的資本家階層。蘇格皮亞克社會從很早期起便有階級之分，財富與領袖地位都是世襲，情況更像西北岸印第安人而不像尤皮克人的平等主義社會（Clark 1984）。十八世紀的俄國征服者激烈地再銜接（rearticulated）了原有的社會階層，有選擇性地把科迪亞克人（當時稱爲「阿留申人」或「康尼亞人」）納入其以毛皮貿易爲中心的統治系統。因爲總是缺少純正的俄國人，俄國在科迪亞克的統治主要是透過混血的「克里奧爾」階級。通婚受到鼓勵，地方領袖獲得拔擢。原民能動性（native agency）也在傳統社會結構的轉化中發揮了作用。爲了在軍事慘敗、強制勞動和人口萎縮的絕境中存活下來，人們改信東正教和前往俄國學習，以此在新秩序的經濟、政治或宗教領域擔任要角（Black 2004）。自俄國人於一八六七年離開至進入廿世紀後很長一段時間，「克里奧爾」繼續強調自己的獨特性，避免美國的二元種族制度使得他們與其他「原始」的原住民被歸爲一類。他們愈來愈過時的俄國人身分最終在美國體系中找到了積極的重構方式。在後《解決法》的時代，「克里奧爾」菁英發現以「阿魯提克人」自居可以讓他們繼續保持優越性。因此，他們不但不再自別於低下階層的原住民，反而積極活化他們混合遺產裡的原住民成分，並在新成立的原民公司裡占有領導地位。在這種新地位裡，他們鼓勵復振阿魯提克／蘇格皮亞克遺產與文化自豪感。這種形式既爲阿拉斯加日益增長的原住民公共領域所認可，也爲自由主義、多元文化的美國所接受。遺產的工作因此爲新機構及其領導者提供了意識形態的合法性。但原民領導階層的性質正在轉變之中（普拉和哈坎森等年輕一代的活躍人士體現了此一轉變），而有

304

需要進行身分表演的脈絡亦變得多元化。

這四者（蘇格皮亞克社會結構、「克里奧爾」菁英、現代原民公司領導階層和原民文化工作）的歷史關係容許不同的詮釋，而這些不同詮釋往往反映出對召喚或銜接所賦予的解釋權重。例如，由梅森帶頭強力主張的一種觀點認爲，「克里奧爾」是當前階級特權的直接前兆，而遺產復振是一種象徵性資本，是爲配合美國的企業現代性（corporate modernity）而做出的適應（Mason 2002, 2010b）。以奧萊克莎神父和普拉爲代表的另一個觀點（一種系譜學的觀點）則主張，「克里奧爾」的社會與文化構成是阿魯提克／蘇格皮亞克歷史連續性的一種混合接續（Oleksa 1990, 1992; Pullar 2009）。根據這觀點，混融的殖民社會結構和它的本土化東正教既轉化又有選擇性地保留了更古老的蘇格皮亞克生活方式。（事實上，奧萊克莎神父強烈主張，在本土化過程中實現並復興了東正教的綱領。）普拉在近期討論十九世紀「克里奧爾」社會的文章中承認該社會具有層級結構，「克里奧爾」菁英與低階層原住民之間界線鮮明。普拉的文章聚焦在十九世紀，不過他也略談到後來的發展：隨著蘇格皮亞克社會從十九世紀延續至廿世紀，許多「克里奧爾」亦重新被整合至一個具有共同系譜的共同體之中。在《解決法》進行股東身分登記的過程中，大部分的「克里奧爾」都通過了血緣成分的要求：

> 但多年來他們都自稱為俄國人，企圖以此維持崇高的社會地位以及避免碰到原住民一般會碰到的職業歧視和其他形式的歧視。因此，當他們被納入《解決法》時，許多一直宣稱自己是「原住民」的人不認為那些一直自稱為俄羅斯人的人有資格分享這些利益。後來，人們喜歡用「他在一九七一年前從不是原住民」或「土地索賠案的原住民」來指稱那些在《解決法》之前從未宣稱自己是原住民的人。不過隨著時間過去，許多「克里奧爾」在原住民領導職位上表現出色，並廣被接受為蘇格皮亞克社群的合法成員。（Pullar 2009:213）

根據這個解釋，「克里奧爾」重新發現的身分是他們努力爭取來的：他們是以原住民系譜中的行動者而非資本家系譜中的行動者出現。

但這兩個系譜是有利害關係、糾葛且未完成的。不管是蘇格皮亞克的召喚還是資本家的召喚（即不管是「族裔」的召喚還是「階級」的召喚），它們單方面都無法提供一個穩定、可運作的結果。原民身分和資本家方案都在當代的國內和跨國脈絡下蓬勃發展。它們能做到這一點，是透過在一個銜接和解除銜接的過程中既結盟又持續處於緊張關係。梅森的研究把結構性不平等的現實帶入了當代原民性的討論裡。這是一個重要貢獻。因爲太常假定原住民是天生或固有的平等主義者，混淆和指控由是產生（「印第安人怎麼可以開賭場牟利！」「一個成功的生意人怎麼可能同時是一位受尊敬的藝術家或耆老？」）。梅森也質疑了另一個潛在性假設：阿魯提克人／蘇格皮亞克人身分是預定的（predetermined），即本來便存在，只等著人們去重新發現。然而，作爲對一九六〇和七〇年代阿魯提克／蘇格皮亞克遺產復振的解釋，梅森的分析卻是有侷限性的，因爲他把焦點強烈放在單一個領袖世代。許多其他歷史行動者同樣對原民復振做出了貢獻。正如我們所看到的，參與其事者包括了一代又一代的活躍人士與藝術家，而他們來自不同的背景和網絡：在地的、離散的和跨國的。所以，梅森的狹窄社會學解釋有需要以對蘇格皮亞克生活更豐富的民族誌描繪作爲互補。例如帕特若在阿拉斯加半島從事的口述歷史研究（Partnow 2001b）以及米什勒對「老港」和尤津基（Ouzinkie）的多年研究（Mishler 2003），都將一個銜接傳統的舊成分（蘇格皮亞克成分）和新成分（俄／美成分）做了更好的區分。從他們的著作，耆老、親屬關係和口述傳統對維持社群生活的重要性清晰可見。此外，索尼婭・呂爾曼的歷史研究也清楚顯示出，女性作爲跨越階層和家庭的銜接代理者的社會活動變得明顯。

糾葛的主動性

一種能在「銜接／召喚」緊張關係下運作的歷史現實主義，有助於我們理解阿魯提克博物館工作的三個關鍵領域，使得我們的分析不致流於過度簡化。這三個領域是：資金取得、藝術創作、結盟。

資金取得：由於阿魯提克博物館的運作依賴於石油資金，可能會懷疑它本質上受制於企業資本主義。不過，對資金來源進行分析時，我們應避免因連結而產生的罪惡感。埃克森石油公司（Exxon）並未在任何重要意義下於「科迪亞克地區原住民協會」業已進行的遺產更新工作中創造出或「召喚」出一個專案。它的建館撥款並未引導博物館的後續路線。像阿魯提克博物館這類的機構當然要仰賴物質資源（包括社會、政治和經濟資源），而這些資源的來源相當分歧，同時包括了原民開發公司和非營利組織、慈善基金會、政府文化機構、地方的民間和商業團體，以及個人捐贈者。在包裝一個專案時，它難免總是要考慮到資助來源和合作機構的觀感。有時，一筆指定用途的資助固然會招引出一個新的計畫（即「召喚」），但館方未嘗不能把它連結於一個先前的議程（即「銜接」）。研究者當然也習慣於將他們的計畫爲資助機構所認可。總的來說，顯然可用資金的整體氛圍、協作和競爭的需要都會限制了博物館能夠施展的範圍。但至少在我所熟悉的那些阿魯提克／蘇格皮亞克計畫中，少有證據可以顯示它們是受到資金來源的審查或直接控制。依賴外部資源是一把雙刃刀：它一方面會選擇範圍，另一方面又會迫使館方始終注意贊助者的需要，回應它們的關切。

批評資金的依賴預設著完全獨立的可能性。這是一種抽象思維。非營利組織是在權力場中進行操作。更合乎現實和更政治明智的分析方式毋寧是探討相互依賴是如何受到管理。資金取得是一種不同議程的機會性銜接。它的合作條件是如何結構的？當前的權衡和妥協放棄了什麼，又爲未來的可能性創造了什麼？

藝術創作：那些造訪城堡博物館的蘇格皮亞克人將自己視爲「藝術家」——畫家、雕刻家、木工、首飾製作者、籃子編織者。他們製作的物品以不同的方式表達了當代的原民傳統。在一篇深思的文章中，上述藝術家其中一位成員伊頓回顧他與蘇格皮亞克面具之間不斷發展的關係。這關係開始於一九五八年夏天，當時他從西雅圖的家回到科迪亞克，陪父親一道捕鮭魚。在撒網捕魚時，他不經意聽見父親的一位朋友提起最近在卡魯克村舉行的「惡魔舞蹈」：人們把臉塗黑，在隆隆鼓聲中「跳來跳去」。這事情頗爲離奇，因爲面具早消失了，沒想到面具舞蹈卻在半公開的場合繼續存在。伊頓後來服務於商界，事業成功，先後在一些原民開發公司和一家鋪設管線的公司任職，並成爲阿拉斯加原住民遺產中心的首任總裁兼首席執行長。這期間，他始終維持著攝影的興趣：「我始終是一名藝術家。」到了一九九〇年代，受德森的論文和西蒙諾夫的倡議的啟迪，以及「本島其他藝術家的榜樣」（西蒙諾夫、英加、勒克頓等）的激勵，伊頓轉行從事面具雕刻。

在雕刻他第一件蘇格皮亞克面具時，伊頓集中思考「要怎樣才能讓面具固定在臉上，不致在跳舞時掉下來」。

這很自然引出一個哲學問題：「你為什麼要製作這面具？你是要讓它掛在牆上還是供人跳舞？」就在這一瞬間，我決定要當個面具雕刻者而非西方意義下的「藝術家」……這絲毫不減損藝術家的價值。事實上，在這之前，我以面具為基礎創作過幾件藝術作品，但我不認為它們是真正意義的面具。對我而言，阿魯提克面具必須要能用於跳舞。（Eaton 2009:286）

伊頓對皮納爾特面具（包括最大的面具）曾經如何佩戴和舞蹈提出了有力的建議，這些建議是基於對面具內部結構的仔細研究。

對於雕刻師來說，面具的每一面都同樣有趣。但在藝術的脈絡下，將面具的面部朝向牆壁懸掛會顯得很奇怪（除非是爲了表現一種達達主義姿態）。伊頓明顯感受到一種角色的強烈區分。但在文章裡，他又一貫地將蘇格皮亞克面具雕刻師稱爲「藝術家」。在評論皮納爾面具蒐藏時，他說：「整體而言，在最基本的層次上，這些面具代表的是一種非常獨樹一格和高度風格化的雕刻，代表著科迪亞克人獨一無二的藝術形式」（Eaton 2009:293）。所以，對伊頓來說，面具既是藝術又非藝術。伊頓這種明顯的不一致打開了空間，讓面具可以在今日的蘇格皮亞克生活扮演多樣角色。一件傳統面具，無論是舊的還是新雕刻的，既是與舞蹈、故事和歌曲密切相關的公共物件，又是藝術、身分和市場的表演空間裡的藝術標誌和身分指標。

成爲藝術家意味著參與到消費的世界，符合於收藏家、觀光客、藝廊和博物館的期望。就此而言，「藝術家」的身分是一項召喚的過程。不過，成爲「原住民藝術家」所意味的卻不僅止於此。幾乎在任何地方（從溫哥華到澳洲內陸），部落藝術都是原民社會振興與文化振興的根本一環。在實踐上，成爲一名原民藝術家需要用偶發的方式將各分歧的世界給連接起來。「藝術家」的身分因此是一個銜接與翻譯的場域，其內涵會視所處的跨文化角力場之不同而有異。西蒙諾夫擅長畫風景和貓——它們的構圖也是受皮納爾面具的啟發。阿馬森-伯恩斯有創意地將面具的形式結構延伸到掛在牆上的雕刻品。瑙莫夫（Alfred Naumoff）根據傳統規定製作皮舟，包括縮小模型和全尺寸的版本。原住民藝術家創作供銷售的藝術品時，也會製作雕刻精美的貴重遺產物品和儀式用品。在這個社會、經濟和文化計畫的光譜裡，哪裡是藝術的迄點和生活傳統的起點？

如伊頓或哈坎森之類的「藝術家」常常會根據舊範本仔細製作複本。但我們應該對「複製品」一詞有所猶豫。它的反義詞是「原作」，在熟悉的認證系統中被賦予了主要價值。複製品是次要的，價值較遜一等。但在蘇格皮亞克人的實踐中（事實上許多原住民傳統皆如此），製作一份「複製品」乃是把原作中最眞實、最實在或說最「純正」的東西更新到一件物質物件裡。傳統上，面具用過後即會銷毀。眞正「重要」的是與面具相關的故事和歌曲，以及在每次表演中扮演積極角色的舞蹈與禮物交換。在這種本體論裡，皮納爾面具的新版本的重要性並不亞於收藏中的舊版本，甚至可能更爲重要。蘇格皮亞克藝術家之所以在城堡博物館裡密集觀察、測量、觸摸、繪圖和拍照，他們所完成的並不只是文化紀錄或藝術創作。

「藝術」就像「文化」一樣，是一個被召募到既定角色的過程，但它也會同時擴大和顚覆這些角色。如果我們無法決定蘇格皮亞克藝術家今日的高能見度到底是一則召喚還是銜接的故事，是一則收編還是顚覆的故事，是就是吧。在其研究當代原民藝術與殖民文化的著作中，湯瑪斯追溯了一部權力充斥的交換史，他敏銳地稱之爲「尷尬甚至對立的親密關係」(Thomas 1999:281)。以靈敏感受探索當代「部落藝術」的協商世界的批判性作品愈來愈多。傳統與創新、集體過程和個人野心、公共財產與個人財產的不同主張總是充滿張力。一種不化約的理解會挪出空間去容納「笨拙」、「矛盾」和「出人意表」，會致力於尋求一種可避免流入過早慶祝或過早批判的視角。

在評價「面具：像一張臉」之類的計畫時，人們當然可以把它們簡單視爲某個原民主體完成了一項遺產的投資方案。畢竟，這類計畫的明確目標是展現象徵性資本，是要把面具呈現爲一項藝術成就，以之作爲一種象徵標誌，藉此把蘇格皮亞克人區別於其他更廣被承認的原民族群。然而，面具的回返也標誌著阿魯提克博物館獲得了相對的獨立性，不必事事仰賴史密森尼學會或安克拉治歷史與藝術博物館。其所針對的外部受眾顯然爲數不少。與此同時，該展覽達成了一項社會與文化工作。蘇格皮亞克藝術家在城堡博物館感受的情緒是深切的，具有潛在的轉化作用，而在面具回歸至科迪亞克時所帶來的興奮情緒同樣如此。這並非單純是一個巡迴性展覽，而是一個跨越時間和空間的修復性連接。這是一個返家（homecoming）以及一個開始（beginning）。

結盟：阿魯提克博物館和城堡博物館把握機會締結出一種彈性關係。面具的返回是一種「歸返」，但不是絕對意義下的「返還」。如今，這批面具屬於一個持續交流的互惠過程。對於它們，蘇格皮亞克人未嘗不能採取強硬路線，堅稱那是他們的「文化財產」。皮納爾是位熱切和有效率的收藏家。他對於奉科學之名而獲取一批原藏於捕鯨者祕密山洞的古老面具毫無倫理上的疑慮。他的研究筆記非常詳盡，但並未提及他是如何獲得這批現已成爲無價的文物。然而，科迪亞克島看來無意將他形容爲剝削性的殖民時代收藏家，進而要求歸還被竊的財產。皮納爾畢竟是個年輕人，相對無權無勢。以當時的標準而言，他在收集那些與文物相關的民族學和語言學資料時，態度審慎並懷有敬意。他抵達的時刻是可能找到古老面具的最後時刻。他無須爲面具的最終消失負責，該負責的是隨後的入侵、奴役、瘟疫和傳教。在這種情況下，「搶救式收集」無論其動機如何，結果證明是一件非常好的事情。

今日的蘇格皮亞克人讚揚（至少是在書面和公開言論中讚揚）皮納爾和城堡博物館的所爲。這一類言詞無疑有可能只是一種外交手腕，是爲建立信賴關係和面具的繼續借展所必須。但不能排除的是，這種對遠方城市持有的文化資源的寬容態度，預示著一種我們可稱之爲「後殖民」的結盟關係。皮納爾面具的下一次返鄉之旅目前正在籌備中。在濱海布洛涅，蘇格皮亞克藝術家正在進行雕刻和製作皮舟的工作坊，而城堡博物館方面則在制定一個蒐購當代阿拉斯加原住民藝術品的計畫。旅行、網路連線和新的再現科技可以讓文物「活起來」，同時在科迪亞克和濱海布洛涅兩地產生了新的文化意義。我們不應誇大這種潛力，但它確實存在。這種打造世界的努力已經將兩個邊緣地區連結起來，是一種「自下而上」的另類全球化，或說是一種發生於國家／跨國結構「邊緣處」的另類全球化。事實上，蘇格皮亞克人能夠欣賞法國人的貢獻，表現出他們有自信，而這自信是來自文化活力——它透過藝術、技術和博物館實踐找到與遙遠面具連接的創新方式。在這種情境下，遺產所有權不是一個「非有卽無」的命題。

隨著兩家博物館發展出互惠關係，長期借展正在安排中，這將使面具以輪換的方式來到科迪亞克。「返還」被重新想像爲一個分享的過程。「祖先遺物」和「文化財產」之類的概念變得更加鬆動。隨著未完結的歷史紗線被重新編織，根深蒂固的博物館監護傳統變得更加互動。這不是一種烏托邦願景，因爲同一趨勢也見於其他地方，羅絲・菲利普即對這個轉變中的地景提供了可信的討論（見Phillips 2012）。以下是幾個例子：史密森尼學會在阿拉斯加的北極研究中心最近在安克拉治博物館開設了一個展覽空間，以展示從華府長期租借來的阿拉斯加原住民文物，而這場地的設計特別考慮到耆老的造訪需要和藝術家的研究需要。溫哥華的卑詩省大學人類學博物館在廣泛諮詢過「第一民族」社群後，最近重新設計了它具有先驅性的展廳，稱爲「可看見的貯藏室」，並計畫設立一些新的進入模式；在日本大阪的國立民族學博物館，蒐藏計畫積極鼓勵原住民藝術家和學徒創作新的傳統文物，其目的（藉副館長吉田憲司的話說）不是在「一個不變的環境中」保存文化遺產，而是要「守護或保證其活力」（Yoshita 2008:5）。科迪亞克與濱海布烙涅發展出來的合作關係當然因爲其跨國結構而複雜化。但這也讓這關係變得更加具有意義，因爲兩個社群的連結並非來自民族／殖民遺產，卻能夠攜手合作，讓新的旅程（結盟、表演和翻譯）成爲可能。

可以肯定的是，會有更多的交流以及更多的祖先文物將抵達科迪亞克。目前，與聖彼得堡的珍寶陳列室博物館的洽商正在進行中，該館藏有最古老和最豐富的蘇格皮亞克文物。古老的面具、工具、籃子、鼓以及嘎響器也許會在物質和虛擬的新脈絡持續它們的歷史「旅程」。透過由它們所啟迪的許多複本，透過它們在雕刻工作坊所更新的故事，透過鄉村的展出方案和更大的部落藝術世界，第二生命將會延伸至一個未知的原住民未來。我們已經看到了面具的多面向連結力，可以連結於各種不同的表演環境。它們經歷了一個翻譯的過程，從儀式和諷刺戲劇被翻譯爲遺產珍寶和藝術作品，又再被回譯爲儀式表演和逗趣的卽興表演。面具體現著文化權力（歌曲、舞蹈、故事和禮物交換），而這文化權力的外延是受侷限的，同時也是開放的。

一項復興的原民遺產可用於表演，包括對想像的原民共同體內部和外部的許多不同聽衆表演。它還可以表演於自我（the Self）內部。沒有人會是全時間的「阿魯提克人」（任何身分皆如此）。當代原住民涵蓋著一個色雜斑駁的地景，從村落到小鎮到城市不一而足。在這些新的溝通與聯盟尺度裡，物品、人員、食物和象徵是如何流通的？哪些權力會引導或阻塞這些流通？誰會受到遺產的召喚？誰會抗拒？當皮納爾面具回到科迪亞克時，有哪些人覺得非看不可？又有哪些人因爲工作太忙或負擔不起機票？那幾十個在面具展開幕儀式上跳舞以歡迎面具回家的年輕人在這趟經驗中得到些什麼？

連結

「面具：像一張臉」展覽揭幕儀式的翌日早上，我沿著科迪亞克島最長一條公路駕車出城，同行的有馬蒂娜．謝內和城堡博物館館長拉龍德。謝內是法國人，在科迪亞克落地生根，經營一家以糕點知名的咖啡廳。我們途經巨大的海岸防衛隊基地，其負責巡邏北太平洋的廣大海域。再往前開四十英里，這條公路的終點爲島嶼南岸的科迪亞克發射中心。

這太空複合體自稱「另一個好望角」（The Other Cape），原是爲了發射商業衛星而建（阿魯提克的原民開發公司有參與投資），但後來成爲了美國飛彈防禦系統的基本一環，不時會向馬紹爾群島和加州的范登堡空軍基地發射試驗火箭。因爲外人禁止入內，我們只能在公路旁的野餐地點看看它的碟形雷達天線和高大的貯藏設施。

在享用美味的法式午餐時，我想到了連結性的奇妙：一位年輕的語言學家／民族誌學者的一八七一年之行無意中把科迪亞克島連結於法國，然後又在二〇〇八年讓兩座捕魚小城的博物館結成聯盟。

我又想起在阿魯提克博物館儲藏空間牆壁上看過的一張海報。那是一件混合媒材（mixed-media）的藝術作品，名爲《海獺女孩》，創作者爲阿馬森－伯恩斯，她是二〇〇六年造訪城堡博物館的蘇格皮亞克藝術家之一。海報最上方寫著：「我們全都連結在一起。」構圖以水藍色背景襯托出一隻海獺肖像。海獺上方是一條游魚，而圍繞這些中心圖像的是一圈畫在小板塊上的海鳥，上面有著明亮的珠子和羽毛。這種以一圈裝飾物圍繞一張臉的構圖方式是一種對蘇格皮亞克古面具的現代翻譯。海報最底下的幾行文字說明了它的設計機緣：

科迪亞克島與基內半島的連接光纖建置完成
科迪亞克．基內電纜有限公司
一家老港和尤津基的公司
二〇〇七年一月

「老港原民公司」在「尤津基原民公司」和發射場當局的協作下投資了光纖通訊。因應高速上網與日俱增的需求，這個光纖建置計畫將科迪亞克市、海岸防衛隊基地和發射場連結了在一起。這個新的連線系統除了被認爲是發射場參與飛彈防禦計畫所不可或缺，也使得科迪亞克醫院能夠進行遠端操作的緊急手術。

阿馬森-伯恩斯生活在老港，除了進行藝術創作外還領導一個致力復振傳統舞蹈的舞群，同時從事阿魯提克語言的研究（這些計畫也是由「老港原民公司」資助）。她富有表現力的藝術作品如今已被博物館收藏。由於她曾從事商業的鮭魚捕撈活動並熟悉海上生物，她組裝的作品常以跨物種對話爲主題。她的藝術表達出一種文化與生態願景：「我們全都連結在一起。」這張海報是爲「老港原民公司」設計，它喚起了一批彼此環扣的方案和進行中的歷史：原民復興、原民藝術、光纖連線、商業機會。要如何分別且一起地理解這些複雜糾結的不同歷史？美國的戰略防禦提案總喜歡將地方性、區域性，和全球性等世界連結起來；阿魯提克博物館也是如此。

科迪亞克發射場。作者拍攝。

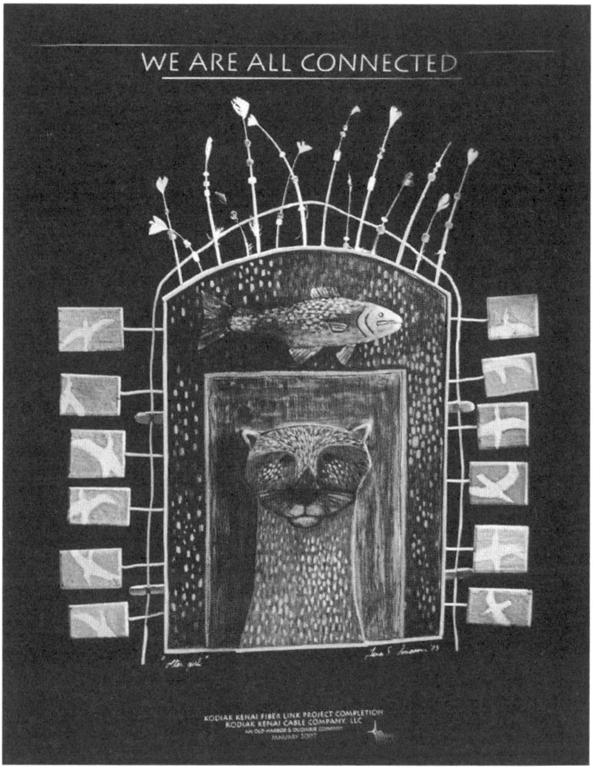

《海獺女孩》海報：琳娜・阿馬森－伯恩斯創作的混合媒材作品。

後記

我們的族人幾千年來挺過無數的風暴和災難。俄國人帶來的種種困難有如一段漫長的惡劣天氣。然而，就像所有其他風暴，這場風暴有朝一日總會過去。

——芭芭拉．尚金（阿魯提克耆老），奇格尼克湖，一九八七年

上面的引語原見於一篇兩頁文章的最後。該文載於《兩個大陸的十字路口：西伯利亞與阿拉斯加的文化》書中一篇名爲〈阿魯提克人〉的文章（Chaussonnet 1995:15）。當我十多年前第一次讀到芭芭拉．尚金的話時，感到震驚不已，因此多次撰文探討（Clifford 1997a，以及本書的第一章和第六章）。我反覆自問，要如何才能把它理解爲合乎現實的歷史論斷？而不只是一廂情願的想法，也不是保持士氣的方式或是一種無奈的耐心。它有可能是對過去和正在發生的事一種嚴肅而可信的描述嗎？我無法得到一個直接了當的答案，因此不得不反覆思考翻譯「歷史」、「現實」、「傳統」與「未來」之類概念時涉及的複雜性。由尚金（一位住

在阿拉斯加半島偏僻村莊的人）的話所引出的問題自此常駐我心頭。我一直設法對她有關歷史可能性的觀點嚴肅以待，不只視爲一則原民存續的故事，更是一種現代性生活的方法，一條通向其他方向的途徑。在一個工業化民族國家和全球性資本主義的世界，這種願景憑什麼可以稱爲合乎現實？對此，本書提供的一切與其說是答案，不如說是深化了這個問題。

我一再好奇尙金是何許人。她尙在人世嗎？她的生命經驗和文化知識如何形成她的陳述？她是對誰說話？如今，她的話語已成爲標誌，成了「耆老的願景」，代表著一種原民歷史思維方式。但是在翻譯中失去了什麼？她使用的是什麼語言？我曾到處打聽，但我的聯絡人不是住在科迪亞克便是安克拉治，而阿拉斯加半島和這些新近被歸類爲「阿魯提克」文化區的地方都頗爲不同。阿拉斯加半島是一處邊界區，經歷過的接觸史要更近於西方的烏倫根人（前稱阿留申人）與北方的尤皮克人。要從科迪亞克到奇格尼克湖並不容易。

尙金後來出現在帕特若的精彩民族誌《創造歷史：阿拉斯加半島上的阿魯提克／蘇格皮亞克生活》的索引（Partnow 2001b）。尙金是帕特若一位報導人的外婆。在奇格尼克湖，每個人都喊她「老奶奶」。帕特若寫道：「她以療癒師、產婆、優秀的廚師著稱。她只會講一點點英語，但在一九七〇年代過世前把不少資訊留給了幾個外孫」（Partnow 2001b:11）。當帕特若到奇格尼克湖從事民族誌研究時（一九八〇和九〇年代），尙金已不在人世。她留下一卷用薩茨頓語回憶往事的錄音帶，內容迄未翻譯出來，而就帕特若記憶所及，其中並不包含讓我深感興趣的那段話。當我進一步詢問時，帕特若很幫忙地翻遍她的田野筆記，盡可能地找出以下一點點資料。

芭芭拉生於約一八九六年，父姓格雷戈里（Gregory），自小住在阿拉斯加半島南海岸的卡特邁（Katmai）。卡特邁火山在一九一二年的大爆發把她的村子湮滅後，她和父母遷往佩里維爾（Perryville）。她記得自己穿著長裙，光著腳將腳垂到祭典屋（quasqiq）的煙孔裡，下方的人們在跳舞。芭芭拉後來嫁給伊萊亞・尚金（Elia Shangin），生了五個孩子，但丈夫英年早逝。稍後在當地酋長施壓下，她嫁給了有勢力的薩滿（一位鰥夫）桑鹿克（Wasco Sanook）。她對新丈夫沒什麼感情，兩人沒有孩子，而芭芭拉也始終以「尚金」爲姓。一九五二年，她到奇格尼克湖與女兒同住，在女兒死後撫養幾個外孫長大。

這是我對她的全部所知。尚金人生經驗豐富。身爲一位能說著薩茨頓語，加上對舊有的生活方式知識豐富，「老奶奶」在奇格尼克湖無疑受到尊敬和愛戴，說話大有份量，明顯是傳統權威的化身。我在加州讀到的那篇文章裡，她被冠以「耆老」頭銜。我開始懷疑她的眞實地位有多高。她那些話有可能是在廚房裡吃飯的時候說出？把它們說成出自一位耆老之口會讓它們增加多少份量？她的話現已成爲一種原民智慧，一項有可能以新方式獲得重要性的知識，一份對遠方的人一樣饒富意義的洞見。對尚金多了一點點所知讓我好奇她的原話是什麼，以及這番話是如何被轉化爲精練的格言而出現在一篇談論阿魯提克遺產文章的結論處。

這些話在寫成書面之後引人詮釋又引人共鳴。至少我本人毫不猶豫地認爲它呼應了我當時正在構想的多重、編織歷史和歷史現實主義的觀念中。我將「天氣」的比喻擴大，提出了一種歷史生態學：在這種生態學中，俄國人或美國人帶來的衝擊被理解爲只是反覆上演的歷史模式的一部分，是生活中經歷的東西，而不是需要抵抗或擺脫的東西（見第六章）。俄國人和繼其後發生的事都是一部一直上演著而迄未結束的阿魯提克歷史的一部分。但會不會尚金所表達風暴過後的清明願景，其實是一種極端的希望感，意味著所有「煩惱」最終都會過去，一切可以重新開始？我對歷史文化過程（糾葛的銜接、表演和翻譯）所持的歷史「現實主義」沒有留下多少空間給新的開始和時代轉換。我的解釋會不會忽略了尚金話中顯而易見的事情？她會不會是在預言阿魯提克人有朝一日可以重新開始，甚至是重回舊日的生活方式？畢竟，俄國人確實突然離開了阿拉斯加，那麼同樣的事爲什麼不可能見於其他侵略者？我的歷史現實主義讓這種可能性變得無法想像。

後來我發現，我並不是太想知道尚金的原話是什麼。這大概是因爲害怕知道了原話便無法繼續用它來充當原住民歷史思考方式（一種「長時段」的思考方式）的範式。但最後，我還是設法連絡上文章的兩位作者，卽普拉和克內克特。他們兩人在「科迪亞克地區原住民協會」共事，同是一九八〇和九〇年代的遺產復興運動的要角。因此，《兩個大陸的十字路口》的主編很自然地邀請他們爲「阿魯提克人」寫一篇簡介（《兩個大陸的十字路口》一書以阿拉斯加七大原住民群體和俄國西伯利亞六大原住民群體爲主題）。在這篇文章裡，普拉和克內克特強調長達兩世紀的「接觸史」對阿魯提克人來說是一場「災難」。文章需要一個充滿希望的結尾，而他們發現尙金的話恰好可以提供這種光明希望，因爲它預言了阿魯提克人／蘇格皮亞克人最終會重新掌控自己命運。

兩位作者都相當樂意回答我問的問題。我由此得知，原來克內克特在一九八八年一次造訪阿拉斯加半島期間，也曾聽過「白人統治是一場會過去的風暴」的類似說法。他的主要嚮導林德（Ronnie Lind）正是尙金外孫，而林德證實，外婆對他說過那樣的話。

在寫給我的一封電子郵件的最後，克內克特談到了阿拉斯加原住民的歷史視觀。他先是引用了「俄國人帶來的種種困難」這句話，指出奇格尼克湖那邊的人的說法與此有出入。

就我記得，把它說成「一段漫長惡劣天氣」指的不是「困難」，而是白人本身。奇格尼克湖的說法也是我聽過的預言中唯一預言白人遲早會離開的（阿拉斯加本應該如此幸運）。從阿拉斯加鄉村地區的原住民交談裡，你更常會聽到「長時段」歷史視觀的是說白人的來到和他們的科技早早已經被薩滿和諸如此類的人預言過。特別多預言提到的是電視和飛機。待在奎納加克（Quinhagak，尤皮克小城）的那個夏天，我聽到一個略有變化的新版本：小矮人（他們不時會出現在近極地圈各處）從前常常會穿著廿世紀服裝和開著迷你四輪傳動車，出現在他們（尤皮克人）的十九世紀祖先面前（小矮人有能力往返於過去和未來）。但即便預言存在，它們似乎並未提及（白人的統治）會何時落幕，或這場慢動作的接觸災難是否會永遠持續。* 又或者這只是因為人們過於禮貌，覺得不便在我面前提起。

克內克特認爲，不管流傳的說法是不是尚金的原話，它們都是「一句讓聽到的人感覺有道理的簡短觀察」。因此，後來的抄錄和傳播中保留了一些有意義的核心，這些核心可以在遺產出版物中重新構建，並激發像我這樣對歷史敘事和認識論語言的思考。在在看來，原住民的長時段視觀既可以表達在變遷天氣的敘事裡，也可以表達在小矮人的時空旅行故事和傳統薩滿的預言裡。

尚金如今對我的意義已不同於從前。對她多知道一點點（僅是一點點）之後，我發現她的名字不再象徵文化權威，而她的話也不是出自一位「耆老」。她如今變成一則提醒，提

* 譯注：此處原文是「Slow-motion train wreck of contact」，用以形容文化接觸過程中的一系列漸進而持續的災難性影響。這些影響是緩慢且逐步展現的，但結果卻像火車事故一樣無法避免且具有毀滅性。

醒我們原民知識是如何透過跨時代、跨地點、跨世代和跨文化的翻譯和詮釋加以傳播的。而在這個過程中，有什麼被遺漏了，又有什麼被添加了？

芭芭拉．尚金，奇格尼克的「老奶奶」，可能說過類似那些最終對我有意義的話。但她說的語言我永遠不會理解，她所處的情境我也只能猜測。這些話被記憶、覆述、銘刻、翻譯、濃縮和重寫。這些話能會對她重拾阿魯提克／蘇格皮亞克遺產的後人變得饒富意義。而對於一位住在加州和尋求更大歷史可能性的學者來說，這些話同樣有意義。這雖然不是尚金的本意，不過……

她的名字如今象徵著阿拉斯加原住民所有不可能為我所知的一切。她的話也迴響著那個有關原住民未來的無法回答的問題（在這麼多惡劣天氣之後可能會是什麼？）。但不管處境有多險惡，這個問題和希望都在一切之中傳達了出來。

319

各章來源

序　提及之素材曾刊於《文化人類學》「感知歷史」專題，二〇一二年八月，第二十七期第三卷，頁四一七～四二六。

第一章　於本書首次發表。

第二章　最初發表於二〇〇〇年二月十一、十二日「處於邊緣的原民太平洋地區文化研究」主題講座；後收錄於克里弗德二〇〇一年出版之著作。

第三章　曾於二〇〇五年由卡迪那和史坦於格萊恩基金會籌辦的「今日的原民經驗」會議上發表。同名書籍由卡迪那和斯塔恩主編，二〇〇七年出版，頁一九七～二二四。

第四章　幾乎為全新篇章，部分文字來自於我回應史坦的文章；刊於《文化人類學》，二〇一一年五月，第二十六期第二卷，頁二一八～二二四。

第五章　來自於二〇〇九年發表的一篇講座，同年刊於《大洋洲》第七十九期，頁二三八～二四九。

第六章　部分內容首次發表於《當代人類學》，二〇〇四年二月，第四十五期第一卷，頁五～三〇。本書就當時議題進行了延伸討論，部分具批判性之回應則是保留原來出版時之內容。

第七章　包含部分於二〇一〇年六月二十六日在日本大阪國立民族學博物館舉行的講座內容。該講座全文於二〇一一年連同回應評論刊登於《博物館通訊》，第三十五期第四卷，頁七一三～七四三。

後　記　於本書首次發表。

國家圖書館出版品預行編目(CIP)資料

復返：21世紀成為原住民
詹姆士・克里弗德(James Clifford)著；林徐達、梁永安譯.
-- 初版. -- 新北市：左岸文化出版：遠足文化事業股份有限公司發行，2024.07
576面；14.8×21公分. -- (左岸人類學；382)
譯自：Returns : becoming indigenous in the twenty-first century
ISBN 978-626-7462-19-5(平裝)

1. CST: 民族誌　2. CST: 原住民

536　　　　　　　　　　　　　　　　　　　　　　　113010580

左岸人類學 382

復返
21世紀成為原住民

Returns: Becoming Indigenous in the Twenty-First Century

作　　者	詹姆士・克里弗德 James Clifford
譯　　者	林徐達、梁永安
總 編 輯	黃秀如
責任編輯	孫德齡
企畫行銷	蔡竣宇
封面設計	陳恩安
內文排版	宸遠彩藝
出　　版	左岸文化／遠足文化事業股份有限公司
發　　行	遠足文化事業股份有限公司（讀書共和國出版集團） 231新北市新店區民權路108-2號9樓
電　　話	（02）2218-1417
傳　　真	（02）2218-8057
客服專線	0800-221-029
E - M a i l	rivegauche2002@gmail.com
左岸臉書	https://www.facebook.com/RiveGauchePublishingHouse/
團購專線	讀書共和國業務部　02-22181417分機1124
法律顧問	華洋法律事務所　蘇文生律師
印　　刷	成陽印刷股份有限公司
初　　版	2024年7月
定　　價	750元
I S B N	978-626-7462-19-5（平裝） 978-626-7462-14-0（EPUB） 978-626-7462-13-3（PDF）

有著作權　翻印必究（缺頁或破損請寄回更換）
本書僅代表作者言論，不代表本社立場

RETURNS: Becoming Indigenous in the Twenty-First Century by James Clifford
Copyright © 2013 by the President and Fellows of Harvard College
Published by arrangement with Harvard University Press
through Bardon-Chinese Media Agency
Complex Chinese translation copyright © 2024 by Rive Gauche Publishing House, an Imprint of Walkers Cultural Enterprise Ltd.
All rights reserved.

譯名對照

1畫

《一個新大洋洲：重新發現我們的諸島之洋》 *A New Oceania: Rediscovering Our Sea of Island*
《一個變遷中世界的狩獵傳統》 *Hunting Tradition in a Changing World*

2畫

《人工製品》 *The Artifact Piece*
人類博物館 Museum of Man
《人類學與殖民遭逢》 *Anthropology and the Colonial Encounter*
卜皮 Popey

3畫

《三個世紀裡的伊許》 *Ishi in Three Centuries*
《下端之吻》 *Kisses in the Nederends*
《大洋洲》 *Oceania*
大洋洲社會人類學協會 Association for Social Anthropology in Oceania, ASAO
大洋洲藝術及文化中心 Oceania Centre for Arts and Culture
小哈坎森 Haakanson Jr., Sven
小勞 Loud, Llewellyn
小薩克斯頓 Saxton Jr.

4畫

《不說中文》 *On Not Speaking Chinese*
丹寧 Dening, Greg
〈五月的獅子〉 May's Lion
〈今日的原住經驗〉 Indigenous Experience Today
切爾諾夫 Chernoff, Carol
切羅基人 Cherokee
切羅基部落聯盟 Cherokee Nation
尤加希克 Ugashik
尤皮克人 Yup'iks
《尤皮克面具的活傳統：我們的祈禱方式》 *The Living Tradition of Yup'ik Masks: Agayuliyararput*
尤皮特人 Yupiit
尤津基 Ouzinkie
尤津基原民公司 Ouzinkie Native Corporation
尤羅克 Yurok

《尤羅克敘事》 *Yurok Narratives*
巴克利 Buckley, Thomas
巴拉克里希南，戈帕爾 Balakrishnan, Gopal
巴拉諾夫 Baranov, Alexander
巴拉諾夫博物館 Baranov Museum
巴威 Batwi, Sam
巴特拉 Bartra, Roger
巴特勒，朱迪斯 Butler, Judith
巴特縣美國原住民文化委員會 Butte County native American Cultural Committee
巴維斯克 Baviskar, Amita
巴赫金 Bakhtin, Mikhail
《廿世紀的阿拉斯加原民政策》 *Alaska Native Policy in the Twentieth Century*
戈勒 Golla, Victor
戈森 Gossen, Gary
《文化人類學》 *Cultural Anthropology*
《文化存續季刊》 *Cultural Survival Quarterly*
《文化的困境》 *The Predicament of Culture*
《文學世界共和國》 *The World Republic of Letters*
比斯曼，凱倫 Biestman, Karen
比奧西 Biolsi, Thomas
比爾斯 Bierce, Ambrose
王愛華 Ong, Aihwa

5畫

《世界的名字是森林》 *The Word for World is Forest*
丘皮克人 Cup'ik
丘馬什族 Chumash
加尼特 Garnett, R. S.
《加州印第安人手冊》 *Handbook of the Indians of California*
《加州原住民新聞》 *News from Native California*
卡沃里 Kawagley, Oscar
卡貝爾人 Kabre
卡里爾 Carrier, James
卡洛韋 Calloway, Colin
卡迪那 de la Cadena, Marisol
卡恩，赫爾曼 Kahn, Herman
卡特利諾 Cattelino, Jessica
卡特邁 Katmai
卡納克人 Kanaks
《卡納克人現身》 *La présence Kanak*
卡曼契人 Comanche
卡斯托里安諾 Kastoriano, Riva
卡斯坦尼達 Castañeda, Terri
《卡斯特死於你的罪》 *Custer Died for Your Sins*
卡斯蒂略，荷娜德茲 Castillo, Rosalva Aida Hernández
卡普蘭，蘇珊 Kaplan, Susan
卡徹馬克灣 Kachemak Bay
卡魯克村 Karluk
卡薩諾瓦 Casanova, Pascale

卡羅克人 Karok
可馬諾夫夫婦 Comaroff, John and Joan
史坦，歐林 Starn, Orin
史金納 Skinner, Ramona Ellen
史特姆 Sturm, Circe
史密斯，保羅 Chaat Smith, Paul
史密斯 Smith, Benjamin Richard
史密斯，琳達 Smith, Linda Tuhiwai
史密森尼學會 Smithsonian Institution
史博特 Spott, Robert
史蒂芬，泰德 Stevens, Ted
史蒂芬・費爾德 Feld, Steven
史蒂芬恩，艾咪 Steffian, Amy
史碧娃克 Spivak, Gayatri
史賓塞 Spencer, Thecla
史戴爾斯 Stiers, David Ogden
《外科醫生》 *MASH*
尼安諾 Nyamnjoh, Francis
尼岑 Niezen, Ronald
尼康利 Neconie, Earl
尼爾森 Nelson, Diane
尼爾森，瑪莉 Nielsen, Mary Jane
布拉思韋特 Brathwaite, Kamau
布朗 Brown, Michael
布朗利碼頭博物館 Museé du Quai Branly
布菈 Brah, Avtar
布萊特，威廉 Bright, William
布瑞欽 Brechin, Gray
布雷克，莉迪婭 Black, Lydia
弗里曼 Freeman, James
弗里曼，凱茜 Freeman, Kathy
弗拉斯 Fleras, Augie
弗思 Firth, Raymond
弗格森 Ferguson, James
弗勞爾 Fowler, Henry
弗羅寧，莎拉 Froning, Sarah
本薩 Bensa, Alban
瓜求圖 Kwakiutl
瓦格納 Wagner, Roy
瓦魯明克 Warumungu
瓦爾迪茲 Valdez
白令吉亞 Beringia
《皮舟與獨木舟：原民的知曉之道》 *Qayaqs and Canoes: Native Ways of Knowing*
皮特河 Pit River
皮特草場 Butte Meadows
皮納爾 Pinart, Alphonse
皮奧特 Piot, Charles
《目的地文化：觀光、博物館與遺產》 *Destination Culture: Tourism, Museums and Heritage*

6畫

伊努克提圖特語 Inuktitut
伊許 Ishi
《伊許：族人中的最後一人》 *Ishi: Last of His Tribe*
《伊許：最後的雅希人》 *Ishi: The Last Yahi*
《伊許的大腦》 *Ishi's Brain*

復返
Returns

《伊許的旅程》 *Ishi's Journey*
〈伊許的醫療史〉 The Medical History of Ishi
《伊許第一個世界裡的未說故事》 *Ishi's Untold Story in His First World*
《伊許與同伴在拉明沼澤》 *Ishi and Companion at Lamin Mool*
伊頓 Eaton, Perry
休特 Hughte, Phil
全盛出版社 Heyday Press
全體印第安部落 Indians of All Tribes
《印度之旅》 *A Passage to India*
《印第安人重組法》 Indian Reorganization Act
印第安人博物館暨文化中心 California Indian Museum and Cultural Center
吉巴烏，讓–馬里 Tjibaou, Jean-Marie
吉萬尼 Gidwani, Vinay
吉福德 Gifford, E. W.
因努阿：白令海愛斯基摩人的神話世界 *Innua: Spirit World of the Bering Sea Eskimo*
因紐皮克人 Inupiaq
因紐皮特人 Inupiat
因紐特人 Inuit
〈在地球村表演文化〉 Performing Culture in the Global Village
《在彼處》 *Being There*
多明格斯，莉茲 Dominguez, Liz
多洛雷斯 Dolores, Juan
多塞特人 Dorset People
多爾 Dall, William
夸夸嘉夸 Kwakwaka'wakw
安古洛 de Angulo, Jaime
安清 Tsing, Anna Lowenhaupt
安德森 Anderson, Benedict
安德森 Anderson, Will
安德森，馬克 Anderson, Mark
托克蘇克貝灣 Toksook Bay
托雷斯 Torres, Félix
托雷斯海峽群島 Torres Strait Island
米什拉 Mishra, Sudesh
米什勒 Mishler, Craig
米切爾 Mitchell, Juliet
米西拉 Mishra, Vijay
米克，芭芭拉 Meek, Barbara
米契納 Michener, James
米爾 Gemmil, Mickey
米爾巴克，安德莉亞 Muehlebach, Andrea
米爾澗 Mill Creek
米德 Mead, Margaret
米德，瑪莉 Meade, Marie
老哈坎森 Haakanson Sr., Sven
老港 Old Harbor
考亞魯伊，克豪拉尼 Kauanui, J. Kehaulani
考普阿，內娜琳 Goodyear-Kaopua, Noelani
艾克森瓦德茲號 *Exxon Valdez*

艾馬拉人 Aymara
艾斯 Aziz
《西太平洋的航海者》 *Argonauts of the Western Pacific*
西瓦拉馬克里什南 Sivaramakrishnan, Kalyanakrishnan
西伯斯，理查 Sieburth, Richard
西奧朵拉 Theodora
西蒙諾夫 Simeonoff, Speridon
西蒙諾夫，海倫 Simeonoff, Helen

7畫
伯利森，夏綠蒂 Burleson, Charlotte
伯里爾 Burrill, Richard
伯格 Berger, Thomas
伯特雷 Beurtheret, Philippe
佛斯特 Forster, E. M.
〈作為寒冷之地的非歐基里德式加州觀〉 A Non-Euclidian View of California as a Cold Place
《你對印第安人的認識通通有誤》 *Everything You Know about Indians Is Wrong*
克內克特，理查 *Knecht, Richard*
《克利俄的多張面孔：歷史編纂學的跨文化方法》 *The Many Faces of Clio: Cross-Cultural Approaches to Historiography*
克里人 Cree
克里格，克里斯蒂安 Klieger, Christiaan
克里族總議會 Gree Grand Council
克里森，金伯利 Christen, Kimberly
克拉馬斯河 Klamath River
克斯科溫三角洲 Kuskokwim Delta
克雷默，珍妮佛 Kramer, Jennifer
克魯伯，卡爾 Kroeber, Karl
克魯伯，克利夫頓 Kroeber, Clifton
克魯伯，阿爾弗雷德 Kroeber, Alfred
《克魯伯：一個個人形構》 *Alfred Kroeber: A Personal Configuration*
克魯伯夫人 Kroeber, Theodora
克魯克香克，裘莉 Cruikshank, Julie
克魯克族 Karuk
克羅威爾，艾倫 Crowell, Aron
別再袖手旁觀 Idle No More
利亞普諾夫，羅莎 Liapounova, Rosa
利帕德，露西 Lippard, Lucy
利斯，安德里婭 Liss, Andrea
利奧波德 Leopold
《努美亞協議》 Noumea Accord
努美阿 Noumea
努納武特 Nunavut
努納維克 Nunavik
呂爾曼，索尼婭 Lührmann, Sonja
坎特尼，安娜 Cancogni, Anna
希普利 Shipley, William
希普利 Shipley, William
《我，里戈韋塔·曼朱》 *I, Rigoberta Menchú*
〈我們的內在之地〉 Our Place Within
〈我們的眾島之洋〉 Our Sea of

Islands
《我們會舞出我們的真實》 *We Will Dance Our Truth*
《扮演印第安人》 *Playing Indian*
李立 Lilley, Ian
李維史陀 Lévi-Strauss, Claude
沃夫卡 Wovoka
沃特，強 Voight, Jon
沃特曼 Waterman, Thomas
沃特斯，林賽 Waters, Lindsay
沃爾德魯 Waldroup, Heather
沃德爾 Waddell, Eric
沙皮爾 Sapir, Edward
沙斯塔學院 Shasta College
沙爾 Schaar, John
狄克森 Doxin, Joseph
狄洛瑞 Deloria, Vine
狄洛瑞 Deloria, Philip
肖，派翠西亞 Shaw, Patricia
育空三角洲 Yukon Delta
貝爾莫爾，麗貝卡 Belmore, Rebecca
邦登，艾麗可希斯 Bunten, Alexis
里卡德，茱蓮妮 Rickard, Jolene
里格斯比 Rigsby, Bruce
里爾 Leer, Jeff

8畫

亞奎人 Yaqui
亞契，安妮 Archer, Anne
佩斯特里科夫，弗羅倫絲 Pestrikoff, Florence
《兩個大陸的十字路口：西伯利亞與阿拉斯加的文化》 *Crossroads of Continents: Cultures of Siberia and Alaska*
《兩個世界裡的伊許》 *Ishi in Two Worlds*
《兩趟旅程：「面具：像一張臉」展覽指南》 *Two Journeys: A Companion to the Giinaquq: Like a Face Exhibition*
周蕾 Chow, Rey
坦那普 Tanape, Nick
《奇科紀事報》 *Chico Record*
奇格尼克村 Chignik
奇奧亞族 Kiowa
〈奇想作品的說服力〉 Plausibility in Fantasy
奈波爾 Naipaul, V.S.
姆布蒂俾格米人 Mbuti Pygmies
季哈諾夫 Tikhanov, Mikhail
尚尼根，馬琳 Shanigan, Marlane
尚金，伊萊亞 Shangin, Elia
尚金，芭芭拉 Shangin, Barbara
帕里什，埃絲 Parrish, Essie
帕帕堝族 Papago
帕特若，帕特麗夏 Partnow, Patricia
帕納塞斯山 Parnassus
帕森斯，蓋兒 Parsons, Gale
延根 Hienghène
延根河谷 Hienghène Valley
彼特斯 Peters, Kurt

彼特森，瑪莉 Peterson, Mary
彼得茨，約瑟芬 Peters, Josephine Grant
拉瓦薩 Rabasa, José
拉米雷斯 Ramirez, Renya
拉佩尼亞 LaPeña, Frank
拉法爾 Rafael, Vicente
拉科塔族 Lakota
拉迪諾人 Ladino
拉莫斯 Ramos, Alcida
拉斯馬森基金會 Rasmuson Foundation
拉斯穆森 Rasmussen, Knud
拉森山 Mt. Lassen
拉森灣 Larsen Bay
拉龍德，克萊兒 Laronde, Anne-Claire
昂加瓦 Ungava
東布羅夫斯基，柯克 Dombrowski, Kirk
林內金 Linnekin, Jocelyn
林哈特 Leenhardt, Maurice
林德 Lind, Ronnie
欣頓，琳恩 Hinton, Leanne
法蘭克 Frank, L.
法蘭克，L Frank, L.
波里尼西亞航行學會 Polynesian Voyaging society
波莫 Pomo
波普 Pope, Saxton
肯埃雷海瓦，麗麗卡拉 Kame'eleihiwa, Lilikala
肯納威克人 Kennewick Man
舍利霍夫 Shelikhov, Grigorii
《近乎祖先：最早的加利福尼亞人》 *Almost Ancestors: The First Californians*
金斯堡 Ginsberg, Allen
阿什星球 Asche
阿尼什納比 Anishinaabe
阿尼什納比族 Anishanaabe
阿布納基族 Abenaki
阿弗列 Alfred, Tiaiake
阿本納奇人 Abenaki
阿皮亞 Appiah, Kwame Anthony
阿伊努人 Ainu
阿多諾 Adorno, Theodor
阿伯克龍比堡 Fort Abercrombie
阿克希奧克－卡古亞克公司 Akhiok-Kaguyak Inc.
阿克提夫 Active, John
阿姆斯壯 Armstrong, Karl
阿帕度萊 Appadurai, Arjun
《阿拉斯加之科迪亞克》 *Kodiak, Alaska*
阿拉斯加州藝術委員會 Alaska State Council on the Arts
《阿拉斯加原住民土地聲索解決法》 Alaska Native Claims Settlement Act, ANCSA
阿拉斯加原住民同盟 Alaska Federation of Natives
《阿拉斯加原住民索賠解決法案》 Alaska Native Claims Settlement

復返
Returns

law
阿拉斯加原住民遺產中心 Alaska Native Heritage Center
阿拉斯加原住民醫學中心 Alaska Native Medical Center, ANMC
阿拉斯加第一機構 First Alaska Institute
阿洛克列 Alokli, Nick
阿留申人 Aleut
阿貢魁族 Algonquian
阿馬森 Amason, Alvin
阿馬森－伯恩斯，琳娜 Amason-Berns, Lena
阿楚格維語 Atsugewi
阿賈蒙族 Ajachmem
阿達巴斯肯人 Athabaskan
阿圖塞 Althusser, Louis
阿爾貢金印第安人 Algonquian
阿福格納克 Afognak
阿福格納克原民公司 Afognak Native Corporation
阿魯提克人 Alutiiq
阿魯提克博物館 Alutiiq Museum
《阿魯提克博物館通訊》 *Alutiiq Museum Bulletin*
阿魯提克博物館暨考古資源庫 Alutiiq Museum and Archaeological Repository
阿薩德 Asad, Talal
《非洲現身》 *Présence africaine*

9畫
俄美公司 Russian-American Company
南太平洋大學 University of the South Pacific
哈尼峰 Harney Peak
哈坎森 Haakanson, Sven
哈坎森，瑪麗 Haakanson, Mary
哈林頓 Harrington, J. P.
哈林頓 Harrington, Stephen
哈洛威，唐娜 Haraway, Donna
哈洛德，葛麗絲 Harrod, Grace
哈斯，瑪麗 Haas, Mary
哈塞爾斯坦，烏拉 Haselstein, Ulla
哈維 Harvey, David
哈蒙 Harmon, Alexandra
哈德遜灣公司 Hudson's Bay Company
〈城市中的尤皮克人〉 Yup'iks in the City
城堡博物館 Château Musée
《威斯特法倫和約》 Treaty of Westphalia
威廉王子灣 Prince William Sound
威廉明娜 Wilhelmina
威廉斯，雷蒙 Williams, Raymond
威爾森 Wilson, Rob
《帝岡人的故事》 *Tales of the Tikongs*
《帝國的舊金山》 *Imperial San Francisco*
〈後現代主義〉 Postmodernism
《後現代性狀況》 *The Condition of Postmodernity*

[08]

恰米 *Chami*
《恰帕斯州的歷史與故事》 *Histories and Stories from Chiapas: Border Identities in Southern Mexico*
恰穆拉族 Chamulan
查克拉伯提 Chakrabarty, Dipesh
查普曼 Chapman, Murray
柯蒂斯 Curtis, Edward
柳博夫，拉杰 Lyubov, Raj
洛克菲勒，南西 Rockafellar, Nancy
《洛杉磯時報》 *Los Angeles Times*
洪美恩 Ang, Ien
派尤特族 Paiute
《流蘇》 *Fringe*
為野公羊呼喊 Cry for the Wild Ram
珍寶陳列室博物館 Kunstkamera Museum
科申布拉特－吉姆利特，芭芭拉 Kirshenblatt-Gimblett, Barbara
科亨 Cohen, Robin
科克本 Cockburn, Alexander
科利爾 Collier, John
科辛斯基 Kosinski, Jerzy
科里亞克人 Koryak
科迪亞克地區原住民協會 Kodiak Area Native Association
科迪亞克原民公司 Natives of Kodiak, Inc.
科迪亞克島 Kodiak Island
《科迪亞克時報》 *Kodiak Times*
科斯布魯克 Kosbruk, Ignatius
《穿工作罩服的印第安人》 *Indians in Overalls*
《穿成普通人的郊狼》 *Coyote as a Simple Man*
《穿越海灘》 *Beach Crossings*
約米人 Yoeme
約翰遜 Johnson, John F. C.
約翰遜，吉姆 Johnson, Jim
約翰遜，傑拉德 Johnson, Jerald
美拉尼西亞二〇〇〇 Mélanésia 2000
美國民族學局 Bureau of American Ethnology
《美國原住民墓地保護和返還法》 Native American Graves Protection and Repatriation Act, NAGPRA
《美國權力的衰頹》 *Decline of American Power*
胡安 Juan
胡帕族 Hoopa
胡圖族 Hutu
英加 Inga, Doug
英格利斯 Inglis, Richard
范登堡 Vandenberg
迪亞茲，維森特 Diaz, Vicente M.
迪亞康 Deacon, A. B.
迪洛克雷 Deloughrey, Elizabeth
迪埃格諾族 Diegueño
面具：像一張臉 *Giinaquq: Like a Face*
《面具：像一張臉：科迪亞克群島的蘇格皮亞克面具》 *Giinaquq: Like a Face/ Comme un visage: Sugpiaq*

Masks of the Kodiak Archipelago
《面具之道》 *The Way of Masks*
革命制度黨 Institutional Revolutionary Party (PRI)
韋拉西尼 Veracini, Lorenzo
韋納 Weiner, James
韋斯特曼 Westerman, Floyd

10畫

倫納 Luna, James
《原生土地與外來欲望》 *Native Land and Foreign Desires*
《原住民世界》 *Indigenous World*
《原住民加州新聞》 *News from Native California*
埃克森石油公司 Exxon
埃亞克人 Eyak
埃林頓 Errington
夏松尼特 Chaussonnet, Valérie
《夏威魯亞號》 *Hawai'iloa*
席勒 Glick-Schiller, Nina
席維爾 Selver
庫克灣 Cook Inlet
庫克灣有限公司 Cook Inlet Region, Inc., CIRI
庫珀 Kuper, Adam
庫頁島 Sakhalin Island
《時間森林：美洲印第安人的歷史方法》 *A Forest of Time: American Indian Ways of History*
格利桑 Glissant, Edouard
格里芬，凡妮莎 Griffin, Vanessa
格林 Green, Rayna
格林 Green, Royna
格林維亞印第安山鄉 Greenville Rancheria
格韋茲 Gewertz
格萊恩基金會 Wenner-Gren conference
格雷戈里 Gregory
桑戈爾 Senghor, Léopold
桑鹿克 Sanook, Wasco
桑德勒 Shandler, Jeffery
泰勒斯維爾 Taylorsville
浩鷗法，艾培立 Hau'ofa, Epeli
〈海洋長在我心〉 The Ocean in Us
海達 Haida
海爾 Hale, Charles
海澤 Heizer, Robert
《海獺女孩》 *Otter Girl*
烏倫根人 Unangan
特瓦人 Tewa
特拉斯克 Trask, Haunani-Kay
特林吉特族 Tlingit
特恩布爾 Turnbull, Colin
班克羅夫特圖書館 Bancroft Library
班雅明 Benjamin, Walter
盎格爾 Art Angle
《神聖顏色》 *The Sacred Colors*
《神話學》 *Mythologiques*
納根 Knagin, Gary
納博科夫 Nabokov, Peter
納爾遜 Nelson, Edward William

納爾遜島 Nelson Island
納德，蘿拉 Nader, Laura
索頓斯托爾 Saltonstall, Patrick
翁納岡人 Onangan
馬卡 Maaka, Roger
馬列人 Malitan
《馬克思主義與文學》 *Marxism and Literature*
馬克薩斯群島 Marquesas
馬利，巴布 Marley, Bob
馬妥爾語 Mattole
馬姆達尼 Mamdani, Mahmood
馬拉庫拉島 Malekula Island
馬洛 Marlow
馬泰 Matthey, Piero
馬特菲 Matfay, Larry
《馬提尼翁府協議》 Matignon Accord
馬魯丁，蘇珊 Malutin, Susan

11畫

副司令馬科斯 Subcomandante Marcos
勒克頓 Lakton, Jerry
勒圖頓 Laktonen, Jerry
勒瑰恩，娥蘇拉 Le Guin, Ursula K.
國家人文基金會 National Endowment for the Humanities
基多 Kido, Pam
基利昂 Killion, Thomas
基辛 Keesing, Roger
基奈半島 Kenai Peninsula
康尼亞人 Koniags
康尼亞公司 Koniag Inc.
康考邁杜人 Concow Maidu
康菲公司阿拉斯加分公司 ConocoPhillips Alaska
康塞勒，阿普麗爾 Counceller, April Laktonen
《族人中的最後一人》 *The Last of His Tribe*
《族群有限公司》 *Ethnicity, Inc.*
曼朱，里戈韋塔 Menchú, Rigoberta
曼納，寇寇 Mena, Coco
望向兩邊 Looking Both Ways
《望向兩邊：阿魯提克人的遺產與身分》 *Looking Both Ways: Heritage and Identity of the Alutiiq People*
梅科尤克 Mekoryuk
梅森，亞瑟 Mason, Arthur
現代藝術博物館 Museum of Modern Art, MOMA
畢比 Bibby, Brian
莫拉雷斯 Morales, Evo
莫倫 Mallon, Sean
莫霍克人 Mohawks
《通用語》 *Lingua Franca*
通格韋族 Tongva
《部分回憶》 *Partial Recall*
《野人：現代美國曠野裡的伊許和克魯伯》 *Wild Men: Ishi and Kroeber in the Wilderness of Modern American*
陶貝爾，金 Tallbear, Kim

陶席格 Taussig, Michael
鹿澗 Deer Creek
麥卡倫 MacCannell, Dean
麥克阿瑟基金會 MacArthur Foundation
麥克洛斯基 McClosky, James
麥基恩，薇拉 McKeen, Vera Clark
麥德生 Madsen, Roy

12畫

傅柯 Foucault, Michel
傑克尼斯，艾拉 Jacknis, Ira
傑克遜 Jackson, Henry
傑羅尼莫 Geronimo
凱夏雅潑莫族 Kashaya Pomo
凱爾西，安德里婭 Kelsey, Andrea
凱緒人 Kesh
《創造歷史：阿拉斯加半島上的阿魯提克／蘇格皮亞克生活》 *Making History: Alutiiq/Sugpiaq Life on the Alaska Peninsula*
《博物館人類學》 *Museum Anthropology*
博韋 Bové, Jose
博納姆島 Ponam Island
博爾頓，理森 Bolton, Lissant
喬利，馬格莉特 Jolly, Margaret
喬奈提斯 Jonaitis, Aldona
喬治 George, Tommy
喬丹 Jordan, Richard
喬丹，麥可 Jordan, Michael
惠特尼美術館 Whitney Museum
散賈麗 Sangari, Kum Kum
斯皮科，克萊德 Speegle, Clyde
普拉，戈登 Pullar, Gordon
普拉特 Platt, Tony
普拉德霍灣 Prudhoe Bay
普瑞特博物館 Pratt Museum
《最後的莫希干人》 *The Last of the Mochicans*
《最後的雅希人伊許：一部紀實史》 *Ishi the Last Yahi: A Documentary History*
《森林人》 *The Forest People*
欽西安 Tismshian
湯馬斯 Thomas, David Hurst
湯森－高特，夏洛特 Townsend-Gault, Charlotte
湯瑪斯，尼可拉斯 Thomas, Nicholas
華勒斯坦 Wallerstein, Immanuel
菲丁 Fielding
菲利普，羅絲 Phillips, Ruth
菲爾德 Field, Les
萊特福特 Lightfoot, Kent
萊斯奈公司 Leisnoi Inc.
《訴說》 *The Telling*
費茲 Fitzhugh, William
費雪 Fisher, William J.
費爾班克斯 Fairbanks
費德曼 Friedman, Jonathan
賀蕭 Hershatter, Gail
鄉村阿拉斯加學院 College of Rural

譯名對照

Alaska
雅希 Yahi
〈雅希人的射箭〉 Yahi's Archery
雅那語 Yana
《黑暗的左手》 The Left Hand of Darkness
黑爾斯通，薇薇安 Hailstone, Vivien
黑麋鹿 Black Elk

13畫

圓谷保留地 Round Valley Reservation
塔克 Tac, Pablo
塔利 Tully, James
塔姆斯・魯瓦令加 Tamusi Qumak Nuvalinga
塔孟塔卡圖魯塔文化節 Tamamta Katurlluta cultural festival
塔斯馬尼亞 Tasmania
塞米諾人 Seminoles
塞澤爾 Césaire, Aimé
塞澤爾，蘇珊 Césaire, Suzanne
奧立佛山墓園 Mt. Olivet Cemetery
奧特亞羅瓦 Aotearoa
奧萊克莎 Oleksa, Michael
奧爾森 Olson, Charles
奧爾蒂斯 Ortiz, Alfonzo
奧爾蒂斯，貝弗莉 Ortiz, Beverly
奧羅維爾監獄 Oroville jail
《奧羅維爾機會報》 Orvoville Opportunity Bulletin
《意第緒園歷險記》 Adventure in Yiddishland
《新教民族與資本主義精神》 The Protestant Ethnic and the Spirit of Capitalism
新喀里多尼亞 New Caledonia
楚加奇山脈 Chugach range
楚科奇人 Chukchi
楚格尼尼 Truganini
溫頓 Wintu
瑙莫夫 Naumoff, Alfred
瑞莫夫 Naymoff, Alfred
《當代人類學》 Current Anthropology
聖英特森學院 St. Innocent Academy
聖復活主教堂 Holy Resurrection Cathedral
聖賀曼神學院 Saint Herman Theological Seminary
聖塔克魯茲 Santa Cruz
聖羅莎博物館 Santa Rosa museum
葛拉本，尼爾森 Graburn, Nelson
葛林，葛拉罕 Greene, Graham
葛洛義 Gilroy, Paul
葛蘭西 Gramsci
蒂瓦，德瑞莎 Teaiwa, Teresia
蒂利 Tilley, Christoper
蒂科皮亞島 Tikopia
詹明信 Jameson, Fredric
〈資本主義的宇宙觀〉 Cosmologies of Capitalism
賈敏，讓 Jamin, Jean
賈普塔 Gupta, Rahila

復返
Returns

賈維斯，安妮 Jarvis, Annie
路易辛諾族 Luiseño
《路徑》 Routes
《道斯計畫》 Dawes Plan
道森，羅絲 Dawson, Ruth Alice Olsen
達內爾 Darnell, Regna
達馬 Damas, Leon
達雅人 Dayak
雷丁 Redding
雷里斯，米歇爾 Leiris, Michel
雷貞瓦努，瑞夫 Regenvanu, Ralph

14畫
圖西族 Tusi
圖寧，史東 Telling, Stone
圖霍諾奧哈姆族 Tohono O'odham
漢德勒，理查 Handler, Richard
漢麗埃塔 Henrietta
瑪西 Massey, Doreen
瑪寶訴昆士蘭州 Mabo vs. Queensland
福斯特 Foster, George
種下種子 Vachiam Eechal/Planting the Seeds
維森諾 Vizenor, Gerald
《與一個真正的印第安人合影》 Take a Picture with a Real Indian
蓋吉奧 Gegeo, David
蓋舍亞 Geschiere, Peter
豪澤 Hauser, Kaspar
赫希，亞歷山大 Hirsch, Alexander Keller

赫斯特夫人 Hearst, Phoebe Apperson
赫斯特博物館 Hearst Museum
赫爾德利奇卡 Hrdlicka, Ales
《遙遠的全球》 Remote Global

15畫
墨菲 Murphy, Barbara
《墳墓事大》 Grave Matters
德沃 Désveaux, Emmanuel
德拉姆 Durham, Jimmie
德森，朵明格 Desson, Dominique
德爾加木庫訴卑詩省 Delgamuukw vs. British Columbia
德爾加多，吉列爾莫 Delgado-P, Guillermo
《德蘇烏扎拉》 Dersu Uzala
《憂鬱的熱帶》 Tristes Tropiques
潘乃德 Benedict, Ruth
歐文 Owen, Louis
範納普－里歐丹，安 Fienup-Riordan, Ann
魯珀特地 Rupertsland
黎剎 Rizal, José

16畫
《橡實湯》 Acorn Soup
〈歷史哲學論綱〉 Theses on the Philosophy of History
盧斯 Rouse, Roger
蕭特，大衛 Shorter, David
諾爾斯，馬格麗特 Knowles, Margaret

譯名對照

賴夫，傑德 Riffe, Jed
霍布斯邦 Hobsbawm
霍根 Hogan, John H.
霍格蘭 Hogeland, Kim
霍爾，史都華 Hall, Stuart
霍蘭 Holland, Robin
《頭骨戰爭》 Skull Wars
鮑爾 Powell, John Wesley
默倫 Merlan, Francesca

17畫
《嚎叫》 Howl
戴伊 Day, Frank
戴伊 Day, Frank
戴維森上尉 Captain David
濟慈 Keat, John
濱海布洛涅 Boulogne-sur-Mer
薛爾頓，安東尼 Shelton, Anthony
謝內，馬蒂娜 Chenet, Martine
謝普—休斯，南希 Scheper-Hughes
賽菊蔻 Sedgwick, Eve
邁杜人 Maidu
邁耶 Meyer, Joseph
邁耶—林姆 Meyers-Lim, Nicole
韓森 Hanson, Allan
韓德森，艾普莉 Henderson, April

18畫
薩米人 Sami
薩克曼 Sackman, Douglas Cazaux
薩利斯 Sarris, Greg

薩依德 Said, Edward
薩帕塔民族解放軍 Zapatista
薩林斯，馬歇爾 Sahlins, Marshall
薩茨頓語 Sugt'stun
《薩滿教、殖民主義與野人》
    Shamanism, Colonialism, and the
    Wild Man
薩爾瓦多 Salvador, Mari Lyn
〈薩摩亞刺青作為全球實踐〉
    Samoan Tatau as Global Practice
薩繆爾 Samuel, Raphael
〈謹記過去〉 Pasts to Remember
《轉變與改造》 Be Always Converting,
    Be Always Converted
魏特森 Wittershiem, Eric

19畫
懷特 White, Richard
懷特 White, Geffrey
懷特，海登 White, Hayden
羅伯茲 Roberts, Pamela
羅斯堡 Fort Ross
羅絲，狄波拉 Rose, Deborah Bird
羅雅提群島 Loyalty Islands
羅維 Lowie, Robert
羅澤爾 Rozelle, Bud
羅薩爾多 Rosaldo, Renato
龐德 Pound, Ezra

20畫
蘇格皮亞克人 Sugpiaq

蘇族 Sioux
蘇斯曼，安妮 Sussman, Anne

21畫
蘭伯特 Lambert, Michael
蘭傑 Ranger
《魔鬼辭典》 *Devil's Dictionary*

參考書目

Active, John. 2000. "Yup'iks in the City." In *Hunting Tradition in a Changing World: Yup'ik Lives in Alaska Today,* ed. Ann Fienup-Riordan. New Brunswick, NJ: Rutgers University Press. 169–182.

Adorno, Theodor. 1974. *Minima Moralia: Reflections on Damaged Life.* Frankfurt: Surkamp Verlag.

Althusser, Louis. 1972. "Ideology and Ideological State Apparatuses." In *Lenin and Philosophy and Other Essays.* New York: Monthly Review Press. 127–186.

Anders, Gary. 1990. "The Alaska Native Experience with the Alaska Native Claims Settlement Act." In *The Struggle for the Land,* ed. Paul A. Olson. Lincoln: University of Nebraska Press. 126–145.

Anderson, Benedict. 1983. *Imagined Communities: Reflections on the Origin and Spread of Nationalism.* London: Verso.

—. 1998. "Long Distance Nationalism." In *The Spectre of Comparisons: Nationalism, Southeast Asia, and the World.* London: Verso. 58–74.

Anderson, Mark. 2009. *Black and Indigenous: Garifuna Activism and Consumer Culture in Honduras.* Minneapolis: University of Minnesota Press.

Ang, Ien. 2001. *On Not Speaking Chinese: Living between Asia and the West.* London: Routledge.

Appadurai, Arjun. 1990. "Disjuncture and Difference in the Global Cultural Economy." *Public Culture* 2 (2): 1–24.

Appiah, Kwame Anthony. 1998. "Cosmopolitan Patriots." In *Cosmopolitics: Thinking and Feeling Beyond the Nation,* ed. Pheng Cheah and Bruce Robbins. Minneapolis: University of Minnesota Press. 91–114.

Barker, John, ed. 1990. *Christianity in Oceania: Ethnographic Perspectives.* ASAO

Monograph 12. Lanham, MD: University Press of America.

Barth, Fredrik, ed. 1969. *Ethnic Groups and Boundaries: The Social Organization of Cultural Difference.* Boston: Little, Brown.

Bartra, Roger. 1994. *Wild Men in the Looking Glass: The Mythic Origins of European Otherness.* Ann Arbor: University of Michigan Press.

Baviskar, Amita. 2007. "Indian Indigeneities: Adivasi Engagements with Hindu Nationalism in India." In *Indigenous Experience Today,* ed. Marisol de la Cadena and Orin Starn. Oxford: Berg. 275–303.

Benjamin, Walter. 1968. "Theses on the Philosophy of History." In *Illuminations,* ed. Hannah Arendt. New York: Schocken Books. 253–265.

Bensa, Alban. 1995. *Chroniques Kanak: L'etnologie en marche.* Paris: Ethnies-Documents.

—. 2000. *Ethnologie et Architecture: Le Centre Culturel Tjibaou.* Paris: Societe Nouvelle Adam Biro.

Bensa, Alban, and Eric Wittersheim. 1998. "Nationalism and Interdependence: The Political Thought of Jean-Marie Tjibaou." *The Contemporary Pacific* 10 (2): 369–391.

Berger, Thomas. (1985) 1995. *Village Journey: The Report of the Alaska Native Review Commission.* New York: Farrar, Straus and Giroux.

Bibby, Brian. 2005. *Deeper Than Gold: A Guide to Indian Life in the Sierra Foothills.* Berkeley: Heyday Books.

Biestman, Karen. 2003. "Ishi and the University." In *Ishi in Three Centuries,* ed. Karl Kroeber and Clifton Kroeber. Lincoln: University of Nebraska Press. 146–155.

Biolsi, Thomas. 2005. "Imagined Geographies: Sovereignty, Indigenous Space, and American Indian Struggles." *American Ethnologist* 32 (2): 239–259.

Black, Lydia. 2004. *Russians in Alaska, 1732-1867.* Fairbanks: University of Alaska Press.

Blaut, J. M. 1993. *The Colonizer's Model of the World: Geographical Diffusionism and Eurocentric History.* New York: Guilford Press.

Bolton, Lissant, ed. 1999. "Fieldwork, Fieldworkers: Developments in Vanuatu Research." Special issue, *Oceania* 60.

—. 2003. *Unfolding the Moon: Enacting Women's Kastom in Vanuatu.* Honolulu: University of Hawai'i Press.

Bonnemaison, Joel. 1994. *The Tree and the Canoe: History and Ethnography of Tanna,* trans. Josee Penot-Demetry. Honolulu: University of Hawai'i Press.

Brah, Avtar. 1996. *Cartographies of Diaspora: Contesting Identities.* London: Routledge.

Bray, Tamara, and Thomas Killion, eds. 1994. *Reckoning with the Dead: The Larsen Bay Repatriation and the Smithsonian Institution.* Washington, DC: Smithsonian Institution Press.

Brecher, Jeremy, Tim Costello, and Brendan Smith. 2000. *Globalization from Below.* Boston: South End Press.

Brechin, Gray. 1999. *Imperial San Francisco.* Berkeley: University of California Press.

Briggs, Charles. 1996. "The Politics of Discursive Authority in Research on the 'Invention of Tradition.' " *Cultural Anthropology* 11 (4): 435–469.

Brown, Michael. 2003. *Who Owns Native Culture?* Cambridge, MA: Harvard University Press.

Buck, Elizabeth. 1993. *Paradise Remade: The Politics of Culture and History in Hawai'i.* Philadelphia: Temple University Press.

Buckley, Thomas. 1996. "The Little History of Pitiful Events: The Epistemological and Moral Contexts of Kroeber's California Ethnology." *History of Anthropology* 8: 257–297.

Burrill, Richard. 2011. *Ishi's Untold Story in His First World.* Red Bluff, CA: Anthro Company.

Butler, Judith. 1998. "Merely Cultural." *New Left Review* 228: 33–44.

Calloway, Colin. 1990. *The Western Abenakis of Vermont, 1600–1800: War, Migration, and the Survival of an Indian People.* Norman: University of Oklahoma Press.

Carrier, James, ed. 1992. *History and Tradition in Melanesian Anthropology.* Berkeley: University of California Press.

Casanova, Pascale. 2005. *The World Republic of Letters.* Cambridge, MA: Harvard University Press.

Castaneda, Terri. 2002. "Salvaging the Anthropologist-Other at California's Tribal College." *American Indian Quarterly* 26 (2): 308–319.

Cattelino, Jessica. 2008. *High Stakes: Florida Seminole Gaming and Sovereignty.* Durham, NC: Duke University Press.

—. 2009. "Fungibility: Florida Seminole Casino Dividends and the Fiscal Politics of Indigeneity." *American Anthropologist* 111 (2): 190–200.

Chakrabarty, Dipesh. 2000. *Provincializing Europe: Postcolonial Thought and Historical Difference.* Princeton, NJ: Princeton University Press.

Chapman, Murray. 1978. "On the Cross-Cultural Study of Circulation." *International Migration Review* 12: 559–569.

—. 1991. "Island Movement and Sociopolitical Change: Metaphors of Misunderstanding." *Population and Development Review* 17: 263–292.

Chappell, David. 1997. *Double Ghosts: Oceanian Voyagers on Euroamerican Ships.* Armonk, NY: M. E. Sharpe.

Chaussonnet, Valerie. 1995. *Crossroads Alaska: Native Cultures of Alaska and Siberia.* Washington, DC: Arctic Studies Center, Smithsonian Institution.

Childs, John Brown. 1993. "Towards Transcommunality: The Highest Stage of Multiculturalism." *Social Justice* 20 (1): 35–51.

—. 1998. "Transcommunality: From the Politics of Conversion to the Ethics of Respect in the Context of Cultural Diversity—Learning from Native American Philosophies." *Social Justice* 25 (4): 143–169.

Chow, Rey. 2002. *The Protestant Ethnic and the Spirit of Capitalism.* New York: Columbia University Press.

Christen, Kimberly. 2004. "Properly Warumungu: Indigenous Future-Making in a Remote Australian Town." PhD diss., History of Consciousness Department, University of California, Santa Cruz.

—. 2005. "Gone Digital: Aboriginal Remix in the Cultural Commons." *International Journal of Cultural Property* 12: 315–344.

—. 2008. *Aboriginal Business: Alliances on a Remote Australian Town.* Santa Fe: School of American Research Press.

Clark, Anna. 1995. *The Battle of the Breeches: Gender and the Making of the British*

Working Class. Berkeley: University of California Press.

Clark, Donald. 1984. "Pacific Eskimo: Historical Ethnography." In *Handbook of North American Indians*. Vol. 5, ed. William Sturtevant. Washington, DC: Smithsonian Institution. 195–197.

Clifford, James. 1982. *Person and Myth: Maurice Leenhardt in the Melanesian World*. Berkeley: University of California Press.

—. 1986. "Introduction: Partial Truths." In *Writing Culture: The Poetics and Politics of Ethnography*, ed. James Clifford and George Marcus. Berkeley: University of California Press. 1–26.

—. 1988a. "Identity in Mashpee." In *The Predicament of Culture*. Cambridge, MA: Harvard University Press. 277–346.

—. 1988b. *The Predicament of Culture*. Cambridge, MA: Harvard University Press.

—. 1994. "Diasporas." *Cultural Anthropology* 9 (3): 302–338. Reprinted in *Routes* (1997). Cambridge, MA: Harvard University Press. 244–278.

—. 1997a. "Fort Ross Meditation." In *Routes: Travel and Translation in the Late Twentieth Century*. Cambridge, MA: Harvard University Press. 299–348.

—. 1997b. *Routes: Travel and Translation in the Late Twentieth Century*. Cambridge, MA: Harvard University Press.

—. 2000. "Taking Identity Politics Seriously: 'The Contradictory, Stony Ground . . . ' " In *Without Guarantees: In Honor of Stuart Hall*, ed. Paul Gilroy, Lawrence Grossberg, and Angela McRobbie. London: Verso. 94–112.

—. 2001. "Indigenous Articulations." *The Contemporary Pacific* 13 (2): 468–490.

—. 2002. "Post-N eo Colonial Situations: Notes on Historical Realism Today." In *Literatura e viagens pos-coloniais (ACT, No. 6)*, ed. Helena Carvalhao Buescu and Manuela Reibeiro Sanches. Lisbon: Edicoes Colibri. 9–32.

—. 2004a. "Looking Several Ways: Anthropology and Native Heritage in Alaska." *Current Anthropology* 45 (1): 5–23.

—. 2004b. "Traditional Futures." In *Questions of Tradition*, ed. Mark Phillips and Gordon Schochet. Toronto: University of Toronto Press. 152–168.

—. 2005. "Rearticulating Anthropology." In *Unwrapping the Sacred Bundle: Reflections on the Disciplining of Anthropology*, ed. Daniel Segal and Sylvia

Yanagisako. Durham, NC: Duke University Press. 24–48.

—. 2007. "Varieties of Indigenous Experience: Diasporas, Homelands, Sovereignties." In *Indigenous Experience Today,* ed. Marisol de la Cadena and Orin Starn. Oxford: Berg. 197–224.

—. 2009. "Hau'ofa's Hope." *Oceania* 79: 238–249.

Cohen, Robin. 1997. *Global Diasporas: An Introduction.* London: University College London Press.

Comaroff, John, and Jean Comaroff. 2009. *Ethnicity, Inc.* Chicago: University of Chicago Press.

Conklin, Beth. 1997. "Body Paint, Feathers, and VCRs: Aesthetics and Authenticity in Amazonian Activism." *American Ethnologist* 24 (4): 711–737.

Connery, Christopher. 1994. "Pacific Rim Discourse: The U.S. Global Imaginary in the Late Cold War Years." *Boundary 2* 21 (2): 30–56.

Connery, Christopher, and Rob Wilson, eds. 2007. *The Worlding Project: Doing Cultural Studies in the Era of Globalization.* Santa Cruz, CA: New Pacific Press.

Cooper, Frederick. 2001. "What Is the Concept of Globalization Good For? An African Historian's Perspective." *African Affairs* 100 (399): 189–213.

Crowell, Aron. 1997. *Archaeology and the Capitalist World System: A Study from Russian America.* New York: Plenum Press.

—. 2001. "Looking Both Ways." In *Looking Both Ways: Heritage and Identity of the Alutiiq People,* ed. Aron Crowell, Amy Steffian, and Gordon Pullar. Fairbanks: University of Alaska Press: 3–19.

—. 2004. "Terms of Engagement: The Collaborative Representation of Alutiiq Identity." *Etudes/Inuit/Studies* 28 (1): 9–35.

Crowell, Aron, and April Laktonen. 2001. "*Sugucihpet*—' Our Way of Living.' " In *Looking Both Ways: Heritage and Identity of the Alutiiq People,* ed. Aron Crowell, Amy Steffian, and Gordon Pullar. Fairbanks: University of Alaska Press. 137–187.

Crowell, Aron, and Sonja Luhrmann. 2001. "Alutiiq Culture: Views from Archaeology, Anthropology, and History." In *Looking Both Ways: Heritage and Identity of the Alutiiq People,* ed. Aron Crowell, Amy Steffian, and Gordon Pullar. Fairbanks: University of Alaska Press. 21–30.

Crowell, Aron, Amy Steffian, and Gordon Pullar, eds. 2001. *Looking Both Ways: Heritage and Identity of the Alutiiq People.* Fairbanks: University of Alaska Press.

Cruikshank, Julie. 1998. *The Social Life of Stories: Narrative and Knowledge in the Yukon Territory.* Lincoln: University of Nebraska Press.

Curtis, Tim. 2003. "Talking about Place: Identities, Histories, and Powers among the Na'hai Speakers of Malekula (Vanuatu)." PhD diss., Research School of Pacific and Asian Studies, Australian National University, Canberra, Australia.

Darnell, Regna. 1998. "Rethinking the Concepts of Band and Tribe, Community and Nation: An Accordion Model of Nomadic Native American Social Organization." In *Papers of the Twenty-Ninth Algonquian Conference/ Actes du congres des Algonquinistes.* Winnipeg: University of Manitoba. 90–105.

Dawson, Ruth Alice Olsen. 2001. "Bridging Traditions and Science." In *Looking Both Ways: Heritage and Identity of the Alutiiq People,* ed. Aron Crowell, Amy Steffian, and Gordon Pullar. Fairbanks: University of Alaska Press. 89.

de Angulo, Jaime. 1950. *Indians in Overalls.* San Francisco: City Lights Books.

de Certeau, Michel. 1984. *The Practice of Everyday Life.* Berkeley: University of California Press.

de la Cadena, Marisol. 2000. *Indigenous Mestizos: The Politics of Race and Culture in Cuzco, 1919-1991.* Durham, NC: Duke University Press.

de la Cadena, Marisol, and Orin Starn, eds. 2007. *Indigenous Experience Today.* Oxford: Berg.

Deloria, Philip. 1999. *Playing Indian.* New Haven, CT: Yale University Press.

—. 2004. *Indians in Unexpected Places.* Lawrence: University of Kansas Press.

Deloria, Vine, Jr. 1969. *Custer Died for Your Sins: An Indian Manifesto.* New York: Macmillan.

—. 1997. "Conclusion: Anthros, Indians, and Planetary Reality." In *Indians and Anthropologists: Vine Deloria and the Critique of Anthropology,* ed. Thomas Biolsi and Larry Zimmerman. Tucson: University of Arizona Press. 209–221.

—. 2000. Foreword to *Skull Wars: Kennewick Man, Archaeology, and the Battle for Native American Identity,* by David Hurst Thomas. New York: Basic Books. xiii–xvi.

DeLoughrey, Elizabeth. 2007. *Routes and Roots: Navigating Caribbean and Pacific Island Literatures.* Honolulu: University of Hawaiʻi Press.

Dening, Greg. 1980. *Islands and Beaches: Discourse on a Silent Land, Marquesas, 1774–1880.* Honolulu: University Press of Hawaii.

—. 2004. *Beach Crossings: Voyaging across Times, Cultures, and Self.* Philadelphia: University of Pennsylvania Press.

Desveaux, Emmanuel, ed. 2002. *Kodiak, Alaska: Les masques de la collection Alphonse Pinart.* Paris: Adam Biro.

Diaz, Vicente. 1993. "Pious Sites: Chamorro Culture at the Crossroads of Spanish Catholicism and American Liberalism." In *Cultures of United States Imperialism,* ed. Amy Kaplan and Donald Pease. Durham, NC: Duke University Press. 312–339.

—. 1994. "Simply Chamorro: Telling Tales of Demise and Survival in Guam. *The Contemporary Pacific* 6 (1). 29–58.

Diaz, Vicente M., and J. Kehaulani Kauanui, eds. 2001. *Native Pacific Cultural Studies on the Edge.* Special issue, *The Contemporary Pacific* 13 (2): 315–507.

Dinwoodie, David. 1999. "Textuality and the 'Voices' of Informants: The Case of Edward Sapir's 1929 Navajo Field School." *Anthropological Linguistics* 41 (2): 165–192.

Dobkins, Rebecca. 2003. "The Healer: Maidu Artist Frank Day's Vision of Ishi." In *Ishi in Three Centuries,* ed. Karl Kroeber and Clifton Kroeber. Lincoln: University of Nebraska Press. 388–393.

Dolores, Juan. 1911. Letter to A. L. Kroeber, May 4, 1911. Bancroft Library, CU-23, Box 11. UCB Department of Anthropology.

Dombrowski, Kirk. 2001. *Against Culture: Development, Politics, and Religion in Indian Alaska.* Lincoln: University of Nebraska Press.

—. 2002. "The Praxis of Indigenism and Alaska Native Timber Politics." *American Anthropologist* 104: 1062–1073.

Dominguez, Virginia. 1994. "Invoking Culture: The Messy Side of 'Cultural Politics.' " In *Eloquent Obsessions: Writing Cultural Criticism,* ed. Marianna Torgovnick. Durham, NC: Duke University Press. 237–259.

Durham, Jimmie. 1992. "Geronimo!" In *Partial Recall: Photos of Native North Americans,* ed. Lucy Lippard. New York: New Press. 55–58.

Eaton, Perry. 2009. "Kodiak Masks: A Personal Odyssey." In *The Alaska Native Reader: History, Culture, Politics,* ed. Maria Shaa Tlaa Williams. Durham, NC: Duke University Press. 283–293.

Englund, Harri. 2006. *Prisoners of Freedom: Human Rights and the African Poor.* Berkeley: University of California Press.

Errington, Frederick, and Deborah Gewertz. 1991. *Articulating Change in the "Last Unknown."* Boulder, CO: Westview Press.

Fabian, Johannes. 1983. *Time and the Other: How Anthropology Makes Its Object.* New York: Columbia University Press.

Ferguson, James. 2006. *Global Shadows: Africa in the Neoliberal World Order.* Durham, NC: Duke University Press.

Field, Les. 1999. "Complicities and Collaborations: Anthropologists and the 'Unacknowledged Tribes' of California." *Current Anthropology* 40: 193–209.

—. 2008. *Abalone Tales: Collaborative Explorations of Sovereignty and Identity in Native California.* Durham, NC: Duke University Press.

Fienup-Riordan, Ann. 1990. *Eskimo Essays: Yup'ik Lives and How We See Them.* New Brunswick, NJ: Rutgers University Press.

—. 1996. *The Living Tradition of Yup'ik Masks: Agayuliyararput (Our Way of Making Prayer).* Seattle: University of Washington Press.

—. 2000. *Hunting Tradition in a Changing World: Yup'ik Lives in Alaska Today.* New Brunswick, NJ: Rutgers University Press.

—. 2004a. *Wise Words of the Yup'ik People: We Talk to You Because We Love You.* Lincoln: University of Nebraska Press.

—. 2004b. *Yup'ik Voices in a German Museum: Fieldwork Turned on Its Head.* Seattle: University of Washington Press.

—. 2005. *Yup'ik Elders at the Ethnologisches Museum Berlin: Fieldwork Turned on Its Head.* Seattle: University of Washington Press in association with Calista Elders Council.

Finney, Ben. 1994. *Voyage of Discovery: A Cultural Odyssey through Polynesia.*

Berkeley: University of California Press.

Firth, Stewart. 2000. "Decolonization." In *Remembrance of Pacific Pasts: An Invitation to Remake History*, ed. Robert Borofsky. Honolulu: University of Hawai'i Press. 324–332.

Fischer, Edward, and R. McKenna Brown, eds. 1996. *Maya Cultural Activism in Guatemala*. Austin: University of Texas Press.

Fitzhugh, William, and Aron Crowell, eds. 1988. *Crossroads of Continents: Cultures of Siberia and Alaska*. Washington, DC: Smithsonian Institution.

Fitzhugh, William, and Susan Kaplan. 1982. *Innua: Spirit World of the Bering Sea Eskimo*. Washington, DC: Smithsonian Institution Press.

Flores, William, and Rina Benmayor, eds. 1997. *Latino Cultural Citizenship: Claiming Identity, Space, and Rights*. Boston: Beacon Press.

Forster, E. M. (1926) 1952. *A Passage to India*. New York: Harcourt, Brace and World.

Forte, Maximillian. 2006. *Indigenous Resurgence in the Contemporary Caribbean*. New York: Peter Lang.

Foucault, Michel. 1977. "Nietzsche, Genealogy, History." In *Language, Counter-Memory, Practice: Selected Essays and Interviews*. Ithaca, NY: Cornell University Press. 139–164.

—. 1984. "Des espaces autres" (conference au Cercle d'etudes architecturales, 14 mars 1967). *Architecture, Mouvement, Continuite* 5: 46–49.

Frank, L., and Kim Hogeland. 2007. *First Families: A Photographic History of California Indians*. Berkeley: Heyday Books.

Freeman, James. 1992. *Ishi's Journey: From the Center to the Edge of the World*. Happy Camp, CA: Naturegraph.

Friedman, Jonathan. 1990. "Being in the World: Globalization and Localization." In *Global Culture: Nationalism, Globalization and Modernity*, ed. Mike Featherstone. London: Sage. 311–328.

—. 1993. "Will the Real Hawaiian Please Stand: Anthropologists and Natives in the Global Struggle for Identity." *Bijdragen: Journal of the Royal Institute of Linguistics and Anthropology* 149: 738–767.

—. 1994. *Cultural Identity and Global Process.* London: Sage.

—. 2007. "Indigeneity: Anthropological Notes on a Historical Variable." In *Indigenous Peoples: The Challenge of Indigeneity, Self-Determination and Knowledge,* ed. Henry Minde. Delft: Eburon Academic. 29–48.

Fujikane, Candace, and Jonathan Okamura, eds. 2000. *Whose Vision? Asian Settler Colonialism in Hawai'i.* Special issue, *Amerasia Journal* 26 (2).

Gegeo, David Welchman. 1998. "Indigenous Knowledge and Empowerment: Rural Development Examined from Within." *The Contemporary Pacific* 10 (2): 289–315.

—. 2001. "Cultural Rupture and Indigeneity: The Challenge of (Re)visioning 'Place' in the Pacific." *The Contemporary Pacific* 13 (2): 491–508.

Geschiere, Peter. 2009. *The Perils of Belonging: Autochthony, Citizenship, and Exclusion in Africa and Europe.* Chicago: University of Chicago Press.

Ghere, David. 1993. "The 'Disappearance' of the Abenaki in Western Maine: Political Organization and Ethnocentric Assumptions." *American Indian Quarterly* 17: 193–207.

Giddens, Anthony. 1990. *The Consequences of Modernity.* Cambridge: Polity Press.

Gidwani, Vinay, and Kalyanakrishnan Sivaramakrishnan. 2003. "Circular Migration and the Spaces of Cultural Assertion." *Annals of the Association of American Geographers* 93 (1): 186–213.

Gilroy, Paul. 1993. *The Black Atlantic: Modernity and Double Consciousness.* Cambridge, MA: Harvard University Press.

—. 1996. "British Cultural Studies and the Pitfalls of Identity." In *Black British Cultural Studies,* ed. Houston Baker, Manthia Diawara, and Ruth Lindeborg. Chicago: University of Chicago Press. 223–239.

Gladney, Drew. 1996. "Relational Alterity: Constructing Dungan (Hui), Uygur, and Kazakh Identities across China, Central Asia and Turkey." *History and Anthropology* 9 (4): 445–477.

Glick-Schiller, Nina. 1995. "From Immigrant to Transmigrant: Theorizing Transnational Migration." *Anthropological Quarterly* 68 (1): 48–63.

Glissant, Edouard. 1992. *Caribbean Discourse: Selected Essays.* Charlottesville:

University of Virginia Press.

Golla, Victor. 2003. "Ishi's Language." In *Ishi in Three Centuries*, ed. Karl Kroeber and Clifton Kroeber. Lincoln: University of Nebraska Press. 208–227.

Gossen, Gary. 1999. "Indians Inside and Outside of the Mexican National Idea: A Case Study of the Modern Diaspora of San Juan Chamula." In *Telling Maya Tales: Tzotzil Identities in Modern Mexico.* London: Routledge. 189–208.

Graburn, Nelson. 1998. "Weirs in the River of Time: The Development of Historical Consciousness among Canadian Inuit." *Museum Anthropology* 22 (1): 18–32.

Green, Rayna. 1992. "Rosebuds of the Plateau: Frank Matsura and the Fainting Couch Aesthetic." In *Partial Recall: Photographs of Native North Americans*, ed. Lucy Lippard. New York: New Press. 47–54.

Griffin, Vanessa. 1993. "Putting Our Minds to Alternatives." In *A New Oceania: Rediscovering Our Sea of Islands*, ed. Eric Waddell, Vijay Naidu, and Epeli Hau'ofa. Suva, Fuji: School of Social and Economic Development, University of the South Pacific. 56–65.

Gupta, Akhil, and James Ferguson. 1992. "Beyond 'Culture': Space, Identity, and the Politics of Difference." *Cultural Anthropology* 7 (1): 1–23.

—, eds. 1997a. *Anthropological Locations: Boundaries and Grounds of a Field Science.* Berkeley: University of California Press.

—, eds. 1997b. *Culture, Power, Place: Explorations in Critical Anthropology.* Durham, NC: Duke University Press.

Haakanson, Sven. 2001 "Can There Be Such a Thing as a Native Anthropologist?" In *Looking Both Ways: Heritage and Identity of the Alutiiq People*, ed. Aron Crowell, Amy Steffian, and Gordon Pullar. Fairbanks: University of Alaska Press. 79.

Haakanson, Sven, and Anne-Claire Laronde. 2008. Preface to *Two Journeys: A Companion to the Giinaquq: Like a Face Exhibition*, by Koniag Inc. Kodiak, AK: Alutiiq Museum. 3–4.

Haakanson, Sven, and Amy Steffian, eds. 2009a. *Giinaquq: Like a Face/Comme un visage: Sugpiaq Masks of the Kodiak Archipelago.* Fairbanks: University of Alaska Press.

—, eds. 2009b. "Sugpiaq Masks from the Kodiak Archipelago." In *Giinaquq: Like*

a Face/Comme un visage: Sugpiaq Masks of the Kodiak Archipelago. Fairbanks: University of Alaska Press: 79–84.

Hale, Charles. 2002. "Does Multiculturalism Menace? Governance, Cultural Rights and the Politics of Identity in Guatemala." *Journal of Latin American Studies* 34: 485–524.

—. 2005. "Neoliberal Multiculturalism: The Remaking of Cultural Rights and Racial Dominance in Latin America. *PoLAR: Political and Legal Anthropology Review* 28 (1): 10–28.

—. 2006. Mas que un Indio/*More than an Indian: Racial Ambivalence and Neoliberal Multiculturalism in Guatemala.* Santa Fe, NM: School of American Research Press.

Hall, Stuart. 1986a. "Gramsci's Relevance for the Study of Race and Ethnicity." *Journal of Communication Inquiry* 10 (2): 5–27.

—. 1986b. "On Postmodernism and Articulation: An Interview with Stuart Hall." *Journal of Communication Inquiry* 10 (2): 131–150.

—. 1988. "New Ethnicities." In *Black Film, British Cinema,* ed. Kobena Mercer. BFI/ICA Document 7. London: Institue of Contemporary Arts. 27–31.

—. 1989. "Then and Now: A Re-evaluation of the New Left." In *Out of Apathy: Voices of the New Left Thirty Years On,* ed. Robin Archer. Oxford University Socialist Group. London: Verso. 143–170.

—. 1990. "Cultural Identity and Diaspora." In *Identity, Community, Culture, Difference,* ed. Jonathan Rutherford. London: Lawrence and Wishart. 222–237.

—. 1996. "When Was the Post-Colonial? Thinking at the Limit." In *The Post-Colonial Question,* ed. Iain Chambers and Lidia Curti. London: Routledge. 242–260.

—. 1998. "Subjects in History: Making Diasporic Identities." In *The House That Race Built,* ed. Whneema Lubiano. New York: Vintage. 289–300.

Hamelin, Christine. 2000. "Les gens de Noumea. Mutations et permanences en milieu urbain." In *En pays Kanak,* ed. Alban Bensa and Isabelle Leblic. Paris: Editions de la Laison des Sciences de l'homme. 339–354.

Hamilton, Carolyn. 1998. *Terrific Majesty: The Powers of Shaka Zulu and the Limits*

of Historical Invention. Cambridge, MA: Harvard University Press.
Handler, Richard. 1988. *Nationalism and the Politics of Culture in Quebec*. Madison: University of Wisconsin Press.
Handler, Richard, and Eric Gable. 1997. *The New History in an Old Museum: Creating the Past at Colonial Williamsburg*. Durham, NC: Duke University Press.
Handler, Richard, and Jocelyn Linnekin. 1984. "Tradition, Genuine or Spurious." *The Journal of American Folklore* 97 (385): 273–290.
Hanson, Allan. 1989. "The Making of the Maori: Cultural Invention and Its Logic. *American Anthropologist* 91: 890–902.
Haraway, Donna. 1988. "Situated Knowledges: The Science Question in Feminism and the Privilege of Partial Perspective." *Feminist Studies* 14 (1): 167–181.
—. 1997. *Modest_Witness@Second_Millenium*. New York: Routledge.
Harmon, Alexandra. 1998. *Indians in the Making: Ethnic Relations and Indian Identities around Puget Sound*. Berkeley: University of California Press.
Harvey, David. 1990. *The Condition of Postmodernity*. Oxford: Blackwell.
—. 2000. *Spaces of Hope*. Berkeley: University of California Press.
Hau'ofa, Epeli. 1983. *Tales of the Tikongs*. Auckland: Longman Paul.
—. 1987. Kisses in the Nederends. Auckland: Penguin.
—. 1993. "Our Sea of Islands." In *A New Oceania: Rediscovering Our Sea of Islands*, ed. Eric Waddell, Vijay Naidu, and Epeli Hau'ofa. Suva, Fuji: School of Social and Economic Development, University of the South Pacific. 2–19.
—. 2000. "Pasts to Remember." In *Remembrance of Pacific Pasts: An Invitation to Remake History*, ed. Robert Borofsky. Honolulu: University of Hawai'i Press. 453–472.
—. 2008. *We Are the Ocean: Selected Works*. Honolulu: University of Hawai'i Press.
Heizer, Robert, and Theodora Kroeber, eds. 1979. *Ishi the Last Yahi: A Documentary History*. Berkeley: University of California Press.
Helu, 'I. F. 1999. *Critical Essays: Cultural Perspectives from the South Seas*. Canberra: Journal of Pacific History, Australian National University Press.
Hereniko, Vilsoni. 1995. *Woven Gods: Female Clowns and Power in Rotuma*. Honolulu: University of Hawai'i Press.

—. 2000. "Indigenous Knowledge and Academic Imperialism." In *Remembrance of Pacific Pasts: An Invitation to Remake History,* ed. Robert Borofsky. Honolulu: University of Hawai'i Press. 78–91.

Hernandez Castillo, Rosalva Aida. 1997. "Between Hope and Adversity: The Struggle of Organized Women in Chiapas since the Zapatista Rebellion." *Journal of Latin American Anthropology* 3 (1): 102–120.

—. 2001. *Histories and Stories from Chiapas: Border Identities in Southern Mexico.* Austin: University of Texas Press.

Hewison, Robert. 1987. *The Heritage Industry.* London: Methuen.

Hill, Jonathan, ed. 1996. *History, Power, and Identity: Ethnogenesis in the Americas, 1492–1992.* Iowa City: University of Iowa Press.

Hobsbawm, Eric, and Terence Ranger, eds. 1983. *The Invention of Tradition.* Cambridge: Cambridge University Press.

Hodder, Ian. 1991. "Interpretive Archaeology and Its Role." *American Antiquity* 56: 7–18.

—. 1999. *The Archaeological Process.* Oxford: Blackwell.

Hoggart, Richard. 1957. *The Uses of Literacy: Changing Patterns in English Mass Culture.* Fair Lawn, NJ: Essential Books.

Hughte, Phillip. 1994. *A Zuni Artist Looks at Frank Hamilton Cushing: Cartoons by Phil Hughte.* Zuni, NM: A:shiwi Museum and Heritage Center.

Ignatieff, Michael. 1993. *Blood and Belonging: Journeys into the New Nationalism.* New York: Farrar, Straus and Giroux.

Ingold, Tim. 2007. *Lines: A Brief History.* London: Routledge.

Ivy, Marilyn. 1995. *Discourses of the Vanishing: Modernity, Phantasm, Japan.* Chicago: University of Chicago Press.

Jacknis, Ira. 2003. "Yahi Culture in the Wax Museum: Ishi's Sound Recordings." In *Ishi in Three Centuries,* ed. Karl Kroeber and Clifton Kroeber. Lincoln: University of Nebraska Press. 235–274.

—. 2008. " 'The Last Wild Indian in North America': Changing Museum Representations of Ishi." In *Museums and Difference,* ed. Daniel J. Sherman. Bloomington: Indiana University Press. 60–96.

Jaimes, M. Annette, and George Noriega. 1988. "History in the Making: How Academia Manufactures the 'Truth' about Native American Traditions." *Bloomsbury Review* 4 (5): 24–26.

James, Allison, Jenny Hockey, and Andrew Dawson, eds. 1997. *After Writing Culture: Epistemology and Praxis in Contemporary Anthropology.* London: Routledge.

Jameson, Fredric. 1975. "World Reduction in Le Guin: The Emergence of Utopian Narrative." *Science Fiction Studies* 2 (3): 1–11.

—. 1984. "Postmodernism, or the Cultural Logic of Late Capitalism." *New Left Review* 146: 53–97.

—. 2005. *Archaeologies of the Future: The Desire Called Utopia and Other Essays.* London: Verso.

Johnson, John F. C. 2001. "Repatriation and the Chugach Alaska People." In *Looking Both Ways: Heritage and Identity of the Alutiiq People,* ed. Aron Crowell, Amy Steffian, and Gordon Pullar. Fairbanks: University of Alaska Press. 92–93.

Jolly, Margaret. 1992. "Specters of Inauthenticity." *The Contemporary Pacific* 4 (1): 49–72.

—. 1994. *Women of the Place:* Kastom, *Colonialism and Gender in Vanuatu.* Chur, Switzerland: Harwood Academic Publishers.

—. 2001. "On the Edge? Deserts, Oceans, Islands." *The Contemporary Pacific* 13 (2): 417–466.

Jolly, Margaret, and Nicholas Thomas, eds. 1992. "The Politics of Tradition in the Pacific." Special issue, *Oceania* 62 (4).

Jonaitis, Aldona, and Richard Inglis. 1994. "Power, History, and Authenticity: The Mowachaht Whalers' Washing Shrine." In *Eloquent Obsessions: Writing Cultural Criticism,* ed. Marianna Torgovnick. Durham, NC: Duke University Press. 157–184.

Kame'eleihiwa, Lilikala. 1992. *Native Land and Foreign Desires: Pehea L‡ E Pono Ai? (How Shall We Live in Harmony?).* Honolulu, HI: Bishop Museum Press.

Kastoriano, Riva. 2003. "Diaspora, Transnationalism and the State." Paper presented at La Notion de Diaspora conference, Maison des Sciences de l'Homme, Poitiers, May 16.

Kauanui, Kehaulani. 1999. "Off-Island Hawaiians 'Making' Ourselves at 'Home': A (Gendered) Contradiction in Terms?" *Women's International Forum* 21 (6): 681–693.

—. 2008. *Hawaiian Blood: Colonialism and the Politics of Sovereignty and Indigeneity.* Durham, NC: Duke University Press.

Keesing, Roger. 1991. "Reply to Trask." *The Contemporary Pacific* 3 (1): 169–171.

—. 1996. "Class, Culture, Custom." In *Melanesian Modernities,* ed. Jonathan Friedman and James Carrier. Lund, Sweden: Lund University Press. 162–182.

Keesing, Roger, and Robert Tonkinson, eds. 1982. "Reinventing Traditional Culture: The Politics of Kastom in Island Melanesia." Special issue, *Mankind* 13 (4).

Kirshenblatt-Gimblett, Barbara. 1998. *Destination Culture: Tourism, Museums, and Heritage.* Berkeley: University of California Press.

Knecht, Richard. 1994. "Archaeology and Alutiiq Cultural Identity on Kodiak Island." *Society for American Archaeology Bulletin* 12 (5): 8–10.

—. 2001. "The Karluk Archaeological Project and the Changing Cultural Landscape of Kodiak Island." In *Looking Both Ways: Heritage and Identity of the Alutiiq People,* ed. Aron Crowell, Amy Steffian, and Gordon Pullar. Fairbanks: University of Alaska Press. 134.

Koniag Inc. 2008. *Two Journeys: A Companion to the Giinaquq: Like a Face Exhibition.* Kodiak, AK: Alutiiq Museum.

Kramer, Jennifer. 2006. *Switchbacks: Art, Ownership, and Nuxalk National Identity.* Vancouver: University of British Columbia Press.

Kroeber, A. L. 1925. *Handbook of the Indians of California.* Bureau of American Ethnology Bulletin 78. Washington, DC: U.S. Government Printing Office.

Kroeber, Karl. 2003. "The Humanity of Ishi." In *Ishi in Three Centuries,* ed. Karl Kroeber and Clifton Kroeber. Lincoln: University of Nebraska Press. 132–145.

—. 2004. Foreword to *Ishi in Two Worlds,* by Theodora Kroeber. Deluxe illustrated ed. Berkeley: University of California Press. xi–xxii.

Kroeber, Karl, and Clifton Kroeber, eds. 2003. *Ishi in Three Centuries.* Lincoln: University of Nebraska Press.

Kroeber, Theodora. 1961. *Ishi in Two Worlds: A Biography of the Last Wild Indian in*

North America. Berkeley: University of California Press.
—. 1964. *Ishi: Last of His Tribe*. New York: Houghton Mifflin.
—. 1970. *Alfred Kroeber: A Personal Configuration*. Berkeley: University of California Press.
—. 2004. *Ishi in Two Worlds*. Deluxe illustrated ed. Berkeley: University of California Press.
Kroeber, Theodora, and Robert Heizer, eds. 1968. *Almost Ancestors: The First Californians*. San Francisco: Sierra Club Books.
Kuhn, Thomas. 1962. *The Structure of Scientific Revolutions*. Chicago: University of Chicago Press.
Kuper, Adam. 2003. "The Return of the Native." *Cultural Anthropology* 44 (3): 389–402.
Laclau, Ernesto, and Chantal Mouffe. 1985. *Hegemony and Socialist Strategy: Towards a Radical Democratic Politics*. London: Verso.
Lambert, Michael. 2002. *Longing for Exile: Migration and the Making of a Translocal Community in Senegal, West Africa*. Portsmouth, NH: Heinemann.
Lang, Julian. 2008. "Reflections on the Iridescent One." In Les Field, *Abalone Tales: Collaborative Explorations of Sovereignty and Identity in Native California*. Durham, NC: Duke University Press. 84–106.
Larcom, Joan. 1982. "The Invention of Convention." *Mankind* 13 (4): 330–337.
Lear, Jonathan. 2006. *Radical Hope: Ethics in the Face of Cultural Devastation*. Cambridge, MA: Harvard University Press.
Lee, Molly, and Nelson Graburn. 2003. "Reconfiguring Kodiak: The Past and the Present in the Present." *American Anthropologist* 105 (3): 613–620.
Leeds-Hurwitz, Wendy. 2005. *Rolling in Ditches with Shamans: Jaime de Angulo and the Professionalization of American Anthropology*. Lincoln: University of Nebraska Press.
Leer, Jeff. 2001. "The Dance Continues." In *Looking Both Ways: Heritage and Identity of the Alutiiq People*, ed. Aron Crowell, Amy Steffian, and Gordon Pullar. Fairbanks: University of Alaska Press. 219.
Le Guin, Ursula. 1976. *The Word for World Is Forest*. New York: Berkeley Medallion.

—. 1985. *Always Coming Home*. Berkeley: University of California Press.

—. 1989. "A Non-E uclidian View of California as a Cold Place to Be." In *Dancing at the Edge of the World*. New York: Grove Press. 80–100.

Levi-Bruhl, Lucien. 1923. *Primitive Mentality*. Charleston, SC: Nabu Press.

Levi-Strauss, Claude. 1955. *Tristes Tropiques*. Paris: Plon-Terre Humaine.

—. 1966. "Anthropology: Its Achievement and Future." *Current Anthropology* 7: 124–127.

—. 1971. *Mythologiques*. New York: Omnibus Press.

—. 1999. *The Way of the Masks*. Vancouver: University of British Columbia Press.

Levi-Strauss, Claude, and Didier Eribon. 1991. *Conversations with Claude Levi-Strauss*, trans. Paula Wissing. Chicago: University of Chicago Press.

Levitt, Peggy. 2001. *The Transnational Villagers*. Berkeley: University of California Press.

Lilley, Ian. 2004. "Diaspora and Identity in Archaeology: Moving beyond the Black Atlantic." In *A Companion to Social Archaeology*, ed. Lynn Meskell and Robert Preucel. Oxford: Blackwell. 287–312.

—. 2006. *Journal of Social Archaeology* 6 (1): 28–47.

Lindqvist, Sven. 1997. *"Exterminate All the Brutes": One Man's Odyssey into the Heart of Darkness and the Origins of European Genocide*. New York: New Press.

Linnekin, Jocelyn. 1991. "Cultural Invention and the Dilemma of Authenticity." *American Anthropologist* 93: 446–449.

Linnekin, Jocelyn, and Lin Poyer, eds. 1990. *Cultural Identity and Ethnicity in the Pacific*. Honolulu: University of Hawai'i Press.

Lippard, Lucy, ed. 1992. *Partial Recall: Photographs of Native North Americans*. New York: New Press.

Lipsitz, George. 1998. *The Possessive Investment in Whiteness: How White People Profit from Identity Politics*. Philadelphia: Temple University Press.

Liss, Andrea. 1992. "The Art of James Luna: Postmodernism with Pathos." In *James Luna: Actions and Reactions*, ed. Rolando Castellon. Santa Cruz, CA: Mary Porter Sesnon Art Gallery. 7–20.

Long, Frederick. 1998. " 'The Kingdom Must Come Soon': The Role of A. L. Kroeber

and the Hearst Survey in Shaping California Anthropology, 1901–1920." MA thesis, Department of History, Simon Fraser University.

Luehrmann, Sonja. 2008. *Alutiiq Villages under Russian and U.S. Rule.* Fairbanks: University of Alaska Press.

Luna, James. 2011. "Fasten Your Seat Belts, Prepare for Landing." In *Lisbeth Haas, Pablo Tac, Indigenous Scholar.* Berkeley: University of California Press. 41–45.

Luthin, Herbert, and Leanne Hinton. 2003. In *Ishi in Three Centuries,* eds. Karl Kroeber and Clifton Kroeber. Lincoln: University of Nebraska Press. 318–354.

Maaka, Roger, and Augie Fleras. 2000. "Engaging with Indigeneity: Tino Rangatiratanga in Aotearoa." In *Political Theory and the Rights of Indigenous Peoples,* ed. Duncan Ivison, Paul Patton, and Will Sanders. Cambridge: Cambridge University Press. 89–111.

MacCannell, Dean. 1992. *Empty Meeting Grounds: The Tourist Papers.* London: Routledge.

Madsen, Roy. 2001. "Tides and Ties of Our Culture." In *Looking Both Ways: Heritage and Identity of the Alutiiq People,* ed. Aron Crowell, Amy Steffian, and Gordon Pullar. Fairbanks: University of Alaska Press. 75.

Mallon, Sean. 2005. "Samoan *Tatau* as Global Practice." In *Tattoo: Bodies, Art and Exchange in the Pacific and the West,* ed. Nicolas Thomas, Anna Cole, and Bronwen Douglas. London: Reaktion Books. 145–170.

Mamdani, Mahmood. 2002. *When Victims Become Killers: Colonialism, Nativism and the Genocide in Rwanda.* Princeton, NJ: Princeton University Press.

Mason, Arthur. 2002. "The Rise of an Alaska Native Bourgeoisie." *Etudes/Inuit/Studies* 26 (2): 5–23.

—. 2008. "Vanguard Heritage Practice and the Import of Expertise." *Etudes/Inuit/Studies* 32 (2): 107–125.

—.2010a. "Of Enlightenment and Alaska Early Moderns." *Identities: Global Studies in Culture and Power* 17: 411–429.

—. 2010b. "Whither the Historicities of Alutiiq Heritage Work Are Drifting." In *Indigenous Cosmopolitans: Transnational and Transcultural Indigeneity in the Twenty-First Century,* ed. Maximilian Forte. Frankfurt am Main: Peter Lang.

77–96.
Massey, Doreen. 1994. *Space, Place, and Gender.* Minneapolis: University of Minnesota Press.
McClosky, James. 2008. "Irish as a World Language." In *Why Irish?,* ed. Brian O Conchubhar and Breandan O Buachalla. Dublin and Syracuse: Arlen House and Syracuse University Press. 2–17.
Meade, Marie. 2000. "Speaking with Elders." In *Hunting Tradition in a Changing World: Yup'ik Lives in Alaska Today,* ed. Ann Fienup-Riordan. New Brunswick, NJ: Rutgers University Press. 246–252.
Meek, Barbara. 2012. *We Are Our Language: An Ethnography of Language Revitalization in a Northern Athabaskan Community.* Tucson: University of Arizona Press.
Merlan, Francesca. 1997. "Fighting over Country: Four Commonplaces." In *Fighting over Country: Anthropological Perspectives.* CAEPR Research Monograph, no. 12. Canberra: Centre for Aboriginal Economic Policy Research, Australian National University. 4–15.
—. 1998. *Caging the Rainbow: Places, Politics, and Aborigines in a North Australian Town.* Honolulu: University of Hawai'i Press.
Meyers, Fred. 2002. *Painting Culture: The Making of an Aboriginal High Art.* Durham NC: Duke University Press.
Miller, Daniel. 1987. *Material Culture and Mass Consumption.* Oxford: Blackwell.
—. 1994. *Modernity: An Ethnographic Approach.* Oxford: Oxford University Press.
—. 1995a. "Consumption and Commodities." *Annual Review of Anthropology* 24: 141–161.
—. 1995b. "Introduction: Anthropology, Modernity and Consumption." In *Worlds Apart: Modernity through the Prism of the Local.* London: Routledge. 1–23.
—, ed. 1995c. *Worlds Apart: Modernity through the Prism of the Local.* London: Routledge.
Mintz, Sidney. 1966. "The Caribbean as a Socio-Cultural Area." *Cahiers d'Histoire Mondiale* 9: 912–937.
Mishler, Craig, and Rachel Mason. 1996. "Alutiiq Vikings: Kinship and Fishing in Old

Harbor, Alaska." *Human Organization* 55 (3): 263–269.

Mishler, Craig. 2001. "Kodiak Alutiiq Weather Lore." In *Looking Both Ways: Heritage and Identity of the Alutiiq People,* ed. Aron Crowell, Amy Steffian, and Gordon Pullar. Fairbanks: University of Alaska Press. 150–151.

—. 2003. *Black Ducks and Salmon Bellies: An Ethnography of Old Harbor and Ouzinkie, Alaska.* Virginia Beach, VA: Donning.

Mishra, Vijay. 1996a. "(B)ordering Naipaul: Indenture History and Diasporic Poetics." *Diaspora* 5 (2): 189–237.

—. 1996b. "The Diasporic Imaginary: Theorizing the Indian Diaspora." *Textual Practice* 10 (3): 421–447.

Mitchell, Joseph. 1960. "Mohawks in High Steel." In *Apologies to the Iroquois,* ed. Edmund Wilson. New York: Vintage. 3–38.

Mitchell, Marybelle. 1996. *From Talking Chiefs to a Native Corporate Elite: The Birth of Class and Nationalism among Canadian Inuit.* Montreal: McGill-Queen's University Press.

Molisa, Grace Mera. 1987. *Colonized People: Poems.* Port Vila: Black Stone Press.

Morphy, Howard. 2008. *Becoming Art: Exploring Cross-Cultural Categories.* Sydney: University of New South Wales Press.

Muehlebach, Andrea. 2001. " 'Making Place' at the United Nations: Indigenous Cultural Politics at the U.N. Working Group on Indigenous Populations." *Cultural Anthropology* 16 (3): 415–448.

Nabokov, Peter. 2002. *A Forest of Time: American Indian Ways of History.* Cambridge: Cambridge University Press.

Naepels, Michel. 2000. "Partir a Noumea. Remarques sur les migrants originaires de la region aije." In *En pays Kanak,* ed. Alban Bensa and Isabelle Leblic. Paris: Editions de la Maison des Sciences de l'Homme. 355–365.

Nelson, Diane. 1999. *A Finger in the Wound: Body Politics in Quincentennial Guatemala.* Berkeley: University of California Press.

Newman, John Henry. 1920. *An Essay on the Development of Christian Doctrine.* New York: Longmans, Green.

Nielsen, Mary Jane. 2001. "The Spirits Are Still There: Memories of Katmai Country."

In *Looking Both Ways: Heritage and Identity of the Alutiiq People,* ed. Aron Crowell, Amy Steffian, and Gordon Pullar. Fairbanks: University of Alaska Press. 84.

Niezen, Ronald. 2003. *The Origins of Indigenism: Human Rights and the Politics of Identity.* Berkeley: University of California Press.

Nora, Pierre, ed. 1984. *Les lieux de memoire.* 3 vols. Paris: Gallimard.

Nyamnjoh, Francis. 2007. "From Bounded to Flexible Citizenship: Lessons from Africa." *Citizenship Studies* 11 (1): 73–82.

Oleksa, Michael. 1990. "The Creoles and Their Contributions to the Development of Alaska." In *Russian America: The Forgotten Frontier,* ed. Barbara Sweetland and Redmond J. Barnett. Tacoma: Washington State Historical Society. 185–195.

—. 1992. *Orthodox Alaska: A Theology of Mission.* Crestwood, NY: St. Vladimir's Seminary Press.

Ong, Aihwa. 1999. *Flexible Citizenship: The Cultural Logics of Transnationality.* Durham, NC: Duke University Press.

—. 2000. "Graduated Sovereignty in South-East Asia." *Theory, Culture and Society* 17 (4): 55–75.

—. 2006. *Neoliberalism as Exception: Mutations of Citizenship and Sovereignty.* Durham, NC: Duke University Press.

Ong, Aiwah, and Stephen Collier. 2005. *Global Assemblages: Technology, Politics, and Ethics as Anthropological Problems.* Oxford: Blackwell.

Ong, Aiwah, and Donald Nonini, eds. 1997. *Ungrounded Empires: The Cultural Politics of Modern Chinese Transnationalism.* New York: Routledge.

Ortiz, Beverley. 2013. Personal communication. Excerpt from an unattributed newspaper clipping, probably March 1976, preserved in a scrapbook by the late Josephine Peters (Karuk).

Ortner, Sherry. 1998. "Identities: The Hidden Life of Class." *Journal of Anthropological Research* 54 (1): 1–17.

Ostrowitz, Judith. 2009. *Interventions: Native American Art for Far-Flung Territories.* Seattle: University of Washington Press.

Otto, Ton, and Nils Bubandt, eds. 2010. *Experiments in Holism: Theory and Practice*

in Contemporary Anthropology. Oxford: Blackwell.

Owen, Louis. 2003. "Native Sovereignty and the Tricky Mirror: Gerald Vizenor's 'Ishi and the Wood Ducks.' " In *Ishi in Three Centuries,* ed. Karl Kroeber and Clifton Kroeber. Lincoln: University of Nebraska Press. 373–387.

Partnow, Patricia. 2001a. "Alutiiq Identity." In *Looking Both Ways: Heritage and Identity of the Alutiiq People,* ed. Aron Crowell, Amy Steffian, and Gordon Pullar. Fairbanks: University of Alaska Press. 68–69.

—. 2001b. *Making History: Alutiiq/Sugpiaq Life on the Alaska Peninsula.* Fairbanks: University of Alaska Press.

Peel, J. D. Y. 1978. "Olaju: A Yoruba Concept of Development." *Journal of Development Studies* 14: 139–165.

Peters, Kurt. 1995. "Santa Fe Indian Camp, House 21, Richmond California: Persistence of Identity among Laguna Pueblo Railroad Laborers, 1945–1982." *American Indian Culture and Research Journal* 19 (3): 33–70.

Phillips, Mark. 2004. Introduction to *Questions of Tradition,* ed. Mark Phillips and Gordon Schochet. Toronto: University of Toronto Press. 3–29.

Phillips, Mark, and Gordon Schochet, eds. 2004. *Questions of Tradition.* Toronto: University of Toronto Press.

Phillips, Ruth. 1998. *Trading Identities: The Souvenir in Native North American Art from the Northeast, 1700–1900.* Seattle: University of Washington Press.

—. 2003. "Introduction: Community Collaboration in Exhibitions: Toward a Dialogic Paradigm." In *Museums and Source Communities,* ed. Laura Peers and Alison Brown. London: Routledge. 155–170.

—. 2012. *Museum Pieces: Toward the Indigenization of Canadian Museums.* Montreal and Kingston: McGill and Queens University Press.

Platt, Tony. 2011. *Grave Matters: Excavating California's Buried Past.* Berkeley: Heyday Books.

Piot, Charles. 1999. *Remotely Global: Village Modernity in West Africa.* Durham, NC: Duke University Press.

Pope, Saxton. 1918. "Yahi Archery." *University of California Publications in American Archaeology and Ethnology* 12 (2): 103–182.

—. 1920. "The Medical History of Ishi." *University of California Publications in American Archaeology and Ethnology* 13 (5): 175–213.

Povinelli, Elizabeth. 2002. *The Cunning of Recognition: Indigenous Alterities and the Making of Australian Multiculturalism.* Durham, NC: Duke University Press.

Pratt, Mary Louise. 1992. *Imperial Eyes: Travel Writing and Transculturation.* New York: Routledge.

Pred, Alan, and Michael Watts. 1992. *Reworking Modernity: Capitalisms and Symbolic Discontent.* New Brunswick, NJ: Rutgers University Press.

Price, Richard. 1998. *The Convict and the Colonel.* Boston: Beacon Press.

Pullar, Gordon. 1992. "Ethnic Identity, Cultural Pride, and Generations of Baggage: A Personal Experience." *Arctic Anthropology* 29: 182–191.

—. 2001. "Contemporary Alutiiq Identity." In *Looking Both Ways: Heritage and Identity of the Alutiiq People,* ed. Aron Crowell, Amy Steffian, and Gordon Pullar. Fairbanks: University of Alaska Press. 73–98.

—. 2009. "Historical Ethnography of Nineteenth-Century Kodiak Villages." In *Giinaquq: Like a Face/Comme un visage: Sugpiaq Masks of the Kodiak Archipelago,* ed. Sven Haakanson and Amy Steffian. Fairbanks: University of Alaska Press: 41–79.

Pullar, Gordon, and Richard A. Knecht. 1995. "Alutiiq." In *Crossroads Alaska: Native Cultures of Alaska and Siberia,* ed. Valerie Chaussonnet. Washington, DC: Arctic Studies Center, National Museum of Natural History, Smithsonian Institution Press. 14–15.

Rabasa, Jose. 2010. *Without History: Subaltern Studies, The Zapatista Insurgency, and the Specter of History*. Pittsburgh: University of Pittsburgh Press.

Rafael, Vicente. 1989. "Imagination and Imagery: Filipino Nationalism in the 19th Century." *Inscriptions* 5: 25–48.

Ramirez, Renya. 2007. *Native Hubs: Culture, Community, and Belonging in Silicon Valley and Beyond*. Durham, NC: Duke University Press.

Ramos, Alcida. 1998. *Indigenism: Ethnic Politics in Brazil.* Madison: University of Wisconsin Press.

Reagon, Bernice Johnson. 1983. "Coalition Politics: Turning the Century." In

Homegirls: A Black Feminist Anthology, ed. Barbara Smith. New York: Kitchen Table Press. 356–368.

Rickard, Jolene. 1992. "Cew Ete Haw I Tih: The Bird That Carries Language Back to Another." In *Partial Recall: Photographs of Native North Americans*, ed. Lucy Lippard. New York: New Press. 105–112.

Rigsby, Bruce. 1995. "Tribes, Diaspora People and the Vitality of Law and Custom: Some Comments." In *Anthropology in the Native Title Era: Proceedings of a Workshop*, ed. Jim Fingleton and Julie Finlayson. Canberra: Australian Institute of Aboriginal and Torres Straits Islander Studies. 25–27.

Ritter, Kathleen. 2008. "The Reclining Figure and Other Provocations." In *Rebecca Belmore: Rising to the Occasion*, ed. Daina Augaitis and Kathleen Ritter. Vancouver: Vancouver Art Gallery. 53–65.

Roosens, Eugeen. 1989. *Creating Ethnicity: The Process of Ethnogenesis*. London: Sage Press.

Rosaldo, Renato. 1980. *Ilongot Headhunting, 1883–1974: A Study in Society and History*. Stanford: Stanford University Press.

—. 1989. *Culture and Truth: The Remaking of Social Analysis*. Boston: Beacon.

Rose, Deborah Bird. 2004. *Reports from a Wild Country: Ethics for Decolonization*. Sydney: University of New South Wales Press.

Rouse, Roger. 1991. "Mexican Migration and the Social Space of Postmodernism." *Diaspora* 1 (1): 8–23.

Rumsey, Alan, and James Weiner, eds. 2001. *Emplaced Myth: Space, Narrative, and Knowledge in Aboriginal Australia and Papua New Guinea*. Honolulu: University of Hawai'i Press.

Ryan, Stephen. 1996. " 'The Voice of Sanity Getting Hoarse'? Destructive Processes in Violent Ethnic Conflict." In *The Politics of Difference: Ethnic Premises in a World of Power*, ed. Edwin Wilmsen and Patrick McAllister. Chicago: University of Chicago Press. 144–161.

Sackman, Douglas Cazaux. 2010. *Wild Men: Ishi and Kroeber in the Wilderness of Modern America*. Oxford: Oxford University Press.

Sahlins, Marshall. 1981. *Historical and Mythical Realities: Structure in the Early*

History of the Sandwich Islands Kingdom. Ann Arbor: University of Michigan Press.
—. 1985. *Islands of History.* Chicago: University of Chicago Press.
—. 1993. "Cery Cery Fuckabede." *American Ethnologist* 20: 848–867.
—. 1994. "Goodbye to Tristes Tropes: Ethnography in the Context of Modern World History." In *Assessing Cultural Anthropology,* ed. Robert Borofsky. New York: McGraw-Hill Press. 377–394.
—. 1995. *How "Natives" Think: About Captain Cook, For Example.* Chicago: University of Chicago Press.
—. 1999. "What Is Anthropological Enlightenment? Some Lessons of the Twentieth Century." *Annual Review of Anthropology* 28. i–xxii.
—. 2000. "Cosmologies of Capitalism: The Trans-Pacific Sector of 'The World System.' " In *Culture in Practice: Selected Essays.* New York: Zone Books. 415–469.
Said, Edward. 1983. *The World, the Text, and the Critic.* Cambridge, MA: Harvard University Press.
Samuel, Raphael. 1994. *Theatres of Memory.* Vol. 1, *Past and Present in Contemporary* Culture. London: Verso.
Sangari, Kum Kum. 2002. *The Politics of the Possible: Essays on Gender, History, Narratives, Colonial English.* London: Anthem Press.
Sapir, Edward. 1916. "Terms of Relationship and the Levirate." *American Anthropologist* 16 (3): 327–337.
Sarris, Greg. 1993. *Keeping Slug Woman Alive: A Holistic Approach to American Indian* Texts. Berkeley: University of California Press.
—. 1994. *Mabel McKay: Weaving the Dream. Berkeley: University of California Press.*
Sassen, Saskia. 1991. *The Global City: New York, London, Tokyo.* Princeton, NJ: Princeton University Press.
Scheper-Hughes, Nancy. 2003 "Ishi's Brain, Ishi's Ashes: Reflections on Anthropology and Genocide." In *Ishi in Three Centuries,* ed. Karl Kroeber and Clifton Kroeber. Lincoln: University of Nebraska Press. 99–131.
Sedgwick, Eve. 1985. *Between Men: English Literature and Male Homosocial Desire.*

New York: Columbia University Press.

Shackley, M. Steven. 2000. "The Stone Tool Technology of Ishi and the Yana of North Central California: Inferences for Hunter-Gatherer Cultural Identity in Historic California." *American Anthropologist* 104 (4): 693–712.

Shandler, Jeffrey. 2006. *Adventures in Yidishland: Postvernacular Language and Culture.* Berkeley: University of California Press.

Shanigan, Marlane. 2001. "Kanatak Tribal Council." In *Looking Both Ways: Heritage and Identity of the Alutiiq People,* ed. Aron Crowell, Amy Steffian, and Gordon Pullar. Fairbanks: University of Alaska Press. 86.

Sharp, John. 1996. "Ethnogenesis and Ethnic Mobilization: A Comparative Perspective on a South African Dilemma." In *The Politics of Difference: Ethnic Premises in a World of Power,* ed. Edwin Wilmsen and Patrick McAllister. Chicago: University of Chicago Press. 85–103.

Shorter, David. 2009. *We Will Dance Our Truth: Yaqui History in Yoeme Performances.* Lincoln: University of Nebraska Press.

Sissons, Jeffrey. 2005. *First Peoples: Indigenous Cultures and Their Futures.* London: Reaktion Books.

Skinner, Ramona. 1997. *Alaska Native Policy in the Twentieth Century.* New York: Garland.

Slack, Jennifer Daryl. 1996. "The Theory and Method of Articulation in Cultural Studies." In *Stuart Hall: Critical Dialogues in Cultural Studies,* ed. David Morley and Kian-Hsing Chen. London: Routledge. 112–129.

Slobin, Mark. 1998. "Scanning a Subculture: Introduction to Klezmerology." *Judaism* 47 (1): 3–5.

Small, Cathy. 1997. *From Tongan Villages to the American Suburbs.* Ithaca, NY: Cornell University Press.

Smith, Benjamin Richard. 2000. " 'Local' and 'Diaspora' Connections to Country and Kin in Central Cape York Peninsula." In *Land, Rights, Laws: Issues of Native Title.* Vol. 2, no. 6, ed. Jessica Weir. Canberra: Australian Institute of Aboriginal and Torres Straits Islander Studies. 1–8.

Smith, Linda Tuhiwai. 1999. *Decolonizing Methodologies: Research and Indigenous*

Peoples. London: Zed Books.

Smith, Paul Chaat. 1992. "Every Picture Tells a Story." In *Partial Recall: Photographs of Native North Americans,* ed. Lucy Lippard. New York: New Press. 95–100.

—. 2009. *Everything You Know about Indians Is Wrong.* Minneapolis: University of Minnesota Press.

Speaker, Stuart. 2003. "Repatriating the Remains of Ishi: Smithsonian Institution Report and Recommendation." In *Ishi in Three Centuries,* ed. Karl Kroeber and Clifton Kroeber. Lincoln: University of Nebraska Press. 73–86.

Spicer, Edward. 1980. *The Yaquis: A Cultural History.* Tucson: University of Arizona Press.

—. 1982. "The Nations of a State." *Boundary 2* 19 (3): 26–48.

Starn, Orin. 2003. "Ishi's Spanish Words." In *Ishi in Three Centuries,* ed. Karl Kroeber and Clifton Kroeber. Lincoln: University of Nebraska Press. 201–207.

—. 2004. *Ishi's Brain: In Search of America's Last "Wild" Indian.* New York: Norton.

Steffian, Amy. 2001. "Cu'milalhet—' Our Ancestors.' " In *Looking Both Ways: Heritage and Identity of the Alutiiq People,* ed. Aron Crowell, Amy Steffian, and Gordon Pullar. Fairbanks: University of Alaska Press. 99–135.

Steinbright, Jan, and Clark James Mishler. 2001. *Qayaqs and Canoes: Native Ways of Knowing.* Anchorage: Alaska Native Heritage Center.

Stephen, Lynn. 2002. *Zapata Lives! Histories and Cultural Politics in Southern Mexico.* Berkeley: University of California Press.

Stewart, Kathleen. 1996. *A Space on the Side of the Road: Cultural Politics in an "Other" America.* Princeton, NJ: Princeton University Press.

Strang, Veronica. 2000. "Showing and Telling: Australian Land Rights and Material Moralities." *Journal of Material Culture* 5 (3): 275–299.

Sturm, Circe. 2002. *Blood Politics: Race, Culture and Identity in the Cherokee Nation of Oklahoma.* Berkeley: University of California Press.

—. 2011. *Becoming Indian: The Struggle over Cherokee Identity in the Twenty-First Century.* Santa Fe: School of American Research Press.

Sullivan, Paul. 1989. *Unfinished Conversations: Mayas and Foreigners between Two Wars.* New York: Knopf.

Sutton, Peter. 1988. "Myth as History, History as Myth." In *Being Black: Aboriginal Cultures in "Settled" Australia,* ed. Ian Keen. Canberra: Aboriginal Studies Press. 251–268.

Swain, Tony. 1993. *A Place for Strangers: Towards a History of Australian Aboriginal Being.* Cambridge: Cambridge University Press.

Taussig, Michael. 1987. *Shamanism, Colonialism, and the Wild Man: A Study in Terror and Healing.* Chicago: University of Chicago Press.

Teaiwa, Teresia 2001a. "Lo(o)sing the Edge." *The Contemporary Pacific* 13 (2): 343–357.

—. 2001b. "Militarism, Tourism, and the Native: Articulations in Oceania." PhD diss., History of Consciousness Department, University of California, Santa Cruz.

Thaman, Konai Helu. 1985. "The Defining Distance: People, Places, and Worldview." *Pacific Viewpoint* 26 (1): 106–115.

Thomas, David Hurst. 2000. *Skull Wars: Kennewick Man, Archaeology, and the Battle for Native American Identity.* New York: Basic Books.

Thomas, Nicholas. 1992. "Substantivization and Anthropological Discourse: The Transformation of Practices and Institutions in Neo-Traditional Pacific Societies." In *History and Tradition in Melanesian Anthropology,* ed. James Carrier. Berkeley: University of California Press. 64–85.

—. 1997. *In Oceania: Visions, Artifacts, Histories.* Durham, NC: Duke University Press.

—. 1999. *Possessions: Indigenous Art/Colonial Culture.* London: Thames and Hudson.

Thompson, E. P. 1963. *The Making of the English Working Class.* London: Verso.

Tilley, Christopher. 1997. "Performing Culture in the Global Village." *Critique of Anthropology* 17 (1): 67–89.

Tjibaou, Jean-Marie. 1996. *La presence Kanak.* Paris: Editions Odile Jacob.

—. 2005. *Kanaky,* trans. Helen Fraser and John Trotter. Canberra: ANU /Pandanus Books. Translation of Tjibaou 1996.

Townsend-Gault, Charlotte. 2004. "Struggles with Aboriginality/Modernity." In *Bill Reid and Beyond: Expanding on Modern Native Art.* Seattle: University of

Washington Press. 225–244.

Trask, Haunani-Kay. 1991. "Natives and Anthropologists: The Colonial Struggle." *The Contemporary Pacific* 3: 159–177.

Tsing, Anna Lowenhaupt. 1993. *The Realm of the Diamond Queen: Marginality in an Out-of-the-WayPlace*. Princeton, NJ: Princeton University Press.

—. 1999. "Notes on Culture and Natural Resource Management." Berkeley Workshop on Environmental Politics, Working Paper WP99-4, University of California, Berkeley.

—. 2000. "The Global Situation." *Cultural Anthropology* 15 (3): 327–360.

—. 2005. *Friction: An Ethnography of Global Connection*. Princeton, NJ: Princeton University Press.

—. 2007. "Indigenous Voice." In *Indigenous Experience Today*, ed. Marisol de la Cadena and Orin Starn. Oxford: Berg. 33–68.

—. 2009. "Supply Chains and the Human Condition." *Rethinking Marxism* 21 (2): 148–176.

Tully, James. 2000. "The Struggles of Indigenous Peoples for and of Freedom." In *Political Theory and the Rights of Indigenous Peoples*, ed. Duncan Ivison, Paul Patton, and Will Sanders. Cambridge: Cambridge University Press. 36–59.

Turner, Terence. 1991. "Representing, Resisting, Rethinking: Historical Transformations of Kayapo Culture and Anthropological Consciousness." In *Colonial Situations: Essays on the Contextualization of Ethnographic Knowledge*. History of Anthropology 7, ed. George Stocking. Madison: University of Wisconsin Press. 285–313.

—. 1992. "Defiant Images: The Kayapo Appropriation of Video." *Anthropology Today* 8 (6): 5–16.

Vizenor, Gerald. 1994. "Ishi Obscura." In *Manifest Manners: Postindian Warriors of Survivance*. Middletown, CT: Wesleyan University Press. 126–137.

—. 2003. "Mister Ishi: Analogies of Exile, Deliverance, and Liberty." In *Ishiin Three Centuries*, ed. Karl Kroeber and Clifton Kroeber. Lincoln: University of Nebraska Press. 363–372.

Waddell, Eric. 2008. *Jean-Marie Tjibaou, Kanak Witness to the World: An Intellectual Biography.* Honolulu: University of Hawai'i Press.

Waddell, Eric, Vijay Naidu, and Epeli Hau'ofa, eds. 1993. *A New Oceania: Rediscovering Our Sea of Islands.* Suva, Fiji: School of Social and Economic Development, University of the South Pacific.

Wagner, Roy. 1975. *The Invention of Culture.* Chicago: University of Chicago Press.

—. 1979. "The Talk of Koriki: A Daribi Contact Cult." *Social Research* 46: 140–165.

Wallerstein, Immanuel. 1976. *The Modern World System: Capitalist Agriculture and the Origins of the European World-Economy in the Sixteenth Century.* New York: Academic Press.

—. 2003. *The Decline of American Power.* New York: New Press.

Walsh, Kevin. 1992. *The Representation of the Past: Museums and Heritage in the Post-Modern World.* London: Routledge.

Wang, Q. Edward, and Franz Fillafer, eds. 2007. *The Many Faces of Clio: Cross-Cultural Approaches to Historiography.* New York: Berghahn.

Warren, Kay. 1992. "Transforming Memories and Histories: The Meanings of Ethnic Resurgence for Mayan Indians." In *Americas: New Interpretive Essays,* ed. Alfred Stepan. Oxford: Oxford University Press. 189–219.

—. 1996. "Reading History as Resistance: Maya Public Intellectuals in Guatemala." In *Maya Cultural Activism in Guatemala,* ed. Edward Fischer and R. McKenna Brown. Austin: University of Texas Press. 98–106.

—. 1999. *Indigenous Movements and Their Critics: Pan-Maya Activism in Guatemala.* Princeton, NJ: Princeton University Press.

Watson, James. 1997. *Golden Arches East: McDonald's in East Asia.* Stanford: Stanford University Press.

Weiner, James. 2002. "Diaspora, Materialism, Tradition: Anthropological Issues in the Recent High Court Appeal of the Yorta Yorta." In *Land, Rights, Laws: Issues of Native Title.* Vol. 2, no. 18, ed. Jessica Weir. Canberra: Australian Institute of Aboriginal and Torres Straits Islander Studies. 1–12.

White, Geoffrey. 1991. *Identity through History: Living Stories in a Solomon Island Society.* Cambridge, MA: Cambridge University Press.

White, Hayden. 1987. *The Content of the Form: Narrative Discourse and Historical Representation.* Baltimore: Johns Hopkins University Press.

White, Richard. 1991. *The Middle Ground.* Cambridge: Cambridge University Press.

Wilk, Richard. 1995. "Learning to be Local in Belize: Global Systems of Common Difference." In *Worlds Apart: Modernity through the Prism of the Local,* ed. Daniel Miller. London: Routledge. 110–133.

Williams, Raymond. 1958. *Culture and Society: 1780-1950.* New York: Harper and Row.

—. 1977. *Marxism and Literature.* Oxford: Oxford University Press.

Wilson, Rob. 2009. *Be Always Converting, Be Always Converted: An American Poetics.* Cambridge, MA: Harvard University Press.

Wittersheim, Eric. 1999. "Les Chemins de l'anthenticite: Les anthropologies et la renaissance melanesienne." *L'Homme* 151: 181–206.

Yoshita, Kenji. 2008. Introduction to *Preserving the Cultural Heritage of Africa: Crisis or Renaissance?,* ed. Kenji Yoshita and John Mack. Woodbridge, Suffolk: James Curry. 1–9.